정년 60세 연장법과 경영방법

경영학박사 노 순 규 저

감사의 말씀

노순규 원장의 143권째 저서 '정년 60세 연장법과 경영방법'을 저희 연구원에 강의를 의뢰하여 주신 전국의 시도교육청, 교육연수원 교육담당자님께 감사드리며 아울러 서울시교육연수원(교육관련 노동법의 이해), 부산시교육연수원(교원.공무원노조의 이해), 울산시교육연수원(공무원노조의 이해), 충남교육연수원(공무원 노사관계의 발전방안), 경남공무원교육원(단체교섭 및 단체협약 체결사례), 대구시교육연수원(리더십과 갈등관리), 경기도교육청(갈등관리와 교원의 역할), 충북단재교육연수원(교원능력개발평가의 필요성과 성공기법), 강원도교육연수원(학교조직과 갈등관리), 경북교육연수원(공무원 노동조합의 역할과 발전방안), 인천시교육연수원(교원단체와 노사관계), 광주시교육연수원(교육관련 노동법의 이해), 경남교육연수원(교원단체의 이해), 전남교육연수원(학교의 갈등관리와 해결기법), 전북교육연수원(커뮤니케이션의 기법과 효과), 경북교육청(학교의 갈등사례와 해결방법), 제주탐라교육원 및 제주도공무원교육원(갈등의 원인과 해결방법), 대전시공무원연수원(갈등의 유형과 해결방법), 공무원 인재개발원, 강원도공무원교육원, 전북공무원교육원, 경남공무원교육원, 충남공무원교육원, 부산시공무원교육원, 한국기술교육대학교 노동행정연수원(환경변화관리와 리더십), 강원대학교 교육대학원 교육연수원(학교 갈등의 사례와 해결방법), 경북교육연수원(학교폭력의 해결방법과 청소년 문화의 이해), 충남공무원교육원(소통의 방법), 대구시교육연수원(학생.교원 인권교육)의 교육담당자님께 감사드립니다.

한국기업경영연구원

머리말

　2016년부터 순차적으로 근로자의 정년을 60세 이상으로 연장하는 내용의 이른바 '정년 연장법(고용상 연령차별 금지 및 고령자 고용촉진법 개정안)'이 2013년 4월 30일 국회 법제사법위원회를 통과했다. 법사위는 이날 전체회의를 열고 국회 환경노동위원회를 통과한 이같은 법안을 여야간 진통끝에 의결했다.
　근로자 300인 이상 사업장 및 지방공사·지방공단은 2016년 1월 1일부터 적용되고 근로자 300인 미만 사업장에 대해서는 2017년 1월 1일부터 시행된다. 국회는 이 법안을 표결에 부쳐 재석의원 197명 가운데 찬성 158명, 반대 6명, 기권 33명으로 가결 처리했다. 개정안은 현재 정년 60세가 권고사항으로 돼있는 것을 의무화하는 내용을 담았다. 만약 사업주가 60세 정년보장을 위반하여 근로자에게 해고, 전보, 징계, 그 밖의 불리한 처우를 한 경우에 2년 이하의 징역 또는 1천만원 이하의 벌금에 처한다. 60세의 정년보장은 고령사회 노동시장을 개선하는 첫걸음이나 마찬가지다. 다만, 정년보장 제도가 단순히 청년 근로자 일자리를 고령자들이 꿰어찼다는 세대간 충돌로 확산되지 않도록 하기 위해서는 적극적 및 선제적 고용전략으로 세대간 상생이 가능한 고용문화를 만들어 나가야 한다. 우리 사회는 세계에서 가장 빠른 속도로 인구의 고령화가 진행되고 있다. 60세 정년을 의무화하는 것은 불가피한 선택으로 보인다. 하지만 기업들은 경제민주화 요구와 함께 경기침체, 정년보장에 선제적으로 대응하기 위해 또 다른 유형의 구조조정을 시도할 가능성도 배제할 수 없다. 60세의 정년 의무화는 노사문제를 떠나 사회적 및 경제적 관점에서 절대적인 이점이 있다. 무엇보다도 본의 아니게 `유흥계급(leisure class)`으로 전락할 고령자들을 재활용함으로써 노동인구가 실질적으로 증가하고 경험있는 노동력을 사회적으로 확보하면서 경제성장률을 끌어올리는 기회가 될 수도 있다. 또 근로기간 연장에 따라 국민연금의 기여금이 증가하며 국가재정도 안정되는 효과를 누릴 수 있다.
　그러나 제도의 정착과정에서 형평성이나 효율성에 관련된 장·단기적 고용문제들이 노출되면서 높은 사회적 비용이 발생할 수 있다. 이는 자칫 경제성장의 정체로 이어질 수 있다는 점에서 주목된다. 퇴직연령은 현재 평균 53.7세에 불과하다. 노조의 영향력이 큰 300인 이상 대기업과 공공기관은 정년 연장에 어려움이 없을 것이다. 그러나 그렇지 못한 나머지 기업들이 이를 적용하기까지는 상당한 시간이 걸릴 것이다. 제도를 무리하게 확대하다 보면 인건비 부담이 큰 기업들은 선제적으로 고용을 줄이려 할 것이다. 기업들은 고령 근로자의 고용을 유지하는 대신 청년 고용을 줄일 것이고 정년이 먼저 적용되는 기업들에서 고용환경이 상대적으로 개선되면서 이들 기업의 입사지원율이 더 높아지게 될 것이다.

이에 따라 대기업을 중심으로 한 취업재수생들이 더 늘어날 것이고, 반면 정년보장이 불확실한 중소기업들은 근로자를 확보하기가 더 어려워질 수 있다. 취업포털 잡코리아가 남녀 직장인 1,457명을 대상으로 '직장인 정년'에 대해 설문조사한 결과에 따르면 '실제로 일할 수 있을 것 같은 나이'는 평균 61세로 집계됐다. 연령별로 살펴보면, 20대 직장인이 '평균 59세'로 가장 낮았다. 이어 30대 직장인이 '평균 60세', 40대 직장인이 '평균 63세', 50대 이상 직장인이 '평균 65세'로 나이가 많은 직장인일수록 일할 수 있다고 답한 연령이 높게 나타났다.

한권의 책이 출간되어 나오는 데는 많은 분들의 도움이 필요할 것이다. 그동안 저희 연구원으로 강의를 의뢰해 주신 전국의 시.도 교육연수원, 공무원교육원, 한국기술대학교 노동행정연수원, 서울시교육연수원, 부산시교육연수원, 울산시교육연수원, 대구시교육연수원, 경기도교육청, 충남교육연수원, 충북단재교육연수원, 경북교육연수원, 인천시교육연수원, 광주시교육연수원, 강원도교육연수원, 제주도탐라교육연수원, 경북교육청, 강원도공무원교육원, 제주도공무원교육원, 광주광역시 공무원교육원, 대전광역시 공무원교육원, 강원대학교 교육대학원 교육담당자님께 이 기회를 빌어 진심으로 감사드린다. 1989년에 개원하여 지금까지 25년간 우리나라의 산업평화와 인재개발을 위해 강의 및 출판사업을 매진해왔으며 내조자 아내 박순옥, 항상 자신의 일에 열성을 다하는 든든한 아들 '노지훈(현대백화점)', 재원인 며느리 '김수향(캐나다대사관)'에게 고마움을 표한다.

2013년 7월 1일

저자 노 순 규 드림

목 차

제1장 정년 60세 연장법의 통과와 문제점 ·············· 15
  1. 정년의 개념과 의미 ························· 15
  2. 정년 연장법 개정의 과정 ······················ 16
    1) 정년 연장법의 의미 ······················ 16
    2) 올해 노조의 주요 교섭요구안 ··············· 17
    3) 정년 연장법의 국회 통과 ·················· 18
    4) 노동권의 세상 ························ 19
    5) 노동자 및 노조의 대응 ··················· 20
  3. 정년 60세 연장법, 국회 법사위 통과 ·············· 22
  4. '60세 정년법' 국회 본회의 통과 ················· 22
  5. 정년 연장법의 의미 ························ 23
  6. 2017년에 전사업장 정년 60세 시행 ··············· 24
  7. 60세 정년 연장 형평성 확보 보완책 ··············· 25
  8. 60세 정년 시대, 청년 실업난 가중 여부 ············ 26
    1) 정년 연장, '최악' 청년 실업난에의 영향 여부 ······ 27
    2) 정부·노동계, "정년 연장으로 청년 실업난 가중은 없을 것" ······ 28
    3) 재계의 "청년 실업난 가중 우려", 신입사원 채용규모 변화는 '신중' ···· 30
  9. 60세 정년 시대, 대기업들의 임금체계 개편 모색 ······ 30
    1) 정년 연장 대책관련하여 '감을 못잡는' 대기업들 ····· 31
    2) 노사가 맞서는 '임금피크제' 쟁점 ············ 32
  10. 60세 정년 시대, 금융상품에도 변화 예상 ·········· 34
  11. 60세 정년 시대, 소득공백기 줄어 노후불안 덜어 ····· 35
  12. 60세 정년 시대, 중소기업계 막막·혼선·우려 교차 ···· 38
    1) 임금조정없는 정년 연장은 인건비 부담만 키워 ····· 38
    2) "'나이 들면 일 못한다는 기업의 우려 덜어줘야" ····· 39

13. 60세 정년 시대, 고령자 껴안는 문화 정착 ………………… 40
14. 60세 정년 시대, "고마워서 더 열심히 일하죠" …………… 42

제2장 외국의 정년 연령과 내용 …………………………… 46
1. 프랑스는 정년 62세로 연장했다가 다시 60세로 환원 ……… 46
2. 60세 정년 시대의 중국, 노령화로 65세 연장 검토 …………… 48
3. 60세 정년 시대의 일본, 사실상 65세 정년 ………………… 50
4. 정년 60세 시대의 일본, 임금체계 조정 통해 '연착륙' ……… 51
5. 60세 정년 시대의 독일, 2029년까지 67세로 연장 …………… 53
6. 정년 60세의 외국의 정년제도 ……………………………… 55
7. 60세 정년 시대의 영국, 65세 법정 정년 폐지 ………………… 56
8. 정년 60세 시대의 영국, 재정위기에 연금지급 늦추려 정년 폐지 ………… 58
9. 도요타, 고령직원 전용라인 신설, 정년 후 재고용 고려 ……… 60
10. 일본, 논란 뜨거운 65세 정년 연장, 월급 감소 '우려', 청년층도 '시큰둥' …… 60
11. "프랑스인 63%, 정년 연장 찬성" ………………………… 62
12. 정년 연장의 외국사례 ……………………………………… 63
   1) 4년 유예기간동안 임금 및 퇴직금제도 개편한 일본 ……… 63
   2) 연금제도와 맞물려 속내 복잡한 유럽국가들 …………… 64
   3) 정년 연장을 고려하고 있는 중국 ………………………… 65

제3장 정년 60세 연장의 논란과 실익 ……………………… 67
1. 청년 일자리 부족시대, 60세 정년 무슨 소용인가? ………… 67
2. 정년 연장의 숨은 의도와 임금피크제의 불편한 진실 ……… 68
3. "정년 연장해도 소득공백기 해결 못해" …………………… 71
4. 베이비붐세대 '정년 연장' 가능할까? 현대경제연 "정년 연장 법제화" ……… 73
5. 복불복 정년 연장 ……………………………………………… 74
6. 국민 10명중 8명 "정년 연장 찬성" …………………………… 76

7. IT개발자의 정년 ·· 77
8. 정년 연장과 임금피크제, 정년·임금 조정 병행 vs 임금체계 개편 ·········· 78
　1) 60세 정년 연장, 임금조정 반드시 연계 ···················· 78
　2) 정년 연장은 노동자의 소득을 보장하기 위한 것 ············ 79
9. 마켓인터뷰, 정년 60세 시대, 뜨고 지는 종목은? ················ 80
10. 정년 60세 시대, 정말 60세까지 회사를 다닐 수 있을까 ········ 83
11. 정년 60세 시대, 어떤 변화가 오나 ······························ 85
　1) 모두가 정년 보장 혜택을 보는 건 아니다 ·················· 85
　2) 윈-윈 위해서 기업문화와 임금체계의 혁신 ················ 86
12. 블루칼라와 화이트칼라 ·· 89
13. 경제민주화와 기업운영 ·· 91
14. '세대맞춤 법안들' 쏟아져, 국회 움직인 50대가 '갑' ············· 93
15. 정년 60세 시대의 정년 연장과 청년 일자리의 상관관계 ········ 94
16. 지지대, 정년 60세 의무화 ·· 97
17. '정년 연장법' 통과, 임금피크제에 중기 운명 ···················· 99
18. 정년 연장 시행 앞서 부작용 보완이 우선 ······················ 100
19. 정년 연장, 장애인 베이비부머 소외되지 않아야 ················ 102
20. 60세 정년 2016년 시행, 중소기업계 "임금조정 없으면 인건비 부담" ··· 104
　1) 60세 정년 시대의 의미 ···································· 104
　2) 60세 정년 시대, 임금조정없는 정년 연장은 인건비 부담만 키워 ··· 104
　3) 60세 정년 시대의 과제 ···································· 105
21. 정년 60세 시대, 금융공기업들은 이미 정년 연장, 역시 '신의 직장' ······ 106
22. 직장인, 64세까지 정년 보장해 주길 원해 ······················ 107

제4장 정년 60세 연장의 문제해결 ·························· 109
1. 낀 세대, 고달프다 ·· 109
2. '60세 정년'의 연착륙 ·· 111
3. 현대차 노조, 정년 61세 연장 추진 "타 기업보다 1년 더" ··········· 113

4. 정년 60세 연장에 대한 질문 ·· 113
5. 60세 정년 연장하면 좋은 것과 나쁜 것 ································ 115
6. 정년 연장 법제화 여야 잠정 합의 '공공-민간 정년 60세 의무화' ·········· 116
7. 정년퇴직의 60세 개정 ·· 117
8. 정년 60세의 의무화 ·· 119
9. 정년 연장 법제화 정년 60세 의무화 ···································· 119
10. '정년 60세' 민간기업 직원에겐 '그림의 떡' ·························· 120
11. 정년 연장 여야 잠정 합의, '60세 의무화' 시행 시기 ············ 121
12. 정년 연장과 청년 실업 대책 ·· 122
13. '60세 정년 시대' 바뀌는 직장생활 풍속도 ·························· 124
    1) 현재 대기업 계열사 정년은 55~60세 ···························· 124
    2) 정년 다 채우는 게 임원되는 것보다 나을 수도 ············ 124
14. "도경완, 예비장인께 정년퇴직까지 KBS 근무 약속" ············ 125
15. 현대차 노조, 정년 61세 연장 추진 사측 "부담" ·················· 127
16. '정년없는 기업' 꿈일까? 잘릴 걱정 없으니 더 열심히 일하더라 ········· 128
    1) 정년없는 기업 ·· 129
    2) '계속 성장' 강박관념은 숙제 ·· 131
17. 60세 정년 연장, 찬성 77% : 반대 18% ······························ 135
18. 노동계 "정년 60세 연장 환영, 임금조정은 반대" ················ 135
19. 정년문제 해법의 도출 ·· 136
20. 정년 연장에 대한 글 ·· 138
21. 정년관련 노사합의 사항 및 경과 ······································ 140
22. 고두현의 그래, 이 책이야! 정년(停年) ································ 143
23. '60세 정년'과 세대간 일자리 충돌 ···································· 145

제5장 정년 60세 연장의 경영방법 ·· 147

1. 정년 60세는 보은의 길 ·· 147
2. 정년앞둔 노조원 퇴직지원 프로그램 운영 ·························· 148

3. 경기교육청, 전국 최초 교육실무직을 무기계약직으로 일괄전환, 정년 60세 · 149
4. 정년 60세 시대의 복지수요 증가속도 줄여줄듯 ················· 151
5. 60세 정년의 연착륙 위한 조건 ································ 153
6. 60세 정년 법제화는 시기상조 ································· 155
7. '2030'세대 10명중 8명 "정년 연장법 찬성" ····················· 157
8. "정년 연장과 국민연금 제도개선 필요" ·························· 158
9. 정년 연장은 재앙인가 축복인가? ······························ 159
10. 60세 정년 연장 법제화 추진은 시장에 맡겨야 ················· 160
11. 60세 정년의 법제화와 기타 최근 노동법제 ···················· 163
12. 정년을 단체협약이 실효된 후 취업규칙의 변경으로 단축 ········ 164
13. 정년 연장의 빛과 그림자 ···································· 173
14. "정년 연장 시장 선점하라", 보험사들 발걸음 빨라져 ············ 175
15. "총수의 연봉 공개·정년 연장 등 기업 의욕 저해할 소지 있어" ··· 177
16. "정년 연장법안, 재앙될지 축복될지 알 수 없어" ················ 178
17. 법정의 정년 연장과 과제 ··································· 180
    1) "공기업 등 일부 계층만 추가적 혜택" 비판론 ················ 180
    2) 청년 고용 할 수 있게 임금감소 받아들여야 ················· 182
18. "정년 60세 시대에 맞는 국민연금 제도 개선 필요" ·············· 182
19. 정년 연장 이슈에 증권가는 '무덤덤' ·························· 183
    1) "정년 있으나 마나 철저한 능력제" ·························· 184
    2) 정년보다 무서운 업황의 악화와 구조조정 ··················· 185
20. '60세 정년법' 국회 통과로 본 세대별 희비, 58년 개띠 ········· 185
21. 왕도 정년있는 나라, 부탄 ··································· 187
22. '정년 갈등' 창원시내버스노조 파업투표 가결 ··················· 189

제6장 정년 60세 연장의 효과문제 ································ 191
1. 정년 연장 이대로라면 실질적 효과 없다 ······················· 191

  1) 첫번째 오해: 정년 연장하면 청년 일자리가 줄어든다? ·············· 192
  2) 두번째 오해: 정년을 늘렸으니 임금을 줄여라? ···················· 194
  3) 세번째 오해: 정년 연장, 실제 효과가 있을 것이다? ············· 195
  4) 대안: 더 좋은 일자리와 더 많은 연금 ······························· 196
 2. 아내의 남편, 한 아이의 아버지가 되고 보니 ······························ 199
 3. 정년 연장을 통해 고용율 70% 달성? ·· 199
 4. 길어진 정년의 무덤? ·· 200
 5. 정년 연장 통과와 생활이야기 ·· 202
 6. 정년 연장의 덫, 호봉제 뒤흔드나 ··· 206
 7. "정년 연장 연착륙 위해 기업의 사회적 책임 제고" ······················ 208
  1) "고용률 70% 달성 위해 정년 연장 필요" ························ 208
  2) "쌍용차 여야협의체 수용한 민주통합당, 사태 해결 진정성 의문" ···· 210
  3) "경영계의 이해 부족으로 대체휴일제 표류 안타까워" ·············· 210
  4) "한국노총 정치세력화 방침 수정해야" ······························· 211
 8. 한국노총 조합원 10명중 7명 60세 되기전 퇴직 ·························· 212
 9. 정년퇴직 후 재입사하는 고려제강, 잘사는 것이 힘 ···················· 213
 10. 정년퇴직자로 놀고 있으면 요일 헤아리기가 제일 곤란 ··············· 215
 11. 고용률 70% 로드맵 '주목' ·· 216
 12. "당신은 열심히 일하고 있습니다, 파이팅!" ······························· 218
 13. 월급은 몽땅 자녀 교육비로, 100세 시대 내 노후 어쩌나 ············ 219

제7장 정년 60세 연장과 노동시장 양극화 ··············· 222
 1. 정년 연장이 몰고올 노동시장 양극화 우려 ································· 222
 2. 방하남 고용노동부 장관, "임금피크제 지원금 5년에서 10년 검토" ········ 223
 3. 시한폭탄 베이비부머중 갈수록 얇아지는 지갑, 민간소비 악영향 ············ 225
 4. 현대중 직원, 퇴직 후 제2의 인생 두렵지 않다. 왜? ····················· 227
  1) 정부, 임금체계 개선을 위한 표준모델 제시 ····················· 229
  2) 임금삭감에만 초점, 정부의 체계적 전략 부재 ·················· 230

3) 많은 생활자금 필요한 40~50대, 임금피크제는 근로자에 부담 …… 231
　　4) 노사, '임금'이 아닌 '고용'에 집중해야 ……………………………… 232
5. 일자리 창출 해법, 재취업은 '하늘의 별 따기' ……………………… 233
　　1) 창업했더니 '절반'이 부도 …………………………………………… 233
　　2) 재취업 '하늘의 별따기' ……………………………………………… 234
　　3) 불안한 창업, 절반은 실패 …………………………………………… 235
　　4) 정년 60세 연장 '글쎄', 세대간 갈등 '억울' ……………………… 235
6. 일자리 창출 해법을 "못믿겠다! 고용률 70%" 취업준비자의 한탄 ………… 236
7. 정년 60세 '만년과장'이 답? 기업들 꼼수에 샐러리맨 눈물 ………… 238
8. 정년 연장으로 부모와 자식간 일자리 충돌 ………………………… 239
9. 정년 60세의 연장, 대학생들은 '반대' ………………………………… 241
10. '정년 60세 의무화' 조기퇴직 부른다 ………………………………… 243
11. 60세 정년 연장의 숨겨진 비밀 ………………………………………… 244
12. 재계, '정년 60세로 연장' 일제히 반발 ……………………………… 246
13. 성장판 닫힌 대한민국, 성장률 다시 높일 해법 …………………… 248
　　1) 청년고용 증가 ……………………………………………………… 248
　　2) 수출 일변도 성장 '바꿔 바꿔' ……………………………………… 249
　　3) 노동력 감소 충격 최소화 '필요' …………………………………… 250
14. 민주노총, 대화의 장으로 복귀해야 ………………………………… 251

제8장 정년 60세 연장과 고용지원금제 ……………………………… 253

1. 고용부, '60세 정년' 안착위해 고용지원금제 조기 정비 …………… 253
2. 장년 고용안정 우수기업의 생존비법 ………………………………… 254
3. 삼성 SW인력 양성 '블랙홀'만 피하라 ………………………………… 255
4. "납품 단가 후려치기 근절·정년 60세 우리가 해냈다" ……………… 256
5. 인건비 부담에 대기업 쏠림까지, '정년 연장' 문제 산적 …………… 257
6. 정년 연장, 청년채용 함께 챙겨야 ……………………………………… 258
7. 고용부 '낀 세대'에 정년 연장 효과 준다 ……………………………… 260

8. 기타 공공기관의 정년 보장 ··· 260
9. 정년 연장, 국민연금 재정고갈 앞당긴다-보험연구원 ··············· 262
10. 법원 "현대차 직장 대물림 단협 조항, 무효" ························ 263
11. 정년 60세법, 공기업-일반기업 직원 '희비교차' ···················· 264
12. "정년 연장 위한 임금체계 조정시 근로기준법 적용 예외 필요" ············ 266
13. 권력 근로환경 뒤흔들 '정년 연장법' 공청회없이 71분만에 '뚝딱' ········· 267
14. 정년 60세 논의 ·· 271
　1) 한겨레 사설, 정년 연장이 임금삭감의 빌미돼선 안돼 ················ 271
　2) 중앙일보 사설, 정년 연장의 부담은 누가 떠맡나 ····················· 272
　3) 논리 대 논리, 정년 연장 필요성엔 한 목소리, 임금피크제 보는 시각은 큰 차이 ······································· 273
　3) 단계 3: 시각차가 나온 배경 ·· 276
　4) 키워드로 보는 사설: 임금피크제 ······································· 277
　5) 추천 도서: 사회가 만든 '부지런한 가난뱅이' ························ 277
15. '정년 60세 연장법' 논란 찬반토론 진행중 ··························· 278
16. "정말 60세까지 회사를 다닐 수 있을까?" ··························· 282
　1) 정년 60세의 시대 ··· 282
　2) '정년 연장의 꿈은 현실화될 것인가.' ································· 283
　3) 모두가 정년 보장 혜택을 보는 건 아니다 ····························· 283
　4) 윈-윈 위해선 기업문화, 임금체계 혁신해야 ························· 285
　5) "승진 못해도 퇴직은 없다" 만년과장 늘어날듯 ····················· 286
　6) '고 과장' 전성시대 올까 ··· 287
　7) 그래도 더 많은 '고 과장'이 필요하다 ································ 288
　8) 은퇴 후 소득공백기 줄고 국민연금 더 내고 더 받아 ················ 288
　9) 퇴직연금 등 노후대책 새로 짜야 ······································ 289
　10) 정년 연장과 청년 일자리 상관관계 ·································· 290
17. 2030세대도 '정년 60세 연장' 환호 ··································· 292
18. 베이비붐 1957~ 60년생 '문턱 제외', 정년 연장 형평성 논란 ········ 293

19. "정년 60세법, 청년일자리 '뺏기' 아닌가요?" ················ 296

제9장 정년 60세 연장과 시간제 근로자 및 임금피크제 ·············· 299
　　1. 시간제 근로, 네덜란드 모델 추진 ································ 299
　　2. KB노조의 '임금피크제 무효화' 제소 ···························· 300
　　3. 금융권 구조조정, 노조 "8.1% 올려 달라", 임협 테이블 전운 ·············· 301
　　4. 금융권의 점포 축소·통폐합 ······································· 303
　　5. 상반기 히트상품, '두 얼굴' 소비자 사로잡았다 ················ 305
　　6. 삼성 신경영 20년, 미래 먹거리 등 숙제 산적 ·················· 307
　　　　1) 반도체, 휴대전화, 다음은? ···································· 308
　　　　2) 경제민주화 요구에 해법 제시해야 ··························· 309
　　　　3) 경영권 승계는 ·· 309
　　7. 노사정, 시간제 일자리 확대·임금피크제 합의 ················ 310
　　8. 노사정 대타협, 고용률 70% 달성에 '탄력' ····················· 313
　　9. 노사정 '일자리 협약' 어떤 내용 담겼나 ························ 315
　　　　1) 정년 60세 연착륙 위해 임금피크제 도입 ················· 315
　　　　2) 양질의 시간제 일자리 확대 ·································· 316
　　　　3) '일과 가정 양립' 위해 육아휴직 보장 ····················· 316
　　　　4) 장시간 근로·임금체계 개선으로 일자리 창출 ············ 316
　　　　5) 고임금 임·직원 임금인상 자제 ······························· 317
　　　　6) 청년 일자리 확충 및 조기 취업 지원 ······················ 317
　　10. 경기 안좋은데 취업자 증가? 고학력 베이비부머가 원인 ··············· 318
　　11. 경기와 따로 노는 '이상한' 취업자수 ··························· 320
　　12. 통·번역 등 별도 직무에 시간제 공무원 확대, '나쁜 일자리' 우려 ········ 322
　　13. 주유소에도 영화관에도 '알바노(老)' 시대 ···················· 324

제10장 교수와 교사 등의 정년 연장관련 내용 ·············· 328
　　1. 대학교수의 정년 알록달록 ··· 328

2. 경희대, '학문적 성취도' 따라 교수 정년 70세 연장 ················ 330
3. "환갑 넘어서도 기술개발하는 교수, 취업률 90% 만들다" ········ 330
4. 전임교원 제도 재정비 필요, 정년트랙 전환 보장·임금 격차 완화 ········ 332
5. '무기계약 57.4%, 급여는 정년트랙의 50~70% 수준 ············· 336
6. 수원대 계약직 교수 임용약정서 '갑의 횡포' 논란 ··············· 340
7. "정년 20년 초과 교장에 6년째 월급 지급" ····················· 341
8. 교단에서 단축된 교원정년, 그대로 둘 것인가 ··················· 342
9. 수석교사제 폐지! 교원정년 단축에 대한 논란 ·················· 344
10. 교원정년 연장 발의에 대한 꼼수? ···························· 347
11. 교사 정년보장 철폐한다더니 ································· 348
12. 보훈처, 제대군인 정년 최대 3년 연장추진중 ··················· 348
13. 군인의 복무와 군인연금의 내용 ······························ 349
14. SC은행 '실적 연동 62세 정년' 7월 시행 ······················ 350

제1장 정년 60세 연장법의 통과와 문제점

1. 정년의 개념과 의미

　정년이란 조직구성원이 일정한 연령에 도달하면 자동적으로 퇴직하게 규정한 한계적 연령을 의미한다. 이러한 정년제도는 회사 등에서 직무수행 능력이 떨어지는 노령인력을 퇴출시킴으로써 조직의 신진대사를 촉진하고 능률성을 확보하려는 데 그 목적이 있다.[1)2)3)] 자본주의 시대 이전에는 갑작스런 재난을 당해도 가족밖에 의지할 데가 없었다. 그래도 가난한 사람들을 교회가 보살폈지만 그것도 한계가 있었다. 19세기에 극심한 가난이 유럽을 덮치자 빈민문제는 더욱 심각해졌다. 이는 체제의 전복을 노리는 급진적 노동운동으로 점차 변해갔다.[4)]

　1880년대 독일의 경우 극빈 근로자는 100만명을 넘었다. 이들의 생계와 근로가 적정하게 보장되지 않으면 인간다운 삶은 기대할 수 없는 상태였다. 또한 치안불안도 큰 걱정거리였다. 독일 재상 비스마르크가 사회보험제와 정년 65세 제도를 시행한 배경에 이런 사정들이 있었다. 65세가 된 근로자들을 내보내고 젊은층에 일자리를 만들어 주면서 노령자에겐 연금을 주기로 한 것이다. 이처럼 정년과 국민연금, 청년 일자리는 톱니바퀴처럼 맞물려 탄생했다. 현대사회에 들어서는 정년의 의미가 좀 달라졌다. 일할 수 있는 능력을 나이로 제한하는 게 옳지 않다며 정년제를 폐지한 국가도 많다. 미국과 영국은 '연령차별 금지법'을 적용해 항

---

1) 사회복지학사전, 정년(age-limit)
2) 출처 사회복지학사전, 이철수 외 공저, 2009.8.15, Blue Fish, 본 콘텐츠의 저작권은 저자 또는 제공처에 있으며, NHN의 입장과 다를 수 있습니다.
3) http://terms.naver.com/entry.nhn?cid=2897&docId=472462&mobile&categoryId=2897(2013.5.6)
4) [천자칼럼] 정년 (停年), 2013.04.23 21:31, 고두현 논설위원 kdh@hankyung.com

공기 조종사 등 특수직종을 빼고 정년을 없앴다. 프랑스는 연금부담을 줄이려고 정년을 62세로 연장했으나 늙어서도 일을 해야 하느냐는 근로자들의 반대에 부딪혀 다시 60세로 줄였다. 우리나라 기업의 평균 정년은 56~58세다. 그러나 실제 퇴직연령은 53세 안팎이다. 일본은 최근 60세에서 65세로 늘리기로 했다. 대만은 62세, 싱가포르는 63세다. 정년제의 원조인 독일은 67세다. 국회 환경노동위원회에서 정년 60세 연장안이 의결되자 재계는 난색을 보이고 있다. 일자리는 한정돼 있는데 만약 정년 연장을 의무화하면 그만큼 신규채용을 줄일 수밖에 없다는 것이다.

300인 이상 사업장 1881개 가운데 60세 이상 정년제를 채택한 곳은 현대중공업, 홈플러스 등 439개(23.3%)에 불과한 이유도 마찬가지다. 임금피크제 등 고용의 유연화도 풀어야 할 과제다. 구직난에 시달리는 젊은이들 또한 정년 연장에 반대하고 있다. 그러나 65세 이상의 노인 비중이 2010년 11%에서 2060년 40%로 늘어날 것이라는 정부의 예측앞에서는 고민이 깊어진다. 15~64세의 생산가능인구 100명이 부양하는 65세 이상의 노인이 2010년 15.2명에서 2060년 80.6명으로 늘어나기 때문이다. 정년 연장을 지지하는 사람들은 뒷세대에 의존하지 않고 경제활동을 조금이라도 더 하는 게 좋다는 점을 강조한다. 한해에 100만여명씩 줄줄이 회사를 떠나야 하는 베이비부머(1955~1963년생)들로선 더욱 속이 탈 일이다. 더구나 일자리를 놓고 아버지와 아들이 다투는 상황이 됐으니 모두가 곤혹스러울 수밖에 없게 됐다.[5)6)]

2. 정년 연장법 개정의 과정

1) 정년 연장법의 의미

박수치고 난리다. 지난달 30일 이른바 정년 연장법 즉, '고용상 연령차

---

5) 고두현 논설위원 kdh@hankyung.com, <성공을 부르는 습관> 한경닷컴
6) http://people.incruit.com/column/columnview.asp?bdno=103&colno=428073&pco=586&utm_campaign=Nsyndication&utm_source=naver(2013.5.7)

별 금지 및 고령자 고용촉진에 관한 법률' 개정안이 국회 본회의를 통과하자 2016년부터 그리고 늦어도 2017년부터는 정년이 60세라 하여 노동자는 온통 환호한다. 정년이 연장된다느니, 국민연금 등 사회보험재정이니 고령자부양문제니 복지로 국가가 짊어지지 않으니 어차피 연장될 수밖에 없는 것이 정년이었다. 사용자단체들은 국가가 부담해야 할 것을 기업에 떠넘기는 것이라며 반대했다. 국회에서 이 정년 연장에 관한 법이 통과되기 직전인 지난달 26일 경총, 전경련 등 5개 사용자단체는 '최근 경제·노동 현안 관련 규제입법 등에 대한 경제계 입장'을 통해 정년 연장 의무화는 신규채용을 어렵게 한다고 주장했다. 이러한 사용자들의 반대 주장 때문인지 여야 합의로 국회 본회의를 통과한 정년 연장법은 임금체계 개편이 꼬리표처럼 붙어 있다. 정년 연장에 관한 법개정 논의 과정을 보면 노동자를 사용해주는 것이 사용자의 은혜이므로 노동자는 임금의 동결, 삭감 등 임금체계 개편으로 보답해야 한다는 식으로 논의됐다. 언젠가부터 노동자는 사용자가 자신을 사용해주는 것이 감사한 세상이 됐다. 기간제다 뭐다 비정규직으로, 정리해고다 뭐다 해고로 인해 노동자가 사람 취급을 받지 못하다 보니 어쩌다 노동자로라도 제대로 사용해 주는 것이 고마운 세상이 돼버렸다. 이런 세상에서는 아무리 임단투 시기에 노조위원장의 구호에 따라 노동해방을 외쳐대도 노동자는 자신을 사용해주는 사용자에게 감사할 뿐이다. 그러니 노동자가 주인이 된다는 노동자 세상·노동해방은 임단협 파업출정식의 의례적 구호로 인식되고 있다. 노동자의 세상살이는 가도 가도 늙어져도 주인님의 은혜는 가이 없어라. 이런 심정이니 정년 연장법에 오늘 이 나라 노동자는 박수로 환호하고 있는 것이다.[7]

2) 올해 노조의 주요 교섭요구안

올해 노조의 주요 교섭요구안을 보면 정년 연장이 있다. 보통 60세까

---

[7] 김기덕, h7420t@yahoo.co.kr, 승인 2013.05.07, 김기덕 노동법률원 법률사무소, 새날 대표

지 정년을 연장하거나 국민연금 수령시점까지 정년을 연장한다는 요구다. 이와같은 사업장의 경우 지금은 대체로 55세부터 58세까지다. 사무관리직은 벌써부터 이 정년이 도달해서 정년 연장이 문제됐다. 그리고 많은 사업장에서 임금피크제를 통해서 정년을 연장했다. 임금동결로, 심지어는 임금을 삭감하고 나아가 정규직이 아닌 비정규직인 계약직으로 근무하게 되는 것을 정년 연장으로 도입하기도 했다. 노조가 있는 사업장에서는 노조가 합의하고서 이같이 도입된 사례도 있었다. 정년이면 퇴직해야 하는데 그것을 연장해줘서 회사에 다닐 수 있게 해줬으니 임금이든 신분이든 뭐든 내주더라도 감지덕지라고 받았던 것이다. 그러니 경총의 2013년 임단협 지침서에서도 정년 연장을 노조와 논의하더라도 반드시 임금체계의 개편과 연계해 검토하라고 한 것이다. 임금피크제를 도입하거나 임금체계를 직무급 또는 성과급제로 변경하라고 한다. 일본에서는 65세 정년을 보장하도록 개정된 법이 지난 4월 1일부터 시행되었다. 일본에서 현재 60세인 연금지급 개시연령이 올해부터 2025년도까지 단계적으로 65세까지 상향조정되는 과정에서 연금이나 수입이 없는 사람이 나오지 않도록 법을 개정해서 시행에 들어간 것이다. 개정된 고령자 등의 고용의 안정 등에 관한 법률 제9조의 시행에 따른 것이다.

우리의 경우도 고용상 연령차별 금지 및 고령자 고용촉진에 관한 법률 제19조에 정년 60세 이상이 되도록 정하고 있었으나 그것은 그야말로 권고사항에 불과해 사용자에게 강제할 수 있는 규정이 아니었다. 그러니 이 나라 노동자와 노조에게는 일본의 경우가 부러웠을 것이다. 굳이 정년 연장을 요구해서 교섭과 투쟁으로 단체협약으로 쟁취하지 않아도 60세까지 정년을 보장받을 수 있는 것이니 투쟁할 힘이 없는 사업장에서는 정년 연장을 위해서는 뭐든 내줘야 할 것이라고 고민하지 않아도 될테니까 말이다.

3) 정년 연장법의 국회 통과

2016년부터는 그리고 늦어도 2017년에는 300명 미만 사업장 노동자라도(개정법 부칙) 정년은 적어도 60세다. 그러니 이제 걱정하지 않아도 된다. 정년을 60세까지 연장하겠다고 노조가 투쟁하지 않아도 된다. 그동안 노조의 힘이 센 사업장에서는 정년 연장을 요구해서 노사합의 등 단체협약으로 체결해왔다. 그런데 그런 사업장들은 문제가 생겼다. 앞에서 살펴본 바와 같이 거의 대부분 임금피크제다 뭐다해서 임금삭감이든 동결이든 해주고 심지어 계약직으로 쟁취한 것이었다. 강성노조라고 불리우는 사업장이라도 크게 다르지 않다.

가만히 있었으면 법에 의해서 자동으로 60세까지는 정년 연장되는 것을 괜히 조합원 임금 등의 권리를 내주고 확보한 꼴이 돼버렸다. 국회를 통과한 정년 연장법은 정년 연장에 따른 임금체계 개편 등을 노사가 해야 한다고 규정했다(19조의2). 그래서 그 해석에 논란이 되고 있으나 규정은 분명히 노사가 그것을 하지 않더라도 개정법 부칙에서 정한 시행 시기 즉, 2016년 또는 2017년이 되면 법에 의해 60세 정년으로 간주된다고 정했으니 그 시기가 되면 법으로 60세 정년으로 간주돼버리는 거다(19조2항). 그러니 어째야 하나. 이미 정년 연장에 합의한 사업장은 사용자가 정년 연장법이 통과됐다고 임금의 삭감·동결 등의 조건을 없애줄 리가 없다. 그렇지 않아도 위에서 본 바와 같이 개정법이 임금체계 개편을 하도록 정하고 있고 그것이 정년 연장의 전제인 양 사용자들은 임금체계를 개편하자며 임금피크제를 들고 나올 게 분명한 상황이기 때문이다. 이렇게 이미 정년 연장을 해낸 사업장 노동자는 환호하지 못하고 그렇지 않은 사업장 노동자는 박수치며 환호하는 법이 통과됐다.

4) 노동권의 세상

어쩔 수 없이 지금 이 세상은 노동자가 사용자를 위해서 노동할 수 있는 것이 권리인 세상이다. 그것은 이 자본의 세상에서 노동운동이 세워낸 노동자 권리가 아직은 그것 밖에 되지 않기 때문이다. 이 나라에서 60세 정년 연장법은 노동운동에 의해서 쟁취됐다고 보기는 어렵다. 노조가 요구하고 지지했다 하더라도 그렇다. 국회가 이 법안의 제안 이유에서 밝히고 있듯이 "우리나라는 고령화 진행속도가 세계 유례가 없을 만큼 빠르게 진행돼 2000년 고령화 사회에 진입한 후 2018년에 고령사회(65세 이상 14%)를 지나 2030년에는 전체 인구의 4명중 1명(24.3%)이 노인인 초고령사회(65세 이상 20%)에 들어설 것으로 전망"되고 "특히 2017년이면 생산가능인구(15~64세)가 감소세로 돌아서고, 2030년에는 생산가능인구중 핵심생산층(25~49세)이 차지하는 비중이 50% 아래로 떨어지는 것으로 예측돼 노동시장에 상당한 충격이 예상"되기 때문에 입법된 것이다. 한 마디로 노동시장의 측면에서 노동력 공급을 확대시켜보겠다고 고령사회 시대에 대응할 필요에서 입법된 것이다. 더구나 노동자 대부분의 경우 국민연금이든 퇴직연금이든 저축이든 뭐든 그것으로는 앞으로 노동시장에서 대규모로 퇴출하게 될 퇴직 이후 고령자의 안정된 생활이 보장되지 않기 때문이다. 결국 노동자는 일하지 않으면 살아갈 수 없는 세상은 늙은 노동자라고 사정을 봐주지 않을 것이라 할 수 있다. 그러니 정년 연장법, 그저 법으로 강제해서 시행한다고 그것이 노동자 권리라고 노동자는 마냥 "좋습니다"라고 할 수가 없다. 더구나 그것은 정년을 60세 이상으로 연장하는 사업(장)의 사업주와 근로자의 과반수로 조직된 노조(근로자의 과반수로 조직된 노조가 없는 경우에는 근로자의 과반수를 대표하는 자)는 임금체계의 개편 등 필요한 조치를 하도록 정하고 있어서(제19조의2 제1항) 임금 등 기존 노동자 권리를 삭감하자고 사용자가 나올 것이다.

5) 노동자 및 노조의 대응

노동자 및 노조는 어떻게 대응해야 할까. 뉴스를 보면 금속노조 현대자동차지부는 현행 정년 60세를 61세로 연장하는 요구안을 검토하고 있다. 정년 연장법 아래서 노사는 정년 연장에 관해서 자신의 의지를 관철하기 위해 교섭과 협의, 그리고 투쟁할 것이다. 60세 정년 연장은 앞에서 살펴본 바와 같이 사용자의 임금체계 개편 요구에 응하지 않아도 개정법이 시행되는 2016년 또는 2017년이 되면 근로자의 정년을 60세 미만으로 정하고 있는 경우에는 정년을 60세로 정한 것으로 본다(제19조 제2항). 비록 개정법에서 노사가 임금체계 개편에 관해 합의해야 한다고 정하고 있지만(제19조의2 제1항) 그때까지 그 합의가 되지 않더라도 개정법 규정에 의해서 적어도 60세 정년은 보장되는 것이다. 따라서 60세 정년 연장을 위해서라면 이 법이 시행되는 시기까지 가만히 있으면 된다. 사용자는 노동자를 상대로 주장해서 할일이 있겠지만 그건 노동자 권리를 위해서 노조가 할일은 아니다.

이미 60세 정년 연장을 도입한 사업장의 경우라면 그 도입 과정에서 조정될 수밖에 없었던 임금 등 노동자 권리를 회복하는 투쟁을 할 것이다. 그래야 적어도 다른 사업장의 노동자 수준으로 정년 연장을 보장받게 된다. 그런데 60세를 초과한 정년 연장을 하고자 하는 경우에는 다르다. 이 경우는 법에 의해서 정년 연장이 간주되지 않는다. 정년 연장에 반대하거나 임금체계 개편을 요구하면서 사용자는 노동자의 요구에 대응할 것이 분명하다. 바로 이 경우가 노조의 일이 된다. 정년 연장을 순전히 노동자 권리로서 쟁취해 낼 수 있느냐 하는 것은 바로 노조가 어떻게 교섭과 투쟁으로 사용자의 임금체계 개편 시도에 대응할 수 있느냐에 달려 있다. 이미 법으로 보장된 노동자 권리를 위해서 노조가 존재하는 것이 아니다. 그것은 근로자의 근로조건 향상을 위해서 단결권, 단체교섭권, 단체행동권 등 노동기본권을 보장한 대한민국 헌법에도 부합하지 않는다(제33조). 우리의 경우도 일본의 경우를 쫓아서 언젠가는 60세 정년을 다시 65세로 연장하는 법이 시행될지 모른다. 그때까지는 이제 60세를 넘어서 65세까지 정년 연장은 노조의 일이다. 거기서 노동자가 박수로 환호할 것인지 그것은 노조가 어떻게 노동자 권리로 쟁취해 내느냐에 달려 있다.[8][9]

3. 정년 60세 연장법, 국회 법사위 통과

2016년부터 순차적으로 근로자의 정년을 60세 이상으로 연장하는 내용의 이른바 '정년 연장법(고용상 연령차별 금지 및 고령자 고용촉진법 개정안)'이 30일 국회 법제사법위원회를 통과했다.[10] 법사위는 이날 전체회의를 열고 국회 환경노동위원회를 통과한 이같은 법안을 여야간 진통끝에 의결했다. 개정안은 사업주가 근로자의 정년을 60세 이상으로 정하도록 하는 것을 골자로 하고 있다. 근로자 300인 이상 사업장 및 지방공사·지방공단은 2016년 1월 1일부터 적용되고, 근로자 300인 미만 사업장에 대해서는 2017년 1월 1일부터 시행된다.[11][12]

4. '60세 정년법' 국회 본회의 통과

국회는 30일 오후 본회의를 열어 공공·민간 부문 근로자의 정년을 60세로 의무화하는 내용의 '60세 정년법'(고용상 연령차별 금지 및 고령자 고용촉진에 관한 법률 개정안)을 의결했다.[13] 국회는 이 법안을 표결에 부쳐 재석의원 197명 가운데 찬성 158명, 반대 6명, 기권 33명으로 가결 처리했다. 개정안은 현재 정년 60세가 권고사항으로 돼있던 것을 의무화하는 내용을 담았다. 근로자 300인 이상 사업장 및 지방공사·지방공단은 2016년 1월 1일부터, 근로자 300인 미만 사업장에 대해서는 2017년 1월 1일부터 각각 시행된다. 또한 정년을 연장하는 사업장은 여건에 따라 임금체계 개편 등 필요한 조치를 할 수 있도록 했다. 임금체계의 개편문제에 대해서는 노사가 협상을 벌이되 분쟁이 발생할 경우 노동위

---

8) 노동법률원 법률사무소 새날 대표 (h7420t@yahoo.co.kr), 매일노동뉴스, 김기덕의 다른 기사 보기
9) http://www.labortoday.co.kr/news/articleView.html?idxno=118161(2013.5.7)
10) 뉴스1 원문 기사전송 2013-04-30 16:14, 뉴스 기사 (서울=뉴스1) 김유대 기자
11) 공감 페이스북 트위터 인쇄 | 스크랩 |뉴스 전문 스크랩이 가능한 기사입니다.
12) http://news.nate.com/view/20130430n27167(2013.5.5)
13) 이투데이 원문 기사전송 2013-05-03 15:37, [이투데이/김희진 기자]

원회의 조정절차를 밟을 수 있게 했다.14)15)

5. 정년 연장법의 의미

　정년 연장법이 뭔가? 정년 퇴임을 좀 늦추는건가? 구체적으로 어떤 법인지 궁금하다.16) 기존의 임기를 더 늘려 연금 혜택을 최대한 활용할 수 있는 제도이다.17) 공무원이나 회사원의 직급과 종류에 따라 임기는 거의 다르지만 공무원은 60세로 잡고 회사원들은 50대 중후반으로 많이 잡는다. 그런데 퇴직 후 경제적인 활동거리를 찾지 못해 생활의 보장이 어렵다면 연금을 통해 조금이나마 보탬이 되어야 하는데 연금 수령 기간은 퇴사 이후 꽤 오래 잡아야 한다. 공무원은 그나마 퇴직 이후 공백기가 넓다 한들 연금 수령 나이가 가깝기에 몇 년 기다리지 않고, 혜택을 누릴 수 있지만(공무원 연금의 경우 2010년 이전의 경우 60세 수령, 이후는 65세로 잡음) 국민연금의 경우 65세 이후 수령이 가능하니 회사원 퇴직 이후 거의 10년동안의 기한이 생긴다. 그럼 경제활동을 하기 힘든 시기니 돈 벌기도 힘든다. 그래서 정년연장을 통해 경제활동 기간을 늘리고 노년 실업자들의 생활을 보장하는 주는 것이라 할 수 있다.

　안녕하세요. 답변드리면 현재 "고용상 연령차별 금지 및 고령자 고용촉진에 관한 법률" 제19조 정년에 의하면 "사업주가 근로자의 정년을 정하는 경우에는 그 정년이 60세 이상이 되도록 노력한다"는 권고수준에 불과한 법제를 2016년 1월 1일부터 공공기관과 300인 이상 사업장은 60세를 정년 의무화하고 그외 기업은 2017년부터 시행하는 것을 골자로 하고 있습니다.18)19)20)

---

14) [이투데이/김희진 기자(heejin@etoday.co.kr)], 프리미엄 경제신문 이투데이, 공감 페이스북 트위터 인쇄 | 스크랩 |뉴스 전문 스크랩이 가능한 기사입니다.
15) http://news.nate.com/view/20130503n19994(2013.5.5)
16) '1 / 2 원본보기 닫기　정년연장법인 뭔가요 ?　070**** 질문 2건 질문마감률100% 2013.04.30 15:13 1답변 2 조회 1,961
17) re: 정년연장법인 뭔가요 ? dica105 답변채택률82% 2013.04.30 15:35

6. 2017년에 전사업장 정년 60세 시행

국회 환노위 통과, 임금피크제도 여야 합의, 국회 환경노동위원회는 23일 법안심사소위를 열어 이같은 내용을 골자로 한 '정년 60세 연장법'(고용상 연령차별 금지 및 고령자 고용촉진에 관한 법률 개정안)을 여야 합의로 통과시켰다. 개정안에서는 '사업주는 근로자 정년을 60세 이상으로 정해야 한다'고 명시해 정년 60세를 의무 조항으로 규정했다.

특히 사업주가 정년을 60세 미만으로 정해도 정년을 60세로 정한 것으로 본다는 내용을 포함시켰다. 또 여야는 임금개편이 임금피크제와 같은 임금조정을 포함한다는 내용에 합의한 것으로 알려졌다. 임금체계 개편과정에서 노사간 의견이 일치하지 않아 분쟁이 발생했을 때 노동위원회에서 조정을 받을 수 있다.

개정안은 2016년 1월 1일부터 공공기관, 지방공사, 지방공단, 300인 이상 사업장에 적용되며 이듬해인 2017년 1월 1일부터는 모든 사업장으로 확대된다. 오히려 이렇게 된 것이 좋다고 생각한다. 비록 60세면 서서히 늙어 몸을 쓰기도 힘들 정도가 될지도 모르지만 요즘은 과학기술의 발달로 60세까지는 충분히 건강하고 일을 할 수 있는 나이이다. 노인들을 위한 복지기금을 늘리기 위해 젊은 사람들의 세금부담을 늘리기보다는 노인분들을 취직시켜 젊은이들의 세금부담은 줄이고 노인들의 생계걱정을 줄였으면 좋겠다.21)22)

---

18) re: 정년연장법인 뭘가요 ? thumb 답변채택률79.7% 2013.04.30 15:36
19) 직접작성 민경석(thumb), 태양신 채택 4648 (79.4%) 최근 받은배지 지식iN 10주년, 지식을 나누는 당신이 진정한 지식인! http://blog.naver.com/thumb
20) http://kin.naver.com/qna/detail.nhn?d1id=6&dirId=602&docId=171759899&qb=7KCV64WE&enc=utf8&section=kin&rank=2&search_sort=0&spq=0&pid=RivEUc5Y7uossbR/gjhsssssstl-346294&sid=UZDmXHJvLCoAAGU-JiE(2013.5.13)
21) unistar17 (2013-04-24 19:13:42)
22) http://mbceconomy.com/detail.php?number=4258(2013.5.13)

7. 60세 정년 연장 형평성 확보 보완책

'정년 60세 연장법'이 국회를 통과해 정년 연장의 큰 방향은 잡혔다. 인구 고령화가 세계에서 가장 빠른 우리의 현실을 감안할 때 정년 연장은 필연적이며 다소 늦은 감이 있다. 청년 일자리 부족이 사회문제로 부상한 현실을 도외시할 수 없지만 세계적인 정년 연장 추세를 보면 더 늦춰서도 안될 사안이었다. 하지만 이번 혜택에서 제외된 연령대에 대한 대안이 마련되지 않아 형평성 논란을 불러 일으키고 있다. 각종 후속 보완책이 요구된다.[23]

정년 연장법은 300명 이상의 사업장 등에서 2016년 1월부터 시행된다. 300명 미만 사업장에서는 그 다음 해 1월부터 적용된다. 하지만 55~58세가 정년인 사업장의 경우 1957~1960년생(300인 미만 사업장은 61년생까지)은 이번 혜택에서 제외된 상태다. 55세 정년 사업장의 경우 1960년생은 2015년까지만 일하지만 1961년생은 5년을 더하는 셈이다. 이같은 차별적 요소에 따른 좌절감이 크다고 한다. 50대 중장년층은 가정경제에서 중요한 때다. 자녀들의 대학 뒷바라지를 해야 하고 결혼도 시켜야 한다.

본인의 노후도 준비해야 한다. 고용노동부는 이같은 형평성 문제가 부각되자 후속 보완책을 검토하고 있다고 한다. 다음 달까지 관련 부처와 논의를 거친 뒤 시행령을 만들어 내년부터 시행하겠다는 방안이다. 후속안에는 임금피크제 도입 등 임금체계 개편안이 담길 것으로 예상된다.

이 법안을 대표발의한 새누리당 김성태 의원도 "사업장에서 유연성을 갖도록 고용부와 대안 마련을 논의할 것"이라고 밝혔다. 이들의 상당수가 퇴직 후 빈곤층으로 전락할 우려가 크다는 점에서 대안 마련은 적극 고려돼야 한다. 이들의 박탈감을 줄이는 방안은 얼마든지 있을 것이다. 임금피크제의 적용과 성과급제 도입 등은 그 대안이 될 수 있다.

---

23) [사설] 60세 정년연장 형평성 확보 보완책 서둘러라, 서울신문 원문 기사전송 2013-05-03 03:07

최근 정년 연장을 하면서 성과급제를 도입한 한국스탠다드차타드은행의 사례도 있다. 또 사업장내에서 이들을 활용할만한 직무도 적지 않다. 숙련된 기술과 노하우 전수 등이다. 고용에 따른 정부 지원금제도 도입도 뒤따라야 할 것이다. 이는 새 정부의 '고용률 70% 달성' 정책과 맞아 떨어진다. 청년 일자리 감소가 우려되지만, 그동안 마련해온 대책을 추진하면 큰 충돌은 피할 수 있다고 본다. 경제협력개발기구(OECD)의 연구 결과 장년층 일자리가 1% 늘면 청년 일자리가 0.2~0.3% 증가하는 것으로 나타났다. 일자리 성격이 달라 상생관계에 가깝다는 것이다.

최근 복지선진국에서는 연금 대신 일자리로 경제를 살리는 정책기조로 전환하는 추세다. 일자리 문제는 단순한 비용 차원에서 접근할 문제가 아니라는 말이다. 정부는 이들 국가의 성공적 임금체계 사례를 살펴 이번 법안에서 누락된 후속 보완책을 서둘러 내놓길 바란다.[24)][25)]

8. 60세 정년 시대, 청년 실업난 가중 여부

2016년부터 순차적으로 근로자의 정년을 60세 이상으로 연장하는 내용의 이른바 '정년 연장법'이 국회를 통과됨에 따라 한국 사회는 곧 '60세 정년 시대'를 맞게 됐다. 재계-노동계의 주장은 엇갈려 신규채용에 영향을 줄지 관심사이다. 근로자의 정년을 60세로 늘린 법이 국회를 통과함에 따라 한국 사회는 또 다른 변화의 정점에 섰다. 정년 연장은 민간부문의 고용안정성을 높여 빠른 고령화가 낳는 부작용을 푸는 해법이 될 것으로 보인다. 그러나 이는 저성장, 청년실업난, 비정규직 문제, 엷은 사회안전망 등이 옥죄는 지금의 현실에서 또 다른 계층간, 연령간 마찰의 빌미가 될 수 있다. 한마디로 잘쓰면 '약(藥)'이지만 섣불리 대응하면 '독(毒)'이라는 얘기다.[26)] 정년 연장에 따른 사회경제적인 변화를 진

---

24) 서울신문(www.seoul.co.kr)
25) http://news.nate.com/view/20130503n01301(2013.5.5)
26) 편집자주

단하고 바람직한 정년 연장의 방향 등을 조명하기로 한다. 사실상 정년을 60세까지 늘리는 법이 국회에서 통과됨에 따라 한국 사회는 곧 '60세 정년 시대'를 맞게 됐다.[27] 그러나 새 법안의 주요 수혜자인 50대가 차지한 양질의 일자리에 청년층의 진입이 어렵게 돼 가뜩이나 심각한 청년의 실업난 문제가 심화될 것이라는 우려가 나온다. 정부와 노동계는 청년 일자리와 50대 일자리가 '대체관계'가 아닌 '보완관계'라며 이런 우려를 일축하고 있지만 재계는 신입사원과 50대 직원의 연봉차이를 들며 청년의 신규채용에 한계가 있다는 입장이다.

1) 정년 연장, '최악' 청년 실업난에의 영향 여부

저성장의 늪과 일자리 대란 등 한국경제의 위기속에서도 가장 괴로운 것은 '청년'이다. 청년의 실업문제는 하루 이틀 일이 아니지만 최근 들어 더욱 악화일로를 걷고 있다. 2005년 이후 전체 취업자수는 글로벌 경제위기를 맞은 2009년을 제외하고는 꾸준히 증가했다. 그러나 청년층의 일자리는 매년 감소했다. 통계청 등에 따르면 청년층(15~29세)의 고용률은 2005년 44.9%를 나타낸 이후 지속적으로 하락해 지난해에는 40.4%까지 떨어졌다. 올해 상황도 좋지 않아 자칫하면 30%대로의 추락이 우려되는 상황이다. 가장 최근 발표된 3월 고용동향을 보면 전체 실업률은 3.5%지만 청년층의 실업률은 8.6%로 모든 연령층에서 가장 높다. 20대 취업자수는 3월 기준으로 11개월째 감소했다. 석달 연속으로 감소폭이 10만명을 웃돌았다. 모든 연령대중 가장 두드러지는 감소 폭이었다. 일자리 찾기가 어려워 다시 취업준비생으로 전락하는 사례도 부지기수다.

3월 취업준비자(취업준비와 취업목적의 학원·기관 수강)는 64만8천명으로 2010년 5월(67만4천명) 이래 가장 많았다. 구직을 아예 포기하거나 일자리를 구하더라도 아르바이트, 인턴, 계약직 등 비정규직 일자리를 구하는 경우도 많다. 이런 상황에서 '60세 정년 시대'에 돌입하면 일자리

---
27) 서울·세종=연합뉴스, 김범수 차지연 현혜란 기자

총량을 고려할 때 청년층이 새로 진입할 일자리가 줄어 청년 실업난이 더욱 악화될 것이라는 관측이 나온다. 한편으로는 50대가 주로 가진 직종과 기술수준이 20대와 달라 청년층 실업문제가 심각해지지는 않을 것이라는 분석도 있다. 세대별 일자리가 '보완관계'이기 때문에 서로 대체되는 성질이 아니라는 입장이다. 손민중 삼성경제연구소 연구원은 "어떤 측면에서 보느냐에 따라 다른 결론이 나올 수 있어 단언할 문제는 아니다"라고 말했다. 각기 다른 산업분야, 예를 들면 공기업과 민간기업 등의 구분에 따라 서로 다른 결과가 나올 수 있다는 것이다. 손 연구원은 "금융위기 이전에는 50대의 고용률이 높아지면 20대의 고용률이 떨어지는 마이너스(-)의 상관관계를 보였지만 이후에는 이 현상이 완화됐다"며 조심스러운 입장을 보였다. 정년 60세를 이미 시행하는 현대자동차 울산공장에서 60세인 이동길(오른쪽) 씨가 썬루프 장착작업을 하며 환하게 웃고 있다. 왼쪽 이원희 씨는 44세로 정년까지 16년이 남았다.

2) 정부·노동계, "정년 연장으로 청년 실업난 가중은 없을 것"

노동계는 정년 연장으로 인해 청년 실업난이 심화할 것이라는 우려에 대해 '대체관계'가 아니라며 반박했다. 한국노총 관계자는 "정년 60세 연장 의무화에 여야가 합의한 것은 의미가 있다"며 "정년 연장이 청년 취업을 저해할 수 있다는 것은 비용부담이 증가할 것을 우려한 대기업들의 논리"라고 말했다. 이창근 민주노총 정책국장은 "정년 연장으로 인해 청년 구직난이 심화할 수 있다는 우려가 나오지만 이론적으로나 경험적으로 봤을 때 청년 일자리와 정년 연장은 대체관계가 아니다"라고 밝혔다. 주무부처인 고용노동부도 고령층 취업자가 증가하면 청년층 취업자가 감소한다는 주장은 성립하지 않는다는 입장이다.

자료: http://www.yonhapnews.co.kr/bulletin/2013/05/04/0200000000AKR201305
04037500002.HTML?input=1179m(2013.5.5)

고용노동부의 한 관계자는 "정년 연장이 청년 실업난을 가중시키기 때문에 도입해서는 안된다는 논리는 설득력이 떨어진다"고 말했다. 실제로 한국노동연구원이 고용부로부터 의뢰받아 시행한 '정년 연장과 청년 고용'에 관한 연구결과보고서는 노동계와 정부의 이같은 입장을 뒷받침하고 있다. 보고서는 청년층 인구가 급속히 감소하는 상황에서 고령층 취업자가 증가하면 청년층 취업이 줄어든다는 세대간 고용대체 주장은 기각된다고 결론을 내렸다.

또 1994년 OECD(경제협력개발기구)가 청년실업을 줄이기 위해 조기퇴직 유인체계를 도입할 것을 권고했지만 프랑스 등 일부 회원국이 조기퇴직을 유도한 결과 사회재정의 부담만 가중시키고 청년실업 문제 해소에도 실패해 조기퇴직 권고를 폐기한 전례가 있다고 지적했다.

3) 재계의 "청년 실업난 가중 우려", 신입사원 채용규모 변화는 '신중'

정년 연장으로 인력운용에 큰 부담을 안게 된 재계는 좋은 일자리에 청년층 진입이 어려워질 수밖에 없어 실업난이 가중될 것이라는 예측을 내놓고 있다. 재계의 한 관계자는 "20년 근무자의 평균임금은 신입직원의 2~3배이기 때문에 청년 취업이 어려워지게 될 것"이라며 "이를 감안해 장년과 청년이 공생할 수 있는 임금피크제 등이 도입돼야 한다"고 말했다. 기업들은 법안이 국회를 통과한지 겨우 일주일이 지난 상황에서 향후 신입사원 채용규모를 예단하는 것을 조심스러워하는 분위기다. 한 대기업 관계자는 "신입사원의 수를 줄여야 할 정도로 정년 연장의 혜택을 받는 직원이 많지 않을 것"이라고 말했다. 반면 생산직 근로자의 신규채용은 한동안 줄어들 수 있다는 관측을 하는 기업도 있다. 기업들은 대체로 해당 법이 적용되는 2016년까지 2년 반이나 남았기 때문에 노사가 충분한 시간을 갖고 신규·기존 직원 모두 '윈윈'하는 방법을 모색하겠다는 입장이다.[28][29]

9. 60세 정년 시대, 대기업들의 임금체계 개편 모색

현대중공업 노조가 대기업 노조 차원에서는 처음으로 정년퇴직을 앞둔 조합원을 위해 퇴직지원 프로그램을 만들어 운영한다. 임금피크제를 둘러싼 노사갈등이 최대 이슈가 될듯하다.

정년 60세 연장법'이 2016년에 시행됨에 따라 남은 2년 6개월동안 대안을 내놔야 하는 일선 기업들은 발등에 불이 떨어졌다.[30] 정년 연장에 따른 경영부담을 줄이려면 임금피크제 도입과 함께 연공급 임금체계의 손질이 불가피하다는 입장이지만 노조와의 대립 등 난제가 산적해 고민

---

[28] bumsoo@yna.co.kr, charge@yna.co.kr, runran@yna.co.kr, 연합뉴스, 2013/05/05 06:01 송고
[29] http://www.yonhapnews.co.kr/bulletin/2013/05/04/0200000000AKR20130504037500002.HTML?input=1179m(2013.5.5)
[30] 서울=연합뉴스, 산업팀

스럽다는 반응이다. 재계의 한 관계자는 5일 "경영상 부담을 최소화하고 노사관계의 악화도 피하는 묘수를 찾기에는 2년 남짓한 시간이 빠듯하게 느껴진다"고 토로했다.

1) 정년 연장 대책관련하여 '감을 못잡는' 대기업들

대다수 기업은 정년 연장과 관련해 아직 공식적인 논의에 들어가지 못한 상태다. 법안이 국회를 통과한지 일주일밖에 되지 않은 이유도 있지만 수십년간 시행해온 임금체계를 뿌리부터 재검토해야 한다는 것도 부담스럽다. 당장 노조와의 협상 준비가 큰 숙제다. 10대그룹의 한 관계자는 "임금피크제를 시행하려면 노조와 협상을 해야 하는데 먼저 협상을 제의하는 게 좋은지, 어떤 안을 갖고 접촉을 해야 할지 잘 모르겠다"고 털어놨다. 임금체계와 함께 직무체계 개편이나 직급파괴 등도 고민해봐야 하지만 노조가 이를 순순히 협상 테이블에 올릴지 의문이라고 이 관계자는 덧붙였다. 사무·생산·서비스직 등 다양한 업종을 가진 한화그룹은 정년 연장에 대비한 임금체계 개편 검토에 착수했지만 그룹 창립 이래 수십년간 유지해온 제도라 어디서부터 손을 대야할지 난감하다는 반응이다. 한진그룹도 정년 연장의 보완책 마련에 대한 당위성을 인정하면서도 "사회적 분위기를 지켜보고 임금피크제 도입 등을 검토하겠다"며 논의를 미룬 상태다. 전자업계의 양대 산맥에 해당하는 삼성전자와 LG전자도 당혹스럽기는 매 한가지다. 삼성전자 관계자는 "제정된 법에 맞게 임금·인사정책을 개선하고자 관련 사항들을 면밀히 검토할 예정"이라면서 "준비하는데만 꽤 시간이 걸릴 것"이라고 전했다. 2008년 임금피크제 도입과 함께 정년을 55세에서 58세로 연장한 LG전자는 법 시행 직전인 2015년에 노사협의를 거쳐 구체적인 방안을 결정하겠다는 방침만 정한 상태. 현대차그룹의 경우 현대차는 2011년, 기아차는 작년 단체협상을 통해 정년을 기존 59세에서 1년 추가할 수 있도록 했지만 연장된 기간의 신분을 정규직으로 하느냐 혹은 비정규직으로 하느냐를 놓고 노조와 갈등을 빚고 있다. 한 대기업 관계자는 "1998년 정년 연장 시행에 앞서 4년간의 유예기간을 둔 일본과 비교하면 상대적으로 시간이 촉박한 편"이라며 "법 조항 자체를 바꿀 수는 없겠지만 정부가 나서서 기본적인 가이드라인이라도 설정해줘야 한다"고 짚었다.

2) 노사가 맞서는 '임금피크제' 쟁점

입법안은 정년 연장을 못박으면서 '사업장의 여건에 따라 임금체계 개편 등 필요한 조치를 할 수 있다'는 모호한 조항을 남김으로써 공을 노사 양쪽에 떠넘겼다.

〈현대중공업은 지난해부터 이미 정년 연장을 실시하고 있다. 지난해 퇴직 대상이었다가 정년이 연장된 패널조립부의 문익환(59) 씨는 "우리는 행운아"라며 "더 열심히 일하고 있다"고 말했다. 법안 입법을 놓고 첨예하게 대립하던 노사가 이제는 임금체계 개편을 놓고 맞서는 모양새다.〉
자료: http://www.yonhapnews.co.kr/bulletin/2013/05/03/0200000000AKR20130503207100003.HTML(2013.5.5)

가장 논란이 되는 부분은 정년을 연장하는 대신 해당 기간 임금을 삭감하는 임금피크제 도입이다. 재계에서는 임금피크제를 경영부담을 줄이기 위한 최소한의 안전장치로 본다. 오래 일할수록 임금을 더 받는 연공급제 임금체계에서 능률과 비용의 편차를 줄일 수 있는 그나마 실현가능한 방안이라는 것이다. 물론 노조측은 일에 대한 숙련도가 높은 만큼 정년 연장을 대가로 임금을 깎겠다는 것은 어불성설이라고 반박한다.

하지만 좀더 깊이 들어가면 문제가 조금 복잡해진다. 재계는 혹시 있을지도 모르는 노조측의 '몽니'를 가장 우려한다.

노사가 법 시행일인 2016년 1월 1일까지 임금피크제에 합의를 못보면 노조 바람대로 임금삭감없이 60세까지 정년을 보장받게 된다. 임금피크제 등 임금체계에 대한 개편은 선택사항이라서 법 시행에 아무런 걸림돌이 되지 않기 때문이다. 이는 기업이 상정하는 최악의 상황이다.

이 때문에 재계 안팎에서는 노조가 의도적으로 시간을 끄는 등 협상에 소극적으로 임할 수 있다는 우려가 제기된다. 이에 대해 한국경영자총협회 관계자는 "현대자동차 등 강성노조가 있는 사업장에서는 충분히 가능한 시나리오"라고 지적했다. 중소·중견기업의 경우 퇴직금 중간정산과 과도한 사내복지가 발목을 잡을 수 있다는 분석도 나온다. 정년이 연장되는 직원들은 임금피크제를 적용받기전에 퇴직금 중간정산을 선호할 수 있다. 퇴직금은 퇴직전 3개월의 평균임금에 근속연수를 곱해 산정되므로 임금피크제로 급여가 삭감되면 퇴직금도 그만큼 줄어들 것이기 때문이다. 하지만 재정적 여력이 없는 중소기업에서 고액의 퇴직금 수령자가 다수 발생하면 이를 감당하지 못할 가능성이 크고 노사갈등의 부메랑으로 되돌아올 수 있다. 아울러 사내 복지제도가 어느 정도 정비된 중견기업에서는 정년이 늘어난 고령 직원들에게도 똑같은 복지혜택을 제공해야 하므로 비용부담이 커질 수 있다는 우려가 나온다. 재계 관계자는 "노사가 본격적인 협상에 들어가기 전이지만 사업현장에서는 벌써 여러 우려의 목소리가 나오고 있다"며 "정부가 현장에 좀더 귀를 기울

여 정년 연장의 부작용을 최소화할 방안을 미리 강구해야 한다"고 주장했다.31)32)

10. 60세 정년 시대, 금융상품에도 변화 예상

　노후 대비 퇴직·개인연금시장 확대될 듯하다.33) 직장인들의 소득창출 기간이 늘어나는 만큼 노후 대비에 적합한 퇴직연금, 개인연금 등 연금상품시장이 크게 확대될 전망이다. 특히 은행, 증권, 보험사 등이 취급하는 퇴직연금은 직장인들이 연금을 납입할 수 있는 기간이 늘어나는 만큼 그 시장도 커지면서 확정기여(DC)형이나 개인형 퇴직연금계좌(IRP)가 새롭게 주목받을 것이라는 게 전문가들의 예상이다. 이는 기업들이 정년 연장과 맞물려 임금체계를 조정하는 과정에서 임금피크제 등을 도입하면 퇴직하는 해의 평균임금에 근무연수를 곱해서 연금을 지급하는 확정급여(DB)형이 불리하게 작용할 수도 있기 때문이다. 만일 정년 연장과 함께 임금피크제 등으로 임금을 깎이게 될 때는 퇴직금을 중간정산으로 받아 IRP에 넣거나 DB형 가입자라면 DC형으로 전환할 가능성이 높다. 현재도 임금피크제를 도입하는 기업들은 DB형에서 DC형으로 전환할 수 있게 하거나 퇴직금을 중간정산해줘 근로자들이 달라진 여건에 대응할 수 있게 한다. 김동엽 미래에셋 은퇴연구소 센터장은 "국민연금을 최대 5년 조기 수령할 수 있는 만큼 60세까지 퇴직연금 등으로 노후준비를 해 직장생활을 마무리하면 퇴직과 연금 수령 사이의 무소득기간을 뜻하는 '은퇴 후 소득 크레바스' 문제도 많이 완화될 것"이라고 기대했다. 퇴직연금과 함께 개인연금도 시장규모의 확대가 예상된다. 정성희 삼성경제연구소 수석연구원은 "정년 연장이 확산된다면 50대 중반

---

31) 연합뉴스, 2013/05/05 06:01 송고
32) http://www.yonhapnews.co.kr/bulletin/2013/05/03/0200000000AKR20130503207100003.HTML(2013.5.5)
33) 서울=연합뉴스, 경수현 김남권 기자

까지는 교육비 등으로 제대로 노후준비를 못하던 직장인들이 부족한 부분을 채우려고 개인연금에 더 많이 납입할 것"이라며 "특히 세제 비적격 개인연금에 대해 종전보다 더 관심이 늘어날 것"이라고 말했다. 이는 세제 적격 상품인 개인연금 저축의 연말정산 소득공제 혜택 한도가 연 400만원인 만큼, 그 이상 가입할 때는 소득공제 혜택이 없더라도 수급 때 이자분에 대해 비과세되는 세제 비적격 상품이 매력적일 수 있기 때문이다. 기본적으로 정년 연장은 가계소득의 증가요인이 되고 개인들의 금융상품 가입 여력이 늘어나는 만큼 노후 대비용 금융상품 시장이 더 커지고 자산관리사 등 금융컨설팅 서비스도 활성화하는 데 기여할 것으로 전문가들은 보고 있다. 같은 연구소의 김정근 수석연구원은 "일본에는 노인요양원 비용을 대기 위한 보험도 있다"면서 이처럼 예상했다. 양은희 한국투자증권 은퇴설계연구소 연구위원도 "베이비붐 세대의 은퇴를 대비하는 상품들이 더욱 많이 나올 것"이라고 내다봤다. 금융사들은 이미 노후 대비 수요를 노린 다양한 금융상품들을 팔고 있으며 시장확대를 기대하여 이에 대한 마케팅을 강화하고 있다. 신한금융투자는 지난 3월 은퇴전용 자산관리 서비스인 '신한 Neo50 플랜'을 출시했으며 미래에셋증권[037620]은 올해 초 고객이 직접 관리하는 은퇴설계시스템 'My 은퇴플래너'를 홈페이지에 개설했다. 국민은행은 이른바 은퇴 후 소득 크레바스 기간에 대비하는 가교형 상품으로 목돈을 예치하면 매달 원리금을 지급하여 고객이 생활자금으로 쓸 수 있게 하는 `KB 골든라이프예금'을 지난 3일 출시했다.34)35)

11. 60세 정년 시대, 소득공백기 줄어 노후불안 덜어

건강보험료 부담 줄고 은퇴시기 맞춰 연금받고 금액도 늘어난다36) 24

---

34) evan@yna.co.kr, 연합뉴스, 2013/05/05 06:01 송고
35) http://www.yonhapnews.co.kr/bulletin/2013/05/03/0200000000AKR20130503189300002.HTML(2013.5.5)

살, 20살 자녀 두 명을 두고 50세 부인과 함께 경기도 하남에 사는 올해 53세의 이 모 씨는 작년까지만 해도 월 293만4천원의 봉급을 받으며 직장에 다녔다. 당시에는 건강보험 직장가입자로 월 8만6천400원의 건강보험료만 냈다. 급여총액의 5.89%(2012년 기준)를 건강보험료로 내는데, 직장가입자여서 회사가 절반(2.945%)을 부담했기에, 자신은 나머지 절반(2.945%)만 나눠 내면 됐다. 하지만, 이 씨는 현재 퇴직 후 마땅한 소득이 없는데도 지역가입자로 전환되면서 건강보험료로만 매달 16만1천470원을 내고 있다. 직장에 몸담고 있을 때보다 거의 배에 가깝다. 지역가입자로 바뀌면서 건강보험료 부과기준이 소득, 재산, 자동차 등으로 변경돼 거의 유일한 재산인 한 채의 주택(1억5천480만원)과 자동차 한 대에 꼬박꼬박 건강보험료가 매겨지기 때문이다. 그렇지만 이 씨의 정년이 늦춰져 60세까지 직장생활을 계속한다면 어떻게 될까. 이 씨가 건강보험 직장가입자 자격을 60세까지 유지하면 7년간 매달 7만5천70원의 건강보험료를 줄여 결과적으로 정년연장으로 총 630만5천880원의 건강보험료 부담을 덜게 된다. 이처럼 정년 60세 의무화는 자녀를 돌보느라 정작 자신의 노후는 제대로 준비하지 못했던 베이비붐 세대의 불안과 경제적 짐을 조금이나마 덜어줄 것으로 보인다. 건강보험료 뿐 아니다. 퇴직 시기가 뒤로 미뤄지면서 소득활동 기간이 그만큼 더 늘어난다. 이에 따라 은퇴 후 소득없이 지내는 기간이 줄어들어 노후 대비에 숨통이 트이게 됐다. 1차 베이비붐(1955~1963년생) 세대의 평균 퇴직연령은 53세다. 정년이 늘면 이들은 최대 7년간 추가소득을 올릴 수 있다. 특히 대표적 공적 노후소득 안전망이라 할 수 있는 국민연금제도의 혜택을 누릴 수 있을 것으로 보인다. 직장 근무기간이 늘면서 국민연금 직장가입자로서 늘어난 가입기간동안 연금보험료를 더 부을 수 있기 때문이다. 국민연금은 낸 보험료가 많을수록 그리고 가입기간이 길수록 더 많이 받는다. 이를

---

36) 서울=연합뉴스, 서한기 기자

테면 월 소득 230만원인 31세 직장인이 있다고 치자. 그리고 이 직장인이 작년 1월 최초로 국민연금에 가입한 이후 직장생활을 25년 하고 퇴직했다고 가정하자. 그러면 현행 국민연금제도 아래서 이 직장인이 65세에 받을 예상연금액은 56만원이다. 그러나 정년연장으로 5년을 더 일하게 되면 예상수령액은 월 67만원으로 늘어난다. 여기에다 은퇴시기와 국민연금수령 시기를 엇비슷하게 맞출 수 있게 된다. 이에 따라 이른바 '은퇴 크레바스'(Crevasse: 빙하가 갈라져서 생긴 좁고 깊은 틈)를 탈출하는 데 한결 유리한 상황이 만들어진 것도 정년 연장의 효과다. 실제로 2013년 현재 61세인 국민연금 수급연령 시기는 정년 60세가 되면 별 격차가 없다. 국민연금 수급연령이 이후 5년마다 1세씩 늦춰져 2033년에는 65세에 이르러서야 국민연금을 받게 되지만 정년이 늘어나는 만큼 공백기가 줄어든다. 국민연금공단 산하 국민연금연구원의 김헌수 연구위원은 "연금가입자 처지에서 정년 연장은 가입기간이 늘면서 덩달아 연금수령액도 늘어나기 때문에 바람직한 일"이라고 말했다. 하지만 정년 연장으로 연금가입자의 혜택이 늘어나는 만큼 국민연금기금을 관리·운영하는 재정적 측면에는 악영향을 미칠 수 있다는 우려가 나온다.

　정년 연장으로 가입기간이 늘어나 더 많은 보험료를 내는 만큼 돌려줘야 하는 돈도 그만큼 커지기 때문이다. 게다가 이른바 '조기노령연금' 수급자가 줄고, 그 대신 정상 노령연금이나 연기연금을 받는 경우가 늘어날 것으로 보여 연금재정관리에는 부담으로 작용할 수 있다. 조기노령연금은 퇴직 후 소득활동 중단으로 줄어든 생활비에 보태고자 연금을 앞당겨서 미리 받는 것을 뜻한다. 가입기간이 10년 이상인 가입자가 소득활동에 종사하지 않는 경우 연금을 5년 앞당겨 받을 수 있는 제도다.

　다만, 조기노령연금을 받으려면 받아가는 연금액이 30% 깎이는 것을 감수해야 한다. 정상 노령연금은 말 그대로 정상적인 수급연령시기(2013년 61세)에 연금을 받는 것을 말하며, 연기연금제도는 연금의 수급개시 시기를 최대 5년 늦추고 1년에 7.2%씩 최대 36% 늘어난 연금액을 받는 제도다. 최근 어려운 경제상황을 못견디어 조기노령연금 수급자는 꾸준히 늘었다. 2012년말 기준 32만3000명이 조기노령연금을 받았다. 조기노령연금을 받는 수급자가 많으면 국민연금공단으로서는 받은 보험료보다 더 적게 연금액을 줘도 되기에 손해보는 장사는 아니다. 그러나 정년이 60세로 연장되면 노동시장에 더 오래 머물게 되면서 조기노령연금 신청자는 줄어들 것으로 예상된다.37)38)

12. 60세 정년 시대, 중소기업계 막막·혼선·우려 교차

정부는 임금조정·생산성·신규채용 감소대책 내놔야 한다.39) 중소기업계는 2016년까지 단계적으로 정년을 60세로 연장하는 '정년 연장법'에 대해 현실적인 어려움을 호소하고 있다. 이에 따라 정부가 임금피크제 도입 등 임금체계 개편을 주도하고 고령 직원들의 교육·훈련과 신규채용에 필요한 재원을 지원해야 한다는 입장이다.

1) 임금조정없는 정년 연장은 인건비 부담만 키워

중소기업계는 법안에 임금체계 개편에 대한 구체적인 내용이 명시되지 않아 임금조정을 두고 노사간 갈등이 불거질 수 있다고 우려했다. 전현호 중소기업중앙회 인력정책실장은 "직원들을 더 데리고 있으려면 임금피크제 적용이나 급여 삭감을 해야 하는데 누가 좋아하겠느냐"며 "임금조정은 논란이 불가피해 정부가 주도적으로 이끌어야 한다"고 지적했다. 백필규 중소기업연구원 박사도 "임금피크제도 중요하지만 우선 임금수준과 생산성을 일치시켜야 한다"면서 "법안이 정년연장만 보장하고 임금체계 개편에 대한 강제력이 없어 노조가 반대하면 갈등이 일어날 수 있다"고 말했다. 중소기업들은 당장 코앞에 닥친 정년 연장에 대비해

---

37) shg@yna.co.kr, 연합뉴스, 2013/05/05 06:01 송고
38) http://www.yonhapnews.co.kr/bulletin/2013/05/03/0200000000AKR20130503122500017.HTML(2013.5.5)
39) 서울=연합뉴스, 김동현 기자

임금체계와 직급구조를 어떻게 바꿔야 할지 몰라 혼선을 빚고 있다. 한 중견 제조업체 인사담당자는 "임금피크제를 적용할 수 있는지 또 적용하면 어떤 방법으로 해야 하는지 알아보고 있는데 아직 고지가 안됐는지 관련 규정을 못찾았다"며 "아무런 가이드라인이 없어 어떻게 준비해야 할지 막막하다"고 호소했다. 다른 중소 제조업체 인사담당자도 "임금체계 등 시행과 관련된 부분을 법으로 강제하기보다는 가이드 라인만 제공해 근로자와 사용자가 유연하게 접근할 수 있게 해달라"고 요구했다.

하지만 정년연장으로 얻는 효과가 인건비 부담을 상쇄한다는 주장도 적지 않다. 지난 2010년부터 사실상 정년을 없앤 한 의류업체 인사부장은 "나이 든 직원들의 노하우가 늘어나는 인건비 이상으로 회사에 도움이 되는 데다 젊은 직원들도 고용안정에 대한 고민이 없어 더 의욕적으로 일하는 효과가 있다"고 설명했다.

2) "'나이 들면 일 못한다'는 기업의 우려 덜어줘야"

중소기업 관계자들은 정년 연장이 기업경영에 부담을 주지 않으려면 직원들의 생산성을 높여 임금과 생산성의 괴리를 줄여야 한다고 지적했다. 전 실장은 "정년을 앞둔 직원들에게 나이가 들어도 잘할 수 있는 일을 찾아주거나 교육·훈련으로 생산성을 높이지 않으면 기업 전체의 생산성이 떨어질 수 있다"고 경고했다. 백 박사도 "중소기업은 여력이 없고 키워봤자 도망간다는 생각에 인재육성을 소홀히 해왔는데 계속 이러면 대기업과 격차가 커질 수밖에 없다"며 "중소기업이 인재육성을 제대로 할 수 있도록 정부가 지원해야 한다"고 제안했다. 그러나 한 중소기업 관계자는 "회사가 나이 든 직원들이 가진 장점을 키우거나 표출시키지 못해서 생산성이 떨어진다는 말이 나오는 것"이라며 "교육이나 인사제도를 통해 이들이 가진 경험과 노하우가 생산성으로 연결되어야 한다"고 지적했다. 중소기업들은 정년 연장으로 늘어나는 인건비 부담이 신규 채용 감소로 이어질 수 있는 것도 우려하고 있다. 한 제조업체 인사담당자는 "정년이 큰 의미가 없는 사무직종은 크게 달라지는 것이 없겠지만 대부분 정년까지 일하는 생산직은 신규채용에 영향이 있을 것"이라며 "생산직에 지원하는 고졸·전문대졸 일자리가 줄어들 가능성이 크다"고 말했다. 다른 중소기업 인사관계자도 "안 그래도 중소기업들은 젊은 인력을 구하기가 쉽지 않은데 정년 연장으로 신규인력을 채용할 여력마저 줄어들면 중소기업의 인력구조는 갈수록 노령화할 것"이라고 지적했다.

한 중견 의류업체 인사부장은 "정년 연장으로 늘어나는 인건비 부담을 정부가 일정 부분이라도 지원해준다면 그 재원을 갖고 신규채용을 늘릴 수 있을 것"이라고 밝혔다.40)41)

13. 60세 정년 시대, 고령자 껴안는 문화 정착

"고령 노동자에 대한 사회·직장내의 인식 바뀌어야"42) "지금 대학생들은 취직이 어렵다고 하지만 그들의 등록금은 부모들이 내준겁니다. 젊은 사람들의 일자리가 없으니 나이 든 사람들더러 나가라고 한다면 결국 그 젊은이들의 부모가 실직하게 되는겁니다." 대기업에 다니는 정 모(52)씨는 요즘 심경이 복잡하다. 정년 연장 입법으로 더 오래 일할 기회가 생겼지만 사내 분위기는 그리 녹록치 않기 때문이다. 정년 연장 소식이 전해진 이후 후배들이 모이기만 하면 "위로 갈수록 바늘구멍"이라고 수군거리는 모습이 부쩍 눈에 띄었다. 수십년간 누구보다 열심히 일해 지금의 위치까지 왔지만 눈치가 보이는 건 어쩔 수 없다. 정 씨가 다니는 회사는 정년까지 채우고 나가는 이가 많지 않다. 그는 "내가 속한 파트는 600명 규모이지만 지금껏 정년을 채우고 나간 사람은 10명이 채 안 된 것으로 기억한다"고 말했다.

---

40) bluekey@yna.co.kr, 연합뉴스, 2013/05/05 06:01 송고
41) http://www.yonhapnews.co.kr/bulletin/2013/05/03/0200000000AKR20130503088500030.HTML(2013.5.5)
42) 서울=연합뉴스, 김지헌 기자

사실 회사에서 주기적으로 시행하는 '희망퇴직'을 지원해도 크게 나쁠 것은 없다. 퇴직금에다 정년까지 남은 기간의 월급도 얹어 주는 괜찮은 조건이다. 그래도 정 씨는 "돈 문제가 아니라 노는 것보다는 일하는 게 낫다"고 말한다. 아직 신체가 건강한 만큼 일을 해서 정당한 노동의 대가를 얻고 싶다는 것이 정 씨로 대변되는 정년을 앞둔 중장년들의 바람이다.

정년 연장 논의가 시작된 이래 일자리를 둘러싼 세대간 갈등은 끊이지 않았다. 정년 연장으로 일하는 고령층이 늘수록 젊은층의 노동시장 진입 기회가 줄어든다는 논리다. 다른 한편으론 정년퇴직하는 근로자는 소수에 불과한 게 현실이다. 이런 상황에서 전문가들은 단순히 법적으로 정년을 연장하기만 해서는 현실적 변화로 이어지기 어렵다고 지적한다.

나이가 들수록 늘어나는 임금에 따른 기업의 부담 증가는 논외로 하더라도 기업의 경직된 위계적 조직질서와 직무구조를 개선하지 않고서는 정년 연장의 현실화를 기대하기 어렵다는 것이다. 이철희 서울대 경제학부 교수는 5일 "45세 이상 임금근로자중에서 10% 정도만 정년퇴직하는 것을 볼 때 법적 정년 연장의 혜택을 받아서 더 오래 일할 수 있는 사람은 사실상 소수"라며 "기업의 직무구조가 경직된 탓에 나이가 들면 마땅히 갈 자리가 없어지는 데서 조기퇴직 문제가 생긴다"고 말했다. 이 교수는 "나이에 따라 직무가 결정되는 현재의 구조가 완화되지 않는 한 정년 연장의 실질적 혜택이 확산되기는 어렵다"고 지적했다. 한국노동연구원의 한 보고서도 "정년 연장을 순탄하게 진행하려면 위계적인 조직문화의 근본적인 변화를 유도하려는 정책적인 노력이 필요하다"고 밝혔다. 주명룡 대한은퇴자협회 회장은 "청년층과 중장년층의 업무는 영역이 다르므로 세대간 고용대체 가능성은 작다"며 고령노동자에 대한 사회인식 문제를 제기했다. 고령층을 젊은층의 일자리를 뺏기만 하는 존재로 봐서는 곤란하다는 의미다. 전문가들의 의견은 늘어난 정년 제도가 제대로 정착하려면 사회와 직장내에서 고령 노동자들을 끌어 안을 수 있어야 한다는 쪽으로 수렴한다. 고령화 사회에서 불가피한 변화인 만큼 고령층에 대한 직장내에서의 인식 개선이 선행돼야 한다는 지적도 적지 않다. 이창근 민주노총 정책국장은 "고령노동자에 대한 편협한 시선을 바꿔야 한다"며 "경험적·이론적으로 젊은층과 고령층의 고용은 중첩되지 않는 만큼 직업 현장에서도 고령층 노동인구에 대한 인식을 개선할 필요가 있다"고 제안했다. 향후 전체 노동력의 15~20%를 차지할 고령층이 소외된 경제사회구조는 생각하기 어렵다는 설명이다. 주명룡 회장도 "사회 초년병도 언젠가 정년 연장의 혜택을 받을 것인 만큼 이해득실에 양면성이 있다"며 "제도 개선과 더불어 직장내에서도 고령층을 마냥 배척할 게 아니라 더욱 폭넓은 시각을 갖고 함께 가려는 문화의 형성이 필요하다"고 말했다.43)44)

14. 60세 정년 시대, "고마워서 더 열심히 일하죠"

60세 정년 시대에서 "우리는 행운아"45) 현대중공업은 지난해부터 이미 정년 연장을 실시하고 있다. 지난해 퇴직 대상이었다가 정년이 연장된 패널조립부의 문익환(59) 씨는 "우리는 행운아"라며 "더 열심히 일하고 있다"고 말했다.46) "60세까지 일할 수 있는 우리는 행운아입니다. 회사가 고마워 더 열심히 일하죠." 작년 정년 연장을 앞당겨 실시한 울산시 동구 전하동 현대중공업의 조선사업본부 야드는 요즘 한창 분주하다.

곳곳에 우뚝 선 100m 높이의 골리앗 크레인이 쉴새없이 움직이고 선박블록 운반차들이 비상벨을 울리며 오가는 현장에는 그야말로 활기가 넘친다. 패널조립부의 문익환(59) 씨는 젊은 동료와 연방 파란 불꽃을

---

43) jk@yna.co.kr, 연합뉴스, 2013/05/05 06:01 송고
44) http://www.yonhapnews.co.kr/bulletin/2013/05/03/0200000000AKR20130503214100004.HTML(2013.5.5)
45) 울산=연합뉴스, 장영은 기자
46) 2013.5.5 <<지방기사 참고>> young@yna.co.kr, 현대중공업, 작년부터 정년연장…애사심·작업효율 향상

튀기며 용접에 여념이 없다. 현장에 놓인 컨테이너 크기만한 수백개의 선박블록안에 1~2명씩 들어가 용접작업을 하고 있다. 문 씨는 지난 1981년 입사해 올해로 33년째 같은 부서에서 일하는 '용접 달인'이다. 만 58세가 된 작년에 퇴직했어야 하지만 지난해 7월 노사가 임금·단체협약에서 정년을 60세까지 연장하기로 합의함에 따라 2년 더 근무하게 되었다. 그와같은 1954년생으로 노사합의가 아니었으면 지난해 퇴직했을 이 회사 직원은 900여명에 이르는 것으로 알려졌다. 현대중공업은 지난해부터 이미 정년 연장을 실시하고 있다. 지난해 퇴직 대상이었다가 정년이 연장된 패널조립부의 문익환(59) 씨는 "가족이 모두 좋아한다"고 말했다. 이 회사 노사는 지난 2008년 '정년 후 계약제도'를 도입해 정년(당시 58세) 후 1년 더 일할 수 있는 길을 먼저 텄다.47) 그리고 4년 후인 지난해에 정년을 60세까지 연장하는 합의안을 이끌어낸 것이다. "정년연장 소식을 들었을 때 나와 가족들이 너무 기뻐했다"고 문 씨는 말했다.

'나이가 들어 일이 힘들지 않느냐'는 질문에 "몸과 마음이 아직 젊다. 지금 같으면 70·80세까지도 일만 시켜준다면 얼마든지 할 수 있다"고 자신감에 차 있었다. 건조1부에서 일하는 장길수(59) 씨도 지난해 말 퇴직 대상자였다. 그는 정년 연장 후에 신바람이 났다. 현대중공업은 지난해부터 이미 정년 연장을 실시하고 있다.48) 건조1부의 장길수(59) 씨는 "정년 60세까지 일할 수 있어 너무 좋다"고 말했다.49) 장 씨는 "요즘처럼 경기가 어려운 때에 정년 연장이 웬 말이냐. 그저 고마운 마음 뿐"이라며 기쁜 표정을 감추지 않았다. 올해로 32년째 근무하는 장 씨는 정년 연장 후 출근시간이 빨라졌다고 한다. 울산 북구 매곡동에서 버스로 출퇴근하는 그는 오전 7시전에 회사에 나와 일을 시작한다. 젊은 동료로부터 '꼰대' 소리를 듣지 않고 더 열심히 하는 모습을 보여주기 위해서다.

---

47) 2013.5.5 <<지방기사 참고>> young@yna.co.kr
48) 60세 정년시대, "정년 60세 행복해요", (울산=연합뉴스) 장영은 기자
49) 2013.5.5 <<지방기사 참고>> young@yna.co.kr

회사측은 정년 연장 혜택을 받은 직원들은 젊은 근로자들보다 더 열정적이고 활기에 차 있다고 전했다. 박명구 차장은 "나이가 든 직원들은 평일은 물론 주말에도 회사에서 특근이 필요할 때 언제라도 자청한다"고 귀띔해 주었다. 요즘의 젊은 근로자들은 퇴근 후나 주말이면 가족·친구들과 함께 시간을 보내며 즐기기 위해 특근을 꺼리지만 나이 든 직원들은 가족보다 회사의 일을 먼저 생각하는 사명감이 있다는 것이다.

자료: http://www.yonhapnews.co.kr/bulletin/2013/05/03/0200000000AKR20130503165000057.HTML(2013.5.5)

현대중공업은 지난해부터 이미 정년 연장을 실시하고 있다. 정년 60세까지 일할 수 있게 된 건조1부의 장길수(59) 씨는 "정년을 연장해준 회사가 고맙다"며 하루 하루 즐거운 마음으로 일하고 있다. 이 때문에 현대중공업 사내협력업체들은 원청업체에서 퇴직하는 근로자들을 적극 채용하고 있다.50) 30년 이상 선박건조 등 현장에서 일한 노하우를 활용하면 작업능률을 훨씬 높일 수 있고 퇴직자를 고용하는 것이어서 임금부담도 덜 수 있기 때문이다.

　현대중공업은 이처럼 다른 기업보다 한 발짝 앞선 정년 연장으로 직원의 애사심과 작업효율을 높이는 1석 2조의 효과를 얻었다고 자체적으로 평가하고 있다. 정년 연장에 따른 임금부담은 59세부터 개인별 직무 환경 등급에 따라 일부 조정하는 방법으로 해결했다. 노사의 이같은 윈-윈 전략으로 청년 일자리 창출도 계속할 수 있게 되었다. 현대중공업은 지난해 2천300여명을 신규 채용했다. 올해도 비슷한 규모의 청년을 채용할 계획이다. 정영욱 노조 정책기획실장은 "지난해 정년 연장에 합의하자 모든 직원이 환영했으며 현장에 새로운 활력이 넘치게 됐다"며 "노사는 이에 그치지 않고 정년퇴직 후에도 건강한 삶을 살아갈 수 있도록 퇴직지원 프로그램을 운영할 계획"이라고 소개했다.[51)52)]

---

50) 2013.5.5 <<지방기사 참고>> young@yna.co.kr
51) young@yna.co.kr, 연합뉴스, 2013/05/05 06:01 송고
52) http://www.yonhapnews.co.kr/bulletin/2013/05/03/0200000000AKR20130503165000057.HTML(2013.5.5)

제2장 외국의 정년 연령과 내용

1. 프랑스는 정년 62세로 연장했다가 다시 60세로 환원

　재정고갈의 정부 '연장 추진' vs 노동자의 '복지축소' 반대[53] 프랑스의 정년은 현재 우리 정부가 추진중인 것과 동일한 60세다. 지난 2010년 니콜라 사르코지 전 대통령이 재정위기를 타개하기 위한 연금개혁 입법을 통해 60세이던 정년을 62세로 2년 늘렸지만, 지난해 집권한 프랑수아 올랑드 대통령이 다시 2년을 줄이면서 60세로 환원시켰다. 연금제도와 뗄레야 뗄 수 없는 관계인 프랑스 근로자들의 정년은 다소 복잡한 역사를 갖고 있다. 1981년 당시 사회당 출신인 프랑수아 미테랑 전 대통령은 65세이던 퇴직연령을 60세로 5년이나 낮췄다. 그러나 정년이 한꺼번에 5년이나 줄면서 연금 수급 연령도 함께 낮아지자 연금은 급격히 소진되기 시작했다. 결국 연금고갈에 따른 재정위기를 맞게 되자 2010년 우파인 사르코지 전 대통령은 노동계의 강력한 반발을 무릅쓰고 정년제도를 다시 손질, 29년만에 2년 늘리는 조치를 취했다. 하지만 지난해에 정권을 잡은 좌파 사회당 소속 올랑드 대통령은 이를 2년만에 제자리로 돌려놓았다. 올랑드 대통령이 정년을 60세로 줄인 계층은 10대 때부터 일을 시작한 육체 노동자들로서 전체 대상자의 17% 정도밖에 되지 않지만, 정년이 60세로 환원됐다는 데에는 아무도 이의를 달지 않는다. 프랑스의 정년을 한마디로 말한다면 '연금을 100% 받게 되는 나이'를 산정하는 기준이라고 할 수 있다. 정년이 60세이면 연금 100% 수급 연령이 65세가 되고, 정년이 62세가 되면 완전 연금을 받을 수 있는 나이는 67세로 늦춰진다. 정년이 연장되면 완전 연금 수급 연령이 그만큼 늦어지는 셈이다.

---

53) (파리=연합뉴스) 김홍태 특파원

2010년 프랑스 노동계가 사르코지 정부의 정년 연장을 골자로 하는 연금개혁법안 입법에 기를 쓰고 반대한 이유가 바로 여기에 있다. 단순히 봤을 때 프랑스 노동자들로서는 '일을 할만큼 하고 이제 쉬고 싶은데 왜 일을 더 시키려고 하느냐'며 반발하는 것이라고 할 수 있다. 이처럼 정년에 따라 연금액수가 정해지기 때문에 퇴직연령을 둘러싼 셈법도 그만큼 복잡해진다. 현재 정년은 1951년 7월 1일 이전 출생자의 경우 60세이지만, 1951년 7월 1일 이후 출생자는 60세 4개월, 1952년 1월 1일 이후 출생자는 60년 9개월 등으로 늘어나다가 1955년 이후 출생자부터는 모두 62세로 정해져 있다. 프랑스는 평균수명이 여성 85세, 남성 78세로 수명 연장으로 인해 국가의 연금 지급 부담이 급격히 증가하는 국가에 속한다.

　프랑스에서 최근 몇년 사이에 정년 연장 논란이 불거진 이유는 인간의 수명이 연장되면서 국가가 연금을 지급해야 하는 기간도 그만큼 늘어났지만 글로벌 경제위기로 이를 보장하는 국가의 연금은 고갈이 되고 있기 때문이다. 우리나라는 정년 연장이 복지 확대의 의미를 갖고 있지만, 재정고갈로 긴축을 해야 하는 프랑스로서는 연금 수급연령을 늦춤으로써 우리와는 달리 복지를 축소하는 의미라고 할 수 있다. 현재 프랑스 집권당인 사회당에서 보면 수년째 계속되는 글로벌 경제위기로 정부의 재정이 고갈되고 있어 정년 연장을 추진해야 할 입장이지만, 지난해 대통령선거 때 정년 환원을 공약으로 내걸어 승리했기 때문에 아주 부담스런 상황이다. 최근 올랑드 대통령을 비롯한 정부 인사들로부터 현재의 연금시스템을 재검토해야 한다는 이야기가 조심스럽게 불거져 나오는 이유다. 올랑드 대통령은 지난 2월 기자회견에서 올해 성장률 목표를 하향 조정할 것임을 시사하면서 "연금을 붓는 기간을 늘릴 필요가 있다"고 언급했고, 한달 후 장마르크 애로 총리도 연금 적자가 너무 심각하다며 연금제도 개혁의 필요성을 지적했다. 다만 애로 총리는 연금제도를 손질하되 정년은 건드리지 않는 방안을 검토하겠다는 입장을 밝혔다. 프랑스

기업들의 입장에서 볼 때 정년 연장은 그다지 반가운 것이 아니라고 경제학자들은 설명한다. 정년이 연장되면 정부로서는 연금문제를 해결할 수 있는 기회가 생기지만 기업들로서는 나이 든 직원에게 계속 많은 월급을 지급해야 하고 그에 따라서 그 기간만큼 젊은 인재들을 뽑을 수 없다는 논리를 내세운다. 프랑스 경제학자 자크 부르기뇽은 그러나 "최근 정년 연장과 청년실업간에 별다른 상관관계가 없다는 보고서들이 잇따라 발표되고 있어 기업들로서는 이에 대한 반발도 쉽지 않은 상황"이라고 말했다.54)55)

2. 60세 정년 시대의 중국, 노령화로 65세 연장 검토

"양로보험만 늦게 받는다"면서 반발 거세 공론화 시간 걸릴듯하다.56) 중국도 노령화 등에 따라 퇴직연령의 연장을 검토하고 있다. 중국의 현재 퇴직연령은 남자가 60세, 여자는 50세(간부는 55세)다. 중국 정부는 퇴직연령을 남녀 모두 65세로 늦춰 노동인구 감소를 최대한 막겠다는 복안이다. 중국 인력자원 및 사회보장부의 인청지(尹成基) 대변인은 지난 4월 기자 브리핑에서 인구구조 변화, 사회보장비용 증가 등 종합적인 상황을 감안해 퇴직연령을 늦추는 방안을 검토하고 있으며 정책이 결정되면 신중하게 추진할 것이라고 밝혔다. 중국이 정년 연장을 검토하는 주된 이유는 노령화에 따른 노동력 감소에 대비하고 양로보험(연금보험)의 재정부담을 축소하기 위해서다. 중국의 60세 이상 인구는 올해 2억명을 넘어 연말께 전체 인구의 14.8%를 차지할 것으로 예상된다. 또 60세 이상 인구는 매년 800만명 이상 늘어나 2050년엔 인구 3명중 1명꼴로 노인 비중이 높아질 것으로 추산된다. 중국은 지난 2011년 노동인구가

---

54) hongtae@yna.co.kr, 연합뉴스, 2013/05/05 06:02 송고
55) http://www.yonhapnews.co.kr/bulletin/2013/05/02/0200000000AKR20130502002400081.HTML?input=1179m(2013.5.5)
56) (베이징=연합뉴스) 신삼호 특파원

처음으로 감소하면서 노동인구 증가에 따른 경제성장을 의미하는 '인구 보너스'가 마이너스로 돌아섰다. 중국이 추진하는 내수확대를 통한 경제성장 전략의 전제조건중의 하나가 돈을 벌 수 있는 노동인구가 많아져야 한다는 점을 고려하면 자연적 추세에 따른 노령화는 어쩔 수 없다고 치더라도 노동인구 감소는 기필코 막아야 하는 것이다. 노인인구 증가에 따른 양로보험 등 사회보장 지출 확대도 중국이 당면한 주요 과제다. 중국의 양로보험은 수령자가 많아지면서 이미 적자구조로 돌아섰다. 노인 수가 급격히 늘어나는 추세여서 적자폭도 기하급수적으로 늘 것으로 예상된다. 중국사회과학원은 '중국 양로보험 발전보고서'를 통해 작년 중국 14개성이 767억위안의 적자를 냈다고 밝혔다. 중국 정부로서는 퇴직연령을 연장하면 양로보험 기여금은 더 많이 받을 수 있는 데다 수급 개시 시기를 늦출 수 있다는 점에서 양로보험 문제를 정년 연장으로 해결하려는 유혹을 이기지 못하고 있다. 하지만 중국인들은 퇴직연령의 연장에 반대하고 있다. 중장년층은 연금을 받으면서 편안한 노후를 보낼 수 있는데 정년을 연장하면 계속 일을 해야 한다며 반대한다. 또 비교적 젊은 층들은 나중에 고용시장이 불안해져 정년을 채우기 힘들어질 수 있게 되며 그렇게 되면 정년 연장은 별 의미가 없고 결국 양로보험만 늦게 받는 꼴이 된다며 목소리를 높이고 있다. 국민에 대한 막강한 통제력을 자랑하는 중국정부도 정년 연장 문제는 매우 신중하고 조심스럽게 추진해야 할 만큼 반대 강도가 세다. 중국 당국은 여론의 반발을 의식하여 아직 정년 연장을 결정하지 못하고 있으며 다만 정년을 연장할 경우 단계적으로 추진하겠다는 태도만 보이고 있다. 내부적으로는 정년 연장이 불가피하다는 공감대는 형성돼 있으나 워낙 반발이 심해 공론화하는 데는 시간이 걸릴 것으로 중국 경제문제 전문가들은 예상한다.[57][58]

---

57) ssh@yna.co.kr, 연합뉴스,. 2013/05/05 06:02 송고
58) http://www.yonhapnews.co.kr/bulletin/2013/05/03/0200000000AKR20130503139300009.HTML(2013.5.5)

3. 60세 정년 시대의 일본, 사실상 65세 정년

60세된 직원이 원하면 65세까지 의무고용, 고용방식은 기업 재량[59] 일본은 지난달부터 사실상 65세 정년 제도를 시행하고 있다. 현재 법정 정년은 60세이지만 지난달 1일부로 '사실상' 정년을 65세로 늘리는 개정 고령자고용안정법이 시행됐다. 기업들은 60세가 된 근로자가 65세까지 근무를 원하는 경우 일을 더 할 수 있도록 해야 한다. 일본의 정년 연장은 저출산·고령화 추세와 떼어 놓고 생각할 수 없다. 최근 2년 연속으로 전체 인구(작년 10월 기준 1억2천751만5천명)가 줄어든 일본에서 '노인'으로 분류되는 65세 이상 인구의 비율은 24.1%(3천79만3천명)에 달한다.

더욱이 1947~49년에 태어난 전후 '베이비붐' 세대(일명 단카이<團塊> 세대)가 작년부터 노인층에 포함되기 시작하면서 노인인구의 증가 속도가 최근 더욱 가팔라졌다. 일본의 정년 연장에서 눈에 띄는 대목은 제도 입안에서 시행까지 상당한 시간을 둠으로써 당사자들이 대비할 수 있도록 한 점이다. 1998년 '60세 정년'이 의무화하기까지 일본 정부는 여러 단계를 거쳤다. 일본 기업의 58%가 55세 정년을 채택하고 있던 1972년에 정부는 정년 연장 장려금 제도를 시행했고, 1986년 '60세 정년'을 위한 '노력'을 의무화했다. 그런 뒤 1994년에 정년을 60세 미만으로 설정하고 있는 기업들에 대해 정년 연령을 무효화하는 법안을 시행한데 이어 1998년 4월에야 비로소 '60세 정년'을 법제화했다. 이 과정에서 임금 등 비용부담과 관련한 기업들의 반대가 있었지만 정부는 사회의 고령화 추세, 기술전수 등을 명목으로 설득해 나갔다. 정년을 '사실상 65세'로 늘리기까지의 과정도 비슷했다. 관련법이 시행된 것은 2006년 4월이지만 그 후 7년간 65세까지 고용할 근로자를 선별할 권리를 기업에 준 뒤 올해 4월 1일부로 희망자에 한해 65세까지 의무적으로 고용토록 했다. 또 불황속에 전체 임금규모를 늘리기 힘든 기업들의 사정을 감안하여 65세까

---

59) (도쿄=연합뉴스) 조준형 특파원

지 정년을 늘리는 방법면에서 기업에 재량권을 준 점도 특징이다. 기업들이 정년 연장, 계속 고용제도 도입, 정년 규정 폐지 등 세가지 제도중에서 하나를 택할 수 있게 한 것이다. 코트라에 따르면 현재 일본 기업의 약 83%가 '계속 고용제도'를 도입, 일단 60세가 된 사원을 정년퇴직시킨 뒤 재채용하되 60~65세 기간의 임금은 60세 시점 임금의 60~70% 수준으로 새로 책정하고 있다. '65세 정년'을 둘러싼 문제점도 적지 않다.

 무엇보다 기업들이 고용연장 의무화에 따른 비용부담을 비정규직 직원을 중심으로 한 감원, 신입 채용규모 축소, 기존 정규직 사원의 비정규직화 등으로 충당할 것이라는 우려가 제기되고 있다. 그러나 2040년이면 노인비율이 인구의 3분의 1에 달할 것으로 예상되는터라 정년 연장은 피할 수 없는 현실이라는데 대한 공감대가 존재하는 분위기다. 교토(京都) 소재 세이비(成美)대학 이정희 교수는 "정년 연장에 대해 일본 사회는 고도성장기의 주축으로 활약하며 제조업 핵심 기술을 체화한 선배 세대와 후배 세대간 기술 계승의 측면에서 의미를 부여해왔다"고 소개했다. 이 교수는 "한국에서도 주요 제조업의 숙련 근로자의 고령화 경향이 있는 만큼 60세로의 정년 연장이 도입되면 제도를 베이비붐 세대(1955년부터 1963년 사이 출생자)와 그 이후 세대간 기술계승에 적극 활용할 필요가 있다"고 말했다.[60][61]

4. 정년 60세 시대의 일본, 임금체계 조정 통해 '연착륙'

 1997년 일본 마쓰시타전기(현 파나소닉) 노사는 정년 연장 문제를 놓고 머리를 맞댔다. 일본 정부가 1994년 '고령자 고용안정법'을 개정해 '60세 정년'을 법제화하면서 규정한 4년의 유예기간이 1년 뒤면 끝나 어떤 방식으로든 합의를 도출해야 했다. 노사 대표 7명씩으로 '고용시스템

---

60) jhcho@yna.co.kr, 연합뉴스, 2013/05/05 06:02 송고
61) http://www.yonhapnews.co.kr/bulletin/2013/05/03/0200000000AKR20130503139200009.HTML(2013.5.5)

검토위원회'를 만들어 협의를 진행해 왔지만 쉽게 결론이 나지 않았다.

정년을 55세에서 5년 늘리면 근로자의 근속기간이 늘고 승급으로 급여가 올라 기업의 퇴직금 부담이 커지는 것이 쟁점이었다. 결국 노사는 퇴직금을 줄이는 대신 급여를 소폭 인상하는 안에 합의했다.[62] 당시 일본의 기업들은 정년 연장 문제를 놓고 골머리를 앓았다. 법 개정 이전까지 55세였던 정년이 1998년 6월부터 60세로 연장돼 기업들은 이에 맞는 임금체계를 노사합의로 만들어내야 했다. 닛코증권은 50, 55, 60, 65세 등 4단계 정년제도를 만들었다.

사원이 정년 시점을 고르면 회사는 각 시점에 맞춰 임금 및 퇴직금 체계를 설계했다. 종업원 100명 규모인 한 해운회사는 정년을 늘리면서 55세부터는 연간 임금을 매년 10%씩 줄이기로 했다. 일본 기업의 적극적인 노사합의로 새 법이 시행된 1998년 6월에는 93.3%의 일본 기업이 정년을 60세로 연장한 상태였다. 종업원 5000명 이상의 기업은 100%, 1000~4999명 기업은 99.5%가 노사합의를 봤다. 정년 연장을 놓고 노사가 심각하게 대립한 기업이 많지 않았던 것을 감안하면 일본의 60세 정년 연장은 성공적이었다고 평가할 수 있다. 정년을 연장하면서도 기업의 인건비 인상분을 최소화할 수 있도록 임금체계를 짠 것이 연착륙의 핵심이었다. 대부분의 기업은 50세 전후 직원들의 정기승급과 기본급 인상을 중단했다. 55세 때 퇴직금을 정산하도록 하는 기업도 많았다. 일본 기업들은 그런 방식으로 '인건비 폭탄'을 피해갈 수 있었다. 직원들도 정년 연장을 반겼다. '평생직장' 개념이 강한 일본의 기업문화에서 직원들은 55세 이후에도 계속 일할 수 있다는 데 만족했다. 그늘이 없는 것은 아니었다. 정년 60세 제도가 '60세까지 안정된 직장'을 보장하지는 못했다.

일본의 중앙노동위원회가 1995년에 조사한 결과에 따르면 기업의 69.2%는 조기퇴직자 우대제도를 도입하고 있었다. 60세가 되기전에 명

---

[62] 동아일보 원문 기사전송 2013-05-03 03:08 최종수정 2013-05-03 05:06

예퇴직을 유도한 것이다. 한직으로 발령을 내 퇴사를 유도하기도 했다. 대기업들은 인력개발, 프로젝트 지원, 커리어 지원 등과 같은 이름을 붙인 부서를 만들어 경쟁력없는 직원들을 그곳으로 모아 놓고 일거리를 주지 않았다. 일본은 이후 관련법을 다시 개정해 이달부터 정년을 65세까지로 연장했다.[63][64]

5. 60세 정년 시대의 독일, 2029년까지 67세로 연장

"노령인구 급증, 사회보장비용 감안 추가 연장 불가피"[65] 독일의 정년은 현행 65세에서 2029년까지 67세로 점진적으로 늘어난다. 독일은 이같은 내용의 정년 연장안을 2007년 의회에서 의결, 지난해부터 단계적으로 적용하기 시작했다. 독일의 정년 연장은 늘어나는 사회보장 비용을 감당하기 위한 것이 핵심 취지다. 한국에서는 50대 중장년층의 고용불안을 해결하는데 초점이 맞춰 있는 것과는 그 배경과 관점이 다소 다르다. 독일은 다른 선진국들에 비해서도 노령인구의 비중이 빠르게 증가하고 있다. 여성 1인당 출산율이 1.39명에 불과하다. 이는 경제협력개발기구(OECD) 평균인 1.74명을 밑도는 것이다. 같은 유럽국가인 영국(1.98명), 프랑스(1.99명)에 비해서도 출산율이 턱없이 낮다. 독일은 1990년 노동자 4명이 1명을 부양하는 구조였으나 2030년에는 2명이 1명을 부양해야 한다. 2050년에는 1.3명이 1명을 부양해야 하는 상황에 직면하게 될 것으로 예상된다. 독일의 연금생활자들은 전체 인구 8천180만명중 4분의 1 가량인 약 2천만명에 달한다. 독일에서는 정년 연장이 그렇게 환영받지 못하고 있다. 연금체계가 잘 잡혀있는 독일에서 정년 연장은 더 일할 기회라는 측면보다는 연금수령의 연령을 늦추는 것으로 받아들여지기 때문이다. 67세로 정년이 늘어나면 법적으로 그 나이까지 일하는 것이 보

---

63) 도쿄=박형준 특파원 lovesong@donga.com
64) http://news.nate.com/view/20130503n01332(2013.5.5)
65) (베를린=연합뉴스) 박창욱 특파원

장되지만 건강 등의 이유로 조기퇴직할 경우 연금수령 때까지 소득이 없다는 것이 문제라는 게 노동계의 불만이다. 회사로부터 위로금 등을 받고 일종의 명예퇴직하는 조기은퇴가 1996년 8월부터 법에서 보장되고 있다. 이 때문에 독일인들은 60% 가량이 55세에서 60세 사이에 은퇴하고 60세 넘어서 일하는 경우는 흔치 않다. 독일 노동조합이 정년 연장을 노동자들에 대한 연금 혜택을 줄이려는 정부의 술수라고 비난하는 이유다. 금속노조연맹이 지난달 브레멘의 18개 기업 근로자들을 대상으로 설문조사한 결과 67세까지 일할 수 있을 것으로 생각한다는 응답률은 절반에 못미쳤다. 금속노조연맹 관계자는 "금속노조 노동자들의 경우 60세 이상이 전체의 4%에 그치고 63세 이상은 1%에 불과하다"고 말했다.

야당도 지난 2007년 정년 연장을 결정할 당시 노동력의 효율적인 이용이라는 목표를 달성하지 못할 뿐 아니라 청년실업을 증가시킬 것이라며 반대했다. 한국에서는 좀더 일하기를 원한다면 독일에서는 좀더 일찍 은퇴하기를 원하는 것이 일반 정서다. 독일 주간지 슈피겔이 OECD 자료를 근거로 남유럽 국가들과 비교해 `독일인들이 연금을 받으려면 더 오래 일해야 한다'는 기사를 게재한 것은 이같은 정서를 반영한 것이다.

기사에 따르면 독일에서 연금을 할인율없이 온전하게 다 받으려면 45년을 일해야 한다. 이는 프랑스(41년), 이탈리아(40년), 스페인·그리스(35년)에 비해 길다. 독일에서 더 일하게 하는 것이 행운이 아니라 부담으로 여겨지지만 낮은 출산율과 고령화에 따른 노동력의 부족 등을 고려할 때 정년 연장은 대세라는 것이 일반적인 인식이다. 연금전문가인 베른트 라펠휘센 프라이부르크대 교수는 정년이 67세로 늘어나는 2029년 이후에는 또다시 정년을 연장할 수 밖에 없을 것으로 예상했다. 그는 "정년을 연장하지 않으면 연금을 안정적으로 유지할 수 없으며 사람들은 노년기의 안녕을 담보할 수 없을 것"이라고 말했다. 현재 40세는 68세, 현재 30세는 69세까지 일해야 온전한 연금을 받을 수 있을 것이라는 전망이다. 노동시장과근로연구소(IAB)의 엔조 베버 연구원은 "독일은 노동력 부족으로 2020년까지 사실상 완전 고용상태가 될 것"이라면서 "미래에는 67세 이후에도 일하는 것이 당연한 시대가 될 것"이라고 말했다.66)67)

6. 정년 60세의 외국의 정년제도

선진국 반열에 오른 국가에서는 고령(화)시대에 대비해 정년을 높이거나 폐지하는 추세다.68) 23일 한국경영자총협회에 따르면 미국은 나이를 이유로 퇴직을 강요하는 것은 차별에 해당한다는 점에서 정년을 규정하지 않고 있다. 영국도 연령 차별을 방지하는 차원에서 지난 2011년 10월 고용평등법을 개정하면서 정년퇴직연령 명시를 금지했다. 개정전 법정 정년은 65세였다. 프랑스는 연금 수급을 개시하는 60세 밑으로 정년 설정을 금지하고 있고 독일은 65세 정년 규정을 두고 있으나 2029년까지 정년을 67세로 정년을 연장할 계획이다. 우리나라와 비교적 유사한 임금체계를 가졌다고 여겨지는 일본은 지난 1994년 정년을 60세로 법제화했다. 1994년은 일본이 고령사회(65세 이상 인구가 총인구를 차지하는 비율이 14% 이상)에 진입한 해이다. 다만 일본은 정년연장제도의 연착륙을 위해 시행을 4년 유예했고, 그 사이에 60세 이상 정년 규정을 둔 기업 비율이 84.1%에서 93.3%로 늘어났다.

일본은 정년 60세법 조항을 못박기에 앞서 기업의 임금 및 퇴직금 제도 개편을 추진해 기업의 인건비 부담 완화에 힘썼다고 경총은 전했다.

50세 전후 직원의 정기승급 및 기본급 인상을 중단하고 직책정년제를 도입하거나 퇴직금 누진제도를 손본 것이 대표적인 사례이다. 1987년 일본 노동성이 조사한 자료를 보면 60세 정년 기업의 절반 이상(52.6%)은 특정 연령의 직원부터 임금을 깎은 것으로 나타났다. 직원 1천명 이상

---

66) pcw@yna.co.kr, 연합뉴스, 2013/05/05 06:02 송고
67) http://www.yonhapnews.co.kr/bulletin/2013/05/03/0200000000AKR20130503138900009.HTML(2013.5.5)
68) 2013-04-23 19:41 입력 | 2013-04-23 20:02 수정

기업의 84.9%, 100명 이상 999명 미만 기업의 58.9%, 30명 이상 99명 이하 기업의 48.5%가 평균 50.7세에 임금 조정 절차에 들어갔다.[69][70]

7. 60세 정년 시대의 영국, 65세 법정 정년 폐지

"연령 이유로 근로자 차별할 수 없어", 연금수령 시기는 늦춰[71] 영국은 법정 정년 제도를 지난 2011년 폐지했다. 근로자와 고용주가 서로 만족하면 누구나 나이에 관계없이 원하는대로 직장생활을 계속할 수 있다.

고용주로서는 정년 규정에 따라 고령 직원을 강제 퇴직시킬 수단을 쓸 수 없는 셈이다. 법정 정년을 65세로 정한 이전의 제도는 고용평등법 개정과 함께 역사속으로 사라졌다. 연령을 이유로 근로자를 차별할 수 없도록 한 취지다.

이 법안은 2006년 노동당 정부 시절에 처음 제안됐지만 기업 노령화와 청년실업을 심화한다는 반발에 무산됐다. 그러나 재정위기가 심화한 가운데 2010년 보수당 연립정부가 출범하면서 의회에서 통과됐다. 영국 기업들은 법정 정년이 폐지돼 직원이 65세가 되더라도 의무적인 정년 규정을 적용할 수 없다. 다만, 나이만을 이유로 은퇴를 강요하지 않는 차원이라면 당사자의 동의하에 따른 사실상의 정년제 운용은 허용된다.

법정 정년이 사라져 기업의 정년 규정도 바뀌고 있다. 영국 최대의 유통업체 테스코는 지난해 기업 퇴직연금을 받을 수 있는 자체 정년을 기존 65세에서 67세로 연장했다. 영국의 정년 폐지는 고령화 시대의 노동력 확보와 연령차별 폐지를 표방하지만 경제위기 극복과정에서 불어닥친 긴축정책의 연장선에 있다. 늘어나는 고령자의 연금 수령 시기를 늦춰 재정부담을 완화하려는 시도다.

---

69) runran@yna.co.kr, 기사제보 및 보도자료 press@diodeo.com, 뉴스&핫이슈! 디오데오 (www.diodeo.com)
70) http://www.diodeo.com/comuser/news/news_view.asp?news_code=156419(2013.5.6)
71) (런던=연합뉴스) 김태한 특파원

영국 정부는 정년 폐지에 이어 60세부터 적용되는 현행 국민연금 수령 시기를 2020년부터 66세로 높이는 연금체계 개편 일정을 발표했다. 2028년까지는 연금 수령 시작 연령이 67세로 높아진다. 국제통화기금(IMF)은 기대수명 상승이 정부의 재정부담 요인으로 작용할 수 있다며 각국 정부에 재정 건전화 수단으로 정년 연장을 권고하고 있다. 영국은 국민연금과 기업 퇴직연금 등 은퇴자를 위한 복지수준이 높아 근로자로서는 은퇴 시기를 늦추는 변화는 달가운 일이 아니다. 한국과 달리 영국의 장년층은 직장생활을 연장하기보다는 사회적으로 보장된 편안한 연금생활을 선호하기 때문이다. 정년 연장을 놓고 장년층과 청년 세대 사이의 일자리 갈등이 표면화하지 않는 이유다. 오히려 영국에서는 기업경쟁력 측면에서 찬반 논란이 이어지고 있다. 고령사회 대응 사회단체인 에이지UK의 크리스토퍼 브룩스 대표는 "장기숙련 직원을 계속 고용함으로써 기업은 이들의 경험과 비결을 통해 보이지 않는 경제적 효과를 누릴 수 있다"고 강조했다. 반면 경제계에서는 정년 폐지로 신규채용이 위축돼 인적 탄력성이 저하될 것을 우려하는 목소리도 나온다. 정년 연장을 통해 장기숙련 근로자의 기술과 경험을 활용할 수 있다는 장점은 인정하지만 영국 경제에서 큰 비중을 차지하는 중소규모 기업에는 적합하지 않다는 것이다. 실제로 영국의 중소규모 기업의 평균 고용인원은 4명 수준에 불과해 정년제 폐지는 소규모 기업에 상당한 경영의 압박요인이 되는 것으로 분석됐다. 앤드루 케이브 영국 소규모 기업연맹 이사는 "소규모 기업이 경쟁력을 유지하려면 경험 많은 고령 직원보다는 활력적으로 일할 신세대 직원의 충원이 활발해야 한다"고 주장했다. 법무법인 노턴로즈에 따르면 법정 정년은 사라졌지만 영국의 기업 10%는 여전히 내부적으로 정년제를 유지하는 것으로 나타났다.[72][73]

---

72) thkim@yna.co.kr, 연합뉴스, 2013/05/05 06:02 송고
73) http://www.yonhapnews.co.kr/bulletin/2013/05/03/0200000000AKR20130503139000009.HTML(2013.5.5)

8. 정년 60세 시대의 영국, 재정위기에 연금지급 늦추려 정년 폐지

일본 노동인구 줄어 '65세 정년' 반대 사라져[74] 정년 연장으로 청년 실업이 심각해질 것이라는 우려가 제기되는 것은 외국에서도 마찬가지다. 하지만 대부분 정년 연장을 '피할 수 없는 선택'으로 받아들이고 있다. 늘어나는 재정적자와 저출산 고령화 문제를 해결해야 하기 때문이다.

정년 연장 관련 해외 주요국의 움직임

국가	주요 움직임
영국	−2011년 법정 정년제도 폐지
독일	−2029년까지 65세 정년을 67세로 연장
일본	−2013년 60세에서 65세로 늦춤. −'청년 실업 심화' 주장 있었지만 큰 반향 일으키지 못함
프랑스	−2010년 60세에서 62세로 늦춤. 연금 수령 나이도 65세에서 67세로 늦춰짐. −2012년 집권한 프랑수아 올랑드 대통령이 다시 60세로 환원
미국	−정년 개념 없지만 노동자들이 은퇴를 미루고 있음.

자료: http://news.donga.com/3/all/20130506/54926093/1(2013.5.6)

영국은 65세였던 법정 정년 제도를 2011년에 없앴다. 근로자와 고용주의 합의가 있으면 나이에 상관없이 원하는대로 직장생활을 할 수 있다.

정년제 폐지는 2006년 노동당 정부 시절 처음 제안됐지만 청년실업을 심화시킨다는 반발 때문에 무산됐다. 하지만 2008년 말 리먼쇼크 이후

---

[74] 기사입력 2013-05-06 03:00:00 기사수정 2013-05-06 03:01:49

재정위기가 심각해지자 연금 지급을 늦추기 위해 정년을 폐지할 수밖에 없었다. 재정위기를 겪은 유럽은 정년문제를 철저하게 국가재정 측면에서 접근하고 있다.

고령층의 일자리 보장이 아니라 연금적자 보전 차원에서 정년 연장이 이뤄지고 있는 것이다. 1998년 정년을 60세로 늘린 데 이어 올해 4월 65세로 다시 연장한 일본에선 정년 연장으로 청년 실업을 우려하는 목소리가 많았다. 니혼게이자이신문이 지난해 12월 설문조사한 결과에 따르면 정년 연장시 기업의 19%가 신규채용을 억제하겠다고 답했다. 일본경제단체연합회(경단련·經團連)의 지난해 말 조사에 따르면 65세 고용의무가 부과되면 3분의 1 이상의 기업이 '젊은층의 채용을 줄이겠다'고 밝혔다. 하지만 65세 의무고용을 명시한 고령자 고용안정법 개정안이 4월 1일부터 시행되자 반대 목소리는 거의 사라졌다. 심각한 저출산 고령화 추세로 인해 갈수록 일할 노동자가 줄어들고 있기 때문이다. 정년의 개념이 없는 미국에서는 경제침체로 은퇴를 미루고 60세가 넘어서도 일을 계속하려는 경향이 커지고 있다.

은퇴관련 블로그를 운영하고 있는 데이비드 버나드 씨는 최근 유에스뉴스앤드월드리포트 기고를 통해 "은퇴를 미루는 현상이 가속화되면 젊은층의 일자리 찾기는 더욱 어려워질 것이며 이는 세대갈등으로까지 번질 수 있다"고 경고했다. 하지만 경제침체로 노인들이 계속 일을 할 수밖에 없다. 특히 재정적자로 65세 이상에게 의료비를 지원하는 메디케어와 노후연금(소셜시큐리티)의 혜택도 줄 것이 확실시돼 늙어서도 일을 해야만 하는 상황으로 내몰리고 있다. 한편 프랑스는 2010년 연금적자의 심각성 때문에 정년을 60세에서 62세로 늦췄다가 지난해 60세로 되돌렸다. 2010년 정년 연장과 함께 연금 전액을 수령하는 연령도 65세에서 67세로 늦추자 국민들이 크게 반발했다. 학생들도 졸업 후 일자리가 줄어든다며 데모에 참가했다. 그러자 지난해 정권을 잡은 사회당 정부는 정년을 60세로 낮췄다.[75)76)]

9. 도요타, 고령직원 전용라인 신설, 정년 후 재고용 고려

일본 도요타자동차가 60세 정년 이후 재고용을 고려한 고령직원 전용 생산라인을 설치했다.77) 고령직원 라인은 기존보다 천천히 흐르도록 하고 차종도 한개 차종으로 한정하는 등 체력과 시력이 떨어진 고령직원들이 근무하기 적합한 환경을 갖췄다. 이는 지난 4월부터 시행에 들어간 희망자에 대해 65세까지 고용토록 하는 것을 의무화하는 '개정 고령자 고용안정법'에 대응하기 위한 것이다. 도요타는 해치백 모델인 소형차 '오리스' 등을 생산중인 아이치현 타카오카 공장에 고령직원 전용라인을 신설했다. 이 라인에는 현재 50대 후반의 직원들이 대부분 일하고 있다.

도요타는 연령에 따른 체력이나 시력을 고려하여 기존보다 작업속도를 낮췄고 생산 차종도 특화시켰다. 이 라인에서는 작업속도는 느리지만 한명의 직원이 여러 공정을 담당하여 체력은 약하지만 높은 숙련도로 다른 라인 못지 않은 생산성을 가질 것으로 기대되고 있다. 이와 더불어 젊은 직원들에게 고령직원이 가진 기술을 물려주는데도 적극 활용한다는 계획이다. 한편, 도요타는 오는 7월부터 근로시간을 기본의 절반으로 단축하는 '하프타임 근무'를 시행할 예정이다. 도요타는 정년 후 재고용 희망자가 현재의 70%에서 80%로 늘어날 것으로 전망, 이들의 고용 다양화 방안을 모색하고 있다.78)79)

10. 일본, 논란 뜨거운 65세 정년 연장, 월급 감소 '우려', 청년층도 '시큰둥'

일본이 4월 1일자로 65세까지의 고령근로를 법적으로 완성했다. 원하

---

75) 파리=이종훈·뉴욕=박현진·도쿄=박형준 특파원 taylor55@donga.com, [정년 60세 시대] 정년 연장과 청년 일자리 상관관계에 대해 1개의 댓글이 있습니다.
76) http://news.donga.com/3/all/20130506/54926093/1(2013.5.6)
77) 운영자 ㅣ 기사입력 2013/05/05 [23:38], [오토데일리 이상원 기자]
78) 기사입력: 2013/05/05 [23:38] 최종편집: ⓒ usdaily.co.kr
79) http://www.usdaily.co.kr/sub_read.html?uid=10836(2013.5.7)

면 누구든지 65세까지 일할 수 있다. '개정 고령자 고용안정법'의 시행 덕분이다. 회사원이 가입하는 후생연금(2층)의 수급 연령이 60세에서 61세로 연장되면서 2025년 65세 수급 개시 완성에 발맞춘 조치다. 반발하면 회사 이름을 공표하는 등 규제도 마련했다. 일부지만 정년 연장도 있다.

산토리홀딩스, 다이와하우스공업 등은 정년을 아예 65세로 늘려 주목을 받았다.[80] 일단 65세 정년 연장은 많은 이들이 환영하는 편이다. 장수 사회의 불가피성 때문이다. 그런데 한편에서 부작용을 우려하는 시각도 구체적으로 나온다. 준비가 덜돼 정책효과가 반감된다는 지적이다.

'65세 정년제의 함정'이란 책처럼 정년 연장이 실효를 보지 못할 것이라는 주장이 그렇다. 먼저 월급 감소다. 늦게 퇴직해도 실질 임금이 급락해 사실상 큰 도움이 되지 않을 것이라는 얘기다. 실제 65세로의 5년 연장은 고용주에게 상당한 임금압박이다. 기업 실적은 물론 신입사원 채용과 현역 임금에까지 영향을 미친다. 이들의 동기부여까지 박탈한다.

이 때문에 대부분 '재고용' 카드를 꺼내든다. 급여가 30~40% 감소하는데 일부는 절반 이하까지 떨어진다. 직장에서의 인간관계는 더욱 복잡해진다. 60세 이후 정규직으로 고용되는 것은 3분의 1에 불과하고 나머지는 촉탁·계약사원으로 고용된다. 많은 기업이 이미 내부에 인재파견회사를 설립해 60세 이상 사원을 재고용한 후 원래 회사에 파견하는 형태를 취한다. 전형적인 파견근로 형태다. 젊은 후배로서는 소속이 달라 존경은 커녕 협업조차 꺼리게 된다. '쓰기 힘든 직원'으로 취급당하거나 고달픈 일만 맡기는 등 결국에는 자발적인 퇴직을 유도하는 게 현실이다. 요컨대 '추방 사무실'에 한데 모아 퇴직을 압박한다. 수입 격감 뿐만 아니라 재고용 후의 신분과 인간관계에 상당한 고충이 예상되는 대목이다. 월급벌레로 비난받느니 그만둘 수밖에 없다. 그나마 이는 대기업의 수혜다. 재고용 기회를 주는 것만으로도 중소기업 근로자로선 부러울 따

---

80) [일본] 논란 뜨거운 65세 정년 연장, 월급 감소 '우려'…청년층도 '시큰둥', 기사입력 2013-05-18 18:18

름이다. 중소기업 대부분은 생존 여유조차 없어 재고용이 부담스럽다.

환갑 이후에도 일하고 싶다면 스스로 재취업 자리를 찾는 게 현실이고 60세를 넘기면 취업상담소(헬로워크)조차 부담스럽다. 5년의 정년 연장은 임시 조치에 불과하다. 65세가 되면 재차 고용불안에 휩싸일 수밖에 없다. 평균수명의 증가로 대부분 65세를 넘겨서까지 일하고 싶지만 65세로의 정년 연장이 되레 이후의 근로 루트를 완전히 차단하는 부작용으로 연결될 수 있다는 뜻이다. 그땐 방법이 없기 때문이다. 즉, 일찌감치 별도 코스의 일자리로 정년 걱정없이 일할 수 있는 방법과 동기를 저해한다. 모든 정책에는 찬반 양론은 있다. 얻는 자와 잃는 자가 있다.

65세 정년 연장은 청년 반대가 컸다. 한정된 일자리를 둘러싼 청년 고용의 박탈 염려다. 청년 실업률에서처럼 신규채용 루트가 꽤 닫혀 버린 판에 고령 은퇴자의 연장 근로를 넓혀서는 곤란해서다. 그렇다고 고령사회에서 늙음과 대처할 수는 없다. '노해(老害)'를 외치자면 국민의 4분의 1과 대적하는 셈이다. 2050년이면 국민 절반이다. 역으로 '내수 시장은 곧 실버시장'이기에 고령인구의 속내와 경험을 되살리는 게 옳다. '노익(老益)' 비즈니스가 그렇다. 노소의 대결구도로만 프레임을 짜면 득보다 실이 많다. 수혜 그룹인 고령인구도 정년 연령 이전의 철저한 사전준비가 필수다. 정년 이후의 로드맵을 둘러싼 정확한 사전정보를 분석해 세파에 휘둘리지 않는 일을 확보하는 게 관건이다.[81)82)]

11. "프랑스인 63%, 정년 연장 찬성"

프랑스인 가운데 약 3분의 2는 정년 연장을 포함한 연금개혁을 지지하는 것으로 조사됐다고 경제지 레제코 인터넷판이 5일 보도했다.[83)] 여

---

81) 전영수 한양대 국제학대학원 겸임교수(전 게이오대 방문교수), 한경비즈니스 기사제공
82) http://news.naver.com/main/read.nhn?mode=LSD&mid=shm&sid1=101&oid=050&aid=0000029020(2013.5.18)
83) 아시아경제 원문 기사전송 2013-05-05 20:11, 뉴스 기사 [아시아경제 김재연 기자]

론조사기관 IPSOS가 실시한 설문조사 결과에 따르면 응답자의 63%가 현재 60세인 정년이 연장돼야 한다는데 찬성했다. 또 조사 대상자의 66%는 연금을 붓는 기간을 좀더 늘려야 한다는 데 지지의사를 밝혔다.

하지만 연금을 줄여야 한다는 입장을 보인 응답자는 26%에 불과했으며, 연금에 세금을 부과해야 한다는 데 찬성한 비율도 25%에 지나지 않았다. 프랑스는 3년전 우파인 니콜라 사르코지 전 대통령이 연금 100%를 받는 연령을 늦추기 위해 대규모 반대시위에도 불구하고 60세이던 정년을 62세로 늘렸으나 지난해 집권한 프랑수아 올랑드 대통령의 사회당 정부는 이를 다시 60세로 되돌렸다. IPSOS의 설문조사는 지난달 12~13일 18세 이상 성인 1천19명을 대상으로 전화면접을 통해 이뤄졌다.[84)85)]

12. 정년 연장의 외국사례

1) 4년 유예기간동안 임금 및 퇴직금제도 개편한 일본

재계에서는 우리나라와 임금체계가 유사한 일본의 정년 연장 사례를 '모범 케이스'로 여기고 있다.[86)] 일본은 지난 1994년 정년을 55세에서 60세로, 2006년 60세에서 65세로 연장할 때 '유예기간'을 줘 기업이 적절한 조치를 취할 수 있는 환경을 마련해줬다. 일본은 1994년 60세 정년을 법제화했지만 해당 법의 시행을 1998년까지 4년 유예했고, 그 사이 일본 기업들은 임금 및 퇴직금 제도를 개편해 인건비 부담 완화를 추진했다. 그 결과 1998년 정년이 60세인 기업은 93.3%에 달했다. 이에 앞서 일본 정부는 1972년부터 정년 연장 장려금 제도를 시작했고 1986년에는 정년을 60세로 연장할 수 있도록 '노력'할 것을 의무화했다. 일본 정부

---

84) 김재연 기자 ukebida@, 세계를 보는 창 경제를 보는 눈, 아시아경제(www.asiae.co.kr)
85) http://news.nate.com/view/20130505n15910(2013.5.5)
86) [국회보 2013년 6월호] 정년 연장의 외국사례| 기사입력 2013-06-05 09:57, 현혜란 기자, 연합뉴스

가 올해 정년을 사실상 65세로 연장하는 과정도 이와 비슷했다. 2006년 4월 일본은 65세까지 근무하고 싶어하는 근로자가 있다면 일을 할 수 있도록 관련법을 개정했다. 하지만 일본 정부는 2013년 4월까지 65세까지 고용할 근로자를 선별할 권리를 기업에 부여했다. 아울러 일본은 기업이 정년 연장, 계속 고용제도 도입, 정년 규정 폐지 등 정년을 65세까지 늘리는 방법을 재량껏 선택할 수 있도록 했다. 기업은 정년 연장, 계속 고용제도 도입, 정년 규정 폐지 등 3가지 가운데 한가지를 선택할 수 있다. 대한무역투자진흥공사(KOTRA)에 따르면 일본 기업의 83%가 60세가 된 사원을 일단 정년퇴직시킨 뒤 다시 채용하는 '계속 고용제도'를 도입했다. '계속 고용제도'에 따라 다시 고용된 이들의 임금은 최고점을 찍은 60세 때 받은 금액의 60~70% 수준이라고 한다. 선진국 반열에 오른 국가 가운데 정년을 아예 폐지한 국가도 있다. 미국은 나이를 이유로 퇴직을 강요하는 것은 차별에 해당한다는 점에서 정년을 별도로 규정하고 있지 않다.

1967년 연령차별금지법을 제정할 당시만 해도 이 법을 적용하는 연령 상한을 65세로 못박아 놨지만 1986년 정년 상한 규정을 아예 삭제했다.

다만 직무의 성격 등에 따라 합당한 이유가 있다면 예외적으로 정년을 두는 기업도 있다. 아울러 안전상의 이유로 소방관, 연방교통감독관, 주경찰 등 일부 직종에는 정년 제도를 제한적으로 시행하고 있다.

2) 연금제도와 맞물려 속내 복잡한 유럽국가들

영국도 미국과 같은 이유에서 지난 2011년 10월 고용평등법을 개정하면서 정년퇴직 연령 명시를 금지했다. 개정전 법정 정년은 65세였다. 다만, 오직 나이만을 이유로 은퇴를 강요하지 않는다는 전제하에 근로자의 동의를 받고 사실상 정년제 운용을 허용하고 있다. 영국의 정년제도 폐지는 고령(화)시대에 노동력을 확보하고 연령차별을 없애야 한다는 것을 목표로 내걸고 있지만, 연금수령 시기를 늦춰 국가의 재정부담을 완화하려는 의도가 기저에 깔려 있다는 분석이 우세하다. 실제로 영국 정부는 국민연금 수령 시기를 2020년부터 66세로 높이겠다고 발표했으며, 2028년까지는 연금수령의 시작 연령을 67세까지 올릴 계획이다. 대부분의 유럽국가는 고령화 시대에 접어들면서 정년을 연장했지만 연금제도가 정교하게 발달한 국가일수록 속내가 복잡하다. 복지제도가 잘 갖춰진 선진 유럽국가에서는 정년을 연장한다는 것은 젊었을 때 열심히 모은 연금을 받으며 편하게 살 권리를 강제로 빼앗는 것과 같다는 지적이 나오고 있기 때문이다. 현재 독일의 정년은 65세이지만 2029년까지 67세로 점진적으로 늘려나가기로 지난 2007년 독일 의회가 결정을 내렸다. 이는 고령 노동자의 고용불안을 해소하는 데 목적이 있다기보다는 빠르게 늘어나는 노령인구에게 사회보장비용을 투입하는 시점을 늦추는데 있다.

독일 노동계는 건강 등의 문제로 정년을 다 채우지 못하고 조기퇴직할 경우 연금을 수령할 때까지 소득이 없다며 문제제기를 하고 있다. 스웨덴의 정년은 법에 따라 67세까지 보장된다. 다만 61세부터 은퇴를 선택한다면 소득비례 연금을 받을 수 있다. 스웨덴 정부는 1976년 고령근로자의 근로시간을 점진적으로 감축하고 이에 따른 소득감소분을 지원하는 퇴직지원제도를 운영하고 있다. 정치권 일각에서는 노인 일자리 창출을 위해 정년 퇴직연령을 67세에서 75세로 늘려야 한다는 주장도 나오고 있지만 한가로운 노후생활 등의 이유를 대며 반대하는 여론도 만만치 않다. 프랑스에서 정년은 곧 연금을 100% 수령하는 나이를 선정하는 기준이 되기 때문에 노동계가 정년을 몇세로 하는지에 민감하게 반응하는 것이다. 정년을 맞이한 후 5년뒤에 연금을 100% 수령하게 된다.

3) 정년 연장을 고려하고 있는 중국

무서운 속도로 경제규모를 키워나가고 있는 중국 역시 정년 연장을 고려하고 있다. 중국의 현재 법정 퇴직연령은 남자 60세, 여자 50세이다. 중국 정부는 노령화에 따른 노동력 감소에 대비하고 양로보험(연금보험)의 재정부담을 덜기 위해 정년 연장을 남성과 여성 모두 65세로 늘리는 방안을 검토하고 있다. 인력자원 및 사회보장부 인청지(尹成基) 대변인은 지난 4월 기자 브리핑에서 인구구조 변화, 사회보장비용 증가 등 종합적인 상황을 고려해 퇴직연령을 늦추는 방안을 검토하고 있다고 밝혔다. 중국이 정년 연장을 검토하는 이유는 2011년부터 노동인구가 처음으로 감소하면서 내수확대를 통한 경제성장 전략에 차질이 빚어졌기 때문이다.[87][88]

---

87) 국회사무처 기사제공 | 국회사무처
88) http://news.naver.com/main/read.nhn?mode=LSD&mid=sec&sid1=123&oid=358&aid=0000001349(2013.6.8)

제3장 정년 60세 연장의 논란과 실익

1. 청년 일자리 부족시대, 60세 정년 무슨 소용인가?

가계부채를 해결하고 경제의 여러 현안을 해결하는 유일한 방법은 청년층으로부터 고령층까지 일자리를 제공하여 실질적인 소득을 올리도록 하는 것이다.[89] 그러나 기업은 상시 구조조정을 한다. 기업 생리상 60세까지 사람을 그대로 나두지 않고 그동안의 보직과는 달리 엉뚱한 창고 관리같은 곳에 발령을 낸다. 심지어는 회사 사무실에서 일하는 책상을 아예 빼버린다. 60세 정년 연장은 그림의 떡이고 유명무실해질 수 있다.

자발적 퇴사이지만 실제는 회사 압력에 의한 해고 아이디어가 발굴될 가능성이 높다. 한편 신의 직장이라 부르는 공기업과 관공서에 근무하는 공무원들은 온전히 그 혜택을 누릴 것으로 본다. 어쩌면 정년 60세 연장은 이들을 위해 만든 법인지도 모른다. 생산직 근로자 혹은 블루칼라에게도 혜택이 어느 정도 부여될 것이다. 생산직 근로자는 사무직과는 달리 엉뚱한 보직으로 발령을 낼 수 없고 고령자는 단지 출근 도장을 찍었단 것으로 고액의 급여를 수령할 가능성이 높은 것이다. 다만, 잔업과 야근이 빈번한 산업현장 특성상 고령자가 버티기 힘들지도 모르겠다.

물론 체력이 강한 이는 고령자라도 막일꾼들이 많다. 청년층 일자리 부족문제의 구체적인 해결없이 정년 60세는 또 다른 문제를 파생시킬 우려가 있다. 사오정 즉, 40~50대 정년인 시대에서 갑작스런 60세 정년 연장은 많은 점을 시사한다.[90][91]

---

89) inn0sense (ds4***), 조회 16 2013.05.05 11:38
90) 잭라이언 관심 있는 18 | 관심 받은 931 관심추가 11 11, 현재글 청년 일자리 부족시대, 60세 정년 무, inn0sense
91) http://bbs1.agora.media.daum.net/gaia/do/debate/read?bbsId=D115&articleId=2359897(2013.5.5)

2. 정년 연장의 숨은 의도와 임금피크제의 불편한 진실

정년을 60세로 연장한다는 법안으로 나라가 떠들썩하다. 베이비부머 세대와 더불어 퇴직이 얼마 남지 않은 근로자들에게는 반가운 소식이 아닐 수 없다.92) 기존의 법적 정년은 55세이다. 물론 그 이상을 정년으로 하는 기업도 있지만 권고사항일 뿐 법적 의무는 없었다. 하지만 이번에는 국회에서 정년 60세를 법으로 정해서 근로자의 정년을 확실히 보장한다는 것이다. 얼핏 들으면 그럴듯하다. 그런데 그 이면에는 숨은 의도가 있고 또한 아주 불편한 진실이 있다. 베이비부머 세대의 많은 수가 은퇴를 눈앞에 두고 있다. 노후 대비를 제대로 못한 상당수가 노후생활 자금을 위해 주택 매도를 고려하고 있는데 많은 주택이 대량 매도로 나오면 부동산 폭락으로 이어질까 두려워 정년 연장이란 방패로 그 시점을 늦춰 당장 지금의 부동산 하락을 막으려는 국회의 숨은 의도가 있는 것이다. 더구나 베이비부머 그 이후 세대에게는 임금피크제를 적용한 정년 연장으로 오히려 피해를 끼치는 일이 발생할 수도 있는 불편한 진실까지 만들면서 말이다. 베이비부머 세대 즉, 현재 정년을 눈앞에 둔 세대들에게 정년 60세까지 연장이란 상당히 좋은 법안이다. 즉시 임금피크제를 도입해도 55세에 은퇴하는 것보다는 60세까지 일해서 거둬들이는 수익이 상당하기 때문이다. 이것은 정부의 의도와 일맥상통한다. 그로 인해 당장은 부동산 폭락을 늦출 수 있기 때문이다. 하지만 이런 눈 가리고 아웅하기 식의 방법으로 해결될 리가 없고 결국에 부동산은 폭락한다.

폭락하는 것이 아니라 원래 자리로 돌아간다는 표현이 더 적합할 것 같다. 또한 현재 3040 근로자들에게 임금피크제를 동반한 정년 60세 연장이 무엇을 의미하는지 간단히 설명해 보겠다. 현재 법적 정년 55세까지와 임금피크제가 적용된 정년 60세까지의 수익을 비교하자는 것이다.

정년을 60세로 연장하면 기업들은 보통 51세부터 임금피크제를 시행

---

92) [7] 등록일 : 13.04.24 (수) 13:27 | 조회:1,997 | 추천:0, 닉네임 ㅣ 가진자의 여유

한다. 간단히 50세에 연봉 1억원인 근로자는(적은 근로자도 있고 많은 근로자도 있지만 간단히 예시한 것) 호봉 승급분과 매년 임금인상률을 합하여 평균 10% 이내로 임금이 인상된다고 가정하자. 쉽게 말해 연봉이 51세에 1.1억원, 52세 1.2억원, 53세 1.3억원, 54세 1.4억원, 55세에 1.5억원이라고 가정하자. 기존의 경우에는 51세부터 정년 55세까지 버는 총수입은 약 6.5억원이 된다. 그럼 이번엔 연장된 정년 60세까지의 수익을 계산해보자. 얼핏보면 5년이나 더 버니까 훨씬 많은 수익을 거둘 것으로 생각된다면 이번 법안의 본래 의도는 숨긴 채 재빠르게 통과시키려는 국회와 임금피크제를 악용하려는 기업에 속아 넘어가는 것이다. 임금피크제를 도입한 정년 60세까지의 수익을 계산해 보자.

위와 마찬가지로 50세에는 연봉 1억원이라고 가정한다. 51세부터 임금피크제가 도입된다.

51세 1억원(예의상 50세에서 임금삭감없다고 가정)
52세 0.9억원(50세의 연봉 혹은 기본급의 10% 삭감)
53세 0.8억원(20% 삭감)
54세 0.7억원(30% 삭감)
55세 0.6억원(40% 삭감)
56세 0.5억원(50% 삭감)
57~60세 0.5억원(최대 50% 삭감)

계산해 본 사람들은 알겠지만 51세부터 60세까지 총수익이 6.5억원이다. 이게 무슨 말인가 정년이 연장되서 5년을 더 일했는데 기존의 정년인 55세까지 일한 총수익과 똑같지 않은가. 더구나 기업에서 50% 이상의 연봉을 삭감하면 오히려 총수입이 더 적어지는 결과도 나온다. 이것이 바로 진실이고 임금피크제를 적용한 정년 연장은 눈속임이란 것이다. 정년은 60세로 연장되었는데 기존 정년인 55세까지 일하나 연장된 60세까지 일하나 총수익이 같거나 오히려 적어진다. 이게 좋은 일인가? 정년 60세로 인한 혜택을 보는 근로자는 위에도 언급했듯이 정년이 임박한 베이비부머 세대 뿐이다. 그 아래 세대는 바로 임금피크제 때문에 이득을 보는 것이 쉽지가 않다. 현재의 부동산 하락을 늦추려는 국회의 숨은 의도 때문에 나라를 꾸려갈 3040세대의 근로자들에게 임금피크제를 적용해 일은 더 하는데 오히려 돈은 더 못버는 결과를 만들어내고 있다. 즉, 정년 연장과 함께 임금피크제를 도입하더라도 기업 입장에서 자유롭게 하면 위와같은 어처구니없는 상황이 발생한다. 물론 임금피크제를 도입하지 않고 정년 연장을 하면 말 그대로 기업의 부담이 커지는 것은 같은 근로자 입장에서도 인정할 수 밖에 없는 사실이라 임금피크제의 도입은 필요악이다. 단, 임금피크제의 임금삭감 정도를 임금피크제 때의 최대 30% 이내로 하도록 법으로 정함과 동시에 임금피크제 적용 나이를 기존 정년인 55세 이후로 조정해야 한다는 것이다. 만약 적용 나이를 51세부터로 정하려면 임금삭감이 아닌 임금고정으로 가야 하는 것이다(그 이전의 나이에 임금피크제를 적용하자는 기업들의 주장은 일은 더 많이 시키고 돈은 적게 주려는 기업의 의도이므로 말이 안된다). 정리하면 다음 2가지로 압축된다.

(1) 기존 정년 55세까지 기존대로 임금을 인상하고 56세부터 임금피크제를 도입

처음 예시한 것처럼 55세에 연봉이 1.5억원이라고 가정한다.

56세(55세 연봉 혹은 기본급에서 10% 삭감) 1.35억원

57세(20% 삭감) 1.2억원

58세-60세(30% 삭감) 1.05억원

이렇게 하면 현재 3040 근로자들에게도 기존 정년 55세보다 임금피크제를 적용한 60세 정년이 총수입면에서 더 좋기 때문에 문제가 되지 않는다.

(2) 임금피크제 도입의 나이를 51세로 하는 대신 임금피크 때인 50세의 연봉을 60세까지 고정하는 방식

50세에 연봉 1억원이라면 51세부터 60세까지 연봉의 삭감없이 고정인

1억원으로 하는 것이다. 단, 이와같을 경우 51세부터 무조건 임금피크제를 도입하는 것이 아니라 일정 직급(부장 등) 이상에 해당될 때 임금피크제를 적용해야 할 것이다.

위 2가지 같은 방법을 적용해야만 임금피크제를 적용한 60세 정년도 3040 근로자들에게 꼭 나쁜 것만이 아니라는 것을 알게 된다. 동시에 정부가 의도한 당장의 부동산 하락도 막을 수 있다. 결론은 정년 연장과 임금피크제를 도입하여 베이비부머 세대의 주택 대량 매도로 인한 부동산 하락을 저지하려는 계획은 좋다. 하지만 아무리 애를 써도 결국에는 부동산은 지금의 반값 이하로 떨어질테니 주택이 필요한 사람들은 그냥 조금 더 기다리면 된다.

문제는 그 숨은 의도 때문에 3040세대의 근로자들에게 정년연장이란 허울로 임금피크제를 불리하게 적용하여 위와 같은 피해를 보게 해서는 안된다. 다시 한번 말하지만 절대 기업들이 임금피크제를 자유롭게 적용시키게 해서는 안되며, 위에 예시한 2가지 방법이나 꼭 그것이 아니더라도 근로자에게 손해가 가는 방식의 임금피크제 도입은 반드시 정부에서 막아야 할 것이다.[93][94]

3. "정년 연장해도 소득공백기 해결 못해"

"국민연금의 수급연령 연장 반대", "퇴직연금 외 가교연금 필요", "세대간 부담 줄이려면 국민연금 보험료율 인상해야", '정년 연장으로 국민연금 수급연령은 늦춰질까?' 연금학자들 사이에서는 의견이 엇갈렸다.[95]

한국연금학회는 5일 서울 여의도 금융투자교육원에서 2013년도 춘계학술대회를 개최하고 정년 연장과 국민연금 수급개시 연령과의 일치 문제에 대한 토론을 벌였다. 전용일 성균관대 경제학과 교수는 '정년 연장과

---

[93] 가진자의 여유님의 다른글보기, 추천하기 : 현재점수 : 0점
[94] http://www.bobaedream.co.kr/board/bulletin/view.php?code=strange&No=593663(2013.5.5)
[95] 입력 : 2013-06-05 오후 6:24:09, [뉴스토마토 서지명 기자]

◇ 5일 서울 여의도 금융투자교육원에서 열린 한국연금학회 2013년도 춘계학술대회에서 '정년 연장과 연금제도'를 주제로 토론하고 있다. 왼쪽부터 송홍선 자본시장연구원 연구위원, 박홍민 삼성생명 퇴직연금연구소 소장, 주명룡 대한은퇴자협회 회장, 김용하 순천향대 교수, 전용일 성균관대 교수, 임병인 충북대 교수, 석재은 한림대 교수, 강성호 보험연구원 연구위원
자료: http://www.newstomato.com/ReadNews.aspx?no=370313(2013.6.8)[96]

연금제도' 주제발표에서 "정년 연장으로 인해 국민연금의 수급연령이 기존안보다 늦춰질 가능성이 존재한다"고 말했다. 이에 박홍민 삼성생명 은퇴연구소장은 "더이상 국민연금의 수급연령이 연장되는 것에 반대한다"며 "퇴직연금이 퇴직시점과 국민연금 수급시점의 갭(gap)을 메꾸는 가교연금화 역할을 하는데 대해서도 부정적"이라고 밝혔다. 박 소장은 "지금 현재 국민연금을 15년 이상 가입한 사람이 받는 금액이 월 평균 45원 수준으로 국민연금만으로는 생활이 어렵다"며 "최소한 퇴직연금이 합쳐져야 기본적인 생활이 가능해진다"고 설명했다. 강성호 보험연구원 연구위원은 "정년 연장으로 소득을 올릴 수 있는 기간이 늘었지만 여전히 공백기가 있다"며 "이 부분은 사적연금이 메꿀 수 있도록 고안해야 한다"고 말했다. 정년 연장이 장기적으로는 국민연금의 재정부담을 악

---

96) http://www.newstomato.com/ReadNews.aspx?no=370313(2013.6.8)

화시킨다는 주장과 관련해 국민연금 보험료 인상이 필요하다는 주장도 나왔다. 석재은 한림대 교수는 "정년 연장으로 인해 미래세대의 국민연금 부담이 더 커지는 구조를 고려했을 때 국민연금을 통해서는 세대간 부담이 더 이상 이전되지 않도록 해야 한다"며 "국민연금 보험료율 인상이 필요하다"고 주장했다.

4. 베이비붐세대 '정년 연장 가능할까? 현대경제연 "정년 연장 법제화"

베이비붐세대에 대한 '정년 연장 법제화'와 함께 임금체계 개편 및 노사 상생의 기업문화 개선이 필요하다는 주장이 제기돼 눈길을 끈다.[97]

현대경제연구원은 5일 '베이비붐세대 고용의 특징과 시사점' 보고서를 통해 "베이비붐세대의 퇴직과 은퇴가 본격화되면서 베이비붐세대의 취업자수가 2012~2017년에 72만3000만명 정도 감소하고 고용률도 9.3% 급락할 전망이다"면서 이같이 밝혔다. 대부분의 근로자가 정년 이전에 퇴직하는 현실을 감안해 기업문화의 개선과 정부의 정책적 지원으로 정년 시기를 늦출 필요가 있다는 주장이다. 특히 현대경제연구원은 "임금피크제 등 임금체계를 개편하고 정년 이후에도 재고용을 통해 일할 기회를 제공할 필요가 있다"고 강조했다. 현대경제연구원에 따르면 2012년 직장을 그만둔 베이비붐세대 57만명중 정년퇴직자는 8000명에 불과하다. 명예퇴직, 조기퇴직, 정리해고를 합쳐도 3만3000명에 그치는데 노사 상생의 기업문화가 정착돼야만 정년 연장이나 임금피크제 등 법제도가 제 기능을 발휘할 수 있다는 것이다. 이준협 현대경제연구원 연구위원은 "전문과학기술서비스업과 농업을 베이비붐세대를 위한 전략산업으로 육성하고 보건복지서비스업과 사업서비스업에서 장년층 일자리를 더 많이 창출해야 한다"고 조언했다. 이어 "장기간 도소매업과 음식숙박업에 종사하고 있는 자영업 베이비붐세대가 퇴출되지 않도록 경영컨설팅을 지

---
97) 프라임경제 원문 기사전송 2013-05-05 14:13

원하되 과당경쟁이 심한 업계에 새롭게 진입하는 것은 자제해야 한다"고 덧붙였다.[98)99)]

5. 복불복 정년 연장

K는 지난해까지 번듯한 대기업에 다니는 평범한 직장인이었다. 올 초 신년 모임에서 만난 K는 백수가 되어 있었다. 이제 겨우 50대 초반, K는 애써 태연함을 가장했으나 얼굴에 드리운 수심을 감추지는 못했다.[100)]

"아니, 마누라하고 애들은 어떡하라고 그 좋은 직장을 때려쳐." 직장이라곤 다녀본 적 없는 자영업자 L이 K의 부아를 돋운다. "내가 그만두고 싶어 그만뒀냐. 나가라고 옆구리 팍팍 찌르니 어쩔 수 없이 나온 거지." K가 울분을 토한다.[101)] K는 임원이 아니었다. 임원으로 승진하지 못해 20년 넘게 충성한 직장을 나왔다. 누가 묻는다. "그 회사는 정년도 없냐." 정년없는 회사는 없다. 정년은 있지만 실상은 없는 것이나 마찬가지다. 법으로 보호받지 못하는 정년인 까닭이다. 40대에 임원으로 승진하지 못하면 반강제적으로 회사를 떠날 수밖에 없는 구조이다. '사오정'(45세 정년)은 그렇게 우리 사회에서 양산됐다. '고용상 연령차별 및 고령자 고용촉진에 관한 법률' 개정안이 지난달 말 국회를 통과했다.

이 법의 통과로 근로자 정년이 60세 이상으로 의무화됐다. 민간인도 공무원과 마찬가지로 정년을 법으로 보장받게 된 것이다. 공무원 정년은 과거에는 직급에 따라 차별을 뒀으나 2008년 법 개정으로 직급에 관계없이 60세로 일원화됐다. 물론 정년이 60세 이상인 직군(교수와 교사의 정년은 각각 65세와 62세)도 있지만 비로소 민간인과 공무원의 정년평등이 이뤄졌다. 공무원이 결혼 선호도 조사에서 줄곧 상위권을 유지하는

---

98) 이보배 기자 lbb@newsprime.co.kr, 프라임경제(http://www.newsprime.co.kr)
99) http://news.nate.com/view/20130505n07010(2013.5.5)
100) 쿠키뉴스 원문 기사전송 2013-05-03 18:39
101) 내일을 열며-이흥우

이유는 직업의 안정성이 가장 크다. 범죄나 비리에 연루되지 않는 한 정년까지 잘릴 염려가 없다. 수많은 청춘들이 노량진 학원가에서 숙식하며 각종 공무원 시험에 도전하는 까닭이다.

공무원 정년 보장이 '철밥통'이란 부정적 의미로 각인되기도 한다. 그러나 근본 취지는 상사의 간섭에서 벗어나 국민의 심부름꾼으로서 양심에 따라 소신껏 업무에 임하라는 뜻에서 정년을 법으로 보장한 것이다.

이제 민간기업의 직장인도 정년을 노사합의가 아닌 법으로 보장받을 수 있게 됐다는 것은 기업문화의 혁명적 변화라고 할만하다. 한국인의 평균수명은 남자 77.2세, 여자 84.0세(2010년 기준)다. 10년전에 비해 남자는 5.0세, 여자는 4.4세 늘었다. 평균수명은 의학의 발달과 생활여건 개선 등으로 더 늘어날 것이다. 장기적으로는 정년을 더 연장해야 할 필요성이 있다. 영국은 2011년 65세이던 정년을 아예 폐지했다. 65세 정년이 길다는 취지가 아니라 65세 이상이 돼도 고용에 불이익을 줘서는 안된다는 취지다.

현재 65세가 정년인 독일은 2029년까지 67세로 연장할 계획이다. 일본은 이미 1994년 정년을 60세로 법제화한 데 이어 지난달부터 희망자에 한해 65세까지 의무고용하는 제도를 시행하고 있다. 정년이 사실상 65세로 늘었다. 정년 연장으로 많은 사람이 혜택을 보게 됐다. 하지만 간발의 차이로 정년 연장의 혜택을 누리지 못하는 사람 또한 적지 않다. 정년 연장은 2016년 1월부터 300인 이상 사업장 및 지방공사·지방공단 등에 우선 적용되고 이듬해 1월부터 국가 및 지방자치단체와 300인 미만 사업장에도 적용된다. 적용 기준이 다르다 보니 같은 해에 태어났더라도 정년이 연장될 수도, 아닐 수도 있는 모순이 발생한다. 이들의 박탈감을 보상해야 한다. 정년 연장이 시대적 추세라면 한 사람이라도 더 이 혜택을 누리게 해야 한다. 정부는 법 시행전이라도 개별 기업체가 정년을 60세로 연장하도록 유도해야 한다. 정년 연장이 복불복 게임이 되어서야 되겠는가. 노사정이 지혜를 모을 때다.[102)103)]

6. 국민 10명중 8명 "정년 연장 찬성"

우리나라 국민 10명중 8명은 정년 60세 연장 의무화에 찬성하고 있는 것으로 나타났다. 3일 한국갤럽의 정기 여론조사 결과에 따르면 응답자 중 무려 77%가 정년 연장에 대해 찬성 의견을 표명했다. 반대 의견은 18%에 그쳤으며 5%는 답변을 유보했다.104) 특히 전 연령대에서 찬성 비율이 70%를 웃돌아 청년실업에 고민하고 있는 20·30대와 중장년층간 세대갈등에 대한 우려는 크지 않았다. 국회는 지난달 30일 하도급법, 자본시장법 개정안과 함께 정년 연장법을 통과시켰다. 일련의 경제민주화의 흐름과 맞닿아 있었다. 재계의 반대는 당연했다. 특히 경제 5단체는 기업부담을 이유로 정년 연장을 강하게 반대해왔다. 청년실업을 비롯해 취약계층에 대한 걱정을 이례적으로 제기하며 임금피크제 도입을 절충점으로 제시하기도 했다. 남북 평화경제의 상징인 개성공단 문제에 대해서는 강경대응을 촉구하는 목소리가 높았다. 갤럽이 북한의 대화거부에 우리 정부가 개성공단 인력을 전원 철수, 귀환토록 한 결정에 대해 66%가 '잘한 일'이라고 답했다. '잘못했다'는 의견은 21%, 답변 유보층은 13%였다.

또 북한이 개성공단내 우리 기업들의 각종 설비를 몰수할 경우 개성공단 폐쇄를 각오하고 단전, 단수 등의 초강경 조치를 취하는 것에 대해서도 찬성 의견이 63%에 달했다. 반대 의견은 27%였으며 10%는 답변을 유보했다. 한편 이번 조사는 지난달 29일과 30일, 이달 2일 등 3일간 전국의 만 19세 이상 성인 남녀 1005명을 대상으로 휴대전화 RDD방식을 통해 진행됐다. 표본오차는 ±3.1%에 95% 신뢰수준이며 응답률은 17%였다.105)106)

---

102) 이홍우 문화생활부 선임기자 hwlee@kmib.co.kr, 국민일보
103) http://news.nate.com/view/20130503n27792(2013.5.5)
104) 뉴스토마토 기사전송 2013-05-03 12:30, 뉴스 기사 [뉴스토마토 김기성 기자]
105) 김기성 기자의 SNS 계정: [이메일] [트위터] [페이스북], 경제전문 멀티미디어 뉴스통

7. IT개발자의 정년

근로자의 정년을 60세로 의무화하는 '정년보장법 개정안'(고용상 연령 차별 금지 및 고령자 고용촉진법 개정안)이 최근 국회에서 큰 진통없이 통과됐다.[107] 현실적으로 60세 정년을 적용하는 기업이 20%에도 미치지 않는 상황에서 이번 개정안은 사실상 '정년 연장법'이다.[108] 극심한 경기불황과 기업들의 상시적인 구조조정, 비정규직의 확산, 저성장과 노령화 시대의 진입 등 현재 우리 경제의 팍팍한 노동시장 현실을 고려했을 때 이같은 '정년 연장 법제화'에 대한 직장인들은 긍정적인 반응이다.

정년 보장법은 기업 경영주에게는 물론 부담이 될 수 있겠으나 더 넓게 보면 하나의 사회안전망으로서 매우 중요한 가치를 가질 수 있다. 다만 임금피크제 도입 등 60세 정년 보장을 위한 유연한 보완책이 제시돼야 할 것으로 보인다. 한편으론 대부분 직원수 300명 이하의 중소규모로 구성된 IT기업들에게는 정년이란 단어는 아직 익숙하지 않고 피부에 와닿지 않는 듯하다. IT기업들은 대부분 일반 기업에 비해 연령층이 젊기 때문에 정년이란 이슈가 크게 민감하지 않는 것이 틀린 얘기는 아니다.

하지만 내용을 들여다 보면 착잡함이 가슴을 짓누른다. IT기업에 다니는 근로자중 일반관리직을 제외한 IT개발자들에게 혹시 '정년'을 얘기한다면 아마도 이런 냉소적인 반응이 대부분일 것이다. "아니 60세까지 IT개발자로 살라구요?" 물론 60세가 넘어서도 IT개발자로서 훌륭한 역량을 발휘하면서 후배들을 키우는 재미에 보람을 느끼고 살고 있는 개발자도 주위에 없지는 않다. 하지만 실제로 국내 IT개발 현장에서 60세까지 개발자로 활동하는 경우는 극히 드물다. 그럴 수 밖에 없는 것이 IT

신 뉴스토마토, 공감 페이스북 트위터 인쇄 | 스크랩 |뉴스 전문 스크랩이 가능한 기사입니다.
106) http://news.nate.com/view/20130503n13351(2013.5.5)
107) [취재수첩]
108) 디지털데일리 원문 기사전송 2013-05-03 11:49 최종수정 2013-05-03 17:33, 뉴스 기사 [디지털데일리 박기록 기자]

개발자 생활을 하다가 대부분 40세가 넘으면 퇴사해 프리랜서로 활동하려고 하는 것이 일반적이다. IT개발자의 고된 노동 현실과 상대적으로 박한 처우가 감히 '정년'까지 버틸 엄두를 내지 못하게 하기 때문이다.

사실 정색하고 IT개발자의 처우문제를 거론하기 시작하면 언제나 그렇듯 우리나라 IT산업의 모든 병폐가 줄줄이 딸려온다. 손대야 할 것이 너무 많아서 결론은 항상 '착하게 살자' 식으로 허망하게 끝나기 일쑤다. 하지만 'IT개발자의 정년'은 이제부터 심각하게 고민해야 할 문제다.

국산 소프트웨어업체의 한 임원은 "지난 1980년대 중후반부터 IT개발자가 양적으로 늘기 시작했다. IT개발의 일을 이미 그만둔 사람도 많겠지만 이제 그들도 빠르면 6~7년 후 정년의 문제에 직면할 수 밖에 없다.

우리나라도 이제 미국이나 유럽의 IT선진국처럼 회사 조직내에서 성공적인 IT개발자로 남아 정년까지 채우는 과정이 필요해졌다. 그러기 위해서는 어쨌거나 IT개발자들이 따르고 싶어하는 롤모델이 많이 나와야 한다"고 조언했다. 물론 말처럼 쉽게 이뤄질 일은 아니다. 모든 IT개발자들이 스스로 자신이 스티브 잡스가 될 것이라고 꿈꾸지는 않는다. 하지만 최소한 IT개발자들이 '안정된 직장인'으로 살아갈 수 있도록 제도적으로 시스템을 정비해 나가는 것은 국가가 책임져야 할 시급한 과제다.

'정년이 있는 IT개발자의 삶'이 소박하기보다는 거창하게 들린다면 분명히 뭔가 잘못된 것이다.[109][110]

8. 정년 연장과 임금피크제, 정년·임금 조정 병행 vs 임금체계 개편

1) 60세 정년 연장, 임금조정 반드시 연계

최근 60세 정년 연장 의무화 법안이 국회 본회의를 통과했다. 그러나 개정안에 정년 연장시 임금조정 내지 임금피크제와 같이 임금삭감을 전제로 한 조치를 병행토록 구체적으로 명시되지 않고 임금체계 개편이라

---

109) 박기록 기자, rock@ddaily.co.kr, 디지털데일리
110) http://news.nate.com/view/20130503n12485(2013.5.5)

는 모호한 문구로 규정된 것은 산업현장에 심각한 혼란과 갈등을 초래할 소지가 있다.[111] 임금체계 개편 등에 대한 노사합의가 이뤄지지 않을 경우 이에 대한 분쟁해결 절차가 마련돼 있지 않다는 점은 문제다.

일부에서는 노동위원회 조정절차를 통해 분쟁해결과 임금피크제 도입 등이 담보된다는 의견도 있으나 이 또한 노동조합이 애초에 임금양보의 의사가 없다면 해결방안이 될 수 없다.[112] 이에 따라 노조측에서는 정년 연장만을 기대하고 임금체계 개편 등을 거부할 가능성이 크다. 따라서 원활한 60세 정년으로의 이행을 위해 임금피크제 도입 등 임금체계 개편을 지원하기 위한 보다 적극적인 정부의 노력이 필요하다. 이와함께 국회 차원에서는 60세 정년 연장의 원활한 이행을 위한 분쟁조정 절차의 마련 등 후속입법도 필요할 것이다. 고령화 시대에 근로자들의 고용 연장이 필요하지만 기업부담만을 강요하는 것은 정년 연장의 효과를 반감시킬 것이다. 기업의 여건에 따른 합리적 수준의 임금피크제 도입 등 기업부담을 완화할 수 있는 조치들이 반드시 수반돼야 한다.

2) 정년 연장은 노동자의 소득을 보장하기 위한 것

2013년 4월 30일 '고용상 연령차별 금지 및 고령자 고용촉진에 관한 법률'이 통과되면서 법적으로 정년이 연장됐다.[113] "사업주는 근로자의 정년을 60세 이상으로 정하여야 하며 사업주가 60세 미만으로 정년을 정한 경우에는 60세로 정년을 정한 것으로 본다"는 것과 "정년을 60세 이상으로 연장하는 사업 또는 사업장의 사업주와 근로자의 과반수로 조직된 노동조합은 임금체계 개편 등 필요한 조치를 하여야 한다"는 내용이다. 인구와 노동력의 고령화가 급속히 진행되고 있고 노후의 빈곤문제가 심각하지만 이를 대처할 사회보장제도가 미흡한 상황에서 정년 연장

---

111) 이상철 한국경영자총협회 사회정책팀장
112) [쟁점토론]정년연장과 임금피크제…정년·임금 조정 병행해야 vs 임금체계 개편 포괄 논의를, 이투데이 원문 기사전송 2013-05-03 10:49, 뉴스 기사 [이투데이/윤필호 기자]
113) 김미정 민주노총 정책기획실장

은 필수다. 한국 노동자들의 생애 일자리에서 풀타임 노동기간은 대략 27~53세로 약 26년에 불과하다. 풀타임 노동 생애가 25~65세로 약 40년에 달하는 대다수의 선진국 노동자에 비하면 14년이나 짧다. 상황이 이러한데 정년연장을 임금피크제와 연계하면 일을 더해 노동자의 소득을 보장하고자 하는 취지를 살릴 수 없고 임금을 하향평준화하는 꼴이 된다. 더욱이 이번에 통과된 법에는 임금피크제라는 말은 한마디도 없다.

임금체계 개편을 논의한다는 것이다. 어떤 사업장의 임금은 심지어 기본급 비중이 27%밖에 안되고 저임금 장시간 노동을 조장하는 포괄임금제가 만연한 상황에서 임금체계의 개편은 민주노총이 일관되게 요구해왔던 것이다. 노동시간 단축, 원·하청 불공정거래 근절 등을 실현하기 위해 임금체계의 개편은 반드시 필요하다. 임금체계의 개편은 총체적 관점과 상황 인식으로 논의돼야 한다. 정년 연장만을 위한 임금체계 개편은 사회보장제도가 열악해 노동시장 임금에 전적으로 의존하는 노동자들의 삶을 피폐하게 만들 것이다. 정년연장이 제도로서 제 기능을 다하기 위해서는 비정규직과 더불어 정리해고와 조기퇴직 강요 등 현실의 고용불안 구조를 동시에 제거해야 한다.114)115)

9. 마켓인터뷰, 정년 60세 시대, 뜨고 지는 종목은?

앵커 : 정년 60세 법안이 국회를 통과하면서 많은 변화들이 예고되고 있는데요. 정년 60세 시대의 기대와 우려, 오늘 마켓인터뷰 시간에 김혜실 기자와 점검해보겠습니다.116) 우선 의무화 법안에 대해 알려주시죠.

기자 : 60세 정년 연장 법안이 지난 화요일 국회 본회의를 통과했습니다. 이에 따라 근로자들의 정년이 2016년부터 단계적으로 60세로 연장되

---

114) [이투데이/윤필호 기자(beetlebum@etoday.co.kr)], 프리미엄 경제신문 이투데이
115) http://news.nate.com/view/20130503n09809(2013.5.5)
116) 뉴스토마토 기사전송 2013-05-03 08:00 최종수정 2013-05-03 08:09, 뉴스 기사[뉴스토마토 김혜실 기자]

는데요. 근로자가 300명 이상인 공공기관과 기업은 오는 2016년부터, 300명 미만인 지방자치단체와 중소기업은 2017년부터 60세 이상의 정년연장이 의무화됩니다.

앵커 : 사실 법안 통과로 인해 많은 문제들이 거론되고 있는데요. 우선 60세로 늘리면서 청장년층의 진입이 더 어려워질 수 있다는 점이 우려되죠.

기자 : 아버지와 아들의 일자리 경쟁이 일어날 수 있다는 건데요. 정년이 연장되면 그만큼 신규채용이 위축돼 청년고용이 더 악화되는 것 아니냐는 우려입니다. 실제로 기업들은 정년 연장으로 인한 청년층 신규채용 감소는 불가피하다는 입장을 내놓고 있습니다.

앵커 : 기업들의 부담이 커지고 있죠. 이렇다 보니 정부의 복지부담을 기업들에게 떠넘긴 것이 아니냐는 비판도 나옵니다.

기자 : 대한상공회의소는 법으로 정년 연장을 의무화하면서 임금조정과 연계하지 않은 점이 문제라고 지적했고요. 정년 60세를 의무화하더라도 임금과 생산성을 일치시키는 임금조정이 따르지 않을 경우 고령근로자의 고용안정이 어려워질 수 있다고 내다봤습니다. 임금피크제 도입 등 임금조정이 이뤄지지 않을 경우 정년 60세 이하에서도 기업은 임금부담으로 여전히 희망퇴직 등을 통한 구조조정을 할 유인이 있다는 의미입니다.

앵커 : 하지만 복지측면에서 보면 긍정적인 효과를 기대해 볼 수 있죠.

기자 : 정년연장이 현실화되면 기하급수적으로 늘고 있는 복지재정 수요의 증가속도를 줄이는 역할을 할 수 있습니다. 일을 할 수 있는 기간이 늘어나면 세금을 납부하거나 연금을 불입하는 등 재정을 공급하는 기간은 늘어나겠죠. 반면 복지재정을 사용하는 기간은 줄어들기 때문입니다. 보건복지부는 정년 연장이 되면 연금수급계층은 연금납부계층으로 남아 있게 되고 복지수혜계층은 줄어드는 효과가 발생할 것으로 전망하고 있습니다. 그렇다면 이번 정년 의무화는 정부의 복지재정이 한시

를 덜어진 것으로 봐야 할까요. 아니면 민간기업의 부담이 가중됐다고 평가해야 할까요. 어느 쪽에 무게를 두고 보시는지 키움증권 마주옥 팀장 의견 들어봤습니다.

앵커 : 고령화 국가에서 전체 경제의 지출 여력이 적정 수준을 유지하거나 안정적으로 강화되기 위해서는 기업의 지출여력을 강화할 필요가 있다고 보셨습니다. 정년 연장 의무화가 무리없이 진행된다면 소비 진작도 기대해 볼 수 있을까요.

기자 : 정년연장은 은퇴 후 소득 공백기를 줄여 노후불안을 크게 해소시킬 것으로 기대되는데요. 우선 기존보다 더 길게 직장생활을 유지하면서 국민연금을 더 넣으면 수령액이 올라가는 효과를 누릴 수 있겠고요.

정년 연장으로 건강보험료의 부담 감소 혜택도 기대해 볼 수 있습니다. 또 직접적으로는 소비여력이 높아지게 될텐데요. 소득을 안정적으로 보장받게 되면 시니어들이 자기주도적 소비를 높여나갈 것이란 전망입니다. 노후불안 때문에 여유자금이 있음에도 지갑을 풀지 않는 중장년층이 많다고들 하는데요. 정년 연장으로 노후 불안이 다소 해소되고 소비여력이 생긴다면 소비가 살아날 수 있을까요. 키움증권 마주옥 팀장의 전망을 들어보죠.

앵커 : 고령화가 진전될수록 가계저축이 줄어들면서 가계의 지출여력이 약화되는 것이 일반적이기 때문에 기업 지출 여력이 더 강화될 필요가 있다고 하셨습니다. 여유가 생긴 중장년층의 자금이 어디로 흘러갈지도 궁금한데요.

기자 : 은퇴자금의 운용에도 변화의 바람이 불고 있습니다. 늘어난 가용자금에 대한 새로운 투자셈법이 필요해진 것입니다. 전문가들은 절세형 금융상품과 안정적인 수익상품을 대안으로 제시합니다. 저금리 기조가 계속 이어지는 가운데 세금을 아낄 수 있고 보수적인 투자성향에 맞게 안정적인 수익금을 안겨주는 금융상품을 주목하라는 것입니다. 또 저금리에 만족하지 못하는 이들을 중심으로 우량주를 중심으로 한 장기투

자나 해외투자에 대한 관심이 커질 것이라는 전망도 나오고 있습니다. 주식시장의 유입 가능성을 마주옥 팀장께서 살펴주셨습니다.

앵커 : 은퇴 이후에도 주식 비중을 줄이지는 않을 것으로 보셨습니다. 주식 시장 전반적으로 자금이 유입될 수 있겠군요. 산업별로도 긍정적인 부문을 살펴볼까요.

기자 : 기존에는 시니어산업이 요양, 의약품 등 보건산업 위주로 성장했었는데요. 향후에는 교육, 주거, 레저 등으로 확대될 것으로 전망되고 있습니다. 은퇴를 앞두고 언어나 기술을 배우거나 자격증을 취득하는 등 자신만의 능력개발을 위해 소비를 늘릴 것으로 기대되면서입니다. 또 앞으로 살아갈 주거를 개보수하는 등 공간에 대한 투자, 여행이나 레저 등 잘 놀기 위한 소비 등이 늘어날 것으로 전망되고 있습니다. 마주옥 팀장께서 구체적으로 살펴주셨습니다.

기자 : 여행, 레저업종, 의료, 바이오업종, 보험업종 등에 긍정적일 것으로 보셨습니다. 반면 인구 고령화와 저출산으로 보육업종 등은 다소 부정적일 수 있다고 보셨습니다. 기대와 우려가 공존하고 있는데요. 기업들이 어떤 방식으로 무리없이 법안을 시행할지 지켜봐야겠습니다.117)118)

10. 정년 60세 시대, 정말 60세까지 회사를 다닐 수 있을까

'정년 60세 시대'가 다가오고 있다. 2016년이면 민간기업 근로자도 공무원처럼 법적으로 정년이 보장된다. 정년 60세는 고령화사회에 접어든 대한민국이 거부할 수 없는 시대적 흐름이 됐다. 법 개정안이 통과된 마당에 이제는 그동안의 논란을 접고 혼란을 줄일 수 있는 방법을 찾아야 한다. 시행까지 남은 3년동안 정부와 기업, 근로자 모두에게 주어진 과제다.

---

117) 김혜실 기자의 SNS 계정: [이메일] [페이스북], 경제전문 멀티미디어 뉴스통신 뉴스토마토
118) http://news.nate.com/view/20130503n03747(2013.5.5)

정년 60세 시대가 열리면 나에게는 어떤 변화가 생길까. 60세까지는 누구나 해고의 두려움없이 직장에 다닐 수 있는 것일까. 연금체계와 노후의 삶은 어떻게 달라지는걸까. 장년층이 청년층의 일자리를 빼앗을 수 있다는 우려는 현실로 나타날까. 동아일보가 이런 의문들에 대한 해답을 찾아보는 내용의 기사를 게재한다.[119] "정년 연장요? 사기업의 속성을 전혀 모르는 사람들이 만든 촌극이죠." 삼성전자에서 부장으로 일하다 2007년 49세로 퇴직한 서한용(가명·55) 씨는 국회가 최근 통과시킨 정년 연장법 개정안에 대해 "사기업에서는 별 의미가 없다"고 주장했다.

서 씨가 회사를 나온 과정은 이렇다. 옆 부서와는 달리 그의 부서는 실적이 악화됐다. 임원을 단 그의 동기들은 조직이 커져 서 씨 부서의 과장, 대리들을 모조리 데려갔다. 40대 후반인 서 씨가 설 곳은 없었다.

결국 회사를 나올 수밖에 없었다. 정년 60세법이 통과됐다고 실제 60세까지 마음 놓고 현재의 직장에 다닐 수 있다고 장담할 수 없다. 고용안정성이 보장되는 일부 공기업 직원, 노조의 힘이 강한 일부 대기업의 생산직 근로자 등 특수층을 제외한 일반 근로자들은 정년 60세를 '그림의 떡'으로 여긴다. 현재 근로자 300명 이상 기업의 평균 정년은 57.4세다.

하지만 고용노동부 통계에 따르면 55세 이상 퇴직자중에서 소속 회사의 정년규정까지 다닌 사람은 10명중의 한명 꼴(10.7%)이다. 대다수는 정년을 못 채우고 타의에 의해 등 떠밀려 회사를 떠난다. 성과를 내지 못하는 간부직원은 입지가 좁아져 설자리를 잃는다. 인정받는 직원은 임원으로 승진해 정년과 무관하다. 결국 현재의 기업 현실에서는 일을 잘하는 사람이나 못하는 사람이나 정년이 큰 의미가 없는 것이다. 정년 연장이 긍정적인 효과를 가져올 것으로 기대되지만 고용안정성을 해치지 않으려면 준비를 잘해야 한다는 지적도 나온다. 대한상공회의소는 2일 보고서에서 "임금삭감없는 정년 연장은 40, 50대 근로자의 조기퇴직을

---

119) 동아일보 원문 기사전송 2013-05-03 03:08 최종수정 2013-05-03 11:06

초래할 것"이라고 우려했다. 능력에 관계없이 오래 일하면 임금을 더 받는 구조에서 정년 연장은 중장년 근로자의 명예퇴직, 희망퇴직을 압박할 가능성이 크다는 얘기다. 결국 정년 60세를 의무화한 고용연장법은 대한민국에 '고용안정성 확보'와 '기업경영 건전성 유지'라는 두 가지 숙제를 던졌다. 1998년부터 정년을 55세에서 60세로 연장한 일본처럼 기업의 부담을 늘리지 않으면서도 장년층에게 좀더 일할 기회를 줄 수 있는 해법을 찾아야 정년 연장의 효과를 극대화할 수 있을 것이다.[120)121)]

11. 정년 60세 시대, 어떤 변화가 오나

'정년 연장의 꿈은 현실화될 것인가.'[122)] 1일 국회 본회의에서 처리된 '고용상 연령차별 금지 및 고령자 고용촉진에 관한 법률' 개정안은 정년 60세를 '권고조항'에서 '의무조항'으로 바꿨다. 종전의 '정년이 60세 이상이 되도록 노력하여야 한다'는 것을 '사업주는 근로자 정년을 60세 이상으로 정하여야 한다'고 강제한 것이다. 법이 사인간 근로계약보다 우선하기 때문에 기업들은 개정안의 틀내에서 법이 시행되는 2016년(근로자 300명 이상 기준, 300명 미만 사업장은 2017년) 이전까지 정년과 임금체계를 손봐야 한다. 정년보장의 효과는 기업별 업종별로 다르게 나타날 것으로 보인다. 기업의 조직문화나 인사관리시스템이 60세 정년 시대에 맞춰질 때까지 적잖은 시행착오도 예상된다.

1) 모두가 정년 보장 혜택을 보는 건 아니다

많은 사람들은 법 개정으로 60세까지 무조건 회사를 다닐 수 있다고 생각하지만 현실은 그렇지 못하다. 정리해고는 지금처럼 경영상 필요와 노조협의같은 요건만 충족하면 가능하다. 다만 부당해고를 당했을 때는

---

120) 김용석·김지현 기자 nex@donga.com, 동아일보 & donga.com, 공감 페이스북 트위터 인쇄 | 스크랩 |뉴스 전문 스크랩이 가능한 기사입니다.
121) http://news.nate.com/view/20130503n01337(2013.5.5)
122) 동아일보 원문 기사전송 2013-05-03 03:08 최종수정 2013-05-03 09:41

지금처럼 중앙노동위원회나 재판을 통해 해결할 수 있다.

사업주와 근로자의 합의로 실시되는 명예퇴직도 정년보장과 무관하다. 정년의 개념이 없는 기간제·파견근로자도 연장 적용 대상이 아니다.

물론 공기업 근로자는 정년 연장의 혜택을 제대로 누리게 될 가능성이 크다. 현대중공업과 대우조선해양 등 일부 대기업은 최근 1, 2년 사이 정년을 60세까지 연장했다. 숙련된 생산직 근로자들을 퇴사시키면 생산성에 영향을 줄 수 있고 경쟁사에 취업할 경우 기술 유출까지 우려되는 상황을 감안한 조치였다.

현대중공업의 경우 지난해에만 800여명이 정년 연장의 혜택을 봤다. 임금이 20% 가량 깎였지만 근로자들의 만족도는 높아졌다. 현대중공업 울산 본사 조선사업본부의 정영도 기장(59)은 "수십년간 흘린 땀과 쌓은 기술을 회사가 인정해주는 것 같아 뿌듯했다"며 "노후준비를 체계적으로 할 여유를 얻은 것도 큰 수확"이라고 말했다. 이처럼 '정년 연장'이 '정년보장'으로 직결되는 것은 생산직 비중이 높은 일부 제조기업, 그것도 사정이 좋은 곳에 국한되는 얘기다. 사무직은 정년 60세가 반드시 보장될 것이라고 장담하기 어렵다. 정년을 연장하면서 임금피크제를 도입한 금융권의 경우는 60세까지 회사를 다니는 직원이 기대만큼 많지 않았다. 2005년 임금피크제를 도입한 우리은행의 경우 정년 연장의 혜택을 본 직원은 40% 뿐이었다. 나머지는 회사를 옮기거나 퇴직했다. 52세 때 국민은행에서 명예퇴직한 고준현 씨(55)는 "임금피크제가 있어도 대부분 52, 53세면 후배나 경영진 눈치를 보다 명예퇴직하는 분위기"라고 전했다. 한 시중은행의 인사팀 관계자는 "제조업에서는 고령자의 노하우가 유용하겠지만 서열이 중시되는 사무직은 한계가 있을 수밖에 없다"고 말했다.

2) 윈-윈 위해서 기업문화와 임금체계의 혁신

2003년 국내 최초로 임금피크제를 도입한 신용보증기금은 55세 일반직을 별정직(업무지원직)으로 전환하며 58세까지 일하도록 정년을 연장했다. 별정직으로 전환된 사람들은 기존 임금의 55% 가량만 받고 채권추심이나 소송수행 등의 업무를 하거나 콜센터 상담원이 됐다. 고용을 연장하긴 했지만 임금이 많이 줄어들고 '험한일' '허드렛일'을 맡으면서 불만도 커졌다. 시행착오를 거치면서 연수원 교수, 컨설팅 업무 등 이들을 위한 직무를 개발한 뒤에야 제도가 안착됐다. 이지만 연세대 경영학과 교수는 "대상자들에게 적합한 직무를 만들지 않은 채 정년만 연장되면 기업과 근로자 모두 손해"라며 "50대 중반에 맞춰진 인력관리시스템을 60세로 높이는 작업이 필요하다"고 말했다.

문제는 국내 기업들이 50대 이상 관리자의 역량을 높이는 교육시스템이 부족하다는 점이다. 근로자 직무교육을 하는 한국생산성본부, 한국능률협회 등에도 50대 이상 직장인을 위한 위탁교육 프로그램은 거의 없다. 노무컨설팅업체인 케이엔컨설팅의 김진술 대표는 "고령자의 업무역량을 지속적으로 관리하는 시스템을 갖추지 못할 경우 정년 연장 혜택을 본 근로자의 직무만족도는 높아지기 어려울 것"이라고 지적했다.

2000년대 중반 국내의 한 대형 통신사 직원들은 충격에 빠졌다. 일부 부장급 관리자를 콜센터 고객상담요원으로 발령한 것이다. 사실상 퇴출이었다. 회사 창사 이래 처음있는 일이었다. 하지만 고참 부장 몇명 나가는 것으로 상황은 쉽게 정리됐다. 이 회사의 한 직원은 "능력과는 무관하게 고참순으로 사람을 솎아내는 게 한국 직장의 분위기"라며 "정년이 연장된다고 해서 이런 분위기가 달라지지는 않을 것 같다"고 말했다. 전문가들은 나이 많은 상급자와 나이 어린 하급자간의 상명하복을 기본틀로 하는 직장문화를 업무와 능력 중심의 질서로 재편해야 정년 연장에 따른 실질적 효과를 거둘 수 있다고 강조한다. 고참 직원이 어린 직원밑에서 자연스럽게 일할 수 있는 분위기가 조성돼야 탄력적으로 고참 직원을 배치해 활용할 수 있다는 것이다.

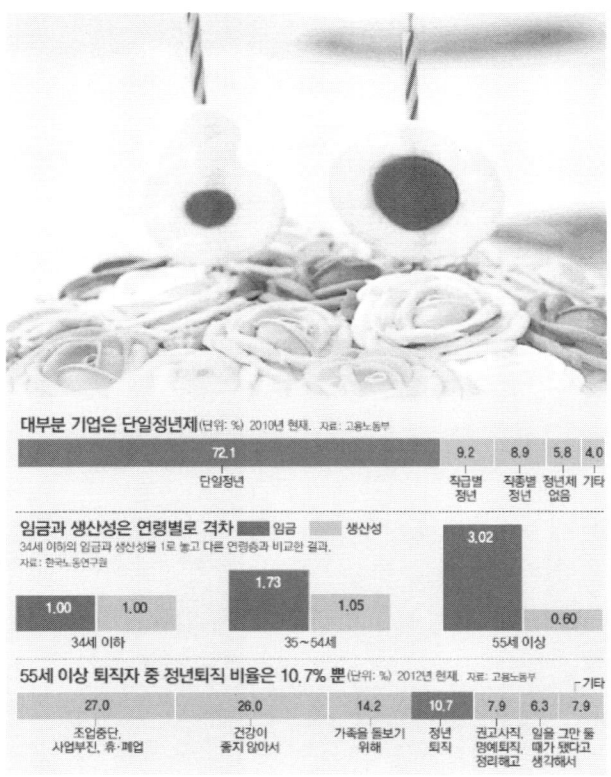

자료: http://news.nate.com/view/20130503n01331(2013.5.5)

　근무연수가 높을수록 임금을 많이 받는 연공급제 체계도 혁신 대상으로 꼽힌다. 외국처럼 직무와 성과에 따라 임금을 정하는 기업은 많지 않다. 현재와 같은 임금구조에서는 고령 근로자가 정년을 보장받기보다는 간접적인 퇴출압력에 시달릴 가능성이 높다. 일본 등의 사례를 봐도 정년 연장의 성패가 임금체계 개편에 달려 있다고 해도 과언이 아니다.
　임금피크제를 도입해 일정 연령 이상의 고령자에게는 정년을 연장하는 데 비례해 임금을 줄여야 한다는 주장이 재계에서 나오고 있다. 하지만 노동계는 임금손실없는 정년 의무화를 고집하고 있다. 노사가 이 문제를 놓고 충돌할 경우 정년 연장의 후폭풍은 당분간 이어질 수밖에 없을 것으로 보인다. 2016년 법 시행전까지 원만한 노사합의가 이뤄지지 않으면 상당한 혼란이 빚어질 가능성도 있다. 최영기 경기개발연구원 선임연구위원(전 한국노동연구원장)은 "임금체계를 개편하지 않고 정년만 연장할 경우 기업경쟁력에 큰 타격이 올 수밖에 없다"며 "이미 법이 통과된 만큼 일본처럼 노사가 상생의 지혜를 모아 법 시행전까지 임금체계를 개편해 나가야 한다"고 강조했다.123)124)

12. 블루칼라와 화이트칼라

주 5일을 근무하는 직장인인 나는 토요일에 쉰다. 그러나 자영업자에 가까운 어머니, 블루칼라 노동자에 가까운 아버지, 지금은 군대에 갔지만 집에 있었다면 아르바이트를 하러 갔을 동생까지 모두 토요일에 '일'을 했다. 그리고 나 역시 작은 회사지만 정규직으로 취업을 하기전까지는 토요일에 일을 했다.125) "남들이 놀 때 같이 논다는 게 대단한거야"라고 동대문 시장 언니들은 말했다. 일반 기업들이 '비즈니스 일'을 계산하는 것과 다르게 동대문 옷가게들한테 주말은 평일의 2배에 가까운 매출을 찍어줬다. 편의점은 '남들이 잘 때도 가게 문을 닫아서는 안되는 업장'이다. 이건 본사의 영업방침인데, 실제로 이것 때문에 많은 가정들이 파탄에 이른다. 야간할증의 '알바비'를 아끼기 위해 점주 부부들이 돌아가면서 가게를 보기 때문이다. 내가 일했던 가게의 점주 언니는 대타를 구할 수 없는 상태로 몸이 아파서 일하다가 편의점 셔터를 내렸는데 인근 주민이 경찰서에 신고를 했다. 경찰들은 찾아와 "처벌 대상은 아닌데"라며 경고를 주었고, 나는 신고한 주민이 너무 원망스러웠다. 그

---

123) 김창덕·이성호·신수정 기자 drake007@donga.com, 동아일보 & donga.com
124) http://news.nate.com/view/20130503n01331(2013.5.5)
125) [2030 잠금해제] 블루칼라와 화이트칼라 / 김류미, 한겨레 원문 기사전송 2013-05-05 19:35

들의 눈에는 일하는 '한 명의 사람'은 보이지 않고 '24시간 불 켜진 편의점'만 보이는 것 같았다. 공부방(이건 이름만 공부방이지 그냥 저가형 보습학원이다)에서 일할 때는 '추석 연휴'를 이용해 아이들에게 '중간고사 필승 대비반 체제'로 하루 6시간의 수업지도를 해야 했다.

　명절 대목을 앞두고 물류업체나 마트에서는 '비상 알바'가 넘쳐나고, 주말이면 명동, 강남의 가장 혼잡한 길거리에서 광고 간판을 들고 있어야 하는 청춘들이 늘어난다. 노동절에 노는 직장인을 위해 누군가는 일을 한다. '진짜 노동자'는 누구인가? 대기업 정규직은 하루를 쉬지만 정말 노동 현실의 개선이 당장 필요한 업종에서 종사하는 '노동자'들은 일을 해야 한다. 집회도 대기업 정규직 남성 노동자 중심이다. 그래서 '대기업 정규직'은 이제 스스로 '노동자'라는 말을 쓰는 것을 꺼리게 되었다. 이미 스스로를 노동자보다 근로자, 근로자보다 회사원, 직장인으로 부르고 있지 않은가? 오늘날 사실상 생산직에 종사하지 않는 일반 기업 정규직들이 피해버린 '과거의 노동자'의 포지션은 오늘날의 '서비스업 종사자'다. 그들은 '화이트칼라'를 입고 있는 '직장인'들의 리프레쉬를 위해 고속도로 휴게소에서, 백화점에서, 지하철에서, 주차장에서, 식당에서 일을 한다. 문제는 그 서비스업 종사자들이 어떻게 구성되어 있느냐이다. 대다수는 취업 약자로, 임시직을 전전하는 20, 30대 청년들, 노동시장에서 사실상 경력이 단절된 주부사원, 실버 취업자다. 우리는 맥도날드에서 이미 많은 어르신들이 일하는 것을 보고 있다. 한편 40대에 정년을 맞아버린 '근로자'들은 자영업의 부품과 같은 점주가 되어 그 자신이 누렸던 '노동절'을 누리지 못하는 중년 이후의 삶을 보내야 한다.

　앞으로도 시장에 의해 '노동절'에 쉬지 못하는 노동자는 늘어날 것이다. 최저 시급 1만원을 외치는 '알바연대'의 목소리는 점주보다는 본사를 향한 것이다. 정년 연장 법안의 통과가 청년층 신규채용을 더 어렵게 만들어서는 안될 것이다. 추석과 설의 대체휴일을 쓰게 해달라는 대체휴일제 도입도 번번이 무산되고 있다. 시장이 노동자들을 구분하더라도 사회는 우리는 언제나 '노동절에 일하는 노동자'가 될 수 있음을 상기해야 한다. 우리에게 어떤 노동의 현실이 기다리고 있겠는가.126)127)

13. 경제민주화와 기업운영

　우여곡절끝에 지난달 30일 '경제민주화법 1호'로 하도급법 개정안이 국회 본회의를 통과했다. 대기업의 '납품 단가 후려치기' 등에 대해 3배 범위안에서 징벌적 손해배상을 부과할 수 있도록 한 개정안이다. 애초 '최대 10배'에서 많이 후퇴했지만 그래도 일단은 이 개정안이 죽지 않고 살아남은 것만도 다행이다. 이어서 연봉 5억원 이상을 받는 등기임원의 급여를 공개하도록 하는 자본시장법 개정안과 근로자 정년을 60살로 연장하는 이른바 '정년 연장법'도 여야 합의로 국회 본회의를 잇따라 통과했다. 재벌들의 강력한 반발, 관료들의 재벌 편들기 그리고 새누리당의 재벌 눈치보기로 한때는 이 법안들의 국회 통과가 거의 불가능한 것처럼 보였는데 여론의 거센 역풍에 새누리당도 어쩔 수 없었던 모양이다.128) 이번에는 어찌어찌해서 경제민주화 법안 몇개가 가까스로 국회를 통과했지만 그간의 사정을 보면 산적한 경제민주화 관련 법안들중에서 앞으로 온전히 국회를 통과할 것은 많지 않은 것 같아 걱정이 앞선다. 경제민주화를 둘러싸고 벌어지는 싸움이 쉽지 않을테니 말이다. 경제민주화를 '절대 살려둘 수 없다'고 생각하는 듯한 재벌과 꼭 지켜내야 한다고 결의에 차 있는 듯한 진보 진영간에 벌어지고 있는 한판 승부를 보고 있노라니 마치 제임스 캐머런의 1984년 히트 영화 <터미네이터> 시리즈를 보고 있는 것 같은 착각이 든다. 인간이 만든 글로벌 디지털 국방네트워크 시스템 '스카이넷'은 성공적이었다. 그 혁신적인 인공지능이 너무 성공적인 나머지 스스로 학습능력을 키우면서 심지어는 지적

---

126) 김류미 <은근 리얼 버라이어티 강남 소녀> 저자, <한겨레 인기기사>, 한겨레신문사
127) http://news.nate.com/view/20130505n15523(2013.5.5)
128) [이동걸 칼럼] 이 땅의 터미네이터들, 한겨레 원문 기사전송 2013-05-05 19:35

자각 능력까지 갖게 되었다. 그러나 스스로 지각하고 판단하여 작동하는 인공지능시스템이 인간의 통제를 벗어나면 무슨 짓을 할지 모른다는 두려움에 개발자들이 시스템 작동을 중지시키려 했고, 이에 인간들이 자신을 죽이려 한다고 생각한 스카이넷이 소련과 미국 사이에 핵전쟁을 일으켜 인간을 거의 다 몰살시키고 남은 인간들을 노예로 만들었다. 인류 대학살에서 살아남은 일단의 인간 저항군들이 존 코너의 지휘 아래 스카이넷 시스템을 뚫고 들어가 시스템을 파괴하려 하자 스카이넷은 터미네이터를 과거로 보내 1편에서는 존 코너의 생모를 죽이려 했고, 2편에서 어린 존 코너를 없애버리려 했다. 이를 알아차린 존 코너가 이들을 지키려고 부하를 보내 서로 쫓고 쫓기면서 싸운다는 것이 스토리의 골자다. 스카이넷=재벌, 터미네이터=재벌 하수인들, 터미네이터의 사살 목표인 어린 존 코너 또는 그의 생모=경제민주화, 이렇게 대입해놓고 보면 경제민주화를 둘러싸고 벌어지는 싸움을 보고 <터미네이터>를 떠올린다는 말에 공감해주실 독자들이 좀 있을 것 같다. 과학기술이 발달하면서 과거에는 상상조차도 할 수 없었던 수많은 일이 이제는 현실이 되어 우리의 일상생활을 편하게 해주고 있지만 다른 한편으로는 과학기술이 너무나 발전한 나머지 기계가 우리 인간들을 지배할지도 모른다는 우려도 항상 있었다. 재벌체제도 우리 국민들이 만든 것이지만 너무나 성공적이었던 나머지 이제는 자생적인 생명력을 갖고 우리 국민들을 지배하고 있다. 재벌체제는 이제 우리 경제와 국민들을 재벌체제에 봉사하는 노예로 만들었고, 궁극적으로는 우리 경제와 국민들을 죽일지도 모르는 탐욕스런 괴물로 변해가고 있다. 경제민주화에 위협을 느낀 재벌은 우리 사회의 곳곳에 수없이 많은 터미네이터들을 보내 경제민주화를 없애버리려고 하고 있다. 대선 때는 표를 얻기 위해 그렇게 굳게 약속했건만 "대기업 옥죄기가 아니다"라거나 "무리하는 것은 아닌지 걱정된다"는 말로 간단히 경제민주화를 뒤엎어버린 박근혜 대통령의 말이 이 땅의 터미네이터들을 활동시킨 비밀 명령어는 아니었는지 걱정된다. 재벌들이 제공하는 끊임없는 에너지로 충전된 관료, 보수언론, 연구소, 학자들은 지칠 줄 모르고 경제민주화를 공격해대고 있다. 경제민주화를 이루려면 우리 모두 힘을 합쳐 이 땅의 터미네이터들을 제거해야 한다. 재벌의 돈으로 충전되는 이 땅의 터미네이터들이 누군지 다들 알고 있지 않는가.129)130)

14. '세대맞춤 법안들' 쏟아져, 국회 움직인 50대가 '갑'

[앵커]

19대 국회 초반, 국회를 통과한 법안들을 살펴보면 유독 50대 유권자를 겨냥한 법안들이 눈에 들어옵니다. 먼저 그 배경을 이윤석 기자가 풀어봤습니다.131)

[기자]

지난 주 국회 본회의를 통과한 '정년 60세 연장 법안', 공공기관과 직원수 300명 이상의 사업장은 2016년부터 시행하고 이보다 적으면 2017년부터 정년이 60세로 의무화됩니다. 당장 은퇴를 앞둔 50대 직장인들에게는 희소식일 수밖에 없습니다.

[김동수/50대 직장인 : 55세 정년은 가장으로서 불안했었거든요. 아무래도 5년동안 더 가장으로서 직장생활을 할 수 있으니까.]

[이길형/50대 직장인 : 우리 나이에는 자녀교육이 많이 부담이 되는데 정년이 연장돼 부담이 많이 줄었죠.]

학자금 대출을 받은 채무자가 군대에 복무하는 기간동안 이자를 면제해주는 '취업 후 학자금 상환 특별법' 개정안 법안 역시 20대 대학생과 함께 학비부담에 시달리는 50대 부모세대를 겨냥해 만들어진 것으로 알려졌습니다. 반면 30~40대 직장인들에게 가장 큰 관심사였던 '대체휴일

---

129) 이동걸 한림대 재무금융학과 객원교수, 한겨레신문사
130) http://news.nate.com/view/20130505n15524(2013.5.5)
131) JTBC 원문 기사전송 2013-05-05 19:17 최종수정 2013-05-05 19:18

제'는 이번 국회를 통과하지 못했습니다.

[윤희웅/한국사회여론조사연구소 조사분석실장 : 50대를 목표로 한 50대가 반응할 수 있는 정책을 마련하고 그것을 통해 접근하는 전략을 활용한다고 볼 수 있겠습니다.]

그렇다면 최근 선거에서 50대 유권자들의 영향력은 어느 정도였을까 살펴볼 필요가 있습니다.132)133)134)

15. 정년 60세 시대의 정년 연장과 청년 일자리의 상관관계

"청년실업은 불경기 탓, 정년 연장과 직접 연관성 낮아"135) "경기가 나빠져 취업문이 가뜩이나 좁아진 상황에서 고령근로자의 정년까지 연장되면 신규채용은 더 줄어들 게 뻔하지 않겠어요."136) '정년 60세 의무화법'이 국회를 통과한 이후 트위터와 인터넷 게시판 등 소셜네트워크서비스(SNS)에는 일자리를 찾는 청년들의 걱정 어린 목소리가 속속 올라오고 있다. 일각에서는 정년 연장이 부모 세대와 자녀 세대간의 밥그릇 싸움으로 번지는 게 아니냐는 우려까지 나온다. 하지만 정년 연장이 청년취업과 제로섬 관계가 아니며 장기적으로는 모든 세대에 혜택이 돌아갈 것이라는 긍정적 분석도 나오고 있다. 정년 문제가 미래에 자신들의 문제이기도 하지만 당장 취업 걱정을 해야 하는 젊은이들 처지에서는 정년 연장이 반갑지 않은 게 현실이다. 사회통합위원회와 한국사회학회가 지난해에 진행한 설문조사에 따르면 정년 연장에 대해 50대는 40.5%가 찬성했지만 20대는 24.9%만 찬성했다. 재계도 "정년 연장이 청년층의 신규채용 감소로 이어질 것"이라는 전망을 내놓고 있다. 한 경제단체 관계자는 "기업에서 20년을 일한 직원의 평균임금은 신입직원의 2

---

132) 김필규 기자의 보도
133) JTBC Contents Hub.
134) http://news.nate.com/view/20130505n15259(2013.5.5)
135) 기사입력 2013-05-06 03:00:00 기사수정 2013-05-06 03:02:07
136) 취업 준비생 정모 씨·26·여

~3배에 달한다"며 "정년이 연장된 고령근로자의 임금을 조정할 수 있는 법적 장치가 마련되지 않는다면 기업들은 신규직원 채용에 부담을 느낄 수밖에 없다"고 말했다. 한 대기업 인사팀장은 "분기별로 실적을 발표해 시장에서 평가받는 기업의 입장에서는 인건비에 신경쓰지 않을 수 없다"며 "정부가 신입사원 채용 인원을 늘리라고 독려해도 그대로 따르기 어려운 분위기가 만들어질 수 있고, 비용부담이 적은 인턴사원을 쓰는 기업도 더 늘어날 것"이라고 내다봤다. 하지만 정년 연장이 청년 일자리에 영향을 미칠지 아닐지는 업종에 따라 다르게 나타난다는 견해가 우세하다. 기업별로 필요로 하는 인력분포가 다르고 사업성격이 노동집약적이냐 장치산업이냐에 따라서도 정년 연장의 효과가 다르게 나타난다는 것이다. 더욱이 청년 실업률은 고령층의 정년 연장보다는 경제상황에 더 큰 영향을 받는다는 분석이 나온다.

경제협력개발기구(OECD)는 1990년대 중반 일부 회원국의 경우 고령자의 노동시장 장기체류가 높은 청년 실업률의 주요 원인이라고 봤다.

이에 따라 1994년 '고령층의 조기퇴직을 유인해야 한다'는 내용의 권고안이 담긴 일자리 전략을 채택했다. 그러나 그 후 10여년간 청년층 실업문제는 더욱 심각해졌다. 프랑스 등 일부 회원 국가에서는 오히려 고령자 조기퇴직이 사회재정 부담만 늘리고 청년실업 문제는 해결하지 못했다는 평가를 받았다.

OECD가 2005년 새로운 일자리 전략을 세우며 조기퇴직 권고안을 폐기한 이유다. 고령자 고용과 청년층 고용은 한 자리를 놓고 다투는 대체관계가 아니라는 결론을 내린 것이다. 국회 환경노동위원회 소속 새누리당 김성태 의원은 "청년실업의 문제는 각 나라와 세계 경제 상황, 그리고 정보기술(IT) 시대에 벌어지는 고용없는 성장 등의 문제이지 정년 연장과는 무관하다"고 주장했다. 정년을 60세로 연장한 국내 기업들중에는 신규채용을 줄인 기업도 있고 그렇지 않은 기업도 있다. 지난해 7월 정년을 만 60세까지로 2년 연장한 현대중공업측 관계자는 "생산직 근

정년 연장 도입 기업들의 신규 채용 인원 변화

	산업			규모	
	공공기관	제조업	비제조업	300인 미만	300인 이상
연장 전(명) ▶	531	1204	1659	69	3325
연장 후(명) ▶	510	1559	1177	45	3201
증감(%) ▶	-4.0	29.5	-29.1	-34.8	-3.7

자료: 고용노동부 '고령자 고용연장 제도연구', 2012년. 2006~2011년 정년을 연장한 940개 사업장 대상

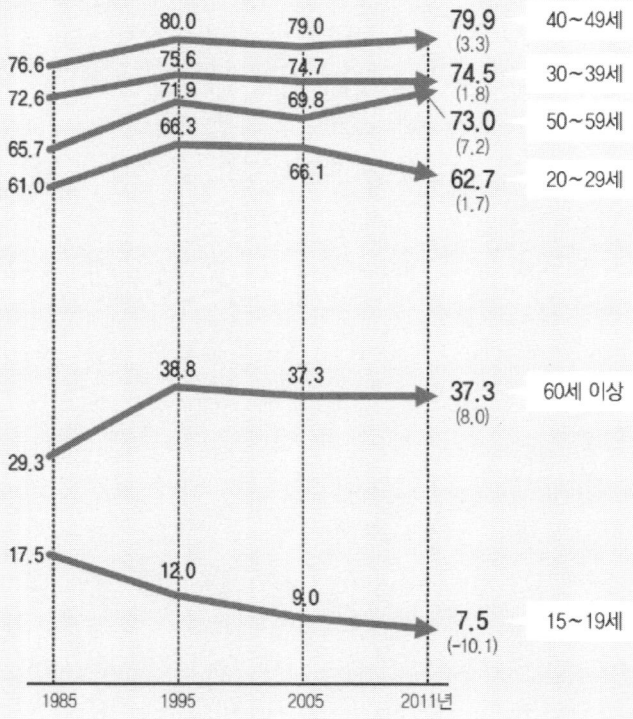

연령별 경제활동 참가율 (단위: %)

( )는 1985년 대비 2011년 기준 참가율 증가폭(%포인트).

연령	1985	1995	2005	2011	(증가폭)
40~49세	80.0		79.0	79.9	(3.3)
30~39세	76.6	75.6	74.7	74.5	(1.8)
50~59세	72.6	71.9	69.8	73.0	(7.2)
20~29세	65.7	66.3	66.1	62.7	(1.7)
60세 이상	29.3	38.8	37.3	37.3	(8.0)
15~19세	17.5	12.0	9.0	7.5	(-10.1)

자료: http://news.donga.com/3/all/20130506/54926055/1(2013.5.6)

로자의 정년을 연장한 것이 신규채용에는 부정적인 영향을 미쳤다고 볼 수 있다"고 말했다. 그러면서 "정년 연장이 직원들의 사기를 끌어올리고 우수한 인력을 붙잡는 효과도 있었고, 노조가 임금인상률을 양보해 회사 전체적으로 긍정적인 효과가 있었지만 청년 구직자들에게 돌아가는 기회가 줄어든 것은 사실"이라고 말했다. 반면 장치산업 분야에서는 별 영향이 없었던 것으로 분석됐다. 2011년 노사합의로 정년을 60세로 2년 연장한 GS칼텍스측 관계자는 "정년 연장 이후 신규채용 증가는 소폭에 그쳤다. 하지만 이는 정년 연장과는 무관했다. 채용은 투자계획의 영향을 직접적으로 받는다"고 말했다. 비제조업과 공공부문 등 청년층이 선호하는 '괜찮은 일자리'에서는 정년 연장이 고용에 미치는 영향이 상대적으로 클 것이라는 전망도 있다. 지난해 고용노동부가 2006~2011년 정년을 연장한 940개 사업장을 대상으로 정년 연장 전후의 신규채용을 분석한 결과 비제조업은 29.1%, 공공기관은 4.0% 각각 줄어든 반면 제조업은 29.5%가 늘어났다. 이철희 서울대 경제학부 교수는 "공공부문 등 사무직 분야는 한정된 일자리를 두고 경쟁관계가 형성될 수밖에 없다"며 "정년 연장과 함께 임금제도를 손봐야 세대간 갈등을 줄일 수 있다"고 지적했다. 장기적으로는 정년 연장이 청년세대에게도 유리한 일이 될 거라는 믿음이 필요하다는 견해도 있다. 안주엽 한국노동연구원 선임연구위원은 "30~40년 뒤에는 젊은이들도 정년 연장의 혜택을 보게 된다는 긴 안목이 필요한 시점"이라고 말했다.[137)][138)]

16. 지지대, 정년 60세 의무화

평균수명이 길어짐에 따라 사람들은 가급적 오랫동안 일을 하고 싶어 한다. 일을 하면서 보람과 즐거움을 느끼고 돈도 벌 수 있기 때문이다.

---

137) 길진균·이성호·김창덕 기자 leon@donga.com, 정년연장 | 청년실업, [정년 60세 시대] 영국 재정위기에 연금지급 늦추러 정년 폐지
138) http://news.donga.com/3/all/20130506/54926055/1(2013.5.6)

하지만 학교나 회사, 공공기관 등에서 일하는 근로자들은 직장에서 물러나도록 정해진 나이가 있다. 바로 '정년(停年)'이다.[139]

현재 우리나라 법률에서는 '정년을 60세 이상이 되도록 노력한다'고 규정하고 있다. 이는 권고 조항으로 강제성은 없다. 민간기업의 정년은 평균 57세다. 이것도 제대로 지켜지지 않는 상황으로 사실상의 퇴직연령은 평균 53세다. 한참 일할 나이의 퇴직은 심각한 사회문제다. 우리나라에서 정년제도는 근로자가 안정적으로 일할 수 있도록 하는 고용보호 장치 성격이 강하다. 기업들이 정년 연장은 인건비 부담이 가중되고 기업운영을 어렵게 한다는 인식을 갖고있어 국가가 나서서 강제로 정년을 지키도록 하는 것이다. 하지만 외국에선 정년 자체가 없는 나라들이 있다. 미국·영국은 정년을 설정하는 것을 고령자 차별로 판단해 정년제도를 금지하고 있다. 65세가 넘어도 일할 수 있는 사람에게 일할 기회를 빼앗는 제도라고 보는 것이다. 일본은 1998년에 근로자가 60세까지 일할 수 있도록 의무화했고 올해 다시 65세로 연장했다. 독일은 65세 정년 규정을 두고 있으나 2029년까지 67세로 연장할 계획이다. 국회가 지난 30일 본회의를 열어 오는 2016년부터 사업장 규모에 따라 단계적으로 정년을 60세로 연장하는 내용의 일명 '정년 60세 연장법'을 가결했다. 정년 60세 규정은 2016년 1월 1일부터 공공기관, 지방공사, 지방공단, 300인 이상 사업장에 적용되며 이듬해인 2017년 1월 1일부터는 국가 및 지자체, 300인 미만 사업장에 적용된 뒤 모든 사업장으로 확대된다. '정년 60세 의무화'를 바라보는 세대별 시각은 크게 다르다. 고령화속 노후대책이 안된 중·장년층에서는 하루라도 더 일할 수 있다는 현실에 크게 환영하는 분위기다.

반면 젊은이들은 부모 세대의 정년연장에 공감하면서도 가뜩이나 바늘구멍인 취업이 더 어려워지는 것 아니냐는 우려를 하고 있다. 정년 60

---

139) 이연섭 논설위원 | yslee@ekgib.com, 승인 2013.05.06

세 시대는 더이상 피할 수 없는 시대적 흐름이다. 기업들은 일자리 나누기, 임금피크제 등 보완책을 마련해 정년연장과 청년취업이라는 두마리 토끼를 잡을 수 있도록 해야 한다. 우리 경제의 활력을 되살리는 계기가 되도록 지혜를 모아야 한다.[140][141]

17. '정년 연장법' 통과, 임금피크제에 중기 운명

국회가 지난달 '정년 60세 연장법'을 통과시키자 제도 시행에 앞서 노사, 노노, 노정 등의 갈등이 경제성장의 발목을 잡는 복병으로 작용할 수 있다는 우려가 나오고 있다.[142] 특히 노조문화가 발달한 울산에서는 노사가 정년 연장에 대해 수십년동안 이어져온 임금체계 등을 재정립해야 돼 고민이 깊어지고 있다. 이런 가운데 '임금피크제'가 노사 양측의 뜨거운 감자로 부상할 전망이다. 실제 지역내 가장 큰 노조가 형성된 현대자동차 그룹의 경우, 현대차는 2011년, 기아차는 지난해 임금 및 단체협상을 통해 정년을 기존 59세에서 1년 추가할 수 있도록 했다. 하지만 연장된 기간의 신분을 정규직으로 하느냐, 비정규직으로 하느냐를 놓고 노조와 갈등을 빚고 있다. 이에 대기업과 중소기업체들은 대안책으로 '임금피크제'에 대해 논의하고 있다. 일정 연령이 되면 임금을 삭감하는 대신 정년을 보장하는 제도다. 재계에서는 임금피크제를 경영부담을 줄이기 위한 최소한의 안전장치로 보고 있다. 능률과 비용의 편차를 줄일 수 있는 가장 현실적인 방안이라는 것이다. 하지만 노사가 법 시행일인 2016년 1월 1일까지 임금피크제에 합의를 보지 못하면 노조의 요구사항인 임금삭감없이 60세까지 정년을 보장받게 된다. 이런 상황으로 재계와 노동계에서는 노조가 의도적으로 시간을 끄는 등 협상에 소극적으로 임할 수 있다는 우려가 제기된다. 지역 노동계 관계자는 "강성노조가 있는

---

140) 이연섭 논설위원, 경기일보
141) http://www.kyeonggi.com/news/articleView.html?idxno=674640(2013.5.6)
142) 2013년 05월 06일 (월) 서승원 기자 ggundle2000@iusm.co.kr

사업장에서는 충분히 가능한 얘기다"고 했다. 이는 정부가 정년연장에 따른 기업부담 완화를 위한 대안으로 제시한 임금피크제가 노조의 반발에 묶여 도움이 되지 않을 수도 있다는 반론이다. 지역내 S공업 노사관계자는 "중기 현장분위기는 인건비가 내려가면서까지 임금피크제를 받아들일 수 없다는 정서다"며 "임금피크제는 강제성이 없어 노사가 합의하기전까지는 시행될 수가 없을 것이다"고 말했다. 여기에 인사 적체에 따른 인사관리 부담도 문제로 지적된다. 기업은 조직관리를 위해 매년 3~4%의 신규채용으로 내부 노하우와 기술을 선순환시켜야 하는데 정년이 연장되면 고령근로자 퇴출을 통한 인력 순환이 단절될 가능성도 있다. 재정상황이 열악한 중소기업이라면 대기업보다 더 많은 부담이 예상된다. 이런 상황으로 인해 정년 연장의 혜택이 중소기업을 제외한 대기업과 공공부문에만 집중될 가능성이 높다. 현재도 국내 300인 이상 대기업은 94.5%가 정년을 설정하고 있지만 300인 미만 사업장은 정년제를 도입한 비율이 20.0%에 그치는 것으로 나타났다.

정년제 도입은 중소기업에 불필요한 노사분쟁과 법무비용의 부담증가로 나타날 우려가 있을 수 있다는 의미다. 지역 노동계 전문가는 "이번 법안처리는 중소기업의 인력난 운용에 어려움을 줄 것으로 예상한다"며 "고령자 일자리 문제는 기업에서 오래 근무하게 하는 정년 의무화가 아닌 적합직무를 개발하고 근로시장의 유연성, 임금피크제 활성화 등을 통해 고령자 고용수요를 창출해야 한다"고 설명했다.[143)144)]

18. 정년 연장 시행 앞서 부작용 보완이 우선

지난달 정년 연장법이 국회를 통과하자 임금근로자 모두에게 엄청난 혜택이 돌아갈 것으로 기대하는 분위기다. 재계의 반발이 이같은 기대치

---

143) 박소연 기자 기사작성 / 편집장승인 / 노출보류 2013-05-05 21:37:59, 관리자 웹출판을 통한 노출승인 2013-05-05 22:06:01, 울산매일
144) http://www.iusm.co.kr/news/articleView.html?idxno=289978(2013.5.6)

를 한층 높여주고 있다. 근로자에게 곶감이 사용자에게는 독이었다는 그동안의 선입견 때문이라 할 수 있다. 그러나 정년 연장법이 때로 사용자는 물론, 근로자에게도 독으로 작용할 우려를 배제할 수 없다. 정부가 정년 연장법을 통과시키면서 내놓은 대안이 임금피크제다. 대기업이나 중소기업은 노사협의로 임금피크제를 채택, 고용안정을 높이는 한편으로 경영부담을 최소화할 수 있도록 했다는 것이 정부의 설명이다.145) 하지만 이를 노사합의로 채택하지 못하면 회사는 정년 연장을 그대로 적용할 수밖에 없다. 정년 연장에 따른 임금피크제를 노사자율로 해결하라고만 했지 노사협의로 성사되지 못하면 어떻게 하겠다는 규정은 마련하지 않았다. 2016년 1월, 제도시행 이전까지 노사합의를 해야 한다. 만약 이 때까지 합의가 되지 않으면 근로자는 현행 임금을 60세 정년까지 보장받게 된다. 강성노조가 이런 약점을 놓칠리 없다. 특히 울산과 같이 강성노조가 주류를 이루고 있는 사업장에서의 악용 가능성이 더욱 높다고 할 수 있다. 이런 약점을 사용자 입장에서 보완해주지 않는다면 회사는 정년 연장에 따른 경영압박 부담을 고스란히 떠안게 된다. 대기업 근로자만 좋아지게 되는 반면, 경영자에겐 '그림의 떡'이 되고 만다는 논리다. 그런가 하면 중소기업은 경영자, 근로자 모두에게 정년 연장은 자승자박이 될 수 있다. 먼저 근로자로서는 정년 연장이란 말이 없으면 그나마 정해진 근무연한까지 임금을 차등없이 100% 받을 수 있지만 정년 연장제에 따른 임금피크제를 적용한다고 나올 경우 혜택보다 임금손실이라는 코앞의 악재와 부닥치게 된다. 대기업과 달리 노조의 파워가 상대적으로 약한 중소기업의 사측에서 이를 밀어붙이겠다고 나온다면 딱히 막을 방법이 없다. 임금피크제에서 예시하고 있는 52세 때부터의 차등임금 내역을 보면 근로자로서는 정년 연장제가 오히려 부담으로 작용할 수 있다.

---

145) 2013년 05월 06일 (월) 울산매일 iusm@iusm.co.kr

이 나이가 되면 자녀들의 학자금을 비롯해 가계지출이 최고조로 늘어날 시점이다. 그런데 임금은 상대적으로 쪼그라들게 되어 있는 것이 임금피크제다. 경영자 입장에서도 환영할 사안이 아니다. 근로자들의 임금을 임금피크제로 다소 보완한다고 하더라도 인력공급의 선순환이 막히게 됨으로써 결국 회사의 경쟁력 약화로 이어질 수 있다. 회사는 최소 1년에 3~4% 정도의 인력물갈이가 있어야 건강성을 확보할 수 있다. 하지만 정년 연장과 임금피크제가 동시 적용될 경우 도입 원년부터 최소 2년에서 5년까지 인력증원과 증설을 하지 않는 한, 신규채용을 동결할 수밖에 없다. 또 정부가 정년 연장에 따른 지원을 한다고 하더라도 적용사업장이 한정되어 있다. 아무나 다 혜택을 받는 것도 아니다. 100세 시대를 맞아 근로자의 정년을 연장하는 것은 세계적 추세다. 그렇다고 노사자율성을 너무 많이 주는 정년 연장은 산업계 전반에 해악이 될 수 있다. 특히 우리와 같이 노동유연성이 약한 나라에서 정부의 보다 적극적인 개입이 필요하다.146)147)

19. 정년 연장, 장애인 베이비부머 소외되지 않아야

최근 사회적으로 문제가 되고 있는 고령층의 고용안정과 빈곤해소를 위해 만들어진 '정년 60세 보장 연장법'이 많은 관심을 끌고 있다. 우리나라는 2018년에 65세 이상 고령인구 비율이 12%를 넘는 고령사회, 2026년에는 초고령 사회로 진입할 것으로 전망된다. 2017년부터는 15~64세 생산가능인구가 줄고, 올해부터 9년간 매년 30만~40만명의 베이비붐 세대가 은퇴해 생산가능인구 감소에 따른 노동력 부족현상이 예상되고 있다. '정년 60세 보장 연장법'은 이에 따른 특단의 조치로서 우리나라 인구의 14.7%를 차지하고 있는, 정년 연장을 기대해 온 베이비부머들

---

146) 김경진 기자 기사작성 / 편집장승인 / 노출보류 2013-05-05 21:20:28, 관리자 웹출판을 통한 노출승인 2013-05-05 22:06:01, 울산매일
147) http://www.iusm.co.kr/news/articleView.html?idxno=289947(2013.5.6)

(1955~1963년생)에게는 반가운 소식이다.148) 그러나 같은 세대를 살고 있는 장애를 가진 베이비부머에게는 이러한 법률적 조치도 '그림의 떡'에 불과하다. 한국장애인고용공단의 2010년 장애인 경제활동 실태조사 자료에 의하면 우리나라 전체 장애인중 만 45~64세중 고령 연령대에 해당하는 장애인은 41.4%에 달하고 있다. 이들의 경제활동 상태를 살펴보면 일과 관련된 활동을 하지 않는 장애인의 비율이 무려 95.1%에 달한다. 대부분의 중고령 장애인이 일자리에 진입하지 못하고 있는 실정이다. 취업한 중고령 장애인의 경우에도 주된 취업경로를 살펴보면 가족, 이웃 등 인적 네트워크를 통한 취업이 54.7%이고, 공공 취업알선기관을 통한 취업은 10.8%로 장애인구 전 연령대중 공공서비스를 통한 취업비율이 가장 낮은 것으로 나타났다. 이는 이들의 세대적 특성과 욕구에 맞는 국가적인 지원체계가 너무 부족하다는 점을 방증하는 것으로 장애와 고령이라는 두 가지 어려움을 가진 중고령 장애인을 위한 다양한 지원책 개발의 필요성을 역설한다. 현재 국내 최초의 장애인 전용 공공직업훈련기관인 일산직업능력개발원에서는 200여명의 장애인이 직업훈련을 받고 있으며 매년 90% 이상 취업하고 있다. 그런데 훈련생중 중고령 연령대에 해당하는 45세 이상이 25명으로 전체 훈련생중 12.5%나 차지한다. 이들은 젊은 시절의 직장 실패를 극복하기 위해 누구보다도 열심히 직업훈련을 받고 있으나 장애와 연령이라는 이중고로 인해 취업의 문턱을 넘기가 아주 어려운 게 현실이다. 국가적으로 베이비부머 등 중고령 연령대에 대한 다양한 고용관련 정책이 쏟아지고 있는 지금, 장애를 가진 베이비부머들이 소외되거나 차별받지 않도록 해야 한다. 이를 위해서는 장애를 가진 노동자는 2014년부터 정년 연장을 조기 적용하고, 중고령 장애인의 특성을 고려한 고용 서비스를 개발하는 등 더 많은 관심과 실효성있는 고용정책이 절실하게 요구된다.149)150)

---

148) [경향마당] 정년연장, 장애인 베이비부머 소외되지 않아야, 이건식 | 장애인고용공단 일산직업능력개발원장

20. 60세 정년 2016년 시행, 중소기업계 "임금조정 없으면 인건비 부담"

1) 60세 정년 시대의 의미

2016년까지 단계적으로 정년을 60세로 연장하는 '60세 정년 시대'에 대해 중소기업계가 현실적인 어려움을 호소하고 나섰다.[151] 60세 정년 시대를 위한 '정년 연장법'이 2016년 시행됨에 따라 남은 2년 6개월동안 대안을 내놔야 하는 일선 기업들은 발등에 불이 떨어진 것이다. 이에 따라 정부가 임금피크제 도입 등 임금체계 개편을 주도하고 고령 직원들의 교육·훈련과 신규채용에 필요한 재원을 지원해야 한다는 입장이다.

2) 60세 정년 시대, 임금조정없는 정년 연장은 인건비 부담만 키워

중소기업계는 법안에 임금체계 개편에 대한 구체적인 내용이 명시되지 않아 임금조정을 두고 노사간 갈등이 불거질 수 있다고 우려했다. 전현호 중소기업중앙회 인력정책실장은 "직원들을 더 데리고 있으려면 임금피크제 적용이나 급여삭감을 해야 하는데 누가 좋아하겠느냐"며 "임금조정은 논란이 불가피해 정부가 주도적으로 이끌어야 한다"고 지적했다.

백필규 중소기업연구원 박사도 "임금피크제도 중요하지만 우선 임금 수준과 생산성을 일치시켜야 한다"면서 "법안이 정년 연장만 보장하고 임금체계 개편에 대한 강제력이 없어 노조가 반대하면 갈등이 일어날 수 있다"고 말했다. 중소기업들은 당장 코앞에 닥친 정년 연장에 대비해 임금체계와 직급구조를 어떻게 바꿔야 할지 몰라 혼선을 빚고 있다. 한 중견 제조업체 인사담당자는 "임금피크제를 적용할 수 있는지, 적용하면 어떤 방법으로 해야 하는지 알아보고 있는데 아직 고지가 안됐는지 관련 규정을 못 찾았다"며 "아무런 가이드라인이 없어 어떻게 준비해야

---

149) 경향 NewsZine, [경향마당 바로가기], 경향신문 & 경향닷컴
150) http://news.khan.co.kr/kh_news/khan_art_view.html?artid=201305052133055&code=990402 (2013.5.6)
151) 데스크승인 2013.05.05 디지털뉴스부 | webmaster@kyeongin.com

할지 막막하다"고 호소했다. 다른 중소 제조업체 인사담당자도 "임금체계 등 시행과 관련된 부분을 법으로 강제하기보다는 가이드라인만 제공해 근로자와 사용자가 유연하게 접근할 수 있게 해달라"고 요구했다.

3) 60세 정년 시대의 과제

정년 연장으로 얻는 효과가 인건비 부담을 상쇄한다는 주장도 적지 않다. 지난 2010년부터 사실상 정년을 없앤 한 의류업체 인사부장은 "나이 든 직원들의 노하우가 늘어나는 인건비 이상으로 회사에 도움이 되는 데다 젊은 직원들도 고용안정에 대한 고민이 없어 더 의욕적으로 일하는 효과가 있다"고 설명했다. 이와 관련하여 대한상공회의소는 임금조정이 따르지 않는 정년 60세 의무화는 중장년 근로자의 조기퇴직을 초래할 것이라고 주장했다. 대한상의는 '고령자 고용연장을 위한 임금체계' 보고서를 통해 근속연수가 길수록 임금과 생산성의 격차가 큰 호봉제 등 연공급 임금체계 때문에 고령자의 고용불안이 야기된다고 지난 2일 지적한 바 있다. 보고서에 따르면 국내 근로자 평균연령은 1993년 34.3세에서 2011년 39.6세로 5.3세 늘었다. 취업자 연령대중 가장 큰 비중을 차지하는 핵심 근로층도 1991년 30대에서 2011년에는 40대로 높아졌다. 특히 같은 기간 제조업의 핵심 근로층은 20대에서 40대로 크게 올라갔다. 우리나라는 작년 기준 호봉제를 도입한 기업이 전체의 75.5%에 달해 같은 직무의 근로자라도 근속연수에 따른 임금상승폭이 선진국보다 크다. 보고서는 55세 이상 근로자의 임금은 34세 이하 근로자의 302%지만 생산량과 부가가치는 각 82%와 60% 수준이라고 한국노동연구원의 자료를 인용해 설명했다. 따라서 정년을 연장해도 임금과 생산성을 일치시키는 임금조정이 뒤따르지 않으면 고령 근로자의 고용안정이 어려워질 수 있다고 부연했다.[152)153)]

---

152) 입력시간 2013.05.05 14:06, 경인일보(http://www.kyeongin.com)
153) http://www.kyeongin.com/news/articleView.html?idxno=732980(2013.5.6)

21. 정년 60세 시대, 금융공기업들은 이미 정년 연장, 역시 '신의 직장'

금융공기업은 미래를 내다보는 '신의 직장'이었다. 최근 정년 60세 연장 법안이 통과에 앞서 주요 금융공기업중 절반 이상은 이미 정년을 연장해서다. 이들 공기업은 '임금피크제 도입' 단서를 달아 만 58세였던 정년을 만 60세로 늘렸다. 박근혜정부도 공기업 직원들의 정년 연장을 장려하는 터라 향후 금융공기업 직원들의 고용안정성은 더욱 높아질 것으로 보인다. 6일 공공기관 경영정보시스템 알리오에 따르면 10개 주요 금융공기업중 한국예탁결제원과 한국주택금융공사, 한국정책금융공사, 한국수출입은행, 신용정보기금 등 5개 공기업이 정년을 최대 만 60세로 늘렸다. 여기엔 임금피크제 도입이란 단서조항을 달았다. 임금피크제는 특정 연령대 이후의 직원들을 대상으로 임금을 하향조정하는 대신 정년을 연장시키는 제도다. 가장 최근에 정년을 만 60세로 연장한 금융공기업인 예탁결제원은 지난 1월 중순 이사회를 통해 직원 정년을 '만 59세'에서 '만 60세'로 연장시키는 개정안을 처리했다. 만 60세에 달한 때 정년퇴직하는 것을 원칙으로 하지만 직원 본인이 희망하는 경우에는 만 59세에 달한 때에 정년퇴직할 수 있도록 했다. 만 정년이 연장돼도 정부지침상 총인건비는 유지해야 하기 때문에 기존 만 58세에 받았던 피크임금의 60%를 만 59세에 40%, 만 60세 때 20%씩 각각 받도록 했다. 주택금융공사와 정책금융공사는 지난해 12월, 지난 2010년 11월께 정년을 만 60세로 연장했다. 주택금융공사는 지난해 말께 만 58세였던 정년퇴직 기준을 임금피크제에 의해 만 60세로 퇴직 기한을 연장했고 정책금융공사는 2010년 11월 29일부터 직원의 정년을 만 60세로 개정했다. 임금피크 적용은 만 56세부터 적용키로 했다. 신용보증기금은 직원의 정년은 만 58세로 하지만 임금피크제 적용자의 정년을 만 60세로 늘리는 것으로 개정했다. 수출입은행은 취업규칙을 통해 별다른 언급없이 "직원의 정년은 만 60세로 한다"고 규정했다. 이와 달리 한국거래소와 기술신용보증기금의 경우 만 58세에 달한 직원에 대해 정년퇴직으로 처리하지만 임금피크제 적용대상 직원의 정년은 만 59세로 한다고 규정했다. 코스콤과 예금보험공사, 자산관리공사는 정년퇴직 연령을 만 58세로 지정했다. 한 공기업 관계자는 "정부에서도 공공기관평가 때 직원 정년 연장에 대해서는 높은 점수를 주는 경향이 높다"며 "다른 공기업들도 직원의 정년 연장에 대해 긍정적인 입장을 갖고 추진하는 것으로 안다"고 말했다.154)155)

22. 직장인, 64세까지 정년 보장해 주길 원해

연령대가 높은 직장인일수록 일할 수 있다고 대답한 나이가 높게 나타났다.156) 취업포털 잡코리아가 남녀 직장인 1,457명을 대상으로 '직장인 정년'에 대해 설문조사한 결과에 따르면 '실제로 일할 수 있을 것 같은 나이'는 평균 61세로 집계됐다. 연령별로 살펴보면, 20대 직장인이 '평균 59세'로 가장 낮았다. 이어 30대 직장인이 '평균 60세', 40대 직장인이 '평균 63세', 50대 이상 직장인이 '평균 65세'로 나이가 많은 직장인일수록 일할 수 있다고 답한 연령이 높게 나타났다. 정년이 늘어난 것에 대해 찬반의사를 물었다. 그 결과, '찬성한다'가 전체 응답률 88.9%로 가장 많았으며, '반대한다'는 11.1%에 그쳤다. 찬성한다고 답한 1,296명을 대상으로 그 이유에 대해 질문했다. '나이가 들어도 일을 할 수 있기 때문에'가 응답률 71.4%로 가장 많았다. 이어 △노후생활비를 해결할 수 있기 때문에(44.4%) △숙련된 인력확보가 가능하기 때문에(26.4%) △은퇴 후 할 수 있는 일이 없기 때문에(18.7%) △근로자의 사기를 진작시켰기 때문에(6.0%) △기타(1.5%) 순으로 조사됐다. 반대하는 이유에 대해

---

154) hjkim01@fnnews.com 김학재 기자, 파이낸셜뉴스, 파이낸셜뉴스 실시간 주요뉴스 | 해당 언론사로 연결됩니다. 파이낸셜뉴스
155) http://media.daum.net/issue/475/newsview?issueId=475&newsid=20130506150313228 (2013.5.6)
156) 최선아 s0metime@hanmail.net, 미투데이 기사입력 : 2013년 06월 07일 14시 23분 / 최종수정 : 2013년 06월 07일 14시 24분, [대전타임뉴스=최선아 기자]

서는 '신규채용이 곤란해질 것 같다'가 응답률 50.3%로 가장 많았다.

다음으로 △늘려도 정년 보장이 안될 것 같다(40.4%) △인력운영이 경직화될 것 같다(23.6%) △업무가 태만해질 것 같다(17.4%) △인건비가 증가하기 때문에(16.8%) △생산성이 저하되기 때문에(15.5%) △기타(1.9%) 순이었다. 이와함께 '회사에서 정년을 보장해 줄 것 같은가'에 대해 질문했다. '보장해 주지 않을 것 같다'는 응답자가 전체 61.8%였으며, '보장해 줄 것 같다'는 38.2%로 나타났다. '정년을 몇살까지 보장해줬으면 좋겠는가'라는 질문(*개방형 질문)에는 남녀직장인 모두 평균 64세로 집계됐다. 상세한 나이는 남성이 평균 64.0세, 여성이 평균 64.2세로 조사됐다. 이와함께 현재 회사에서 근무하고 있는 직장인중 최고령자의 연령에 대해 질문한 결과는 평균 56세로 집계됐다.[157]

---

157) http://www.timenews.co.kr/News/bbs.php3?table=db&query=view&local=db&l=3306 (2013.6.8)

제4장 정년 60세 연장의 문제해결

1. 낀 세대, 고달프다

베이비부머와 노인 사이인 59~65세는 잊혀진 '예비노인'이다.[158] 한국의 '잊혀진 세대'인 예비노인(1948~1954년생·만 59~65세)은 고달프다. 노년이 다가오지만 재정상태, 가족관계 등이 모두 불안하다. 하지만 이들에 대한 정책 논의나 사회적 관심은 거의 없다.

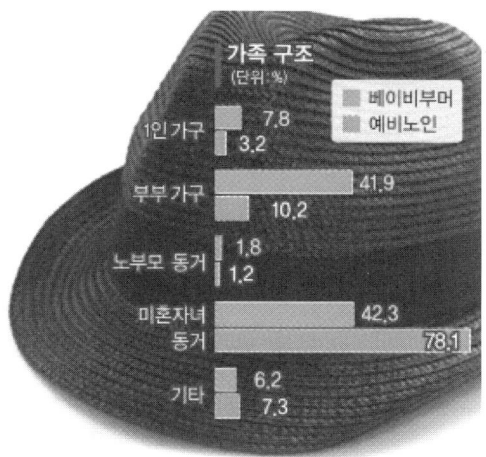

자료: http://media.daum.net/issue/475/newsview?newsId=20130503030722267&issueId=475(2013.5.6)

서울대학교 노화고령사회연구소와 미국 메트라이프 노년사회연구소·한국갤럽이 예비노인 1407명을 조사해 2일 발표한 '한국 예비노인 패널 연구'에 따르면 예비노인은 지난해 기준 우리나라 인구의 7.21%(345만

---
158) 서울신문 | 입력 2013.05.03 03:07

9276명)를 차지하고 있다. 다음 세대인 베이비부머(1955~1963년생·만 50~58세)의 절반 수준이다. 이들은 노인(65세 이상)과 베이비부머(50~58세) 사이에 낀 세대이기도 하다.

자료: http://media.daum.net/issue/475/newsview?newsId=20130503030722267&issueId=475(2013.5.6)

늘어가는데도 씀씀이는 생활비보다 자녀양육 및 교육비에 쏠려 있다. 대학은 물론 유학까지 보낸 탓이다. 예비노인의 자녀양육 및 교육비는 월평균 124만 3000원으로 베이비부머(117만 6000원)보다 많다. 특별지출 항목에서도 예비노인은 자녀 결혼에 연평균 4384만 1000원을 쓴다. 베이비부머(3906만 2000원)보다 훨씬 많다. 반면 가계생활비로 예비노인은 월 191만 5000원을 쓰지만 베이비부머는 283만 4000원을 쓴다. 재정상황이 낫지는 않다. 예비노인의 총자산은 3억 3031만원으로 베이비부머(3억 1621만원)보다 많지만 부동산 자산(2억 8367만원)만 베이비부머(2억 6176만원)보다 많다. 반면 금융자산은 예비노인(3992만원)이 베이비부머(4614만원)보다 적다. 한경혜 서울대 소비자아동학부 교수는 "예비노인들은 부동산 자산의 비중이 상대적으로 높아 즉시 현금화할 수 없어 재정상태가 불건전하다"고 진단했다. 일자리도 취약하다. 예비노인의 취업률은 약 60.8%로 베이비부머(76.2%)보다 15.4% 정도 낮다. 결혼생활 역시 만족스럽지 못했다. 결혼 불만 비율은 51%로 절반이 넘었고 이혼 고려 비율도 30%를 웃돌았다 한 교수는 "예비노인에게 연령과 건강에 따라 다양한 일자리가 제공될 수 있도록 시장과 정부가 적극 나서야 한다"고 지적했다.159)160)

2. '60세 정년'의 연착륙

中企부담 커 지원금 등 고려하고 노사협력 있어야 순조로운 안착161) 정년을 60세로 연장한 정년 연장법이 국회를 통과해 확정됐다. 정년 연장법은 2016년부터 공공기관, 300인 이상 사업장에 먼저 적용하고 2017년부터는 정부·지자체와 300인 미만 사업장으로 확대하도록 의무화했다.

정년 연장법은 우리나라가 세계에서 가장 빠르게 고령화되는 나라중의 하나로서 2016년부터 생산가능인구의 절대수가 줄어들게 됨에 따라 장년층 인구의 노동력이 경제의 원활한 작동을 위해 반드시 필요하다는 점을 고려한 것이다. 특히 사업주가 근로자를 60세 이전에 내보낼 경우 부당해고로 간주해 처벌하는 벌칙 조항도 마련해 정년 연장이 작업현장에서 실제로 효과를 거둘 것으로 기대된다. 그동안 다수의 민간기업에서는 정년이 있음에도 권고사직을 통해 정년 이전에 근로자를 내보냄으로써 정년이 지켜지지 않는 경우가 많았으나 이번에 정년 연장법이 통과됨에 따라 근로자의 정년에 대한 권리의식이 강화됐고 벌칙조항까지 마련돼 권고사직을 남용하기가 어렵게 될 것으로 보인다. 이미 고령화가 진행되는 선진국에서는 미국처럼 정년을 아예 없애거나 일본이나 독일처럼 정년을 연장하는 사례가 일반화돼 있기도 하다. 하지만 정년 연장

---

159) 이성원 기자 lsw1469@seoul.co.kr, 서울신문사
160) http://media.daum.net/issue/475/newsview?newsId=20130503030722267&issueId=475
    (2013.5.6)
161) [시론] 세계일보 | 입력 2013.05.02 19:37

에 대한 논란은 여전히 진행중이다. 일부에서는 중·장년층의 정년 연장이 전체 실업률의 두 배를 넘어 8%에 다다를 정도로 심각한 청년실업을 더욱 악화시킬 것으로 우려하기도 한다. 실제로 인건비가 예산으로 고정돼 있는 공기업이나 교사처럼 신입직원과 퇴직을 앞둔 장년층이 동일한 업무를 하는 경우 정년을 연장하는 것은 신입직원을 채용하기 어렵게 하는 효과가 있다. 그러나 이러한 직종은 소수에 불과하고 대부분의 직종에는 신입직원과 중견간부는 하는 일이 매우 달라 서로 대체관계가 아닌 것이다. 실제로 우리나라나 경제협력개발기구(OECD) 회원국을 대상으로 한 연구를 보면 정년 연장이 청년실업을 악화시킨다는 증거는 거의 찾아보기 어렵다. 정년 연장으로 가장 우려되는 점은 기업의 인건비 부담이 크게 늘어난다는 점이다. 비교적 지불여력이 있는 대기업이나 공공부문도 정년 연장으로 인한 인건비 부담을 감당하는 것이 만만치 않은데 중소기업의 경우 인건비 부담이 경영상황을 악화시킬 곳도 많을 것으로 보인다. 지급능력이 부족한 기업에서는 정년 연장이 무의미해지거나 기업이 편법을 쓸 수 있어 실질적인 효력을 갖기 어려울 수도 있다. 그렇게 된다면 입법취지와는 달리 정년 연장으로 인해 지금도 심각한 대·중소기업간 격차, 또 임금근로자간의 격차가 더욱 심화돼 양극화 현상을 더욱 부추길 수도 있다. 정부는 정년 연장법의 순조로운 안착을 위해 정년 연장이 큰 부담이 되는 중소기업 등에 대해 지원금이나 세제 혜택 등을 강구할 필요가 있다. 더욱 중요한 것은 임금피크제를 광범위하게 도입해 정년 연장으로 인한 인건비 부담을 완화하는 것이다. 정년 연장법은 임금체계 개편을 한 사업장에만 정년 연장 고용지원금을 주도록 해 사실상 임금피크제를 전제로 통과됐다. 임금피크제는 우리나라에서 10여년전부터 도입됐으나 노사 양측의 기피로 널리 시행되지 못했는데, 이번 정년 연장법의 통과로 앞으로는 크게 확산될 전망이다. 정부는 정년 연장 지원 안착위원회를 설치해 고용과 임금제도에 대한 전반적인 개선책을 마련하겠다고 하지만 정년 연장에 수반되는 임금피크제를 노사가 협상하는 과정에서 생겨나는 갈등을 원만히 해결하기 위한 노력도 필요하다. 노사의 협조없이는 정년 연장이 순조로이 안착되기 어려운 현실이므로 노사정이 다함께 정년 연장에 수반되는 지원금제도, 세제혜택 및 임금피크제의 원만한 도입을 위해 노력해야 할 것이다.162)163)

3. 현대차 노조, 정년 61세 연장 추진 '타 기업보다 1년 더'

현대자동차 노조가 올해 임단협에서 정년 61세 연장을 추진한다.164) 6일 현대차(199,000원 ▽3,000 -1.49%) 노조에 따르면 6~8일 열리는 임시 대의원대회에 정년 연장안을 상정하기로 했다. 정부의 만 60세 연장법이 통과되자 이보다 1년을 더 연장하려는 것이다. 현대차 노조의 현재 정년은 만 60세다. 이번 안은 대의원들의 반대가 없으면 올해 임단협 요구안으로 확정될 전망이다. 노조 관계자는 "조합원이 퇴직 후 퇴직연금을 받을 수 있는 시기에 맞춰 정년을 연장하려는 것"이라고 말했다. 이 관계자는 "퇴직과 퇴직연금을 받는 시기의 틈을 두지 않겠다는 취지"라고 설명했다. 노조는 또 고정급 비율을 높이는 기본급 인상을 임단협 목표로 설정했다. 노조는 임단협 요구안이 확정되면 5월 중순께 사측에 발송, 5월 말이나 6월 초께 노사간 임단협 상견례를 열 예정이다.165)166)

4. 정년 60세 연장에 대한 질문

저희 아버지께서 60년생으로 지금 연세가 54세입니다. 지금 다니는 회사는 만 55세 정년으로 정년퇴직까지 실질적으로 올해 포함하고 2년 정

---

162) 김동원 고려대 교수·경영학, 세상을 보는 눈, 글로벌 미디어세계일보 & Segye.com
163) http://media.daum.net/issue/475/newsview?newsId=20130502193716822&issueId=475&page =3&type=all(2013.5.6)
164) 최종수정 : 2013-05-06 18:28 최재혁 기자 freshphase@ 뉴스키워드 현대차, 삼성전자, 기아차, 현대모비스
165) 이투데이(www.etoday.co.kr)
166) http://www.etoday.co.kr/news/section/newsview.php?idxno=728414(2013.5.6)

도 남았는데요.167) 아버지는 2015년에 퇴직하셔서 2016년부터 시행되는 정년 연장 대상자는 아니라고 합니다. 아버지보다 한살 나이가 적으신 분들부터는 모두 5년씩 연장이 되구요. 그 때문에 아버지가 요즘 크게 스트레스받고 계신데 이 부분에 대해 노조에서 회사에 부분적으로 다른 보상을 요구할 수 있을까요? 실질적으로 회사에서도 나라에서도 이 부분까지 신경써줄 이유는 없다고 들었는데 너무 아쉽네요. 2015년 퇴사인데 2016년부터 시행이라니까요. 정년 연장의 혜택을 받기는 어려울 것입니다.168) 그러나 정년후 '촉탁직' 채용과 같은 제도가 회사마다 있으니까, 그와같은 '기간제 근로자'로 계속 일할 수는 있을 것입니다.169)170)

이해하기 쉽게 간략히 설명을 드리자면, 정년 연장법은 새누리당 소속 국회의원인 이완영 의원이 '고용상 연령차별 금지 및 고령자 고용촉진'을 취지로 만든 법입니다.171) 이는 박근혜 정부에서 대통령 선거 때 내걸었던 공약이기도 합니다. 만든 취지는 젊은부부들의 출산률이 낮아지고 점점 사람들의 나이만 고령화되다보니 사실상 지금의 청년 구직자들과 현직에 종사하는 사람들을 위해 차후 고령이 되었을 때 안정적인 직장을 보장해주려는 제도입니다. 즉, 현재 청년들 또한 나이가 들면 '고령화 대상'이기 때문에 혜택을 볼 수 있는 법이라고 할 수 있습니다. 대신에 60세까지 정년을 보장해주지만 임금조정 혹은 임금피크제(경력이 쌓이면서 오르는 연봉을 되려 낮추는 시스템) 또한 포함되어 운영예정이

---

167) 비공개 질문 90건 질문마감률83.6% 2013.04.30 18:00 4, 답변 1 조회 1,066
168) re: 정년 60세 연장 질문드립니다. 김광욱노무사(hansilno) 답변채택률93.8% 2013.04.30 19:20
169) 김광욱노무사(hansilno), 지존 채택 414 (93.7%) 최근 받은배지 지식iN 10주년, 지식iN 10주년, 지식을 나누는 당신이 진정한 지식인! http://kllcc.co.kr, 노동법의 등대지기, 주요활동분야 근로기준219 노동조합, 노사관계186
170) http://kin.naver.com/qna/detail.nhn?d1id=6&dirId=60801&docId=171770766&qb=7KCV64WE&enc=utf8&section=kin&rank=2&search_sort=0&spq=0&pid=RhPgV35Y7vKssbgUe1NsssssstZ-283994&sid=vPLrCS2Fh1EAADOqKhYAAABg(2013.5.6)
171) re: 정년연장법 시행 이유좀 알려주세요 leeobw 답변채택률99.3% 2013.05.04 01:53

라고 합니다. 청년실업에 영향을 미칠지에 대한 여부로는 아무래도 공기업, 공사, 공단을 시작으로 대기업, 중소기업 이런 식으로 확장해 나간다고 하니 내부적으로 안정적인 기업의 경쟁률이 지금보다 더 치열해질테고 일단 합격만 한다면 안정적인 것은 확보되는 셈이니 각자 장,단점이 있습니다. 현재 법안으로 통과했지만 구체적인 시행은 2016년부터니까 자세한 것은 그 때가 되어봐야 알 수 있을듯 합니다. 이와 더불어 모든 기업에 적용될 수 있는 법인지는 시간을 두고 지켜봐야 할 문제인듯 싶네요.[172)][173)]

5. 60세 정년 연장하면 좋은 것과 나쁜 것

60세 이상 정년 의무화를 추진한다는 논의가 나오고 있습니다. 사실상 요즘같이 평균수명이 80세가 넘어가는 시대에 나이 50대에 정년퇴직을 하기에는 조금 이르다는 느낌이 있는 것도 사실입니다.[174)] 50대에 퇴직을 하시고 마땅한 일자리를 다시 구하지 못해 집에서 삼식이 소리를 듣는 아버지들, 기껏 30-40년 동안을 가족을 위해 뼈빠지게 일해놓고도 한 순간에 가장인 아버지가 삼식이로(삼시 세끼 꼬박꼬박 챙겨줘야 한다고 해서 삼식이) 전락하는건 좀 아니지 싶습니다. 하지만 60세 정년 연장이 추진되면 1명의 60세 정년 연장이 청년 3명의 취업을 막는다는 말도 있습니다. 이태백(이십대 태반이 백수)이 현실화된 지금, 청년실업이 심각한 마당에 60세로 정년을 연장하는 것도 좋은 대안이 되지는 못하는가 봅니다.

하지만 이건 확실히 말하고 싶습니다. 일자리가 없는 것은 절대 아닙니다. 청년들이 스스로 백수를 선택하는 것이라고 볼 수 있죠. 더 좋은

---

172) leeobw, 영웅 채택 288 (99.3%), 주요활동분야 사람과 그룹194 송파구
173) http://kin.naver.com/qna/detail.nhn?d1id=6&dirId=602&docId=171977712&qb=7KCV64WE &enc=utf8&section=kin&rank=4&search_sort=0&spq=0&pid=RhPgV35Y7vKssbgUe1Nsssss stZ-283994&sid=vPLrCS2Fh1EAADOqKhYAAABg(2013.5.6)
174) 조회: 1,171, 등록일 2013.04.26

직업과 안정된 직업을 갖기 위해 공부를 하다보니 취업이 늦어지고 이렇게 백수가 양산되는거죠. 60세 정년 연장도 물론 중요합니다.

하지만 우선 중요한 것은 청년들이 중소기업도 마음놓고 취업할 수 있도록 하는 것입니다. 공무원이나 대기업처럼 일자리 안전보장과 복지 확충, 육아관련 문제만 해결해 준다면 청년들은 취업을 더 많이 하게 될 것이고, 정년을 60세까지 연장하지 않아도 될거라고 믿습니다. 안일하게 급한 불부터 끄자는 식으로 60세 연장을 논의하는 것보다는 어떻게 하면 이태백들이 없게 청년들이 좋은 환경에서 안정적으로 55세까지라도 일할 수 있을까를 논의해 주시길 바랍니다. 60세까지 정년 연장하는게 최고의 대안이 될 수 없다는 점만 생각해 주세요.[175)]

6. 정년 연장 법제화 여야 잠정 합의 '공공-민간 정년 60세 의무화'

정년 연장이 법제화될 전망이다.[176)] 국회 환경노동위원회는 4월 22일 열린 법안심사소위원회에서 공공과 민간기업 정년을 60세로 의무화하는 방안에 대해 사실상 합의했다. 현재 정년 60세 연장은 의무가 아닌 권고조항으로 돼 있다. 이날 여야는 정년을 60세로 연장하고 이를 2016년까지 단계적으로 시행하도록 고용상 연령차별 금지와 고령자 고용촉진에 관한 법률을 개정하기로 합의했다. 또 관련 규정을 2016년부터 공기업과 공공기관, 지방공기업, 300인 이상 사업장에 적용하고 2017년 1월부터는 300인 미만 사업장에도 적용하도록 했다.

---

175) http://www.mimint.co.kr/star_n/board_view.asp?bbstype=politics&bidx=34025&strBoardID= tvnews(2013.5.6)
176) 2013-04-23 08:26:16

자료: http://www.newsen.com/news_view.php?uid=201304230758584710(2013.5.6)

노동단체는 정년 연장 합의에 크게 환영하고 나섰으나 전경련과 주요 기업들은 크게 반발했다. 국내 주요 기업들은 숙련된 노하우를 가진 고령인력을 활용할 수 있다는 점에서는 긍정적인 반응을 보였으나 인건비가 1.89배나 더 들기 때문에 재정부담이 커져 청년의 신규채용이 위축될 가능성이 높다고 경고했다.[177)178)179)]

7. 정년퇴직의 60세 개정

안녕하세요.[180)] 화창한 봄날에 봄비가 내리기 시작하네요. 새로운 시작을 알리는 봄과 함께 요즘 이슈로 떠오른 정년 60세 연장 의무화 개정안에 대해 얘기해 볼까 합니다. 정부 환경노동위원회에서 2016년 1월부터 '정년을 60세로 연장'시켜 의무화하기로 했다는데요.

---

177) (사진=MBC 관련보도 캡처)
178) [뉴스엔 배재련 기자] 배재련 bjy02@, 기사제보 및 보도자료 newsen@newsen.com
179) http://www.newsen.com/news_view.php?uid=201304230758584710(2013.5.6)
180) 정년 나이 60세 Issue   2013/04/23 13:44, http://blog.naver.com/fareast_vip/50169994894

좀더 자세히 살펴보면 오는 2016년부터 근로자의 정년퇴임 나이를 60세 이상으로 의무화하는 법안에 대해 합의했다는 것입니다. 이 개정안이 사실상 합의가 되었다고 합니다. 환경노동위원회 법안심사소위원회는 현행법에서 정년 60세 조항이 권고조항으로 되있는 것을 60세로 의무화하고, 이를 오는 2016년부터 단계적으로 시행시키기로 했답니다.

한 때 60세 연장요청으로 파업까지 했던 사건이 있었죠. 이날 여야가 합의한 내용은 정년 60세 연장은 2016년 1월 1일부터 공기업, 공공기관, 지방공기업 300인 이상 사업장에 적용되고 2017년 1월 1일부터는 300인 미만 사업장에도 확대 적용된다고 하네요. 이 개정안에 대해 안좋은 시선으로 보시는 분들도 계십니다. 정년퇴임 나이를 60세로 연장하면 임금체제 변화문제나 그로 인해 국가에서 전체적으로 부담해야 하는 비용이 큰폭으로 증가할 것이기 때문이죠. 이에 따라 임금조정이나 임금피크제를 도입해야 한다는 지적이 나오지만 이에 대해 노동계의 반발이 예상된다고 합니다.[181] 고용노동부 고위 관계자는 "큰 틀에서는 사회적 합의가 이뤄졌지만, 임금조정이나 임금피크제 등에 대해 구체적인 합의가 이뤄져야 한다"라고 지적했다네요. 환노위 법안심사위는 오늘 23일 오전 다시 회의를 열어 관련 논의를 이어갈 예정이라고 합니다. 정년 연장이 60세로 의무화된다면 기존의 정년에 맞게 퇴임한 분들이 억울할 수도 있겠죠. 앞으로 남은 기간에 퇴임하시는 분들도 억울할 수도 있겠네요.

또한 정년 연장에 따른 기업의 부담 또한 굉장히 클꺼라는 생각이 듭니다. 개인적인 생각으로는 전문인력의 활용도를 높이는 측면에서 정년연장은 괜찮은데 전문인력인만큼 회사의 특성에 맞게 정년을 정하는 것이 바람직하다고 봅니다. 여러 의견으로 갈리는데 여러분들의 생각은 어떠신지요?[182][183]

---

181) 출처:sbs.co.kr
182) RSS 2.0 RSS 1.0 ATOM 0.3 POWERED BY NAVER BLOG
183) http://blog.naver.com/fareast_vip?Redirect=Log&logNo=50169994894(2013.5.6)

8. 정년 60세의 의무화

여야가 정년 60세 의무화를 잠정 합의하였다고 하는데요.[184] 2016년 공기업부터 시작해 공기업, 공공기관, 300인 이상의 사업장에서는 정년을 60세로 의무화해야 하는데요. 이에 따른 우려의 말들도 나오고 있는데요. 정년연장 의무화가 기업들의 인사적체를 초래해 신규인력의 채용 감소로 이어질 것을 우려가 되고 있는데요.

평균수명이 늘어남에 따라 정년연장 의무화와 신규채용이 더 나아질 수 있는 좋은 방안이 되기를 바랍니다.[185]

9. 정년 연장 법제화 정년 60세 의무화

2016년 60세 정년 연장의 생활속 정보[186] 정년 연장 법제화와 정년 60세 의무화, 2016년 60세 정년 연장, 정년 60세 의무화 등 고령화 사회를 위한 첫걸음 이제부터가 시작이다. 고령화 사회를 위한 정년 연장의 꿈이 실현될 것이라고 하는데요. 기존 55세에서 5세 더 늘려 정년 60세가 의무화된다고 하네요. 합의한 내용을 보면 근로자 300명 이상 사업장, 공기업, 지방공기업 등은 2016년 1월부터 정년 60세 이상으로 해야 한다고 해요. 그리고 300명 미만의 사업장에서도 2017년 1월 1일부터 정년 60세를 의무화된다고 해요. 이제는 정말 고령화 사회인데 이를 대비할 수 있을 것 같아요.[187][188]

---

184) 오늘의 이슈, 2013.04.23 11:28, 청해진 서울인스티튜트(chlee0904), 청해진은 청년해외 취업진흥원이며 더욱 정확한 정보관련 사이트는 http://cafe.naver.com/chunghaejincsi/92
185) http://cafe.naver.com/chunghaejincsi/92(2013.5.6)
186) 2013/04/23 10:08, http://blog.naver.com/sonsyzz/150166582411
187) 정년연장법제화, 정년60세 의무화, 2016년 60세정년연장 ▲ top[출처] 정년연장 법제화 정년 60세 의무화 2016년 60세 정년연장|작성자 민트
188) http://blog.naver.com/sonsyzz?Redirect=Log&logNo=150166582411(2013.5.6)

10. '정년 60세' 민간기업 직원에겐 '그림의 떡'

10대그룹 직원 평균 9.3년 근속, 공기업은 15년[189] '정년 60세 의무화'가 근속연수가 비교적 긴 공기업 직원들에게는 상당히 유효하지만 근속연수가 10년에도 못치는 대다수 일반기업 직원들은 기대했던 혜택을 보기가 어려울 전망이다.[190] 24일 재벌 및 CEO 경영평가사이트인 CEO스코어(대표 박주근)에 따르면 작년말 기준 10대 대기업그룹의 93개 상장사와 9개 공기업 직원들의 근속연수를 비교 분석한 결과 9개 공기업의 근속연수는 평균 15.0년인 반면 10대그룹 직원들은 9.36년에 불과했다.

대기업 직원들은 30세에 입사한다 해도 대부분 40세 전후에 퇴직을 하게 되며 40세를 넘긴다 하더라도 40대 후반에 임원으로 승진하지 못하면 자리를 지키기가 힘든 상황이어서 정년 60세는 '그림의 떡'일 수밖에 없다는 것이다. 특히 중소기업은 대기업보다 고용이 더욱 불안한 상황이어서 60세 정년의 혜택을 기대하기는 더욱 힘들 것으로 예상된다.

조사 결과 여성근로자의 근속연수는 남성근로자(10.2년)의 절반에 가까운 6.6년에 불과했다. 근속연수는 그룹의 주요 업종에 따라 상당한 차이를 보였다. 그동안 호황을 누렸던 조선과 자동차 등을 주요 업종으로 하는 현대중공업과 현대자동차그룹은 평균 13.1년과 11.7년으로 1, 2위를 차지했다. 한진그룹과 포스코도 11.4년과 11.2년으로 상위그룹에 들었다.

반면 소비재를 생산 판매하는 LG그룹과 GS그룹은 각각 7.7년, 롯데그룹은 8.2년 등으로 평균보다 낮았다. 한화(11년), 삼성(8.6년), SK(8.4년)는 중위권이었다. 근속연수를 공개한 공기업중에서는 한국전력공사가 18.4년으로 가장 길었다. 이들 9개 공기업 남자직원들의 근속연수는 16.8년이나 됐고 여성 직원들의 평균근속연수도 9.3년으로 대기업 평균과 맞먹었다. 경제협력개발기구(OECD)가 발표한 지난 2011년의 국가별 근로자 근속연수에서는 한국은 6.1년으로 OECD국가중 하위권이었다.

---

189) 기사입력 2013-04-24 08:01 | 최종수정 2013-04-24 08:09
190) (서울=연합뉴스) 정주호 기자

포르투갈이 12.9년으로 가장 길었고 프랑스, 독일이 각각 12년과 11.5년으로 뒤를 이었다. 재계의 한 관계자는 "60세 정년안이 확정되면 상대적으로 근속연수가 길고 고용이 안정돼 있는 공기업과 노조의 영향력이 강한 일부 대기업의 직원들에게만 혜택이 돌아갈 것"이라고 말했다.191)192)

11. 정년 연장 여야 잠정 합의, '60세 의무화' 시행 시기

근로자의 정년을 60세 이상으로 의무화하는 법안이 사실상 합의됐다.193) 국회 환경노동위원회는 오늘(23일) 오후 법안심사소위를 다시 열어 정년을 연장하는 내용의 고령자 고용촉진법 개정안을 통과시킬 예정이다.

자료: http://news.naver.com/main/read.nhn?mode=LSD&mid=sec&sid1=004&oid=375&aid=0000070831(2013.5.6)

---

191) jooho@yna.co.kr, 연합뉴스
192) http://news.naver.com/main/read.nhn?mode=LSD&mid=sec&sid1=102&oid=001&aid=0006221581(2013.5.6)
193) 기사입력 2013-04-23 08:18

개정안의 핵심은 "근로자 정년을 60세 이상으로 보장하도록 노력해야 한다"는 권고적 성격의 현행 규정을 의무조항으로 바꾸는 것이다. 이른바 정년 60세 연장법안은 300인 이상의 고용 사업장과 공기업은 2016년부터 시작되고, 300인 미만 사업장은 2017년부터 정년 연장이 시행된다.

다만, 정년 연장에 따른 임금체제 개편 문제에 대한 여야간의 의견이 다르다. 임금피크제는 기업의 인건비 부담을 줄이기 위해 일정 나이가 된 근로자의 임금을 삭감하는 대신 정년을 보장하는 제도이다. 여당은 이른바 임금피크제 등을 도입해 급여조정에 나서야 한다는 입장이다. 반면, 야당은 임금조정 조항은 악용될 소지가 있는 만큼 임금체제 개편은 노사협의에 맡겨야 한다고 주장하고 있다. 여야는 오늘 법안소위를 열기 전까지 임금피크제 문제를 집중적으로 절충할 예정이다.[194)195)]

12. 정년 연장과 청년 실업 대책

오늘의 핫 이슈는 바로 정년 연장과 관련된 소식입니다.[196)] 2016년부터 근로자의 정년을 60세로 연장한다는 소식이 나왔는데요. 60세 정년 의무화는 사회안전망측면에서도 진일보한 조치라는 평가인데요. 경험과 경륜을 갖춘 이들의 경제활동 기간이 늘어나면 국가적으로도 도움이 될 것이지만, 기업의 부담이 적지 않은만큼 보완조치가 선행되야 한다는 판단이 드네요. 그러나 이러한 정년 연장은 지금의 청년실업이 사회적 문제로 대두되어 있는 시점에서 양날의 칼이라는 느낌입니다. 성장이 정체되어가는 가운데 경기침체는 계속화되고 있는 시점에서 정년을 늘리면 기업은 아무래도 청년의 신규채용이 줄어들테고, 그러면 청년실업률에 대한 우려가 커질 전망입니다.

---

194) (사진 = SBS뉴스 캡처), SBS CNBC 온라인 뉴스팀 기자mouse@sbs.co.kr, SBS CNBC NEWS (SBS CNBC & SBS Contents Hub)
195) http://news.naver.com/main/read.nhn?mode=LSD&mid=sec&sid1=004&oid=375&aid=0000070831(2013.5.6)
196) 생활경제 / 경제일반　2013/04/24 08:22, http://blog.naver.com/kijun0096/70166306000

국가적 차원에서 새 일자리 창출이 시급한 과제로 두각이 되네요. 뿐만 아니라 정년연장으로 인한 기업부담을 고려해 봐야 하는데요. 기업은 직원모집에 있어서 고정비용으로 나가는 인건비에 대한 부담을 걱정하지 않을 수 없습니다. 경기침체의 계속과 성장의 정체속에 기업의 매출은 크게 늘어날 여력이 보이지 않는 이러한 시점에 정년은 연장하고 청년실업률 해결을 위한 신규일자리 창출이라는 정부의 과제를 기업이 떠맡게 된다면 기업은 임금피크제, 탄력근무제, 비정규직문제 등 뾰족한 해결책이 있어야 한다고 보이는데요. 정부의 경제민주화를 위한 또 다른 대책으로 내세운 "정년 연장" 카드는 아무래도 너무 시급한 조치가 아닌가 싶습니다. 선행되어야 할 문제점들에 대한 해결책을 제시를 하면서 정년 연장을 이끌어갔어야 하는게 아닌가라는 판단이 드네요.197)198)

자료: http://blog.naver.com/kijun0096?Redirect=Log&logNo=70166306000
(2013.5.6)

---

197) [출처] 정년연장과 청년실업 대책|작성자 쭈니파파
198) http://blog.naver.com/kijun0096?Redirect=Log&logNo=70166306000(2013.5.6)

13. '60세 정년 시대' 바뀌는 직장생활 풍속도

정년 60세 법제화는 한국 사회 뿐만 아니라 샐러리맨들의 직장생활 풍속도를 크게 바꿔놓을 전망이다.[199] 정년 60세는 2016년부터 단계적으로 실시될 예정이지만 각 기업에서는 벌써부터 정년 연장으로 발생할 여러가지 현상에 대해 다양한 의견이 나오고 있다. 재계 관계자는 6일 "정년 60세 의무화가 한국 사회와 기업에 미칠 영향은 상상하기조차 힘들 정도로 크다"면서 "연공서열이 확실한 한국의 기업문화에도 상당한 변화가 예상된다"고 말했다.

1) 현재 대기업 계열사 정년은 55~60세

정년 60세 법제화로 대기업 샐러리맨들은 최장 5년 더 일할 기회를 얻게 됐다. 삼성그룹 계열사 사무직의 정년은 대부분 55세다. 제일모직과 삼성그룹의 화학업종 계열사인 삼성석유화학·삼성BP화학·삼성토탈 등은 정년이 57세이고 삼성의료원, 삼성중공업, 삼성정밀화학 등은 58세다. SK그룹 역시 17개 계열사중 10개사는 정년이 60세다. 나머지 7개 회사중 SK텔레콤·SKC·SK해운·SK증권 등 4개사는 정년이 58세다. SK건설이 정년 55세로 정년이 가장 짧고 SK케미칼이 정년 56세, SK하이닉스가 정년 57세다. LG그룹에서는 LG실트론이 정년 60세로 가장 길다. LG전자·LG화학·LG유플러스·LG디스플레이·LG생활건강 등 대부분의 계열사는 정년이 58세다. 정년 55세인 계열사는 LG CNS와 LG상사다.

2) 정년 다 채우는 게 임원되는 것보다 나을 수도

정년이 법제화되지 않았던 상황에서는 생산직을 제외한 사무직의 경우 정해진 정년보다 조금 일찍 퇴사하는 게 관행처럼 여겨졌다. 특히 부장이나 팀장 임기를 충분히 채우고 임원으로 승진하지 못하면 인사부서에서 사직을 은연중에 요구하거나 스스로 부담을 느껴 사표를 던지는

---

199) 기사입력 2013-05-06 18:57 | 최종수정 2013-05-06 22:33

경우가 적지 않았다. 그러나 정년 60세 의무화는 이같은 퇴직문화를 크게 바꿔놓을 전망이다. 정년을 채우지 못한 상황에서 사직을 암묵적으로 요구하던 행위는 기업내에서 사라질 것으로 보인다. 임원을 포기하는 직장인들이 늘 것이라는 예측도 있다. 임원은 샐러리맨들의 꿈이었다. 임원이 되면 높은 연봉과 차량, 별도의 사무공간, 한도가 높은 법인카드 등이 주어졌다. 그러나 한 대기업의 부장은 "사실상 계약직 신분인 임원을 몇 년하고 50대 초중반에 직장을 그만두느니 60세 정년을 다 채우는 게 낫다는 생각을 한다"고 말했다.

또 후배 관리자 밑에서 일하는 선배 직원들의 모습도 보편화될 것이라는 얘기도 나온다. 대기업에 다니는 김모(50) 부장은 "60세까지 일하려면 좀더 젊어 보여야겠다는 생각에 안하던 염색을 시작할까한다"면서 "아무리 정년 60세가 법제화됐다고 하더라도 후배들이 '자리만 차고 있는 선배'라고 뒤에서 말하지 않을까 솔직히 겁도 난다"고 말했다. 하지만 한편으로 임금부담을 견디지 못한 기업들이 고령직원들을 기피부서나 한직에 발령을 냄으로써 자연퇴사를 유도할 것이라는 우려도 감추지 못하는 상태다.200)201)

14. "도경완, 예비장인께 정년퇴직까지 KBS 근무 약속"

이지연 아나운서는 후배 도경완 아나운서가 예비신부 장윤정 부모님의 마음을 사로잡은 비하인드 스토리를 공개했다.202) 이지연 아나운서는 6일 방송된 KBS 2TV '위기탈출 넘버원'에 함께 출연한 장윤정-도경완 예비부부와 관련된 이야기를 털어놨다. 이지연 아나운서는 "도경완이 장윤정 아버님께 인사를 드리러 갔는데 정년퇴직할 때까지 KBS에서

---

200) 하윤해 기자 justice@kmib.co.kr, <GoodNews paper, 국민일보>
201) http://news.naver.com/main/read.nhn?mode=LSD&mid=shm&sid1=102&oid=005&aid=0000553028(2013.5.7)
202) 일간스포츠 원문 기사전송 2013-05-06 22:22, 뉴스 기사 [일간스포츠 김연지]

자료: http://news.nate.com/view/20130506n35701(2013.5.7)

아나운서로 일하겠다고 했다더라"고 밝혔다. 이어 "그 말에 장윤정 아버님께서 도경완 아나운서를 괜찮은 사람이라고 생각하고 마음에 들어하신 것 같다"고 전했다. 한편, 도경완 아나운서와 장윤정은 오는 9월 웨딩마치를 울린다. 지난달 장윤정은 소속사 보도자료를 통해 깜짝 결혼소식을 알렸다. 당시 소속사도 발표 사흘전에야 열애 사실을 알 정도로 두 사람은 철저하게 비밀 데이트를 즐긴 것으로 알려졌다.[203)204)]

15. 현대차 노조, 정년 61세 연장 추진 사측 "부담"

　현대자동차 노조가 조합원의 정년을 61세까지 연장하는 방안을 추진 중이다. 국회의 만 60세 정년연장 관련법안이 통과되자 다른 기업보다 앞서 정년을 1년 더 연장하려는 것이다.205) 노조는 조합원을 대상으로 한 이 정년연장안을 6일부터 8일까지 열리고 있는 임시 대의원대회에 상정해 최종안을 마련할 방침이라고 6일 밝혔다. 대의원들의 반대의견이 없으면 정년연장안을 올해 임단협 요구안으로 최종 확정할 방침이다.

　현재 현대차 조합원의 정년은 만 59세이다. 하지만 본인이 계속 근무를 희망하고 사측이 필요로 할 경우 만 60세까지 근무할 수 있다. 현대차 노사는 2011년 임단협에서 '58+1+1'의 정년안에 합의한 바 있다. 만 58세 정년에다 노동자가 희망하면 정규직으로 1년 연장근무를 할 수 있다.

　이 경우 노동자는 만 58세 때 지급된 임금을 그대로 적용받는다. 이어 노동자가 만 59세에 퇴직처리를 한 다음 다시 1년동안 계약직으로 근무할 수 있다. 사측은 노조의 이번 정년연장안에 대해 일단 "부담스럽다"는 반응을 보였다. 현대차 관계자는 "노조측이 정년 연장을 계약직으로 할 것인지, 정규직으로 할지 구체적인 방안이 나오지 않았지만 정규직 정년 연장을 요구하면 부담은 매우 클 수밖에 없다"고 말했다. 노조는 빠르면 이달 말부터 늦어도 내달 중에는 사측과 임단협 상견례를 열고 본격적인 협상을 벌일 방침이다. 노조는 올해 임단협 요구안의 핵심 목표를 기본급 인상으로 정할 방침이다.206)207)

---

203) 김연지 기자 yjkim@joongang.co.kr, 일간스포츠
204) http://news.nate.com/view/20130506n35701(2013.5.7)
205) 경향신문 원문 기사전송 2013-05-06 22:22 최종수정 2013-05-06 22:41
206) <울산 | 백승목 기자 smbaek@kyunghyang.com>, 경향신문 [오늘의 인기뉴스](www.khan.co.kr)
207) http://news.nate.com/view/20130506n35690(2013.5.7)

16. '정년없는 기업' 꿈일까? 잘릴 걱정 없으니 더 열심히 일하더라

　박근혜 대통령의 대선 공약이었던 '정년 60세 의무화'가 2016년부터 법제화되면서 정년 연장이 큰 관심을 끌고 있다.[208] 아예 정년이 없는 회사는 어떨까. 다국적기업 SAS는 정년을 따로 두지 않고 직원복지를 최우선으로 상정한 이후 매년 급성장해오고 있다. 일하기 좋은 직장, 혁신적인 기업 등 각종 평가에서도 번번이 1위에 오른다. 기업 이미지가 좋아지자 인재가 몰리고 이는 또 회사성장으로 이어지는 선순환 구조를 갖췄다. 퇴직 시점이 빨라지면서 '사오정, 오륙도'가 난무하는 한국에서도 '정년없는 기업'을 선포한 기업들이 하나둘 나타나기 시작했다. 이들 기업은 비록 규모는 크지 않지만 SAS의 성공 신화를 그대로 닮아가는 분위기다. 정년없는 기업, 듣기엔 근사한 이 용어가 단순 실험으로 그칠지, 새로운 경영모델로 각광받을지 기로에 서 있다. 확고한 경영진의 철학이 성패를 가른다. 경주에 위치한 매출 900억원대 자동차 부품업체 한호산업의 직원 장의화 씨는 매일 공장으로 출근해 기계를 돌리며 열심히 땀 흘린다. 장 씨는 1942년생, 우리나라 나이로 72세지만 여느 직원과 같이 주 5일, 8시간 근무를 무리없이 소화한다. 70살이 넘은 장 씨가 여느 직장인처럼 일할 수 있게 된 것은 강동한 한호산업 대표가 '무(無)정년 기업'을 선포하면서다. 강동한 대표는 "우리 회사엔 60~70대 직원들이 적잖다. 연봉도 4000만원이 넘는다. 단조업계에서는 숙련도가 더 중요하기 때문에 직원들 건강이 허락할 때까지 계속 회사에 다니게 할 것"이라고 했다. 굴착기, 전기차 부품을 생산하는 에스틸도 마찬가지다.
　지난해 매출 600억원대를 기록한 이 회사에는 머리가 희끗희끗한 60대 직원들이 십여명에 달한다. 김용석 에스틸 회장은 창업 초기부터 '무(無)정년, 무(無)해고, 무(無)월급연체' 등 이른바 '3무(無)' 정책을 강조했고, 부품설계 부서에서 일하는 문영신 부장(64)이 대표적인 경우다.

---
[208] 매경이코노미 원문 기사전송 2013-05-06 09:17

에스틸은 문 부장이 법적인 정년 58세가 되자 결재권을 후임 팀장에게 주는 대신 '참조' 항목을 넣어 의사결정과정에서 조언을 할 수 있도록 하며 계속 회사에 다닐 수 있게 했다. 연봉은 58세 당시 연봉인 5000여만원을 그대로 인정, 이후 계속 그 수준을 유지해주고 있다. 사무직뿐 아니다. 지게차 담당, 생산직, 화물운송 등 200명이 넘는 에스틸 직원 모두 본인만 원한다면 회사를 계속 다닐 수 있다. 김용석 회장은 "직원 나이와 관계없이 각자 장점이 있는 만큼 이를 잘 살릴 수 있도록 좋은 일자리를 많이 만드는 게 경영진의 몫이라 생각한다. 실제 신제품 추진 과정에서 고령 직원들이 젊은 직원들에게 예전에 개발할 때 노하우를 전수해줘 상당히 도움이 많이 되고 있다"라고 말했다.

1) 정년없는 기업

현행 58세에서 60세로 정년 연장을 법제화한 것만으로도 갑론을박인 시점에서 어찌 보면 꿈같은 얘기다. 그전에도 고용노동부는 매년 정년을 연장하는 기업을 대상으로 보조금을 지원하는 등 노력을 기울여왔다. 지원금 집행사례가 증가추세이긴 하지만 금액 자체가 2011년 80억원, 지난해 107억원으로 많지 않은 걸 보면 정년 연장이 현실적으로 쉽지 않다는 걸 알 수 있다. 포스코, 현대중공업 등 일부 기업만 이런 정부시책에 겨우 따르고 있는 실정이다. 고용노동부 관계자는 "각 기업마다 정년에 근접한 직원 한 사람의 몸값이 신입사원 2명 이상을 고용할 수 있는 수준이다 보니 임금피크제를 한다고 하더라도 부담이 돼 정년 연장을 하는 기업들이 급격히 늘어나진 않았다"고 설명했다. 이런 상황에서 아예 정년 자체를 없애버린 기업들이 주목받고 있다. 고용노동부, 중소기업진흥공단, 한국단조공업협동조합, 한국금형산업진흥회 등에 문의하고 자체 조사를 해본 결과 제조업에선 에스틸, 캐프그룹, 한호산업, 한국정밀, 베스텍, 대신제과 등이, IT업계에서는 유진테크, 마이다스아이티, 제약업계에선 한국웨일즈제약 등이 정년없는 회사를 표방하고 있었다. 김민석

한국에이온휴잇 컨설턴트는 "확고한 창업주 혹은 CEO의 무정년 실천 의지가 있는 곳, 생산직 등 시간이 지날수록 숙련도가 높아지는 업종 혹은 영업 등 직원들의 네트워크와 경험이 곧 돈으로 연결되는 업종을 주력으로 하는 중소기업들이 주로 해당한다"라고 설명했다. 이들 기업의 두드러진 공통점은 '직원들이 퇴직 걱정 안하게 하면 애사심, 충성심이 생겨 더 열심히 일한다'라는 경영철학을 굳게 믿고 이를 실천한다는 점이다. 학계에서도 주류는 아니지만 이런 가설을 지지하는 논문이 적지 않다. 제프리 페퍼 미국 스탠퍼드대 교수는 그의 논문과 저서 '휴먼 이퀘이션(Human Equation)' 등에서 성공적인 기업의 경영방침중에는 첫번째가 '고용안정(Employment security, 고용보장)'이라고 주장했다.

페퍼 교수는 "고용을 보장받은 직원들은 생산성 향상을 위해 자발적으로 노력하게 되고 장기적으로 기업의 성과향상에 기여한다"고 덧붙였다. 고용안정은 한 나라의 경제발전에 기여한다는 주장도 있다.

허문종 우리금융경영연구소 수석연구원은 '한국경제 내수부진 진단'이란 보고서에서 '고용안정이 미래소득에 대한 불확실성을 해소하면서 소비부진 장기화를 차단하는 효과가 있다'고 설명한다. 무정년 기업들은 이런 순기능을 체감하고 있다고 입을 모은다. 프레스금형 회사인 한국정밀, 금형부품 회사인 베스텍을 운영하고 있는 김성봉 대표는 직원들에게 '직장관계로 걱정하지는 않게 하겠다. 회사에서 구조조정은 없다. 일을 할 수 있을 때까지 가족같이 살자'라고 강조한 이후 회사 매출이 계속 증가해왔다고 전한다. 80명 남짓한 직원들로 전년 대비 10억원 오른 연매출 120억원(2012년 기준)을 올렸다. 무정년 기업들은 대외경기가 좋지 않거나 회사가 위기에 처했을 때 오히려 빛을 발한다. 직원들이 위기를 타개하기 위해 알아서 움직인다는 것이다. 유진테크가 대표적인 예다.

유진테크는 반도체 박막(Thin film)을 형성하는 LPCVD(저압화학증기증착) 장비를 납품하는 제조업체다. 2000년대 중반까지 승승장구하던 이 회사는 2008년 글로벌 금융위기 때 매출이 230억원에서 95억원으로 떨어지며 창사 이래 처음으로 적자를 기록했다. 이 상황에서도 엄평용 유진테크 사장은 무정년 원칙을 고수하며 한 사람도 해고하지 않았다.

오히려 그해 연말에는 없는 살림에 격려금으로 직원들에게 성과급 100%를 지급했다. 감복한 직원들이 알아서 뛰기 시작했다.

당시 개발중이던 신제품은 직원들이 야근을 자청한 덕에 경쟁업체보다 앞당겨 출시할 수 있었다. 납품처도 SK하이닉스에만 국한됐던 걸 직원들이 발로 뛰어 삼성전자 등 다른 대기업으로 확대했다. 그 결과 이듬해인 2009년엔 매출이 488억원으로 5배 가까이 증가했고 흑자전환도 일궈냈다. 이후 성장에 탄력을 받은 유진테크는 지난해 매출 1680억원, 영업이익률 32%란 경이적인 실적을 냈다. 유진테크 관계자는 "똘똘 뭉쳐 위기를 극복하고 났더니 직원이 170여명인데 연간 퇴직률은 1% 미만이다. 고용안정성을 통한 이익의 극대화라는 선순환 경영이 자연스레 자리 잡았다"라고 말했다. 에스틸 역시 2008년 금융위기 때 어렵기는 마찬가지였다. 자금 사정이 힘들다는 걸 알게 된 직원들은 알아서 연봉 30%를 자진 반납했다. 에스틸은 7개월만에 위기를 극복했고 김용석 회장은 그 해 연말에 감액분은 물론 성과급까지 얹어 직원들에게 고마움을 표시했다. 한국웨일즈제약도 비슷한 경험을 자랑한다. "지난해 보건복지부에서 약가인하를 하는 바람에 제약업계의 타격이 컸다. 영업사원들중에는 60~70대가 많은데 불황일 때 오히려 더 열성적으로 약국, 병원 등 거래처를 방문해 주문량이 상대적으로 덜 줄어들게 했다. 업력이 오래되고 경험이 많으니 약국직원들이 교육을 요청할 정도로 환영받기도 한다. 올해 77세인 공주흥 광주지역 영업소장은 지난해 제주도까지 가서 신규거래처를 발굴하기도 했다. 그 덕에 지난해의 매출(417억원)은 전해(423억원)보다 소폭 줄었지만 영업이익은 40억원으로 오히려 40% 가까이 늘었다."는 것이 서준석 한국웨일즈제약 회장의 설명이다.

2) '계속 성장' 강박관념은 숙제

물론 무정년 기업의 한계도 분명 있다. 앞서 소개한 것처럼 순기능이 이렇게 많다면 우후죽순 생길텐데 그렇지 않다는 점이 이를 방증한다.

전문가들은 무정년 기업은 취지는 좋지만 업종이 제한적일 수밖에 없다고 지적한다. 김영배 카이스트 경영대학원 교수는 "스마트폰처럼 시장변화가 급격하고, 제품의 수명주기가 매우 짧으며, 단기 수익률에 집착하는 사업은 무정년 기업과 반대되는 경영방식이 더 효과적"이라고 말했다. 한국 노동시장의 구조상 어쩔 수 없이 무정년 기업이 되는 경우도 잘 따져봐야 한다. 강창훈 고령사회고용진흥원 사무총장은 "한국 노동시장의 구조적인 문제는 일자리 미스매치다. 특히 3D(Dirty, Difficult, Dangerous)업종은 연봉을 많이 줘도 일한다는 사람이 없을 정도다. 그러다 보니 중소기업들이 노년에 한푼이 아쉬운 고령자들을 쓰기 시작하는 추세다. 특히 오랜 기간 숙련도가 쌓이는 분야인 섬유, 피혁, 가구 등 제조업 중심으로 이런 현상이 벌어지고 있다. 문제는 '무정년'이란 기업철학을 선포하고 직원우대 경영을 펼치는 곳과 달리 영세업체들은 당장 일손이 급하니 닥치는대로 사람을 쓰는 경우도 있어 '무정년 회사 = 좋은 회사'란 등식이 꼭 성립하는 건 아니다"라고 지적했다.

주요 무정년 기업

업체명	업종	특징	기업실적(매출)
한국와일즈제약	제약	60~70대 영업사원이 실적 주도	417억원
에스틸	굴착기 부품	법적 정년(58세) 이후 결재권은 후배 직원에게 이관	600억원
한국정밀·베스텍	금형	생산직은 물론 사무직도 무정년	120억원
한호산업	자동차 부품	60대 이상 생산직 숙련공은 연봉 4000만원 이상 우대	900억원
유진테크	IT	해고 부담 없자 금융위기 때 알아서 판로 개척	1680억원
캐프그룹	자동차 와이퍼	정년과 남녀 성차별, 비정규직, 벌을 없앤 '4무(無)경영'실천	1100억원

*매출액은 2012년 기준 *자료: 각 회사

자료: http://news.nate.com/view/20130506n05602(2013.5.7)

직원들이 퇴직하지 않다 보면 인사적체는 물론 보수적인 기업문화가 자리잡을 수 있다는 점도 숙제다. 김동원 고려대 경영대학 교수는 "정년이 보장되면 조직에 긴장감이 없어지니 성과를 내려는 노력이 적어질 수 있다. 따라서 성공적인 무정년 기업을 만들려면 성과의 정밀한 측정과 정확한 보상이 필수다. 연봉지급 방식도 직무의 가치에 따라 지급하는 직무급과 성과에 따라 지급하는 성과급을 동시에 도입해야 정년없는 경우에 서로 보완책이 될 수 있을 것"이라고 말했다. 전문가들은 무정년 원칙을 세우더라도 동시에 조직 유연성을 확보할 수 있는 것도 중요하다고 입을 모은다. "저성과자가 두번 정도 지적을 받으면 별도 교육, 관리 대상으로 분류해 교육하거나 경고를 주고 그 이후에도 개선되지 않으면 보직변경 또는 직원을 퇴출시킬 수 있는 방안을 만들지 않으면 기업 경쟁력 자체가 떨어질 수 있다"라는 게 김성수 서울대 경영대학 교수가 제안하는 보완책이다. 경영진 역시 무리한 의사결정을 할 여지가 있다는 건 경계 대상이다. 무정년 기업을 표방하는 한 오너 기업인은 "계속 성장해야 한다는 강박관념으로 외형 성장에 발목이 잡혀 성급하게 의사결정을 하게 될까 두렵다"고 털어놨다. 아무리 무정년 기업이라 할지라도 계속 신입사원을 선발해 조직의 흐름이 끊어지지 않게 해주는 것도 중요하다. 김기령 타워스왓슨코리아 대표는 "많은 인원은 아니더라도 매년 일정한 인원을 꾸준히 채용해 조직에 변화의 바람을 주면서도 고령직원과 신입직원들간에 멘토링 프로그램을 운영해 노하우가 자연스레 전수될 수 있도록 내부역량이 최대한 기업성장에 도움될 수 있는 성장 시스템을 만들어야 한다"고 말했다.

인터뷰: 김용석 에스틸 회장, 60대가 신입사원 멘토링하니 실적도 쑥쑥

Q. 정년없는 기업을 만들었는데.

A. 나도 예전에 직장생활을 해봤다. 그때 알던 동료, 지인들이 한창 일할 수 있는데도 정년퇴임을 맞자 무료한 삶을 보내는 게 가슴 아팠다.

그때 평생직장을 만들고 싶다는 생각을 했다. 그래서 떠올린 것이 '3무 정책'이다. 정년이 없고, 해고가 없으며, 월급 연체가 없는 걸 말한다.

직장인들이 가장 걱정하는 문제를 짚어주고 회사가 적극 해결해 주니 직원들이 알아서 열심히 일하더라.

Q. 나이 많은 직원들이 회사에 있으면 뭐가 좋나.

A. 갖고 있었던 노하우가 신입사원에게 전수된다. 특히 환경, 안전쪽으로 상당히 도움이 된다. 한 고령직원이 '예전에 제품 개발할 때 법적으로 이런 점이 문제가 돼 다른 방법으로 연구했더니 결국 성공했다'는 식으로 신입 연구원에게 조언을 했고 그 결과 제품 개발기간이 예상보다 단축됐다. 글로벌 금융위기 때 직원들이 알아서 월급 30%를 반납했는데 이때도 고참직원들 중심으로 자발적으로 고통분담을 해주니 자연스레 후배들이 따랐고 결국 위기를 다같이 극복할 수 있었다.

Q. 자칫 조직문화가 보수적으로 변할 수 있다는 지적도 있다.

A. 인원만 늘어나고 신입사원이 진급할 기회가 없다면 그럴 수 있다. 우리는 법적 정년(58세)에 이르면 그때부터는 부서장에서 물러나 결재권은 후배에게 주고 팀원이 된다. 대신 결재 때 참조란에 사인을 하도록 해 조언을 할 수 있게 했다. 전 직원을 대상으로 매달 작업개선 아이디어를 내도록 해 조그만 개선효과도 포상하는 시스템을 구축한 것도 조직에 활력을 불어넣는 요인이다.

Q. 그래도 기업이 성장하지 않으면 무정년 원칙을 고수하기 힘들텐데.

A. 좋은 일자리를 많이 만들어야 한다는 사명감을 갖고 있다. 그래서 러시아법인도 세우고, 전기굴착기 등 신사업에도 뛰어드는 등 3~4년 사이에 투자를 많이 했다. 단순히 외형만 확장하기보다 중소기업에서는 보기 드물게 기업부설연구소를 만들어 신성장동력을 찾는 등 향후 먹거리 개발에도 신경을 쏟고 있다.

Q. 무정년 기업이 더 많이 생기려면 어떻게 해야 할까.

A. 정부 차원의 지원이 필요하다. 무정년 기업을 운영해보니 국가재정에도 상당히 기여를 하더라. 이를테면 60대면 기초노령연금을 수령해야 할 때인데 우리 직원들은 계속 4대보험 혜택을 기업으로부터 받으니 정부 입장에서는 상당히 재정을 아낄 수 있다. 현행법에선 지금도 3년에 한번씩 미미한 액수의 지원금을 받고 있기는 하다. 우리 회사같은 기업

들에게 연구개발(R&D) 자금, 세제 지원 등 실질적인 혜택을 주면 다른 기업들도 동참할 것이다.209)210)

17. 60세 정년 연장, 찬성 77% : 반대 18%

정년을 60세로 연장하는 법안이 국회를 통과한 가운데 정년 연장에 대해 국민들은 압도적으로 찬성하고 있는 것으로 조사됐다.211) 한국갤럽이 4월 29, 30일, 5월 2일 사흘간 전국 성인 1005명을 대상으로 실시한 정년 연장 여론조사에서 찬성의견이 77%로 반대(18%)의견을 크게 앞질렀다. 연령별로 찬성의견을 보면 30대가 81%로 가장 높았고 정년 연장의 실질적인 수혜자인 40대는 78%, 50대는 73%였다. 정년 연장이 청년들의 일자리를 줄일 것이란 논란이 있는 가운데 20대 이하도 정년 연장 찬성률이 76%에 달해 전 연령대에서 찬성률이 70%를 넘었다. 성별로 찬성률은 여성이 79%로 남성(74%)보다 높았다. 지지정당별로는 민주당 지지자의 정년 연장 찬성률이 82%로 무당파(78%)나 새누리당 지지자(75%)를 웃돌았다. 이번 조사는 휴대전화 RDD방식으로 진행됐고 표본오차는 95% 신뢰수준에 ±3.1%, 응답률은 17%다.212)213)

18. 노동계 "정년 60세 연장 환영, 임금조정은 반대"

국회 환경노동위원회 법안심사소위원회가 22일 공공・민간부문의 정년을 60세로 의무화하기로 사실상 합의한 것으로 알려지자 노동계는 환영한다는 입장을 밝혔다.214) 노동계는 그러나 임금조정을 전제로 한 정

---

209) [취재 : 박수호 기자 / 사진 : 박정희・류준희 기자] [본 기사는 매경이코노미 제1705호 (13.05.01~05.07 일자) 기사입니다] [매일경제 & mk.co.kr]
210) http://news.nate.com/view/20130506n05602(2013.5.7)
211) 기사입력 2013-05-07 07:58, [헤럴드생생뉴스]
212) onlinenews@heraldcorp.com, <Re-imagine! Life beyond Media, 헤럴드경제>
213) http://news.heraldcorp.com/view.php?ud=20130507000017&md=20130507075833_AP (2013.5.7)

년 연장 의무화에 대해서는 노후 빈곤대책으로서의 의미를 퇴색시킨다며 반대의 뜻을 분명히 했다. 이창근 민주노총 정책국장은 "기본적으로 정년 60세 연장은 고령화, 노후 빈곤 등을 고려할 때 필수불가결한 조치"라며 여야 합의를 긍정적으로 평가했다. 이 정책국장은 그러나 "여당에서 임금조정과 연계해 시행하는 방안을 주장해왔는데 이는 노동시장의 불안정성을 심화하고 노동조건을 하향 평준화하기 때문에 반대한다"고 강조했다. 또 법적으로 기업의 정년이 60세까지 연장되더라도 실효성을 담보하기 위해 기업에 만연한 조기퇴직 관행에 제동을 걸 필요가 있다고 덧붙였다. 이 정책국장은 정년 연장으로 인해 청년 구직난이 심화할 수 있다는 우려에 대해 "이론적으로나 경험적으로 봤을 때 청년 일자리와 정년 연장은 대체관계가 아니다"라고 반박했다. 한국노총 강훈중 대변인은 "일단 정년 60세 연장 의무화에 여야가 합의한 것은 의미가 있다고 평가한다"면서도 "정년 연장을 곧바로 시행하지 않고 시기를 늦춘 것은 아쉬우며 특히 임금조정을 전제로 하는 것은 노후 빈곤대책의 의미를 퇴색시킨다"며 같은 입장을 취했다. 반면 정부는 청년실업 문제를 풀기 위해 임금조정이 연계돼야 한다는 입장이다. 박성희 고용노동부 대변인은 "정년 연장과 청년실업은 트레이드-오프(대체관계)가 있을 수 있기 때문에 정년 연장시 임금조정은 필요하다는 게 정부 방침"이라고 말했다. 한편 환노위 법안심사소위는 23일 오전 회의를 속개해 정년 60세 연장 의무화와 임금문제에 대한 논의를 이어간다.[215][216]

19. 정년문제 해법의 도출

어느 분이 댓글에서 썼듯이 정년문제가 걸린 대상들이 대부분 1,2,3,4

---

214) 2013-04-22 22:15 입력 | 2013-04-22 22:32 수정
215) bumsoo@yna.co.kr, 기사제보 및 보도자료 press@diodeo.com, 뉴스&핫이슈! 디오데오 (www.diodeo.com)
216) http://www.diodeo.com/comuser/news/news_view.asp?news_code=155912(2013.5.7)

급들이라고 합니다. 많은 분들이 비노조원이겠지요. 심지어 사용자측에서 역할을 하고 있는 사람도 많지요.217) 굳이 노조가 나서서 전력을 쏟을 필요가 있을까요? 노조에서는 2016년에 자동연장되는 법이 있으므로 이것으로 갈음하면 됩니다. 2015년에 임금조정 여부 등을 논의하면 된다고 합니다. 사실상 임금조정은 선택사항이라서 시대의 변화에 따라 그때 가면 희미해지고 없어지기 쉽답니다. 그래서 지금 서두를 필요가 없지요. 위에 지적했듯이 법에 해당이 안된 분들이 당장 힘을 쓰세요. 직급이 1,2,3,4급들이니 맨날 사장도 만날 수 있다고 지적하였더군요.

노조는 이제 정년문제는 접고 다른 문제에 전력을 쏟아야 한다고 생각합니다. 후배들은 부당하고 부정한 제도로 여차하면 5급으로 퇴직하게 생겼으니 이런 제도부터 고치는 것이 급하다고 봅니다. 내 코가 석자입니다. 일단은 55년생부터 내보내고 봐야 할 것이다.218)

너는 평생 상위직급으로 승진 안하냐. 진짜로 또라이네.219) 빨갱이 공산당 호랑말코같은 인간말종들 1,2,3,4급말고는 눈에 뵈는게 없냐. 4급 막차 탄 사람도 있고 아직 5급인 직원도 있는데 도매금으로 매도하는 것도 싸가지 없지만 어떻게 자기능력없는 것은 생각 안하고 김정은이 숙청하듯이 모조리 숙청하려 드느냐.220) 90년대 사번들도 빨랑 나가세요. 그동안 많이 벌어 먹었잖아.221) 58세까지 기다리지 말고 분사나 가세요. 명퇴하든지 물갈이 좀더 빨리해야 해요. 그냥 현행대로 가지. 58세 정년 때에 정년축하금으로 1천만원만 퇴직금에서 얹져 주시면 그냥 받아서 나갈께요. 넘 오래 근무하니까. 인생사는게 재미가 없어, 그냥 현행대로 가지.222) 지금까지 다닌 것도 지겨운데 60세까지 지겨워, 지금까지

---

217) 작성일 : 2013-05-06 11:15, 정년문제 해법, 글쓴이 : 조합원 (1.♡.62.134)   조회 : 624
218) 1960 2013-05-06 13:06   61.♡.237.187
219) 조합원 2013-05-06 14:41   116.♡.199.58
220) 호랑말코 2013-05-06 15:20   211.♡.56.143
221) 메투로 2013-05-06 17:26   211.♡.2.233
222) 58개띠 2013-05-07 10:37   1.♡.19.11

다닌 것도 지겨운데, 60세까지는 더욱 지겨워[223)224)]

20. 정년 연장에 대한 글

　옛말에 젊은 천재는 있어도 젊은 석학은 없다고 하였습니다. 저 역시 대기업 명장으로 재직하다 정년퇴직하였으나 퇴직전까지도 모든 업무역량을 젊은 후배들에게 전수하다시피 하였습니다.[225)] 지금의 50대는(60에 퇴직하니까) 젊은이 못지 않은 신사고로 무장되어 있고 수십년간 근무하면서 쌓아온 경험이라는 돈으로 매길 수 없는 값어치가 있습니다.

　특히 위기관리 능력이 뛰어나 젊은이들이 할 수 없는 노하우라는 것이 있습니다. 그래서 많은 대기업에서도 60세로 정년을 자발적으로 늘리는 기업이 있는 것입니다. 단순히 임금만 따지는 것은 모순입니다. 임금만 따질 것이면 인력을 안쓰고 로봇을 배치하는게 훨씬 경제적이겠지요.

　지금은 단순 제품을 팔아서 이윤을 추구하는 시대가 아닙니다. 1000개의 제품중에서 단 한개의 불량도 용납되서는 글로벌 경쟁시대에서 살아남을 수 없습니다. 기업의 현장에서 적어도 15년 이상을 해야 나름대로의 노하우가 생기며 20년 이상 근무해야 어느 정도의 경지에 이르게 됩니다. 또 50대 중후반은 자녀들이 대학생인 경우가 많지요. 한참 가정에 돈이 들어갈 시기에 가장이 퇴직하면 어찌 되겠습니까? 너무 정년 연장에 대해서 부정적인 글들이 난무하여 글을 올려봅니다. 일리는 있는 얘기인데요. 그러나 지금은 경험에 의한 관리경제로는 못버텨요. 정글속에서 없는 길을 과감하게 목숨걸고 찾아서 개척해가야 생존하는 세상이어요.[226)] 그래서 창조를 들고 나온거예요. 한마디로 무에서 유를 찾고 맹

---

223) 그냥나가지 2013-05-07 10:35　175.♡.238.36
224) http://www.sslu.or.kr/bbs/board.php?bo_table=name&wr_id=313283(2013.5.7)
225) 2013.05.01 18:39　조회: 430　스크랩: 0, 트위터 페이스북 부자마을 더보기,
　　http://bbs.moneta.co.kr/N00801/16502039/stock/2////
226) 시황분석토론에서 유명장님 최근 글

글어서 판매해라. 그래서 돈으로 맹글어 와라. 돈벌어 들이는 도깨비 방 맹이를 창조하라는 것이 아닙니까요. 어떻게요? 경험만 가지고 되겠어요? 저 돈으로 젊은이들 아이디어 만들게 하고 지들 상상대로 가보라고 지원하는 것이 아무 자원도 없이 교육받은 사람만이 자원인 이 나라의 잠재력을 키울 수 있는 것이라고 보여요. 정년 연장의 끝은 이미 유로존과 일본에서 보여주고 있자나요? 그들과 같은 길을 왜 답습하려고 해요? 유로존 청년 실업률 30-60%, 어찌 해결해요?

답은 전쟁이나 젊은애들만 걸리게하는 전염병으로 젊은애들 수를 줄이는 거예요. 그래서 히틀러니즘의 재등장에 관심이 가는거구요. 압축된 젊음의 욕구불만을 해소시켜주지 않으면 가까운 시일에 큰 사건이 터질 수 있어요. 이게 시대의 큰 변혁을 일으키는 기폭제가 될 수도요. 댓글 감사합니다. 제가 생각하는 창조경제와 님이 생각하는 창조경제는 일맥상통합니다.227) 하지만 창조경제의 주역은 중소기업과 벤처기업이라고 생각합니다. 젊은이들의 스티브 잡스와 같은 톡톡 튀는 아이디어와 모험은 기존 대기업에서는 어울리지 않는다고 생각합니다. 그리고 중소기업이 살고 벤처기업이 많이 생겨야 젊은이들의 일자리가 늘어납니다.

대기업은 부가가치 창출에서는 일조하겠지만 일자리를 늘리지는 못합니다. 예로 제가 다니던 직장에서 막내가 15년된 사원이었으니까요. 하지만 회사는 15년동안 괄목할만한 성장을 이루었죠. 중소기업이나 벤처는 일년에도 2~3배의 성장이 되고 고용이 늘어나지만 대기업은 오히려 매출은 늘어나도 인원은 줄어듭니다. 인건비가 비싸고 노조의 힘이 세다보니 자동화를 시켜버리는 것이지요. 좋은 토론이 되었습니다. 건승하세요.228)229)

---

227) 유명장 2005.01 21:27
228) [출처] 팍스넷 유명장님의 글
229) http://bbs.moneta.co.kr/nbbs/bbs.normal1.qry.screen?p_bbs_id=N00801&p_message_id=1650
2039&service=stock&top=2(2013.5.7)

21. 정년관련 노사합의 사항 및 경과

정년관련 노사합의 사항: 서울지하철공사[230]

 -. IMF사태 이전 : 정년 61세

 -. 1999.12.30 : 61세 => 60세

 -. 2000.12.30 : 60세 => 58세

 -. 2003.12.31 : 단체협약(배일도집행부)에서 "정년연장은 향후 공무원의 정년 연장과 연동하여 추진한다."라고 노사합의

 -. 2008.11.20 : 단체협약(김영후집행부)에서 "정년연장은 향후 공무원의 정년 연장과 연동하여 추진한다."라고 노사합의

 -. 2010.12.22 : 단체협약(정연수집행부)에서 "정년연장은 향후 공무원의 정년 연장과 연동하여 추진한다."라고 노사합의

 -. 2008.6.13 국가공무원법 제74조(정년) 개정

① 공무원의 정년은 다른 법률에 특별한 규정이 있는 경우를 제외하고는 60세로 한다. <개정 2008.6.13>

④ 공무원은 그 정년에 이른 날이 1월부터 6월 사이에 있으면 6월 30일에, 7월부터 12월 사이에 있으면 12월 31일에 각각 당연히 퇴직된다. <개정 2008.3.28> 부칙 <제9113호,2008.6.13>

① (시행일) 이 법은 2009년 1월 1일부터 시행한다.

② (6급 이하 공무원 등의 정년 연장에 따른 경과조치) 6급 이하 일반직 공무원, 연구사, 지도사 및 기능직 공무원의 정년은 제74조제1항의 개정규정에도 불구하고 2009년부터 2010년까지는 58세로, 2011년부터 2012년까지는 59세로, 2013년부터 60세로 한다. 다만, 기능직 공무원중 방호직렬, 등대직렬 및 경비관리직렬 공무원은 2009년부터 2012년까지는 59세로, 2013년부터 60세로 한다.

 -. 2012.12.10 노사정 서울모델협의회 위원장과 김익환 사장 정연수

---

[230] 작성일 : 13-04-02 14:16, 정년관련 노사합의사항 및 경과, 글쓴이 : 조합원 (211.♡.2.233) 조회 : 2,066

위원장이 체결한 합의서
 "합의서"

노사정 서울모델협의회와 서울메트로, 서울지하철공사노동조합 사이의 2012년도 임단협과 관련하여 다음과 같이 합의한다.

　1. 정년 연장은 공무원과 같이 시행한다.

　2. 퇴직금누진제(퇴직수당) 폐지에 관한 사항은 서울모델협의회 실무소위원회(공익위)에서 구체적인 내용과 보전방안을 마련하여 2013년 상반기에 시행한다.

　3. 정년 연장에 관한 구체적인 시행방안은 2013년 상반기에 시행한다.

　 2012.12.10

노사정서울모델협의회 위원장 윤진호 인

서울메트로 사장 김익환 인

서울지하철노동조합 위원장 정연수 인

　 -. 2012.12.10 서울메트로 사장과 서울지하철노동조합 위원장간에 체결한 합의서

　 "2012년 노사합의서"

서울메트로와 서울지하철공사노동조합은 2012년 임금 및 단체협약과 관련하여 다음과 같이 합의한다.

　<단체협약관련>

　1. 정년 연장과 퇴직수당은 다음과 같이 시행한다.

　　가. 정년 연장은 공무원과 같이 시행한다.

　　나. 정년 연장과 퇴직금 누진제(퇴직수당)에 관한 사항은 서울모델협의회 실무소위원회(공익위)에서 구체적인 시행방안을 마련하여 2013년 상반기에 시행한다.

　 2012.12.12

　 서울메트로 사장 김익환 인

　 서울지하철노동조합 위원장　정연수 인

이상의 합의서 내용을 볼 때 정년 연장은 공무원과 같이 시행하되 서울모델협의회 실무소위원회(공익위)에서 구체적 시행방안을 마련하여 2013년 상반기에 시행하여야 하며 2013년 상반기중에 시행되지 아니할 경우 단체협약 위반으로서 불법행위가 되므로 관련 당사자(시장, 서울모델위원장, 사장, 노조)는 이에 대하여 민.형사상 책임을 지게 될 것입니다. 소송하세요. 참여하겠습니다.[231]

이번 상반기까지 정년 연장 시행안이 마련되지 않을 경우, 지하철노조는 책임있는 당사자의 대표로서 열과 성을 다해 소송에 임해야 할 것입니다.[232] 과거의 집행부가 체결한 합의서라고 현재의 집행부는 옆에서 불구경하듯이 하고 싶지만 그래도 해야 합니다. 이번 상반기까지 정년 연장 시행안이 마련되지 않을 경우 지하철노조는 책임있는 당사자의 대표로서 열과 성을 다해 소송에 임해야 할 것입니다. 소송하세요. 지금 하는 것 반의 반만이라도 후배들 챙겼으면 오늘날 이러진 않았을 것이요.[233] 정년 연장에 반대하는 소송이라도 하면 참여하고 싶은 심정이요.

지하철에 선후배가 언제 있었나요. 먼저 올라가면 선배고 형님이고 상관이지[234] 물은 물이요, 산은 산이다. 정년 반대 많이 하거라. 너희들 뜻대로 될 것이다.

그러나 그 과실은 네 차지는 없느니라.[235] 남 밥줄 없애자는 것 하고 너희들 승진하는 것 하고는 천지차이다. 아무리 남탓을 해도 도가 지나치면 화가 미치는 법이다. 남탓 하지말고 먼저 인간이 되거라. 선배라는 사람 누구 하나 그래, 후배 등이 우리보다 좀 늦게 들어오는 바람에 우리보단 참~못한 대접받고 직장생활하고 있지라고 공감해준 사람 정말로 없네.[236]

---

231) 56년 2013-04-02 14:25 59.♡.196.114
232) rlaalsgh김⋯ 2013-04-02 16:06 211.♡.2.233
233) 조합원 2013-04-02 17:17 203.♡.222.73
234) 선후배 2013-04-02 19:06 59.♡.196.114
235) 불쌍타 2013-04-02 21:33 211.♡.56.143

뭐 그냥 본인들 잘나서 오랜 기간 중간관리자 이상의 역할을 하면서 좋은 시절 보냈는 줄 아시는 모양이지? 밑에서 오랜 기간 하위 직급으로 본인들 백업해주는 후배들은 뭐 진짜 못나서 오랜 기간 하위 직급에서 허덕이고 있는 줄 아나 보지? 왜 이 회사에서는 후배들이 선배들에 대한 반감이 이토록 잔인할 정도로 심한지 충분히 이해가 되는 부분이야. 정년 연장 하지 맙시다. 안 그래도 인사적체로 5,6급 달고 10년 넘게 생활하고 있는데 정년 연장? 죄송한 말씀이지만 지금 정년을 맞고 계신 분들은 이제까지 지하철에 다니면서 많은 혜택을 받고 지내왔던 분들입니다.

그런 분들을 위해 후배들의 퇴직수당까지 바꿔가며 정년 연장을 할 필요가 있을까요?237) 2000년 사번 후배들을 위해 퇴직금 단수제를 선배들과 같이 퇴직수당을 신설해 달라고 하는게 더 옳을 듯 합니다. 같은 회사에 다니면서 선, 후배간 후생복지 차이는 발생하면 안된다고 생각합니다.

정년 연장 대신 퇴직수당을 요구하세요. 진급할려고 노조 팔아 먹더니 이제 정년 연장할려고 퇴직수당 팔아먹네! 정연수 씨한테 똑바로 하라고 하세요.238)239)

22. 고두현의 그래, 이 책이야! 정년(停年)

자본주의 시대 이전에는 갑작스런 재난을 당해도 가족밖에 의지할 데가 없었다. 가난한 사람들을 교회가 보살폈지만 그것도 한계가 있었다.

19세기에 극심한 가난이 유럽을 덮치자 빈민문제는 더욱 심각해졌다. 이는 체제전복을 노리는 급진적 노동운동으로 점차 변해갔다.240) 1880년대 독일의 극빈 근로자는 100만명을 넘었다. 이들의 생계와 근로가 적

---

236) 참나 2013-04-03 08:49   113.♡.16.27
237) 조합원 2013-04-04 05:52   211.♡.2.241
238) 나조합원 2013-04-04 10:33   211.♡.2.241
239) http://www.sslu.or.kr/bbs/board.php?bo_table=name&wr_id=310615(2013.5.7)
240) 회원수 : 2,299명|Since 2004.02.20, 한경 문화부기자, w.hankyung.com/community/solong33, 정년(停年), 고두현 조회수 920 등록일 2013.04.26 10:55

정하게 보장되지 않으면 인간다운 삶은 기대할 수 없는 상태였다. 치안 불안도 큰 걱정거리였다.

　독일 재상 비스마르크가 사회보험제와 정년 65세 제도를 시행한 배경에 이런 사정들이 있었다. 65세가 된 근로자들을 내보내고 젊은층에 일자리를 만들어주면서 노령자에겐 연금을 주기로 한 것이다. 이처럼 정년과 국민연금, 청년 일자리는 톱니바퀴처럼 맞물려 탄생했다. 현대사회에 들어서는 정년의 의미가 좀 달라졌다. 일할 수 있는 능력을 나이로 제한하는 게 옳지 않다며 정년제를 폐지한 국가도 많다. 미국과 영국은 '연령차별 금지법'을 적용해 항공기 조종사 등 특수직종을 빼고 정년을 없앴다. 프랑스는 연금부담을 줄이려고 정년을 62세로 연장했으나 늙어서도 일을 해야 하느냐는 근로자들의 반대에 부딪혀 다시 60세로 줄였다.

　우리나라 기업의 평균 정년은 56~58세다. 그러나 실제 퇴직연령은 53세 안팎이다. 일본은 최근 60세에서 65세로 늘리기로 했다. 대만은 62세, 싱가포르는 63세다. 정년제의 원조인 독일은 67세다. 국회 환경노동위원회에서 정년 60세 연장안이 의결되자 재계는 난색을 보이고 있다.

　일자리는 한정돼 있는데 정년 연장을 의무화하면 그만큼 신규채용을 줄일 수밖에 없다는 것이다. 300인 이상 사업장 1881개 가운데 60세 이상 정년제를 채택한 곳이 현대중공업, 홈플러스 등 439개(23.3%)에 불과한 이유도 마찬가지다. 임금피크제 등 고용 유연화도 풀어야 할 과제다.

　구직난에 시달리는 젊은이들 또한 정년 연장에 반대하고 있다. 그러나 65세 이상의 노인 비중이 2010년 11%에서 2060년 40%로 늘어날 것이라는 정부의 예측 앞에서는 고민이 깊어진다. 15~64세의 생산가능인구 100명이 부양하는 65세 이상 노인이 2010년 15.2명에서 2060년 80.6명으로 늘어나기 때문이다. 정년 연장을 지지하는 사람들은 뒷세대에 의존하지 않고 경제활동을 조금이라도 더 하는 게 좋다는 점을 강조한다. 한 해 100만여명씩 줄줄이 회사를 떠나야 하는 베이비부머(1955~1963년생)들로서는 더욱 속이 탈 일이다. 더구나 일자리를 놓고 아버지와 아들이 다

투는 상황이 됐으니 모두가 곤혹스러울 수밖에 없게 됐다.241)

23. '60세 정년'과 세대간 일자리 충돌

우리 사회는 세계에서 가장 빠른 속도로 인구의 고령화가 진행되고 있다. 60세 정년을 의무화하는 것은 불가피한 선택으로 보인다. 하지만 기업들 상황은 다르다. 경제민주화 요구와 함께 경기침체, 정년보장에 선제적으로 대응하기 위해 또 다른 유형의 구조조정을 시도할 가능성도 배제할 수 없다.242) 60세 정년 의무화는 노사문제를 떠나 사회·경제적 관점에서 절대적인 이점이 있다. 무엇보다 본의 아니게 '유흥계급(leisure class)'으로 전락할 고령자들을 재활용함으로써 노동인구가 실질적으로 증가하고 경험있는 노동력을 사회적으로 더 확보하면서 경제성장률을 끌어올리는 기회가 될 수도 있다. 또 근로기간 연장에 따라 국민연금 기여금이 증가하며 국가재정도 안정되는 효과를 누릴 수 있다. 그러나 제도의 정착 과정에서 형평성이나 효율성에 관련된 장·단기적 고용문제들이 노출되면서 높은 사회적 비용이 발생할 수 있다. 이는 자칫 경제성장 정체로 이어질 수 있다는 점에서 주목된다. 퇴직연령은 현재 평균 53.7세에 불과하다. 모든 기업 근로자들이 60세 정년 혜택을 받게 되기까지는 상당한 시간이 걸릴 수밖에 없다. 노조의 영향력이 큰 300인 이상의 대기업과 공공기관은 정년 연장에 별 어려움이 없을 것이다. 그러나 그렇지 못한 나머지 기업들이 이를 적용하기까지는 상당한 시간이 걸릴 것이다. 제도를 무리하게 확대하다 보면 인건비 부담이 큰 기업들은 선제적으로 고용을 줄이려 할 것이다. 기업들은 고령 근로자의 고용을 유지하는 대신 청년 고용을 줄일 것이고, 정년이 먼저 적용되는 기업들에서 고용환경이 상대적으로 개선되면서 이들 기업의 입사지원율이 더 높아지게 될 것이다. 이에 따라 대기업을 중심으로 한 취업재수생들

---

241) http://w.hankyung.com/board/view.php?id=_column_86_1&no=376(2013.5.7)
242) [기고] '60세 정년'과 세대간 일자리 충돌, 기사입력 2013.06.02 19:29:06

이 더 늘어날 것이고, 반면 정년보장이 불확실한 중소기업들은 근로자를 확보하기가 더 어려워질 수 있다. 이같은 문제들을 해결하기 위해서는 다음과 같은 조치들이 선행돼야 한다.

첫째, 적극적인 고용대책으로 60세 정년 의무화로 인한 고령자 고용만큼 청년 고용도 함께 늘려 나가야 한다. 현재와 같은 소극적 고용정책으로는 정년 의무화가 세대간 갈등으로 전이될 것이다. 노동시장에 대한 규제완화 뿐 아니라 법인세 인하, 공장입지 규제 완화, 창업 지원 등은 필수적이다.

둘째, 고령 근로자들에게 임금피크제를 중심으로 한 생산성 임금제도의 적용이 보편화해야 한다. 기업 내부 비정규직이나 신규직 등 참신하고 능력있는 청년들이 연공급 임금제로 인해 차별받지 않도록 해야 한다. 치열한 글로벌 경쟁환경에서 어떤 형태로든 차별하는 기업은 결코 성장할 수 없다.

셋째, 40대 이상 장년층에 대한 다양한 훈련프로그램을 강화해야 한다. 53세면 퇴직할 것이라고 생각하는 50세 근로자들에게 전직훈련은 전혀 유인이 되지 못한다. 그러나 60세로 정년이 보장되면 5년은 더 근무할 수 있으므로 스스로 훈련에 적극적일 것이다.

60세 정년 보장을 위반하여 근로자에게 해고, 전보, 징계, 그 밖의 불리한 처우를 한 사업주는 2년 이하의 징역 또는 1천만원 이하의 벌금에 처한다. 60세 정년 보장은 고령사회 노동시장을 개선하는 첫걸음이나 마찬가지다. 다만, 정년 보장 제도가 단순히 청년 근로자 일자리를 고령자들이 꿰어찼다는 세대간 충돌로 확산되지 않도록 하기 위해서는 적극적이면서도 선제적인 고용전략으로 세대간 상생이 가능한 고용문화를 만들어 나가야 한다.[243][244]

---

243) ※ 외부 필진의 글은 본지 편집방향과 일치하지 않을 수도 있습니다. [김원식 건국대 경제학과 교수], 매일경제 & mk.co.kr
244) http://news.mk.co.kr/newsRead.php?year=2013&no=428872(2013.6.8)

제5장 정년 60세 연장의 경영방법

1. 정년 60세는 보은의 길

30일 오후 국회 본회의장에서 2016년 1월 1일부터 순차적으로 정년을 60세로 연장하는 '고용상 연령차별 금지 및 고령자 고용촉진에 관한 법률 일부 개정안'에 대한 표결 결과가 전광판에 표시됐다. 재석의원 197명중 찬성 158표, 반대 6표, 기권은 33표였다. 압도적 가결이다. 대한민국 정년 60세 시대가 열리는 순간이었다.245) 정년 연장은 여러 가지 여건을 감안하면 불가피했다. 우리나라는 현재 고령화가 급속하게 진행돼 경제활력을 잃고 있다. 경제활동인구(15~64세)는 2016년 3704만명을 정점으로 줄어들고 2017년에는 65세 이상 노인 인구 비율이 14%를 넘어선다. 노동력 부족을 해소하고 경제성장을 통한 복지재원을 마련하기 위해서라도 정년연장을 외면할 수만은 없는 노릇이었다. 더군다나 베이비붐 세대 등을 포함한 대부분의 근로자들이 노후에 대해서 별다른 준비가 되어 있지 못한 상황속에서 연금도 충분치 못한데다 정년과 연금수령시 기간격차가 생기는 등 '연금절벽'이 발생하고 있기 때문이다. 수명이 길어지면서 정년 연장은 세계적 추세이지만 우리의 실상은 그렇지 못했다. 평균 정년은 57세이지만 실질적 퇴직연령은 이보다 훨씬 이른 53세로서 경제협력개발기구(OECD) 국가 평균에 비해서도 10년 차이가 난다.

이웃 일본은 이미 1998년 정년 60세를 의무화했으며 이달부터는 근로자가 희망할 경우 65세까지 고용을 보장하고 있을 정도다. 같은 아시아권인 싱가포르와 타이완도 62~63세 수준이며 더 늘릴 움직임도 보이고

---
245) [사설] 정년 60세, 그것은 보은의 길이다. 김세중 논설위원 │ news-kim@hanmail.net, 승인 2013.05.03 16:57:21, [사설=충청경제일보] 김세중 논설위원

있다. 정년 연장에 대해 노동계는 환영하고 있지만 기업은 시기상조라며 반대하고 있다. 연공서열형 임금체계여서 정년이 늘면 기업의 인건비 부담은 더욱 커지게 된다는 것이다. 이 때문에 재계는 정년이 연장되면 신규 채용을 위축시키는 결과를 가져와 청년실업이 심화될 것으로 우려한다.

고용을 놓고 청년층과 장노년층이 대립하는 '세대갈등'이 일어날 수도 있다는 것이다. 또 여건이 어려운 중소기업은 정년 연장을 따라가지 못해 대기업과 중소기업간 격차가 더 벌어져 양극화가 심해질 수도 있다는 불만을 얘기한다. 일부에서는 일본이 준비기간을 거쳐 정년을 60세로 연장한 것을 예로 들며 정년 연장 도입 시기를 2016년으로 정한 것은 성급하다고 이론을 제기하기도 한다. 그러나 경제성장을 압축적으로 이룬 데서 보듯 연금, 사회복지, 고령화 등 우리에겐 모든 문제가 준비할 여유없이 일시에 닥쳐왔었다. 또한 더 일할 수 있는 혜택이 얼마만큼 돌아가게 될지는 아직 정확히 산정되지 않은 상태다. 일각에서는 수혜 폭이 예상보다 좁을 것이라고 예상하기도 한다. 어떻든 58년 개띠를 스타트로 정년 연장 효과를 보게 되면 뒤를 이어 59년(돼지띠), 60년(쥐띠)생들에게도 혜택이 이어지게 될 것이다. 정부와 기업, 노동계는 정년 연장이 연착륙할 수 있도록 양보와 이해, 희생의 바탕 위에서 서로 지혜를 모아야 한다. 서로 손해보지 않겠다고 버틸 게 아니라 각자 하나씩 버리는 대승적 자세를 가지면 임금피크제, 일자리 충돌 등에 대한 분명한 해법을 찾을 수 있다. 그리고 그것은 산업화에 기여하고 민주화를 도운 이 나라 50대를 노인 빈곤층으로 전락시키지 않는 은혜를 갚는 길이다.246)247)

2. 정년앞둔 노조원 퇴직지원 프로그램 운영

현대중공업 노조가 정년퇴직을 앞두고 있는 노조원에 대해 퇴직지원 프로그램을 시행한다고 5일 밝혔다.248) 이는 대기업 노조 가운데 처음이

---

246) 충청경제일보, 김세중 논설위원의 다른기사 보기
247) http://www.cceconomy.kr/news/articleView.html?idxno=26546(2013.5.7)

다. 현대중공업 노조에 따르면 7일부터 퇴직지원 프로그램을 운영한다.

노사가 지난 3월 29일 열린 협의회에서 퇴직지원 프로그램을 연내에 도입하기로 합의했다. 노사는 1954년과 1955년생 생산기술·사무기술직 1,800명을 대상으로 이 프로그램을 본격 운영에 나선다. 지난해 10월 시범운영을 거쳤다. 40시간으로 구성된 프로그램 대상자들은 18개 기수로 나눠 참여할 예정이다. 1단계 집체교육, 2단계 진로상담, 3단계 그룹별 전문교육 등으로 연말까지 진행된다. 집체교육은 자신의 삶을 돌아보고 흥미와 관심사를 분류하는 등 개인별 특성을 파악하는 단계다. 퇴직 후 진로에 대한 설명회를 하고 개인별 진로계획을 세울 수 있는 시간을 갖는다.

2단계는 집단·개인별 상담을 실시한다. 3단계는 재취업, 창업, 귀농 등에 대한 전문교육을 한다. 부부가 함께하는 자산관리와 부부화합 특강을 준비한다. 노조 관계자는 "지난해부터 외부 연구진, 정부, 회사와 함께 퇴직지원 프로그램 개발을 추진해왔다"며 "근로자들이 은퇴 이후의 삶을 준비하고, 건강한 삶을 살 수 있도록 돕는 퇴직지원 프로그램이 될 수 있도록 노력하겠다"고 말했다.249)250)

3. 경기교육청, 전국 최초 교육실무직을 무기계약직으로 일괄전환, 정년 60세

경기도교육청(교육감 김상곤)은 오는 5월 31일자로 교육실무직원(학교비정규직)을 무기계약직으로 일괄전환을 추진한다.251) 일괄전환 대상 직종은 행정실무사, 조리실무사 등 상시·지속업무에 종사하는 32개 직종

---

248) 5면, 2013년 05월 06일 (월)　서승원 기자　ggundle2000@iusm.co.kr
249) 서승원 기자, 데스크로그, 이진우 기자 기사작성 / 편집장승인 / 노출보류 2013-05-05 22:06:36, 울산매일
250) http://www.iusm.co.kr/news/articleView.html?idxno=290032(2013.5.7)
251) 우리들뉴스　│ 기사입력　2013/05/05 [13:58]

이다. 계속근로기간이 1년 초과 2년 이하인 근로자는 근무성적, 직무태도 등 개인별 평가로 인사위원회 심의를 거쳐 무기계약직으로 전환된다.

전환 심의 대상자는 5천 483명이다. 5월 31일 기준 계속근로기간이 2년 초과한 근로자 1천 58명은 계속 근로기간을 확인하여 모두 무기계약직으로 일괄 전환된다. 각 지역교육청과 학교는 5월 10일까지 인사위원회를 구성하여 5월 31일까지의 근무기간, 직무태도 등을 판단하여 무기계약 전환 심의를 완료한다. 정부에서는 「기간제 및 단시간 근로자 보호 등에 관한 법률」에 "2년을 초과한 기간제근로자"인 경우 무기계약 근로자로 본다고 규정하였으나 도교육청은 올해 1월 무기계약 전환 시기를 기존 2년에서 1년으로 단축하였다.

또한 경기도교육청(교육감 김상곤)은 오는 5월 1일 <교육실무직원 운영규정>을 공포·시행했다. 이번 훈령은 교육실무직원의 고용안정 및 근로조건 개선을 위해 마련하였으며 무기계약 전환 대상자는 '교육장 직고용'을 골자로 한다. 사실상 교육청의 직접 채용으로 도교육청 관내 교육실무직원의 인원이 대규모인 점을 감안하여 25개 지역교육청 교육장의 직고용을 구체적인 형태로 한다. 직고용은 총 22개 직종에서 이루어진다. 훈령은 교육실무직원의 채용, 교류, 전보, 근무성적평가, 복무, 퇴직 및 계약해지, 표창 및 징계, 신분보장 및 권익보장 등의 내용을 담고 있다. 특히 교육실무직원의 정년을 만 60세로 명문화하였고 유급병가일수를 15일에서 21일로 확대하였다. 경기도교육청 복지법무담당관 관계자는 "교육기관 최초로 무기계약 교육실무직원의 정년을 만 60세로 보장한 의미있는 훈령이다. 또한 무기계약 일괄전환으로 상시·지속적 직종에 종사하는 기간제 교육실무직원의 고용불안을 해소하고 궁극적으로 안정적 교육환경 조성에 기여하겠다"며, "올해는 교육실무직원 제도 안정의 해가 되도록 교육실무직원의 고용안정과 처우개선을 위해 다각적으로 노력할 것"이라고 밝혔다.[252)253)]

4. 정년 60세 시대의 복지수요 증가속도 줄여줄듯

정년이 60세로 연장될 경우 국민연금 등 복지재정에도 적지 않은 영향이 예상된다.254) 기하급수적으로 증가하고 있는 복지재정 수요를 줄일 수는 없더라도 수요증가의 가속도를 줄이는 역할은 충분히 할 수 있을 것이라는 것이 전문가들의 평가다. 일을 할 수 있고 돈을 벌 수 있는 기간이 늘어나면 복지재정을 사용하는 소비자로서의 기간은 줄어드는 반면, 세금을 납부하거나 연금을 불입하는 등 복지재정을 공급하는 기간은 늘어나기 때문이다. 29일 보건복지부 관계자는 "정년이 60세로 연장되면 복지재정에는 분명히 긍정적 요인이 될 것"이라며 "연금수급계층이 연금납부계층으로 남아 있게되고, 복지수혜계층도 줄어드는 효과가 발생할 것"이라고 말했다. 가장 주목받는 것은 역시 연금이다. 국민연금의 경우 더내고 덜받는 구조로 개혁이 진행중이지만 오는 2053년에는 재정이 고갈될 것이라는 암울한 전망이 나오고 있는 상황이어서 재정에 목말라 있다. 금융연구원에 따르면 연금재정 보험료 수입은 2040년까지 최고 62조1000억원까지 증가하다가 2041년 이후 기금잠식에 따라 급격히 감소하고, 2053년에는 기금이 소진될 것으로 예측된다. 특히 국민연금은 올해부터 61세부터 수령할 수 있도록 수령연령이 상향조정되면서 퇴직 후 연금을 수령할 수 있는 기간까지의 공백은 더 길어진 상황이다.

사실상 법적 정년이 없는 현재 상당수 기업에서 50세를 전후해 퇴직이 이뤄지고 있고, 일부 민간기업에서는 40대에 퇴직하는 경우도 적지 않은 실정이어서 국민연금 수령연령이 65세까지 연장되는 2033년에는 은퇴 후 연금수령까지의 공백이 공포로 다가올 수 밖에 없다. 그러나 법적으로 정년을 60세로 못박고 향후 더 연장할 경우 연금공백기간은 크

---

252) 박상진 기자(우리들뉴스 발행인, 한국언론인연대 회장) 837@daum.net, 기사입력: 2013/05/05 [13:58] 최종편집: 우리들뉴스
253) http://www.urinews.org/sub_read.html?uid=15920(2013.5.7)
254) 입력 : 2013-04-29 오전 10:00:00, [뉴스토마토 이상원 기자]

게 줄어든다. 연금 불입기간이 길어지면 연금기금에도 도움이 될 수 밖에 없다. 윤석명 한국보건사회연구원 연금연구센터장은 "노동시장의 현실여건이 실제 연금수령연령과 노동시장에서 퇴직하는 연령의 차이가 굉장히 크다보니까 그만큼 가입기간도 단축되고 조기수령 등으로 수령 금액도 적었다"면서 "정년 연장은 연금재정과 국민들의 노후소득보장에 굉장히 긍정적인 효과가 기대된다"고 평가했다. 윤 센터장은 특히 "저소득층일수록 퇴직시기가 이르고, 퇴직후 재정이 취약해져 30%나 덜받는 조기연금수령을 하게 되는 것으로 나타났다"면서 "효과적으로 정년제도를 운영하면 취약계층에 대한 복지지출을 줄이는 등 재정에 효과적일 수 있다"고 강조했다. 반면 정년 연장이 복지재정 자체에는 큰 영향이 없을 것이라는 분석도 있다. 정년 연장 법안이 임금피크제와 같은 임금조정조치를 취하도록 전제하고 있기 때문에 급여가 줄어드는 부분도 감안해야 한다는 것이다. 박성민 국민연금연구원 재정추계분석실장은 "정년 연장은 어쨌거나 연금 조기수급자를 줄이는 효과는 있겠지만 임금피크제와 묶이면 그 내용에 따라서 재정여건이 어떻게 될지 예측하기 어렵다"면서 "재정의 변화보다는 제도적으로 커버해야 하는 대상이 늘어나느냐 줄어드느냐의 문제로 보인다"고 평가했다. 정년 연장을 임금조정 장치와 어떻게 묶으냐의 문제와 함께 국민연금 개혁방향도 재정여건의 변수가 될 전망이다.

	2013년	2033년
정 년	60세	?
국민연금 수령	61세	65세

자료: http://www.newstomato.com/ReadNews.aspx?no=358512(2013.5.7)

국민연금 수령 연령은 종전 60세에서 올해 61세로 올랐고, 2033년에는

65세로 상향조정될 예정이다. 정년이 60세로 연장되더라도 국민연금 수령기간까지의 격차는 점점 더 늘어나게 되는 셈이다. 일본과 같이 향후 정년을 65세까지로 더 연장하는 방안이 있을 수 있지만, 60세 연장안에도 불만을 내뿜고 있는 재계의 반발을 잠재울 마땅한 방법이 없다. 윤석명 센터장은 "우리 정년은 지금도 선진국에 비해 크게 낮다"면서 "65세까지로 언젠가는 올려야 한다. 쉽지 않겠지만 국민연금 수령시기가 65세가 되는 2033년까지는 정년도 맞춰서 늦춰야 할 것"이라고 주장했다.[255][256]

5. 60세 정년의 연착륙 위한 조건

정년 60세 의무화 법안에 대한 사회적 관심이 고조되고 있는 가운데 경영계와 노동계의 우려 목소리가 크다. 하지만 지금은 이 법안의 연착륙을 위해 서로 협력하고 양보할 때다.[257] 정년 60세 연장이 특정 집단에 혜택이 주어지고, 이와 관련한 노사간의 이익 및 권리분쟁이 발생할 경우 모두가 패자가 될 것이기 때문이다. 정년 60세 시대로의 연착륙을 위해서는 무엇보다 정년 60세 의무화 법안과 병행해 임금피크제 도입에 대한 노동계의 협력이 필수적이다. 정년 60세로의 연장은 50대 근로자의 임금이 20대보다 1.87배 높은 현실을 감안할 때 기업에 많은 인건비 부담을 초래한다. 개별 기업 상황에 적합한 임금피크제 도입에 노동계의 협력을 통해 발생 비용의 분담이 필요하다. 이러한 비용분담 과정에서 절감된 재원으로 기업들은 청년 인력의 신규채용이 가능하게 될 것이다.

그리고 노동계의 임금피크제 도입에 대한 협력은 정년 60세 제도의 안착 뿐만 아니라 '정년 연장과 청년실업'간의 사회적 갈등요인을 해소하는 촉발제가 될 것이다. 임금피크제와 병행한 정년 60세 의무화 추진이 필요하다는 경영계의 주장에는 50대 근로자의 임금이 생산성보다 높

---

255) 맛있는 뉴스토마토, 이상원 기자 SNS 계정
256) http://www.newstomato.com/ReadNews.aspx?no=358512(2013.5.7)
257) 이지만/연세대 경영대 교수·경영학

다는 가정이 깔려 있으며, 이러한 가정은 대부분 사실로 입증되고 있다.

　임금피크제 대상자들의 풍부한 경험과 노하우, 그리고 이들의 역량을 십분 발휘할 수 있는 업무조건과 직무가 부여된다면 임금보다 생산성 향상이 가능한 것 역시 사실이다. 따라서 경영계는 임금피크제의 실행과 함께 임금피크제 대상자가 보다 나은 생산활동 수행이 가능하도록 하는 작업여건과 이들에게 적합한 직무개발을 꾸준히 진행해야 한다. 임금피크제 대상자들의 임금보다 높은 생산성에서 발생하는 수익 역시 신규 청년인력 채용에 기여할 것이며, 임금피크제 도입 과정에서 조정된 임금을 상승시키는 요인으로 작용할 것이다. 경영자에게 주어진 또 하나의 주요 과제는 현재의 정년 57세 인력관리시스템을 정년 60세 시스템으로 조속히 전환하는 일이다.

　정년 60세 연장은 개별 기업 내부의 고령화 현상과 인사적체 현상을 유발시킨다. 이러한 현상들은 청년인력 채용의 걸림돌로 작용할 뿐만 아니라 기업의 활력을 떨어뜨리는 요인으로 작용할 수 있기 때문이다.

　정년 60세 연장의 연착륙을 위해서는 노사의 협력과 양보 못지않게 정부의 역할 역시 매우 중요하다. 현재 정년 60세를 실행중인 기업의 비중이 약 30% 정도인 현실을 고려할 때 시장의 성숙도가 낮은 시점에서 법안이 입법화된 것이다. 개별 기업들이 2016년까지 정년 60세 시스템을 자율적으로 실행해 시장 성숙도를 향상시키는 데 정부는 지원을 아끼지 말아야 할 것이다. 예를 들어 정년 60세 연장은 현재 평균 정년 연령인 57세 이후 퇴직한 근로자들에게 정부가 지급하게 될 사회복지 비용의 절감과 개별 근로자들의 소득세 증가에서 발생하는 재원의 일부를 정년 60세 안착을 위한 지원사업에 투입할 필요가 있다. 2016년부터 정년 60세 법안이 우선적으로 적용되는 공공기관과 대기업에서 설계하는 임금피크제 임금조정률은 2017년부터 적용되는 300인 미만 기업들에게 많은 영향을 미칠 게 자명하다. 따라서 공공기관과 민간기업, 대기업과 중소기업, 그리고 유(有)노조기업과 무(無)노조기업 등 다양한 유형의 기업에

알맞은 최적의 제도 설계를 통해 정년 60세 의무화 법안의 실행 시점 차이에서 발생할 수 있는 사회적 갈등과 비용 요인을 최소화해야 한다. 노·사·정의 적극적인 협력과 노력은 정년 60세 시대로의 연착륙과 함께 조만간 다가올 정년 65세 시대를 슬기롭게 준비하는 최선의 방안이 될 것임에 틀림없다.258)259)

6. 60세 정년 법제화는 시기상조

일본은 정년연장 법제화 이전에 노사가 자율적으로 정년연장이나 고용연장을 단계적으로 추진해 왔다. 우리나라도 일차적으로는 개별기업의 실정에 맞게 노사자율에 따라 단계적으로 정년을 연장할 수 있도록 유도하는 것이 순서다.260) 일본에서 "빨리빨리"라는 말을 모르는 사람이 없을 정도로 한국 사람은 식당에서나 비즈니스에서나 어딜 가나 성급하다고 한다. 정년 연장을 논의한 지 얼마 안된 것 같은데 2016년부터 60세 정년제가 도입된다고 한다. 일본과 비교하면 충분한 논의없이 서둘러 도입하려는 것 같아 매우 안타깝다. 중·고령자의 고용안정을 위해 정년연장이 필요하다는 데 이의를 제기할 사람은 없다. 다만 부작용을 최소화하면서 언제 어떻게 도입하느냐가 중요하다. 정년제는 고용보장과 고용조정이라는 두 가지 기능을 갖고 있다. 한국에 정년제를 도입한 건 평생고용과 연공임금이라는 한국적인 특수성에 기인한다. 우리 기업의 인사제도는 대개 정년 55세를 전제로 설계돼 조직, 승진, 임금관리가 진행됐다. 정년이 60세로 연장될 경우 55세 정년을 기준으로 한 제도간의 균형에 커다란 영향을 미치는 것은 당연하다. 일본 역시 한국과 고용·임금관행이 비슷하다. 그러나 60세 정년제로 이행하기까지 오랜 시간이 걸렸다. 따라서 정년연장 법제화 이전에 정부가 먼저 무엇을 해야 할지 고

---

258) munhwa.com, 대한민국 오후를 여는 유일석간 문화일보, 모바일 웹 : m.munhwa.com
259) http://www.munhwa.com/news/view.html?no=20130430010731371 91004(2013.5.7)
260) <헤럴드 포럼 - 안희탁> 60세 정년 법제화는 시기상조 기사입력 2013-04-30 11:08

민해 봐야 할 것이다. 일본은 정부가 주도해 정년 연장에 대한 국민적 합의를 형성하고자 적극적인 홍보활동과 임금제도 개선연구 등 다양한 노력을 전개했다. 60세 정년 연장을 위해 정년 연장의 전제가 되는 고용·임금관행 개선을 지원하고 정년 연장을 할 수 있도록 기업의 자발적 노력을 독려해왔다. 일본이 1998년 60세 정년을 의무화할 당시 일본 기업의 60세 정년제 도입률은 93.3%였다. 한국의 경우 정년 연장 논의가 본격적으로 시작한 건 불과 2년밖에 안된다. 조사연구도 미흡하다. 일본에서는 정년 연장에 대한 노사간의 논의도 활발히 이뤄져왔다. 1979년에 열린 관서산업노사회의에서 노사는 정년 연장의 필요성에 대해 공감하고 근로자의 생계비가 정점에 도달하는 45~50세 이후부터 연공서열형 임금제도를 능력과 직무를 중시한 임금제도로 개편하며, 정년이 연장되는 기간에 대해서 퇴직금이 증가하지 않도록 한다는 데 의견을 모았다.

한국의 임금체계는 아직도 호봉제로 대표되는 연공서열형 임금이 주를 이룬다.

이런 상황에서 현행 임금체계를 그대로 둔 채 정년 연장이 이뤄진다면 기업의 추가적인 인건비 부담은 매우 클 수밖에 없다. 정년 연장에 앞서 노사가 임금피크제와 같은 현행 임금체계 개선이 선행될 수 있도록 정부가 적극 유도하고 기업의 부담을 줄이는 노력을 기울여야 한다.

일본은 정년 연장 법제화 이전에 노사가 자율적으로 정년 연장이나 고용 연장을 단계적으로 추진해 왔다. 즉, 55세 정년을 57~58세로 연장했다가 다시 60세로 연장하는 기업들이 많았다. 따라서 우리나라도 일차적으로는 개별기업의 실정에 맞게 노사자율에 따라 단계적으로 정년을 연장할 수 있도록 유도하는 것이 순서다. 현재 한국에서는 60세 정년제가 당면 과제다. 앞으로 고령화 추세를 고려할 때 65세까지 고용을 연장해야 할 상황이 도래할지 모른다. 성급하게 당장 정년 연장을 법제화하기보다는 충격을 줄일 수 있는 안전장치를 마련한 뒤 추진하는 것이 바람직하다.261)262)

7. '2030' 세대 10명중 8명 "정년 연장법 찬성"

20·30대 젊은이들이 '정년 60살 연장법'에 대해 대체로 '긍정적'인 것으로 나타났다. 정년을 60살로 연장하면 신규채용이 줄어들 가능성이 커, 취업 기회가 좁아지는 20·30대와 일자리를 오래 지켜야 할 40·50대간 갈등이 벌어질 것이란 예측이 나오기도 했다.263) 온라인 취업포털 사람인이 20~30대 남녀 1737명을 조사해 13일 내놓은 결과를 보면, '정년 연장법'에 대해 77.6%(1348명)가 '긍정적'이라고 응답했다. 이들이 긍정적으로 받아들인 이유는 '고령화 사회에 필요한 대책'(63.5%·복수응답)이라는 응답이 가장 많았다. 다음으로 '안정적으로 근무할 수 있어서'(36.3%), '고령 노동자의 노하우를 활용할 수 있어서'(33.9%)가 뒤를 이었다. '고령층 빈곤화 및 양극화 대책이라서'(28.6%)와 '나도 그 혜택을 보게 될 것이라서'(24.8%)라는 응답도 많았다. 20·30대 역시 직장내에서의 고용안정이 중요하며, 이 법을 통해 향후에 자신도 같은 혜택을 볼 수 있다는 생각을 드러낸 셈이다. 자신도 정년 연장법 혜택을 볼 수 있을지에 대한 질문에는 50.2%가 '가능할 것'이라고 답했다. '부정적'이라고 응답한 389명은 역시 '신규채용이 줄 것 같다'(60.2%·복수응답)는 불안감이 가장 컸다. 이어서 '어차피 정년까지 일을 못할 것 같아서'(33.4%)와 '인력운용이 경직될 것 같아서'(30.6%)가 뒤를 이었다. '실효성 부족'(28.8%)과 '혜택이 골고루 가지 않을 것 같다'(26.2%)는 응답도 많아 현실적으로 기업내에서 정년을 지키는 경우가 별로 없는 현실도 보여줬다. '청년 구직자'와 '고령 노동자'의 일자리 문제 가운데 시급한 것을 묻는 질문에는 68.6%가 '청년 구직자'라고 답했다.264)265)

---

261) <Re-imagine! Life beyond Media, 헤럴드경제>
262) http://news.heraldcorp.com/view.php?ud=20130430000060&md=20130503005011_AP (2013.5.7)
263) 등록 : 2013.05.13 20:21 수정 : 2013.05.13 20:21
264) 이완 기자 wani@hani.co.kr, <한겨레 인기기사>
265) http://www.hani.co.kr/arti/economy/economy_general/587248.html(2013.5.13)

8. "정년 연장과 국민연금 제도개선 필요"

보험연 보고서, 지급보험금 늘어 고갈 시점 앞당겨[266] 60세 정년 연장'이 장기적으로 국민연금 재정 고갈시점을 앞당길 수 있어 국민연금 제도의 개선이 필요하다는 주장이 나왔다. 13일 보험연구원은 `정년 60세 연장법의 의미와 시사점' 보고서에서 정년 60세 시대에 발맞춘 국민연금의 일부 제도개선이 필요하다며 이같이 지적했다. 보고서는 정년 연장으로 늘어난 근로 기간만큼 국민연금보험료를 추가로 납부해 수입이 늘기 때문에 단기적으로는 국민연금 재정부담을 완화할 수 있다고 분석했다.

그러나 보험료의 추가 납입이 지급보험금도 함께 증가시켜 재정부담을 심화시키고, 적립금 고갈시점을 앞당길 수 있다고 진단했다.

현행 국민연금이 납입한 보험료보다 더 많이 주는 구조이기 때문이다. 보고서는 한 예로 1억원의 연금보험료를 내고 수익비가 2배라면 2억원을 받게 되는 경우 1억원의 연금재정 적자가 발생한다고 분석했다. 현재 국민연금 수익비는 최고 소득구간이 1.3배이고 최저 소득구간은 4.3배로 평균 1.8~2.2배 사이다. 하지만 정년이 연장돼 납입보험료가 1억3000만원으로 늘어나면 같은 수익비일 때 2억6000만원을 받게 돼 연금재정적자가 1억1000만원이 된다. 3000만원 재정적자가 늘어나는 셈으로 오는 2060년경으로 전망되는 국민연금 재정 고갈 시기가 더 앞당겨질 수 있다는 것이다. 정원석 보험연구원 연구위원은 "60세 정년 연장이 국민연금의 재정부담에 미치는 영향은 향후 추가적인 연구를 통해 면밀히 검토하고 나서 제도의 적절한 변화가 필요할 것으로 판단된다"며 "정년을 60세에서 65세로 연장한 같은 해 공적연금을 더 내고 덜 받는 방향으로 제도를 개혁한 일본의 예 등을 참고할 필요가 있다"고 말했다.[267][268]

---

266) 신동규 기자 dkshin@dt.co.kr | 입력: 2013-05-13 20:00, [2013년 05월 14일자 4면 기사]
267) 신동규기자 dkshin@, [디지털타임스]
268) http://www.dt.co.kr/contents.html?article_no=20130514020104577785004(2013.5.13)

9. 정년 연장은 재앙인가 축복인가?

근로자 정년 60세 시대가 열렸다. 한국사회는 또 다른 변화의 정점에 서 있다.[269] 정년 연장은 민간부문의 고용안정성을 높여 빠른 고령화가 낳는 부작용을 푸는 해법이 될 것으로 보인다. 그러나 이는 저성장, 청년실업난, 비정규직 문제, 엷은 사회안전망 등이 옥죄는 지금의 현실에서 또 다른 계층간, 연령간 마찰의 빌미가 될 수 있다. 한마디로 잘 쓰면 약, 섣불리 대응하면 독이라는 얘기다. 저성장의 늪과 일자리 대란 등 한국 경제의 위기속에서도 가장 괴로운 것은 "청년"이다. 청년실업 문제는 어제 오늘 일이 아니지만 최근 들어 더욱 악화일로를 걷고 있다.

2005년 이후 전체 취업자수는 2009년을 제외하고는 계속 증가해 왔으나 청년층 일자리는 매년 감소했다. 이에 따라 청년층 고용률은 2005년 44.9%를 나타낸 후 지속적으로 하락해 지난해에는 40.4%까지 떨어졌다. 올해도 좋지않아 자칫하면 30%대로의 추락이 우려되는 상황이다.

특히 20대 취업자수는 3월 기준으로 11개월째 감소하고 있다. 석달 연속으로 감소폭이 10만명을 웃돌고 있는데 모든 연령대중에서 가장 두드러진 감소폭이다. 일자리를 찾기 어려워 다시 취업준비생으로 전락하는 사례도 부지기수다.

3월 취업 준비자는 64만8천명으로 2010년 5월 이래 가장 많았다. 구직을 아예 포기하거나 구하더라도 알바, 인턴, 계약직 등 비정규직 일자리를 구하는 경우도 대단히 많다. 이런 상황에서 "60세 정년 시대"에 돌입하면, 일자리 총량을 고려할 때 청년층이 새로 진입할 일자리가 줄어 청년 실업난이 더욱 악화될 것이라는 관측이 나온다. 고용노동부는 정년 연장이 청년 실업난을 가중시킨다는 것은 설득력이 약하다고 한다. 그러나 경제계는 정년 연장으로 인력운용에 큰 부담을 안게 되며, 좋은 일자리에 청년층 진입이 어려워질 수밖에 없어 실업난이 가중될 것이라는

---

[269] 동해두타 (lck****), 주소복사 조회 76 13.05.09 07:18, 싸이월드미투데이

예측을 내놓고 있다. 20년 근무자의 평균임금은 신입직원의 2~3배이기 때문에 청년 취업이 어려워질 것이기 때문에 장년과 청년이 공생할 수 있는 "임금피크제 등이 도입돼야 한다.270)271)

10. 60세 정년 연장 법제화 추진은 시장에 맡겨야

정치권을 중심으로 정년을 만 60세로 법제화하는 방안이 검토되면서 재계가 60세 정년 법제화가 세대간 일자리의 갈등과 기업간의 인건비 부담 등을 이유로 난색을 표명해 주목되고 있다. 정년을 늘리면서 청년 일자리를 빼앗아 가고 기업의 부담이 그만큼 높아진다는 이유에서다.272)

새누리당이 내년부터 만 60세 정년을 추진하는 법안을 내기로 했지만 민주통합당은 이미 총선공약으로 정년 60세 연장을 내놓았고 최근 60세 정년 연장의무화 방안을 발의한 상태다. 따라서 개정안의 국회 통과는 사실상 별 문제없이 진행될 가능성이 크다고 볼 수 있다. 60세 정년제 도입은 유례없이 빠른 한국의 고령화와 고용불안, 노인층 빈곤 위험에 그 이유가 있다고 본다. 또 우리의 직장인 퇴직연령은 평균 53세로 미국 (65.8세)과 유럽(61.8세)보다 월등하게 낮다. 이에 반해 국민연금 수령 나이는 2012년 60세에서 2013년 61세로 2033년이 되면 65세가 돼야 한다.

정년후 국민연금을 받을 때까지는 최소한 7년 이상의 시차가 벌어지기 때문에 퇴직과 연금수급 시기의 시차를 줄이기 위해서도 정년제 정비가 필요한 것은 사실이다. 새누리당은 기업체 정년을 만 60세로 연장하는 것을 목표로 하되 장기적으로는 만 65세, 2020년에는 만 70세까지 늘려 궁극적으로는 정년제도가 무색해지도록 하겠다고 밝힌 바 있다. 그

---

270) 동해두타 관심 있는 0 | 관심 받은 41 관심추가 30
271) http://bbs1.agora.media.daum.net/gaia/do/debate/read?bbsId=D125&articleId=676268 (2013.5.29)
272) 성경&경제 - 60세정년연장 법제화 추진은 시장에 맡겨야, 안호원, 시인 서재, 심송 | 조회 198 |추천 0 | 2012.09.18. 01:14, 스카이데일리(skyedaily@skyedaily.com), 기사입력 2012-09-17 12:03:37

러나 경제계의 한 관계자는 "고령화로 핵심 근로인력이 계속 줄어드는 상황이어서 노동력 확보가 중요하고 이런 측면에서는 정년을 연장하는 것이 맞다"면서도 "그러나 법으로 정년을 연장하면 경제적 비용이나 여건을 고려한 것이 아니기 때문에 다른 곳에서 부작용이 나타날 수 있다"고 기대반, 우려반의 반응을 보였다. 또 "우리나라는 연공서열 임금구조를 갖고 있어 정년을 연장하면 기업의 임금부담이 커질 수 밖에 없다."며 "이 때문에 청년고용이 줄어들거나 경제 전체의 고용이 감소할 수도 있다"고 설명했다. 이는 정년 연장에 앞서 직무에 따라 임금이 결정되는 구조가 선행돼야 한다는 지적이다.

정치권에서는 '기업의 정년 법제화' 움직임이 일고 재계는 울쌍을 짓고 있는데 노동계는 일제히 환영의 뜻을 나타내고 있다. 노동계 핵심 관계자는 "노후생활 보장의 핵심은 정년 연장인데 현실은 너무 열악하다"며 "하루 빨리 정년을 60세로 법제화해 근로자의 생계는 물론 삶의 질을 향상시켜야 한다"고 거듭 강조했다. 노동계가 이처럼 한 목소리로 정년 연장을 요구하는 것은 고령근로자들의 조기퇴직으로 인한 고용불안과 빈곤심화가 계층 및 세대갈등으로 이어지기 때문이다. 고용노동부에 따르면 2010년 기준으로 만 47~55세의 베이비붐 세대(1955~1963년생)가 695만명으로 전체 인구의 14.3%를 차지하고 있는 것으로 나타났다.

문제는 이들의 퇴직이 이미 시작되었다는 것이다. 게다가 의학의 발달 등으로 인해 갈수록 고령인구가 늘고 있다는데 있다. 노조는 최근 경기불황을 감안, 기본급 2.5% 인상안을 수용하는 대신 정년 연장을 포함한 실질적으로 와닿는 생활복지를 선택했다. 이에 대해 전경련의 한 관계자는 "현재 55~58세인 정년도 제대로 채우는 비율이 높지 않은데 정년만 늘린다고 고용문제가 해결되지는 않는다"고 지적했다. 또한 이 관계자는 "정년 60세 법제화와 함께 청년실업의 문제도 함께 종합적으로 판단해야 할 사안이고 이를 위해서는 재계의 의견을 충분히 수렴한 후 정책을 추진했어야 맞다"고 반박했다. 현행 '고용상 연령차별 금지 및 고령자 고용촉진에 관한 법률'에는 정년(19조)에 대해 '사업주가 근로자의 정년을 정하는 경우에는 그 정년이 60세 이상이 되도록 노력하여야 한다'는 노력 의무조항만 명시되어 있다.

그래서 새누리당은 '노력하여야 한다'는 문구를 '하여야 한다'는 의무조항으로 바꾸겠다는 것이다. 고용부도 정치권의 이같은 움직임을 일단 긍정적으로 평가하고 있다. 이는 고령자들의 고용불안과 빈곤문제를 제대로 해결하지 못할 경우 복지지출 증가에 따른 재정적자가 심화돼 결국 우리 경제의 잠재력이 훼손될 여지가 엿보이기 때문인 것으로 풀이된다. 다만 정년 연장을 추진하는 과정에서 청년층 일자리 감소와 같은 부작용이 나타나지 않도록 정책보완이 필요하다. 청년실업률이 사회적 문제가 된지도 오래인 시점에서 정년을 연장하면 자칫 청소년층에 돌아갈 일자리가 감소할 수도 있다. 실제로 고령자 취업을 늘려주다 젊은이의 신규취업을 막는 이른바 '세대간 일자리 전쟁'의 우려가 무엇보다 크다는 것을 부인할 수 없는 상황이다. 이 때문에 한국기업의 '고령층 고임금' 구조에서 정년 연장에 따른 기업 인건비 증가를 막기 위해 임금피크제를 강하게 추진하는 방안도 검토할 필요가 있다.

정년 연장이 베이비부머의 은퇴가 가시화되면서 더욱 심각해지고 있는 실정이다. 이러한 배경에서 정치권이 중•고령자 고용을 활성화하겠다며 60세 정년을 의무화하는 방안을 들고 나온 것이다. 결국 특별한 대책도 마련해 놓지 않고 강제규정을 통해 고용을 늘리겠다고 하는 이 법안은 잘못하면 노동시장에 혼란을 일으키고 고용은 늘리지 못한 채 오히려 경제부담만 가중시킬 공산이 크다. 300인 이상 사업체의 경우 50대 전후반 근로자는 거의 찾아보기 힘들 정도로 몇십명에 불과하다. 또 대부분 조기퇴직을 하는 바람에 정년을 맞는 근로자가 10%에도 훨씬 못 미친다고 한다. 이는 명예퇴직 등의 조기퇴직이 가능한 현 상황에서 정년 연장 법안의 실효성이 거의 없을 것이라는 의미다. 이를 두고 일각에서는 오는 12월 대선을 앞두고 세대별 표심을 얻기 위해 정치권에서 정년 연장 법제화가 추진돼 기업의 경쟁력을 훼손할 수도 있다는 우려감을 나타내기도 한다. 지금 필요한 것은 정년 연장보다 더 많은 사람이 정년까지 일할 수 있게끔 변화시키는 정책이다. 그런 후 기업이 임금 및 승진구조를 변화시키는 등 적응할 시간을 주면서 단계적으로 시행돼야 할 것이다. 그 다음 재고용이나 임금피크제를 적용해서 정년을 연장하는 부분은 시장에 맡기는게 옳다. 서두를 일이 아니다.[273]

11. 60세 정년의 법제화와 기타 최근 노동법제

4월 24일 임금조정을 연계한 정년 60세를 의무화한 내용의 '고용상 연령차별 금지 및 고령자 고용촉진에 관한 법률 일부개정법률안'이 환노위를 통과한 가운데 '60세 정년 법제화의 쟁점과 과제'를 다뤘다.[274] 정부가 5월중 '고용률 70% 달성 로드맵'을 준비하고 있는 것으로 알려진 가운데 방하남 고용노동부장관을 인터뷰하고 표지인물로 실었다. 123주년 국제노동절을 맞아 이남신 한국비정규노동센터 소장이 '한국 사회 정상화의 선결 요건, 비정규직 조직화'란 주제로 기고했으며, 박종구 한국폴리텍대학 이사장이 '인문학적 소양을 갖춘 인재'를 주제로 칼럼을 썼다.

판례평석으로 권두섭 공공운수노조법률원 변호사가 '노조법 부칙 제4조의 기존의 단체교섭의 의미 또는 범위'에 대해 썼다. 박정택 김&장법률사무소 변호사가 '부제소 합의와 관련된 쟁점 사항'을 검토했고, 김형동 한국노총중앙법률원 변호사는 '근로시간면제 제도' 개정의 필요성에 대해 기고했다. 김현정 율촌 변호사가 '자사 영업비밀 유출 방지를 위한 인력관리방안'을 기고했고, 강길용 노무법인 정평 공인노무사는 교섭단위 분리결정 신청에서의 '당사자 적격' 문제에 대해 다뤘다. 김유진 고

---

273) http://cafe.daum.net/koyoli/2Nyq/16?docid=3936188746&q=%C1%A4%B3%E2%20%B9%
FD%C1%A6%C8%AD&re=1(2013.5.13)
274) 노동법률 5월호, '60세 정년 법제화' 특집으로

용노동부 기획재정담당관이 2013년 고용노동부 업무보고 내용을 중심으로 '함께 일하는 나라, 행복한 국민'을 주제로 썼고, 한국산업인력공단 구자길 직업능력표준실장으로부터 능력중심 사회의 핵심기제인 '국가직무능력표준(NCS)'에 대해 자세한 내용을 살펴봤다. 배상호 LG전자노동조합 위원장을 인터뷰해 '노조의 사회적 책임'에 대해 조명했으며, 임금피크제 연계 정년 65세를 시행하고 있는 '하나투어'를 탐방했다. 기타 '노동법 Q&A' '노동판례 및 행정해석' '재심판정례' 등 다양한 자료를 게재했다. 자세한 내용은 노동법률 5월호를 참고하면 좋을 것이다.275)276)

12. 정년을 단체협약이 실효된 후 취업규칙의 변경으로 단축

단체협약상의 정년을 단체협약이 실효된 후 취업규칙의 변경으로 단축하려는 사례
- ☞ 공포 : 2013-1-11 선고 2012구합23280 판결
- ☞ 사건이름 : 부당해고구제재심판정취소
  - ☞ 원심판결 :
  판시사항
  재판요지

1. 단체협약이 실효되었다고 하더라도 그중 정년(60세)에 관한 부분은 그 단체협약의 적용을 받고 있던 근로자의 근로계약의 내용이 되어 사용자와 근로자를 규율한다. 취업규칙의 정년규정에서 직급별, 직종별 정년을 세분화할 수 있다는 예외규정을 삭제하는 것으로 취업규칙이 변경된 것은 원고 등 노동조합원들(8명)이 단체협약에 의하여 보장받게 된 60세의 정년을 변경하는 내용이라고 볼 수 없어 위와같은 취업규칙의

---

275) 최종윤 기자 cjy@elabor.co.kr, [노동법률], 출처 : 노동법률, 작성일 : 2013-04-29, 조회수 : 348
276) http://www.elabor.co.kr/board_2012/view.asp?board=news&idx=43079&lname=a&showlist=1(2013.5.13)

변경에 의하여 원고의 정년이 55세로 변경된다고 볼 수는 없다.277)

2. 변경된 취업규칙의 정년규정이 위 8명에게 적용되기 위해서는 그들로부터 개별적인 동의를 받든지 아니면 위 8명의 집단적인 동의를 받아야만 하는데, 위 8명중 1명만이 취업규칙 개정에 동의하였을 뿐이므로, 변경된 취업규칙의 정년규정은 원고에 대하여 적용될 수 없다.

당사자
【원 고】 김○○
【피 고】 중앙노동위원회 위원장
【피고보조참가인】 주식회사 ○○○○○
【변론종결】 2012. 11. 28.

주문
1. 중앙노동위원회가 2012. 6. 22. 원고와 피고보조참가인 사이의 ○○○○○○○○○ 부당해고구제 재심신청 사건에 관하여 한 재심판정을 취소한다.
2. 소송비용중 보조참가로 인한 부분은 피고보조참가인이 나머지는 피고가 각 부담한다.

【청구취지】
주문과 같다.

이유
1. 재심판정의 경위
가. 피고보조참가인(이하 '참가인'이라 한다)은 1990. 11. 5. 설립되어 위 소재지에 본점을 두고 상시근로자 2,100여명을 고용하여 의류제조 및 도·소매업을 하는 법인으로서 2011. 10. 1. 주식회사 ○○○를 흡수합병하였고, 원고(1956년생)는 1999. 5. 14. 주식회사 ○○○건설에 입사하였

---

277) 노동법 2013/05/06 17:10, http://flunatic.blog.me/130167639485, 전용뷰어 보기 단체협약상의 정년을 단체협약이 실효된 후 취업규칙의 변경으로 단축하려는 사례 판례 / 자료실, 2013/05/06 09:35, http://blog.naver.com/cmt0001/10167781368

다가 2001. 3. 1. 인사발령으로 주식회사 ○○○로 소속이 변경되었고, 참가인이 위와 같이 주식회사 ○○○를 흡수합병함에 따라 참가인의 캐주얼사업부에 소속되어 근무하던 근로자이다.

나. 참가인은 원고에 대하여 2011. 12. 31.자로 정년(55세)이 도래되어 근로계약이 종료됨을 알리고 원고에 대한 퇴직절차를 밟았다. 이에 원고는 정년이 60세이므로 참가인이 위와같이 정년도래를 이유로 원고를 퇴직시킨 것은 부당해고에 해당한다고 주장하면서 2012. 1. 18. 서울지방노동위원회에 구제신청을 하였으나 서울지방노동위원회는 2012. 3. 9. 원고의 정년은 단체협약에 의하여 60세였고, 단체협약이 실효된 후에도 여전히 그 효력이 유지되었지만 그 후 유효하게 개정된 취업규칙에 의하여 정년이 55세로 변경되었다는 이유로 원고의 구제신청을 기각하는 판정을 하였다(○○○○○○○○).

다. 원고는 2012. 3. 26. 중앙노동위원회에 재심을 신청하였는데, 중앙노동위원회는 2012. 6. 22. 같은 이유로 원고의 재심신청을 기각하였다(○○○○○○○, 이하 '이 사건 재심판정'이라 한다).

[인정근거] 갑 제1, 2호증의 각 기재, 변론 전체의 취지

2. 이 사건 재심판정의 적법 여부

가. 원고의 주장

1) 취업규칙상의 정년규정은 2011. 10. 17. 개정된 취업규칙에 의하여 변경된 사실이 없으므로 원고에 대해서는 실효된 단체협약의 규범적 부분이 근로계약으로 전환되어 정년 60세 규정이 적용된다고 할 것이다.

2) 2011. 10. 17. 개정된 취업규칙에 의하여 정년규정이 변경되었다고 하더라도 이는 근로자에게 불이익하게 변경된 것으로서 60세의 정년규정을 적용받던 근로자의 과반수의 동의를 득하지 못하여 무효이다.

3) 설령 개정된 취업규칙에 의한 정년규정의 불이익변경에 대한 동의 주체를 캐주얼 사업부 전체 근로자의 과반수 근로자로 보더라도 그 동의방법에 하자가 있어 역시 무효이다.

4) 위와같은 정년규정의 개정은 사회통념상 합리성이 있다고 볼 수 없다.

나. 인정사실

1) 주식회사 ○○○는 2001. 3. 7. ○○○ 노동조합(주식회사 ○○○의 근로자 반수 이상이 조합원으로 가입되어 있는 노동조합은 아니었음)과 유효기간이 2001. 3. 7.부터 2003. 3. 6.까지인 단체협약을 체결하였고, 위 단체협약은 자동갱신되어 2005. 3. 6.까지 유효하였으며, 이후 단체협약을 갱신하기 위하여 교섭이 계속되었으나 새로운 단체협약이 체결되지 못하자 주식회사 ○○○는 2006. 3. 6. ○○○ 노동조합에 단체협약 해지 통보를 하였는 바, 위 단체협약 제19조에는 '조합원의 정년은 만 60세에 도달한 해당년도 말로 한다'라고 규정되어 있었고, 원고는 ○○○ 노동조합의 조합원이었다.

2) ○○○ 노동조합은 2006. 12. 20. ○○○그룹 소속 근로자를 가입대상으로 하는 ○○○ 일반노동조합으로 조직형태를 변경하였다.

3) 참가인은 2011. 10. 1. 주식회사 ○○○를 흡수합병하면서 주식회사 ○○○에 존재하였던 캐주얼 사업부를 그대로 승계하여 참가인내에 캐주얼 사업부를 신설하였다(현재 참가인의 캐주얼 사업부에 속해 있는 근로자들은 주식회사 ○○○의 캐주얼 사업에 종사하였던 근로자들과 거의 동일하다).

4) 참가인은 캐주얼 사업부 소속 근로자들에 대한 취업규칙을 변경하기 위하여(개정 목적: 법인통합에 따른 사업부 특성 반영, 관련 법령 개정에 따른 변경, 사문화 조항 삭제, 용어통일 및 상세화 등) 2011. 10. 11. 사내게시판에 2011. 10. 17. 취업규칙 개정 설명회를 개최한다는 공고문을 게시하였고, 예정대로 2011. 10. 17. ○○○월드 가산사옥 1층 대회의장에서 캐주얼 사업부 근로자들을 대상으로 취업규칙 개정 설명회를 개최하였으며, 위 설명회가 종료된 후 취업규칙 개정 동의서를 배포하였는 바, 캐주얼 사업부 소속 근로자 216명중 158명(73.1%)이 위 동의서에 자필로 기명 및 서명을 하였으나, 2001년 단체협약이 체결될 당시 ○○○

노동조합의 조합원으로서 참가인의 캐주얼 사업부에 소속되어 있는 근로자 총 8명(원고 포함)중에서는 1명(함분례)만이 위와같은 취업규칙 개정에 동의하였다. 위 개정 취업규칙상 정년규정의 변경내용은 아래와 같다.

취업규칙 신구대조표상 정년조항

변경 전	변경 후
제21조(정년퇴직)	제22조(정년퇴직)
① 정년퇴직은 사원이 정년에 도달하여 퇴직함을 말한다.	① 정년퇴직은 사원이 정년에 도달하여 퇴직함을 말한다.
② 정년은 만 55세로 한다. 다만, 회사의 형편에 따라 직급별, 직종별 정년을 세분화하여 정할 수 있다.	② 정년은 만 55세로 한다.
③ 사원이 정년에 달하였을 때에는 당해연도의 말일자로 퇴직된다.	③ 사원이 정년에 달하였을 때에는 당해연도의 말일자로 퇴직된다.

5) 참가인은 위와같이 변경된 취업규칙을 2011. 10. 31. 서울지방고용노동청 서울관악지청에 신고하였다.

6) 원고와 참가인은 취업규칙의 변경 이후 내용증명을 통해 정년에 관한 논쟁을 벌였으나 참가인은 원고에게 정년규정에 따라 2011. 12. 31.자로 근로계약이 종료된다고 안내하였으며 원고는 정년퇴직일 전·후로 팀원들과 송별회를 하였고 참가인이 마련한 정년퇴직 선물 또한 수령하였다.

[인정근거] 갑 제1 내지 4호증, 을 제1, 2, 4호증, 을 제5호증의 1, 2, 을 제6호증의 1, 2, 을 제7, 9호증의 각 기재, 변론 전체의 취지

다. 판단

1) 단체협약이 실효되었다고 하더라도 임금, 퇴직금이나 노동시간, 그 밖에 개별적인 노동조건에 관한 부분은 그 단체협약의 적용을 받고 있던 근로자의 근로계약의 내용이 되어 그것을 변경하는 새로운 단체협약, 취업규칙이 체결·작성되거나 또는 개별적인 근로자의 동의를 얻지 아니

하는 한 개별적인 근로자의 근로계약의 내용으로서 여전히 남아 있어 사용자와 근로자를 규율하게 되는 바(대법원 2007. 12. 27. 선고 2007다51758 판결 등 참조), 주식회사 ○○○와 ○○○ 노동조합 사이에 체결된 단체협약이 실효되었다고 하더라도 그 중 정년(60세)에 관한 부분은 그 단체협약의 적용을 받고 있던 근로자의 근로계약의 내용이 되어 사용자와 근로자를 규율하는 것이므로 ○○○ 노동조합의 조합원이었던 원고 또한 주식회사 ○○○에 대하여 60세의 정년을 주장할 수 있다고 할 것이고, 근로관계가 포괄적으로 승계되는 경우에는 근로자는 승계한 법인에서도 종전의 근로관계와 동일한 근로관계를 유지하게 되는 것이므로 원고는 주식회사 ○○○가 참가인에게 흡수합병된 이후에도 여전히 참가인에 대하여 60세의 정년을 주장할 수 있으며, 다만 그 정년에 관한 부분을 변경하는 새로운 단체협약, 취업규칙이 체결·작성되거나 원고가 그에 개별적으로 동의하는 경우에 한하여 변경된 정년이 적용된다고 할 것이다.

2) 이 사건에서 참가인의 2011. 10. 17. 취업규칙의 변경으로 원고의 정년이 변경된다고 볼 수 있는지에 관하여 보건대, 구 취업규칙상 정년은 55세였고, 다만 직급별, 직종별 정년을 세분화할 수 있다는 예외를 두고 있었는데, 2011. 10. 17. 변경된 취업규칙에서는 정년을 그대로 55세로 놔둔 상태에서 직급별, 직종별 정년을 세분화할 수 있다는 예외만을 삭제하였는 바, 원고를 포함한 ○○○ 노동조합원들이었던 8명이 단체협약에 의하여 60세의 정년을 보장받게 된 것은 사측과 노동조합 사이의 합의에 따른 것일 뿐, 구 취업규칙의 정년규정상 직급별, 직종별 정년을 달리 정할 수 있다는 예외 규정과는 전혀 무관한 것이라고 보이므로 취업규칙의 정년규정에서 직급별, 직종별 정년을 세분화할 수 있다는 예외규정을 삭제하는 것으로 취업규칙이 변경된 것은 ○○○ 노동조합원들이 단체협약에 의하여 보장받게 된 60세의 정년을 변경하는 내용이라고 볼 수 없어 위와같은 취업규칙의 변경에 의하여 원고의 정년이

55세로 변경된다고 볼 수는 없다.

3) 설령 참가인이 취업규칙을 변경하여 모든 캐주얼 사업부 소속 근로자들의 정년을 일원화하고자 했던 의도 등을 고려하여 2011. 10. 17. 취업규칙의 정년규정 변경이 원고를 포함한 ○○○ 노동조합의 조합원이었던 8명의 정년을 변경하는 것이라고 보더라도 그와같은 취업규칙의 변경이 위 8명에 대하여 유효하게 적용될 수 있는지에 관하여 본다.

가) 사용자가 취업규칙의 변경에 의하여 기존의 근로조건을 근로자에게 불리하게 변경하려면 종전 근로조건 또는 취업규칙의 적용을 받고 있던 근로자의 집단적 의사결정방법에 의한 동의를 요하고, 이러한 동의를 얻지 못한 취업규칙의 변경은 효력이 없는 것인데(대법원 2010. 1. 28. 선고 2009다32362 판결 등 참조), 그 동의주체와 관련하여 대법원은 ① 사업장내의 근로자가 여러 집단으로 분류되어 그 근로자 집단별로 근로조건을 달리 정하고 있는 경우(근로조건이 이원화되어 있는 경우)에는 취업규칙중 변경되는 부분의 적용을 받고 있는 근로자 집단만이 동의의 주체로 된다고 보고(대법원 1990. 12. 7. 선고 90다카19647 판결 등 참조), ② 근로조건이 이원화되어 있는 경우를 판별하는 기준과 관련하여 여러 근로자 집단이 하나의 근로조건 체계내에 있어 비록 취업규칙의 불이익변경 시점에는 어느 근로자 집단만이 직접적인 불이익을 받더라도 다른 근로자 집단에게도 변경된 취업규칙의 적용이 예상되는 경우에는 일부 근로자 집단은 물론 장래 변경된 취업규칙 규정의 적용이 예상되는 근로자 집단을 포함한 근로자 집단이 동의주체가 되고, 그렇지 않고 근로조건이 이원화되어 있어 변경된 취업규칙이 적용되어 직접적으로 불이익을 받게 되는 근로자 집단 이외에 변경된 취업규칙의 적용이 예상되는 근로자 집단이 없는 경우에는 변경된 취업규칙이 적용되어 불이익을 받는 근로자 집단만이 동의 주체가 된다고 보고 있으며(대법원 2009. 5. 28. 선고 2009두2238 판결), ③ 근로조건이 이원화된 경우가 아니라면 취업규칙의 변경이 일부의 근로자에게는 유리하고 일부의 근

로자에게는 불리한 경우라도 변경에 근로자 집단의 동의를 요하는지를 판단하는 것은 근로자 전체에 대하여 획일적으로 결정되어야 할 것이고, 또 이러한 경우 취업규칙의 변경이 근로자에게 전체적으로 유리한지 불리한지를 객관적으로 평가하기가 어려우며, 같은 개정에 의하여 근로자 상호간의 이·불리에 따른 이익이 충돌되는 경우에는 그러한 개정은 근로자에게 불이익한 것으로 취급하여 근로자들 전체의 의사에 따라 결정하게 하는 것이 타당하다고 보고 있는 바(대법원 1993. 5. 14. 선고 93다1893 판결 등 참조), 위와같은 법리에 따라 이 사건을 돌이켜 보면, 원고를 포함한 ○○○ 노동조합의 조합원이었던 8명은 단체협약이 실효되었다고 하더라도 그 규범적 효력이 유지되어 여전히 60세의 정년을 보장받게 되는 반면, 그 밖의 다른 직원들은 참가인의 취업규칙 개정 당시까지도 ○○○ 노동조합에 가입하지 않았고, ○○○ 노동조합이 과반수 조합이 아니어서 그 단체협약에 일반적 구속력도 인정되지 않으므로 구 취업규칙상 55세의 정년만을 보장받게 되고, 향후에도 60세의 정년을 주장할 수 있는 여지가 없으므로 위 8명과 다른 직원들은 적어도 정년에 있어서만큼은 근로조건이 이원화되어 있다고 볼 수 있고, 특히 참가인의 2011. 10. 17. 취업규칙의 정년규정 개정으로 인해 위 8명을 제외한 다른 직원들은 정년에 있어 실질적인 변경이 없다고 볼 수 있는 반면, 위 8명은 정년이 5년이나 단축되게 되어 매우 불이익한 결과가 초래되므로 위와같이 변경된 취업규칙의 정년규정이 위 8명에게 적용되기 위해서는 그들로부터 개별적인 동의를 받든지, 아니면 위 8명의 집단적인 동의를 받아야만 한다고 볼 것인데, 위 8명 중 1명만이 취업규칙 개정에 동의하였을 뿐인 사실은 앞서 본 바와 같으므로 변경된 취업규칙의 정년규정은 원고에 대하여 적용될 수 없다고 할 것이고, 원고의 정년은 여전히 60세라고 할 것이다.

나) 또한 사용자가 일방적으로 새로운 취업규칙의 작성·변경을 통하여 근로자가 가지고 있는 기득의 권리나 이익을 박탈하여 불이익한 근로조

건을 부과하는 것은 원칙적으로 허용되지 아니하지만, 당해 취업규칙의 작성 또는 변경이 그 필요성 및 내용의 양면에서 보아 그에 의하여 근로자가 입게 될 불이익의 정도를 고려하더라도 여전히 당해 조항의 법적 규범성을 시인할 수 있을 정도로 사회통념상 합리성이 있다고 인정되는 경우에는 종전 근로조건 또는 취업규칙의 적용을 받고 있던 근로자의 집단적 의사결정방법에 의한 동의가 없다는 이유만으로 그의 적용을 부정할 수는 없다. 한편, 여기에서 말하는 사회통념상 합리성의 유무는 취업규칙의 변경에 의하여 근로자가 입게 되는 불이익의 정도, 사용자측의 변경 필요성의 내용과 정도, 변경 후의 취업규칙 내용의 상당성, 대상조치 등을 포함한 다른 근로조건의 개선상황, 노동조합 등과의 교섭경위 및 노동조합이나 다른 근로자의 대응, 동종 사항에 관한 국내의 일반적인 상황 등을 종합적으로 고려하여 판단하여야 한다. 다만, 취업규칙을 근로자에게 불리하게 변경하는 경우에는 그 동의를 받도록 한 근로기준법을 사실상 배제하는 것이므로 제한적으로 엄격하게 해석하여야 한다(대법원 2010. 1. 28. 선고 2009다32362 판결 등 참조).

이 사건에서 취업규칙중 정년규정이 실질적으로 불이익을 입게 되는 위 8명(동의한 1명을 제외하면 7명)의 동의가 없더라도 사회통념상 합리성이 있어 그들에게 적용이 가능하다고 볼 수 있는지에 관하여 보건대, 비록 ○○○ 노동조합의 조합원이었던 8명만이 정년 60세로서 다른 직원들에 비해 5년간의 근로기회가 더 보장되기는 하나, 그 격차가 사측이나 다른 근로자들이 도저히 수인할 수 없을 정도로 매우 크다고 보기는 어려운 데다가 원고를 포함한 위 8명의 기득권은 결국 사측과 노동조합 사이에 체결된 단체협약에 의하여 보장된 것으로서 그 보호가치가 적다고 볼 수 없으며, 비록 직원들 사이의 정년규정의 형평성을 유지하겠다는 가치도 중요하지만 그 수단으로서 위 8명에 대한 정년을 어떠한 보상도 없이 5년이나 낮춤으로써 하향평준화시킨 것은 상당하다고 볼 수 없으므로 개정된 취업규칙의 정년규정이 위 8명의 동의가 없더라도 그들에 대하여 적용하여야 할만큼 사회통념상 합리성이 있다고 보기는 어렵다.

4) 따라서 참가인이 변경된 취업규칙의 55세 정년규정을 들어 원고를 퇴직처리한 것은 부당해고에 해당하므로 원고의 나머지 주장에 관하여 살필 필요없이 이 사건 재심판정은 위법하다.

3. 결론

그렇다면 원고의 청구는 이유있어 이를 인용하기로 하여 주문과 같이 판결한다.

관여법관: 판사 오석준(재판장), 양순주, 김태훈[278][279]

13. 정년 연장의 빛과 그림자

노동절을 하루 앞둔 4월 30일 오후 5시 47분 국회 본회의장에서 '정년연장법'(고용상 연령차별 금지 및 고령자 고용촉진에 관한 법)이 여야 합의로 전격 통과됐다. 486세대의 반란으로 불릴만큼 40~50대 유권자들의 압도적 지지하에 입법 논의가 개시된지 얼마되지도 않아 전광석화처럼 현실화된 것이다. 이제 공기업과 종업원 300인 이상 대·중견기업은 2016년부터, 300인 미만 중소기업은 2017년부터 60세로 정년을 연장해야 한다.[280]

정년 연장은 고령화로 가는 국제사회의 한 흐름이기도 하다. 일본(65세), 프랑스(60세) 등은 이미 시행중이다. 사실 육체적 완력을 필요로 하던 산업화 시대와는 달리 정보화 사회의 근로자는 지식과 경험이라는 무형의 자산을 보유한 인적 자원이다. 기업 입장에서도 외국인이든 여성이든 신입사원을 채용해 이들을 비즈니스 인력으로 육성하려면 막대한

---

278) [출처] 단체협약상의 정년을 단체협약이 실효된 후 취업규칙의 변경으로 단축하려는 사례|작성자 루나틱
279) http://blog.naver.com/PostView.nhn?blogId=flunatic&logNo=130167639485(2013.5.13)
280) 노성열/경제산업부 차장

훈련비용이 든다. 검증된 숙련 인력을 경력사원으로 채용하는 게 낫다는 쪽으로 인사관리기법도 바뀌어가고 있다. 다소 보수를 깎아(임금피크제 등) 고참사원을 계속 고용하는 것도 그중의 하나다. 중산층 붕괴에 몰린 신자유주의의 모순을 극복하기 위해 경제활동 시장에서 고령 근로자의 퇴출을 늦춤으로써 정부는 재정절감과 소비진작 등 긍정적인 국민경제적 반향을 얻을 수 있다. 하지만 이번 정년 연장법에는 몇 가지 구멍이 있다.

첫째, 공기업과 대기업부터 시행을 명한 점이다. 이 법의 초기 입안과 정부터 관여했던 고용노동부의 고위 관계자는 "당초 인력부족에 시달리던 중소기업부터 선시행하고, 단계적으로 대기업까지 후속 확대하는 방향으로 추진했었다"고 고백했다. 자칫 여유있는 대기업 정규직에만 혜택이 치우치게 되는 노동시장 양극화를 우려한 탓이다. 여유있는 대기업을 앞세워 단기간내에 확산효과를 기대하는 현실론이 승리한 결과 이번 입법으로 이어졌겠지만 중소·비정규 근로자만 소외되는 노·노(勞勞) 격차 현상의 해소는 과제로 남았다.

둘째, 목표연도 이전에 정년연장을 도입한 기업에 주려던 가속장려금 (Acceleration Incentive) 장치가 빠진 점이다. 국회 법안논의 과정에서 임금체계 개편(피크제 등) 도입 사업주와 근로자에게 고용지원금을 줄 수 있게 보완했지만 이를 노사자율에 맡김으로써 조기정착 효과는 기대하기 어렵게 됐다. 아쉬운 대목이다.

셋째, 청년고용촉진법과의 상충문제다. 국회는 정년 연장법을 확정하면서 동시에 공기업 신규채용시 청년 3% 의무고용을 명한 이 법을 같이 통과시켰다. 한 공무원은 "공기업 정원은 법으로 묶여 있는데 정년을 연장하면서 청년 신규채용도 늘리라는 것은 비현실적"이라고 비판했다.

결국 공기업은 청년 고용의무를 회피하기 위해 새로 사람을 뽑지 않고 정년 연장에만 매달릴 가능성이 크다는 것이다. 한마디로 청년실업 해소에는 별 도움이 안되는 생색입법이다. 중장년층의 표도 잡고 싶고,

청년 표도 놓치기 싫은 정치권의 전형적인 포퓰리즘(대중인기영합주의) 입법이라 할 수 있다. 행정부는 이처럼 구멍난 입법을 이어받아 시행령 등 후속조치에서 기업엔 부담이 덜 가도록 근로자에게는 실제 혜택이 더 가도록 정교한 보완장치를 마련해야 할 것이다.281)282)

14. "정년 연장 시장 선점하라", 보험사들 발걸음 빨라져

공공·민간 부문 근로자의 60세 정년 의무화 법안이 지난달 국회를 통과하면서 보험사의 발걸음이 빨라지고 있다.283) 물론 국회를 통과한 '고용상 연령차별 금지 및 고령자 고용촉진법' 개정안을 뒷받침할 시행령 등이 아직 만들어지지 않았고 개정안도 2016년 1월부터 단계적으로 시행되는 만큼 이로 인해 보험시장이 당장 급변할 상황은 아니다. 일단 60세 정년 시대를 앞둔 보험사들의 분위기는 성장에 대한 기대와 함께 종전과 별 차이가 없을 것이라는 전망이 교차하고 있다. 일각에서는 정년 연장이 반드시 업계에 유리하지는 않을 것이라는 경계론까지 내놓고 있다. 그러나 보험사들은 정년 연장에 따라 중·고령층의 소득이 늘어날 것으로 보고 이에 맞춰 보장성 보험이나 노후준비를 위한 연금상품 등을 유치하는 방안을 마련하는 데 힘을 쏟고 있다. 한 대형 생명보험사 관계자는 13일 "정년 연장은 정체된 보험시장에 새로운 성장동력의 기회가 될 수 있다"며 "보장성 보험이나 퇴직연금, 개인연금 등의 가입 기간 확대로 생명보험산업의 위상이 점진적으로 제고될 것"이라고 기대했다.

보험업계는 경제활동 기간이 연장되면서 정기보험 수요도 증가할 것으로 전망하고 있다. 종신보험과 달리 보험기간이 한정된 만큼 저렴한 보험료로 사망 등의 리스크에 대비하려는 수요가 늘어날 것으로 예상되

---

281) nosr@munhwa.com, munhwa.com '대한민국 오후를 여는 유일석간 문화일보', [모바일 웹: m.munhwa.com]
282) http://www.munhwa.com/news/view.html?no=20130513010330241 04002(2013.5.14)
283) 기사입력 2013-05-13 06:07 | 최종수정 2013-05-13 17:10, (서울=연합뉴스) 최이락 기자

기 때문이다. 또 금융소득 종합과세 기준이 4천만원에서 2천만원으로 강화됐고 저금리 기조가 심화하면서 비과세 상품에 대한 수요도 증가할 것으로 보이는 만큼 대표적인 비과세 상품인 저축보험에 보험업계는 특히 신경을 쓰고 있다.

분리과세 상품인 신연금저축보험도 최저 납입기간이 10년에서 5년으로 축소된 만큼 고령자들의 신규가입 가능성이 큰 것으로 평가하고 있다. 아울러 정년 연장은 가처분소득이 증가한 중고령층의 여가활동 증가로 이어지면서 여행자보험, 골프보험, 스키보험 시장도 확대할 것이라는 기대도 갖고 있다. 퇴직 이후 국민연금 수령까지의 기간을 대상으로 한 브리지 연금은 정년이 늘면서 평균 15년인 보험금 지급 기간이 단축될 여지가 있다. 다만, 이에 대비한 보험상품 개발 등의 움직임은 아직 본격화하지 않았다. 대신 보험사들은 이미 출시된 관련상품의 판매에 집중하는 동시에 시장 추이를 주시하면서 탄력적으로 대응할 것으로 전망된다. 한 손해보험사 관계자는 "국회에서 법안만 통과돼 있지 구체적인 시행령 등 후속 조치는 아직 이뤄지지 않은 상황"이라며 "구체적인 내용이 나와야 상품전략의 검토 등 본격적인 대응이 이뤄질 수 있을 것"이라고 말했다. 한편, 정년 연장은 보험업계에 부담요인이 되는 측면도 있다. 정년 연장은 불가피하게 청년층의 신규채용 감소로 이어질 수 있는 만큼 청년층의 보장성, 저축성 보험 가입이 줄어들 수 있기 때문이다. 손해보험협회 관계자는 "정년 연장에 따른 장년층의 소득증가, 청년층의 소득감소가 모두 예상되는만큼 보험산업에 대한 영향은 세대별로 차이가 날 것"이라며 "장년층을 위한 종합재무관리 서비스 제공, 청년층 대상 저가형·맞춤형 상품개발 등의 전략이 필요한 시점"이라고 말했다.[284)285)]

---

284) choinal@yna.co.kr, 연합뉴스
285) http://news.naver.com/main/read.nhn?mode=LSD&mid=sec&sid1=101&oid=001&aid=0006255641(2013.5.14)

15. "총수의 연봉 공개·정년 연장 등 기업 의욕 저해할 소지 있어"

"대기업 편들기" 비판에 "경제민주화 무관" 해명[286] 친기업 성향이 강해 인사청문회 과정에서 도마에 올랐던 노대래 공정거래위원장이 기업 총수 연봉공개와 정년연장, 대체휴일제 등 최근 국회를 통과했거나 논의 중인 정책들에 대해 "경제민주화와 무관하고 기업 의욕을 저해할 수 있다"며 반대하고 나서 논란이 일고 있다. 이들 정책이 공정위와 직접적인 관련이 없는 데다 '경제검찰'의 수장이라는 지위에 맞지 않게 대기업 편들기에 나선 게 아니냐는 지적이다. 노 위원장은 10일 서울 프레스센터에서 열린 한국사회학회 심포지엄에 참석해 "최근 논의되고 있는 기업 총수 연봉 공개, 근로자 정년연장, 대체휴일제 등은 공정거래법과 관계가 없는 이슈로 경제민주화와 직결되는 사항도 아니라고 본다"며 "그러나 기업 의욕을 저해할 소지도 있으므로 보다 큰 틀에서의 논의가 필요하지 않을까 생각한다"고 강조했다.

이같은 발언은 경제민주화가 대기업 규제 중심의 포퓰리즘으로 흘러가고 있다는 우려를 해명하는 과정에서 나왔다. 노 위원장은 "경제민주화는 근로자의 경영참여나 소유지배구조에 관한 문제가 아니라 불공정 관행을 개선하는 것"이라며 "경제민주화가 바람직한 투자 등 정상적인 기업 활동을 방해하는 것이 절대 아니다"라고 밝혔다. 공정위 관계자는 "공정위 소관이 아닌 법률 개정까지 경제민주화 정책으로 비쳐지면서 기업들의 불만이 공정위로 집중되는 분위기여서 명확한 사실관계를 짚어주는 차원에서 나온 발언으로 보인다"고 해명했다. 하지만 '총수 연봉 공개 등이 기업의욕을 저해할 소지가 있다'며 경제민주화를 거부하는 듯한 입장을 내비친 데 대해 부적절한 발언이라는 지적이 나온다. 김한기 경실련 경제정책팀 국장은 "노대래 공정위원장이 언급한 네 가지 법안의 경우

---

[286] 노대래 "총수 연봉공개·정년연장 등 기업 의욕 저해할 소지 있어"노대래 공정위장 발언 논란, "대기업 편들기" 비판에 "경제민주화 무관" 해명, 유환구 기자 redsun@hk.co.kr 입력시간 : 2013.05.10 20:36:48

큰 틀에서 보면 경제민주화 정신이 반영된 것으로 볼 수 있다"며 "굳이 경제민주화와 무관하다고 선을 그을 필요가 있나 싶다"고 말했다. 그는 이어 "공정거래법과 관련이 없는 정책에 대해 공개석상에서 대기업을 편드는 발언을 한 것도 공정위원장으로선 부적절할 수 있다"고 지적했다. 국회에서 논의중인 대체휴일제 도입에 대한 정부 시각이 드러난 게 아니냐는 분석도 나온다. 앞서 9일 유정복 안전행정부 장관도 라디오 방송에 출연해 "대체휴일제 법안이 시행되면 서민이나 취약계층에 부작용이 있을 수 있다"는 반응을 보였다.287)288)

16. "정년 연장법안, 재앙될지 축복될지 알 수 없어"

송호근 교수 "정년 연장법이 재앙이 될지 축복이 될지 아직 알 수 없어"289) 9일 시사토크 판에는 서울대 사회학과 송호근 교수가 출연했다. 우리나라 대표 사회학자인 송 교수는 최근 '남양유업 사태'로 떠오른 '갑을문화'에 대해 이야기했다. "농민을 제외하고 갑의 인생을 사는 사람은 많지 않을 것"이라고 이야기를 시작한 송 교수는 "이번 사태를 통해 갑을관계에 대한 재조명이 이루어져야 한다"고 이야기했다. "소속감에서 나오는 특권을 때와 장소를 가리지 않고 행사하면 거기에 대한 시민적 비판과 저항은 당연히 따르는 것"이라고 덧붙였다. 송 교수의 이름이 최근 인터넷 포털사이트 상위권에 오른 적이 있다. '가왕(歌王)' 조용필의 신곡 <어느 날 귀로에서> 때문이다. 중장년층의 애환과 그들의 삶을 위로하는 노랫말을 쓴 주인공이 송호근 교수이기 때문이다. 송 교수는 이와 관련해 "노래에 대한 반응이 좋으니 논문쓰는 것 보다 즐겁더

---

287) 인터넷한국일보
288) http://news.hankooki.com/lpage/economy/201305/h2013051020364821500.htm(2013.5.14)
289) [시사토크 판] 송호근 "정년연장법안, 재앙 될지 축복 될지 알 수 없어", 등록 2013.05.09 22:57[시사토크 판] 송호근 "정년연장법안, 재앙 될지 축복 될지 알 수 없어", [시사토크판] 324회

라"며 농담을 건넸다. 이번 곡을 통해 '작사가'라는 타이틀을 얻게 된 그는 "작사가협회에 등록을 하라고 연락이 와서 등록했더니 '작사가 송호근'이라는 협회 회원증을 주더라"며 이에 관한 에피소드를 전했다.

자료: http://news.tv.chosun.com/site/data/html_dir/2013/05/09/2013050990291.html(2013.5.14)

송 교수는 사회학자답게 '정년 60세 연장법안'에 대해서도 말을 이었다. 송 교수는 "재앙이 될지 축복이 될지 모르는 법안"이라며 젊은층이 이 법안에 대해 사회적으로 제기해야 할 문제점을 제시했다. "무조건 정년을 늘리는 것은 방법이 아니다"고 말하는 송 교수는 "일자리 총량은 변하지 않는 법칙에서 임금피크제 도입, 양보한 사람에 대해서는 복지형태로 보상"을 해주는 형태가 도입되어야 한다고 주장했다. 또한 "노조가 파트너가 되어야 함"도 강조했다. "노조가 독점이익의 자세를 지속하게 되면 깨져버리게 된다"며 그렇게 될 경우 비정규직만 늘어나는 문제를 낳을 것이라고 설명했다. 이러한 문제를 사회적 과제로 안고 충분히 고민해야 한다는 송 교수는 "정치인들도 정년 연장을 통과시켰다고 해서 그것으로 끝내면 안된다"며 "세대별 갈등해소를 유발할지 모르니 지금부터 후속조치를 취해야 한다"고 당부했다.
　-출연자 : 송호근 서울대 사회학과 교수
　-방송일시 : 2013년 5월 9일 (목) 밤 10시 50분
　-진행자 : 최희준 취재에디터, 박은주 조선일보 문화부장[290)291)]

17. 법정의 정년 연장과 과제

　근로자의 정년을 60세로 강제하는 법률이 지난달 30일 국회 본회의를 통과하였다. 이 법은 2016년부터 기업규모별로 단계적으로 적용되며 정년을 연장하는 사업장은 사업주와 근로자 대표가 임금체계의 개편 등 필요한 조치를 하도록 되어 있다.[292)]

1) "공기업 등 일부 계층만 추가적 혜택" 비판론

　정년 연장에 대해서는 찬반 의견이 대립하고 있지만 근로 가능 연령에 대한 사회적 합의가 건강증진 및 고령화에 따라 60세로 이루어진 것으로 받아들일 필요가 있다. 반대론의 입장은 향후 발생하는 문제점 또는 해결해야 할 과제로 여기면 될 것이다. 반대론의 주된 논지는 첫째, 정년 연장의 실질적인 혜택은 주로 대기업과 공공부문 근로자에 한정되어 노인빈곤의 본질적인 문제를 해결할 수 없으며 둘째, 청년고용을 저해할 수 있다는 것이다.

　현재 한국기업의 정년은 평균 57세로 파악되고 있으나 주된 일자리에서 퇴직하는 연령은 평균 53세에 불과하다. 실제로 정년이 되기전에 권고사직, 명예퇴직, 구조조정 등의 방법으로 조기에 퇴직한다는 이야기이다. 또한 사실상 노동시장에서의 퇴장은 평균 67세에 이루어지고 있어

---

290) TV조선, 'TV조선 시사토크 판' 기사
291) http://news.tv.chosun.com/site/data/html_dir/2013/05/09/2013050990291.html(2013.5.14)
292) (부일시론) 법정 정년연장과 과제, 유경준 KDI 선임연구위원, 2013-05-14 [10:54:48] | 수정시간: 2013-05-14 [14:33:06] | 26면, busan.com

주된 일자리에서 퇴직한 후에도 생계를 위하여 열악한 2차 노동시장에서 10년간 머무르고 있는 것이 고령층의 실정이다. 이러한 현실에서 볼 때 60세 정년 연장은 공기업과 대기업 근로자 등 일부 특권층에게만 추가적인 혜택이 가기 때문에 고령자의 생계가 문제라면 법정 정년 연장으로 해결할 수 없다는 시각이다. 또 전체의 고용량이 일정한 상황에서 기존 근로자의 정년만을 연장한다면 청년층의 고용난을 더욱 가중시켜 세대간 일자리 쟁탈전이 벌어질 수 있다는 우려의 목소리도 있다. 정년과 관련된 외국의 경험은 선진국간에도 상이하다. 영국과 미국은 나이를 이유로 퇴직을 강요하는 것은 차별에 해당한다고 정년을 규정하고 있지 않다. 재정적자의 문제가 심각한 유럽의 경우는 정년문제를 국가재정의 측면에서 접근하고 있다. 즉, 연금제도의 성숙으로 연금적자의 보전차원에서 법정 정년을 연장하거나 연금개시 연령의 연장을 시도하고 있다.

따라서 노인빈곤의 문제로 접근하고 있는 우리나라의 현실과는 본질적으로 다른 측면이 있다. 한편 일본은 1998년 정년을 60세로 연장한 데 이어 올해 다시 65세로 연장하였다. 일본의 사례는 임금체계가 오래 근무할수록 임금이 상승하는 연공서열적이라는 측면에서 우리에게 시사점을 준다. 일본은 정년 연장의 연착륙 즉, 기업의 임금과 퇴직금 제도의 개편을 정년 연장 시행의 실제 시행 4년전인 1994년에 정년 연장법의 통과와 더불어 시도하여 비교적 큰 사회적 갈등이 없이 법정 정년을 연장한 바가 있다. 종합하면 2016년 정년 연장과 관련해 반대측이 지적하는 문제의 해결을 위해 남은 2년여동안 착실히 노력하여야 한다는 점이다. 즉, 일부 특권층이 아닌 일반 국민에게 골고루 혜택이 가도록 해야 하며 청년고용에 장애가 되지 않도록 해야 한다. 우리나라 국민연금 가입 대상자인 18~59세 인구중에서 경제활동을 하면서 국민연금에 가입한 사람의 비율은 65% 정도이다. 이는 선진국의 평균 90% 이상에 비하여 매우 낮은 수준이다. 또한 미가입자들은 대부분 빈곤한 사람이기 때문에 더욱 문제가 심각하다. 또한 국민연금이 노인빈곤 문제를 제대로 해결하려면 가입기간을 고려한 실질소득대체율이 25% 정도에 불과한 국민연금의 대체율을 높이는 방안이 필요하다. 평소 받는 급여의 25%로 노년의 생활을 하는 것은 불가능하기 때문이다.

2) 청년 고용 할 수 있게 임금 감소 받아들여야

이와 함께 현재 지지부진한 기업의 퇴직금 제도 개선에 박차를 가하여 퇴직연금이 보충적인 노령연금으로 작동할 수 있게 하여야 할 것이다. 또한 정년은 연장하여 길게 일하되, 청년을 고용할 수 있도록 정년연장에 비례하는 임금감소를 근로자와 노동조합은 받아들여야 한다. 생애임금은 하락되지 않고 길게 일할 수 있다면 그 자체가 바람직하지 않겠는가.

마지막으로 연금제도가 성숙된다면 궁극적으로 정년 제도는 폐지되어야 할 것이다. 업무 능력은 나이에 따라 업무의 특성이나 개인마다 편차가 있기 때문에 근로자와 기업이 개별적으로 협의하여 결정하는 것이 타당하고 나이를 이유로 차별을 해서는 안되기 때문이다.[293]

18. "정년 60세 시대에 맞는 국민연금 제도 개선 필요"

보험연구원, ′정년 60세 연장법 의미와 시사점′ 보고서[294] 연금의 장기 재정건전성을 위해 정년 60세 시대에 맞는 국민연금 제도 개선이 필요하다는 주장이 나왔다. 정원석·임준환 보험연구원 연구위원은 13일 ′정년 60세 연장법 의미와 시사점′ 보고서를 통해 "국민연금 수입지출 구조상 정년 연장으로 인한 추가적인 보험료 납입은 보험금 지출을 늘려 국민연금 재정에 부담을 늘릴 수 있다"며 이같이 주장했다. 앞서 ′60세 정년의무화 법안′은 지난 4월 30일 여야 합의로 국회 본회의를 통과했다. 정 연구위원은 노동시장 측면에서 정년 연장은 중장기적으로 노동공

---

[293] http://news20.busan.com/controller/newsController.jsp?newsId=20130514000101(2013.5.15)
[294] 조인영 기자 (ciy810@ebn.co.kr) l 2013-05-13 10:15:00

급을 확대함으로써 기업의 생산량 증가와 고용 확대가 가능할 것으로 전망했다. 정 연구위원은 "단기적으로 노동공급의 갑작스런 증가와 임금의 하방경직성으로 인한 기업의 비용증가가 발생할 수 있지만 중장기적으로는 전체 노동공급이 급격히 줄어드는 상황에서 노동공급 감소에 대한 완충장치가 될 수 있다"고 설명했다. 개인적인 측면에서는 "정년이 연장된 기간만큼 국민연금 보험료를 더 납입함으로서 더 많은 연금수령이 가능할 것"이라고 예상했다. 아울러 정부측면에서도 정년 연장은 산업경쟁력 유지 차원에서 도움이 될 것으로 내다봤다. 다만 "국민연금의 현 제도하에서는 정년 연장이 국민연금에 더큰 부담을 지울 가능성이 크므로 정년 연장이 기업에 가져올 충격을 완화하고 법안의 장점을 최대화 할 수 있는 정책이 필요하다"고 강조했다. 그는 또 "중고령 근로자의 경험 및 노하우와 청년 근로자의 노동력이 서로 보완될 수 있도록 유도하는 정책이 필요하다"며 "정년 연장이 국민연금 재정부담에 미치는 영향은 추가적인 연구를 통해 면밀히 검토한 후 제도의 적절한 변화가 필요할 것으로 판단된다"고 덧붙였다.[295)296)]

19. 정년 연장 이슈에 증권가는 '무덤덤'

업계 평균 근속연수 8년, 중간 이탈 '부지기수', 업황 악화에 구조조정 가능성, 직원들 '불안[297)] 재계를 뜨겁게 달구고 있는 만 60세로의 정년 연장 이슈가 증권가에서는 회자조차 되지 않고 있다. 다른 업종에 비해 업무강도가 높고 근속연수가 짧아 보장된 기간을 채우지 못하고 떠나는 경우가 많기 때문이다. 10일 금융투자업계에 따르면 증권가의 현재 정년은 공무원·대기업보다 낮은 수준이다. 이마저도 정년을 채우고 나가는 경우는 거의 전무한 것으로 나타났다. 각 증권사별로 차이가 있지만 증

---

295) (주)이비뉴스
296) http://www.ebn.co.kr/news/n_view.html?id=604839(2013.5.15)
297) 입력 : 2013-05-10 오전 7:15:00, [뉴스토마토 임애신·박수연 기자]

권사의 공식적인 평균 정년은 만 56.5세로 집계됐다. 정년이 만 58세인 곳은 우리투자증권(005940)·한국투자증권·하나대투증권·SK증권(001510) 등이며, 만 55세인 곳은 KDB대우증권(006800)과 삼성증권(016360)·대신증권(003540)·동양증권(003470)·KTB투자증권(030210)·유진투자증권(001200) 등이다.

공무원 정년이 만 60세인 것과 비교하면 2~5세 낮은 수준이다. 삼성과 LG(003550) 등 국내 10대그룹의 경우 평균 정년이 58.4세로 증권사보다 약 2년 더 길다.

1) "정년 있으나 마나 철저한 능력제"

증권업계에서는 정부의 방침에 따라 정년이 60세로 연장될지의 여부가 중요한 이슈가 아니라고 입을 모은다. 보장된 정년을 채우지 못하고 퇴사하거나 이직하는 경우가 부지기수인 탓이다. 업계에 따르면 애널리스트와 펀드매니저·외환딜러 등 증권업 종사자들의 정년은 30대 후반에서 40대 초반으로 추정되고 있다. 증권업의 한 관계자는 "지난해에는 임원을 포함해 스무명도 안되는 인원만이 정년을 채우고 나갔다"며 "몇몇 대형 증권사의 경우 단 한명도 없다고 들었다"고 말했다. 실제 금융감독원의 전자공시시스템에 따르면 2012년 12월 30일 기준 10개 증권사의 근속연수는 평균 8년으로 나타났다. 한국투자증권(12년)과 현대증권(003450)(11년)·신한금융투자(9년7개월) 등의 근속연수가 상대적으로 긴 반면 키움증권(039490)(3년6개월)과 삼성증권(4년8개월)·미래에셋증권(037620)(5년5개월) 등은 짧았다.

이처럼 증권사에 입사한 후 근무하는 기간이 짧은 것은 업계 특유의 문화 때문이다. 증권사의 문화는 개인주의, 성과체제, 높은 이직률, 짧은 근속연수 등으로 표현된다. 금융투자업계 관계자는 "철저하게 능력 위주로 돌아가기 때문에 젊은 인력이 중심이 된다"면서 "임원직을 달지 않는 이상 정년을 채우고 나가는 사람이 드물다"고 설명했다.

2) 정년보다 무서운 업황의 악화와 구조조정

일각에서는 최근 증권업계에 불어닥치는 구조조정의 칼바람이 정년보장을 더욱 힘들게 하고 있다는 의견도 나왔다. 최근에는 '여의도 보릿고개'라는 말이 나올 정도로 업계 상황이 좋지 않다. 주요 수익원인 수수료 수입이 급감했고 지점 수입 역시 적자를 면치 못하고 있는 가운데 리서치센터·지점의 인력감원이 지속되고 있어 근속연수를 더 깎아먹고 있는 상황이다.

때문에 증권가에서 만 60세 정년 연장 소식에 큰 의미를 부여하지 않는 분위기다. 증권회사의 한 관계자는 "개인의 능력차에 따라 정년까지 일할 수 있냐 없냐가 좌우된다고 봐야 한다"며 "60세 정년 연장은 아무래도 증권업보다는 제조업같은 곳에서 의미가 있다고 본다"고 말했다.

다른 증권회사 관계자는 "증권사에 입사할 때부터 정년을 보장받을 것으로 기대하는 사람은 거의 없을 것"이라며 "각사 노조를 중심으로 60세 정년 이슈가 논의될 수 있겠지만 현재 상황에서는 보장하기 어려운 게 사실"이라고 밝혔다.[298][299]

20. '60세 정년법' 국회 통과로 본 세대별 희비, 58년 개띠

40대는 사오정, 50대 되니 오륙도 신세, 60세 정년 연장 혜택마저 거의 못받아, 78만명중 상당수는 올 55세 정년 맞아, 법 시행 2016년까지 얼마나 남아있겠나[300] 개띠 해인 1958년에 태어난 사람들을 '58년 개띠'라고 한다. 단결력을 반영하는 뜻인 듯하지만 "고비고비마다 운(運)이 별로인 '낀' 세대"라는 자조적인 뉘앙스도 있다. 2016년 막을 여는 '정년 60세' 시대에도 이런 징크스가 적용되는 듯하다. '58년 개띠' 78만명은 올해 만 55세다. 고용노동부 자료를 보면 단일정년제를 채택한 1881개 회

---

298) 맛있는 뉴스토마토, 박수연 기자 SNS 계정:
299) http://www.newstomato.com/ReadNews.aspx?no=362097(2013.5.15)
300) 감혜림 기자, 조선블로그, MSN 메신저, 입력 : 2013.05.11 03:05

사(직원 300인 이상)중 707개가 55세를 정년으로 규정하고 있다. 정년이 54세 이전인 회사(10곳)를 포함하면 38%의 회사에서 '58년 개띠'는 올해 말 짐을 싼다. 내년에는 68개, 후년에는 190개, 고령자고용촉진법이 적용되기 직전인 2015년까지 52% 사업장에서 '58년 개띠'가 자취를 감춘다.

원래 정년이 60세 이상인 회사를 제외하고 법 적용으로 '58년 개띠'가 정년 연장의 혜택을 누리는 회사는 25%이어서 살아남은 58년생들이 58세를 맞은 시점이다. 하지만 '58년 개띠'들은 이조차 "숫자 놀음"이라고 말한다. 이미 쫓겨날 만큼 쫓겨났다는 것이다. 지난해 대기업을 퇴직한 송모씨는 "이 나이에 기업에 남아 정년을 기다리고 있는 58년 개띠가 몇 명이나 되겠느냐"고 반문했다. 2년전 회사를 그만두고 부인과 서점을 하는 김 모 씨는 "부장 달고 임원 승진 못하면 그만둬야 하니 58년생들이 회사에서 사라지기 시작한 것은 2년전부터"라고 말했다.

이들은 자조적으로 말했다. "우리가 40대일 때 '사오정(45세 정년)'이란 말이 나왔다. 50대가 되자 '오륙도(56세까지 회사 다니면 도둑놈)'라고 하더라. 후후" 그들은 "IMF 외환위기 이후 구조조정의 공포에서 벗어난 적이 한번도 없었다"고 말했다. 외환위기가 일어난 1997년에 '58년 개띠'는 한국 나이로 마흔을 맞았다. 합병된 은행을 관두고 휴대전화 대리점을 하는 서 모 씨는 "선배들이 벌여놓은 일 때문에 한창 회사에서 재미있게 일할 나이에 속수무책으로 당한 사람들이 많았다"고 말했다. '58년 개띠'는 베이비붐 세대(1955~63년)의 앞쪽에 위치한다. 사상 처음으로 신생아수 80만명을 돌파해 숫자로 뒤지지 않는 연령이다.

하지만 그들은 늘 애매했다. 1974년 고교 평준화 첫 적용 연령(서울 기준)으로 '뺑뺑이 1세대'란 꼬리표를 달고 다니지만 정작 입시 공포에서 해방된 것은 뒷세대인 '386'이었다. 고교 평준화 정책이 중3 때 갑자기 발표되는 바람에 공부는 공부대로 하고 학교는 '뺑뺑이'로 들어갔기 때문이다. 보험회사 간부인 고 모 씨는 "다행히 명문고를 갔는데 '뺑뺑이'란 이유로 우리는 후배 취급도 못받았다"고 말했다. 전자회사에 다니는 송 모 씨는 "속칭 '삼류 ×통' 학교에 배정을 받았더니 우리도 선배가 선배로 보이지 않았고 선배도 후배를 후배로 보지 않았다"고 말했다. 하지만 시골에 사는 상당수의 58년생은 계속 입시공포를 겪었다. 전남 출신인 임 모 씨는 "우리 지역에서는 58년 개띠들이 시험봐서 고등학교를 간 마지막 세대였다"고 말했다. 58년생인 서울시교육연구정보원 조용 교육과정연구부장은 "58년 개띠가 마지막 세대인 것이 딱 하나 있다"고 말했다 "배고픈 시절 자식들 키우느라 고생한 부모를 내가 책임져야 한다는 생각을 가진 마지막 세대일 것"이란 얘기다.301)302)

21. 왕도 정년있는 나라, 부탄

얼마전에 상영한 '방가방가'라는 블랙 코미디 영화를 기억하는가. 동남아 사람같은 외모에 취업낙방의 달인인 주인공이 부탄 사람 '방가방가'로 위장취업해 겪는 글로벌 시대 우리 젊은이들의 눈물겨운 취업분투기다. 이 영화에서 주인공이 부탄을 선택한 이유가 재미나다.

부탄이라는 나라는 아무도 모를 것이기 때문에 면접을 쉽게 통과할 수 있을 거라고 기대했고 실제로 적중했다. 히말라야 산악지대에 있는 인구 70만명의 나라 부탄에 대해 모르는 사람이 많은 신비의 나라다.303)

최근 식자들 사이에서 부탄 열풍이 서서히 불고 있다. '부탄의 행복'에 대한 관심 때문이다. 부탄은 행복지수가 세계 1위고, 부탄 사람의 97%가 행복하다고 한다. 많은 사람은 부탄 사람들이 가난하지만 행복하다는 사실에 의아심을 느낀다.

어떤 사람이 2년전에 부탄을 방문한 적이 있었다. 이에 부탄 사람들에게 '당신은 행복합니까'라는 우스꽝스러운 질문을 했었다. 답변하는 사람

---

301) 키워드 | 정년 60세 연장, 58년 개띠, 은퇴 설계, 50대 은퇴 준비, 퇴직 연금, (Why) ['60세 정년법' 국회 통과로 본 세대별 희비] 祝福 받은 386 곽창렬·감혜림·엄보운 기자, 조선일보 & Chosun.com
302) http://news.chosun.com/site/data/html_dir/2013/05/10/2013051001527.html(2013.5.10)
303) [박진도]왕도 정년이 있는 나라, 부탄, [논단]박진도 충남발전연구원장

들의 어색한 웃음에 머쓱해진 기억이 있다. 하지만 그것이 우스꽝스러울 뿐 아니라 대단히 실례라는 사실을 며칠전 다녀온 두번째 방문을 통해 깨달았다고 한다. 부탄 사람의 관점에서 그들의 삶을 들여다보면 참으로 고단하기 짝이 없다. 부탄 국민 대부븐은 평균 해발 2000~3000m 고산의 비탈길 농지를 개간해 생활한다. 먹거리 대부분은 자급자족이지만 의복 등 나머지 필수품은 사야 한다. 웬만한 집은 품앗이로 마을에서 생산되는 나무와 흙으로 짓는데 보통 3~4개월이 걸린다. 시골 마을에서 수도 팀푸까지 걸어서 몇 주가 걸리는 마을도 있고, 자동차 도로가 잘된 곳이라 해도 좁고 험한 비포장도로를 달리려면 위험하다. 많은 부탄사람이 이같은 고단한 삶을 거부하고 도시로 몰리고 있다. 부탄의 수도 팀푸에는 벌써 인구의 15%에 달하는 10만명이 넘는 인구가 살고 있다. 팀푸시는 시민들에게 충분한 식수를 공급하지 못하며 쓰레기 처리에 골머리를 앓고 있다. 또 대중교통이 발달하지 않아 교통혼잡과 수도권 과밀억제 정책을 고민하고 있다. 더욱 심각한 것은 주택문제다. 웬만한 아파트(방 3개)는 팀푸시민의 평균 임금에 가까운 월 150~200달러는 내야 한다. 부탄 사람들의 삶은 고단하다. 그럼에도 불구하고 외국 여행객의 눈에 비친 부탄은 분명히 행복한 나라다. 부탄 사람들은 물질적으로 궁핍하지만 가난하게 보이지는 않는다. 걸인이 없고, 거리가 청결하며, 빈부의 격차가 크지 않아 욕심이 많지 않기 때문이다. 부탄사람들은 매우 겸손하고 친절하지만 비굴하지 않고 자부심이 강하다. 부탄의 눈부시게 아름다운 자연경관, 사람들의 소박한 삶, 느리지만 여유있는 생활, 힘들지만 서로 돕고 돌보는 가족관계와 공동체 의식 등이다. 부탄이 국내총생산(GDP)이 아니라 국민총행복(Gross National Happiness)을 국정지표로 삼고 있다는 것은 너무도 유명한 얘기다. 부탄은 국민행복을 위해 경제 뿐 아니라 사회, 문화 등의 통합적 발전을 추구한다. 최빈국임에도 무상교육과 무상의료에 힘쓰는 모습에 경의를 표한다. 부탄은 2005년부터 국민행복을 측정하고자 지표를 개발하고 2008년부터 2년마다 9개 영역에 걸쳐 행복도 조사를 하고 있다. 2010년에는 국민의 1%가 넘는 7000여명을 대상으로 조사했는데 한 사람당 조사시간이 무려 4시간 30분이 걸렸다고 한다.

부탄정부의 진정성이 온몸으로 느껴진다. GNH 개념을 도입한 부탄의 4대 왕 지그메 싱기에 왕추크는 왕위를 아들에게 이양하고 절대군주제에서 입헌군주제로 전환했다. 왕의 정년을 다른 관리들과 마찬가지로 65세로 정했다. 당시 국민은 입헌군주제로의 전환에 격렬하게 반대했지만 왕은 "국민이 행복하려면 스스로 자신의 운명을 결정해야 한다"며 국민을 설득했다. 부탄은 근대화하고 있으며 사람들은 지금보다 더 물질적 풍요를 누리게 될 것이다. 그것은 과거 걸어온 것과는 다른 길이어야 한다.

부탄 정부는 그 점을 잘 알고 있다. 부탄이 온전한 발전을 해서 제3세계에 새로운 발전의 길을 제시하고 우리에게 희망을 주리라 기대한다.

하지만 부탄은 가난한 나라다. 혼자 힘으로는 어렵다. 국제사회가 아니 스스로 부탄이 진정 행복한 나라로 발전할 수 있도록 힘과 지혜를 함께 모을 것을 제안한다.[304)305]

22. '정년 갈등' 창원시내버스노조 파업투표 가결

80.6% 찬성, 12일 새벽 파업 예상[306] 창원지역 시내버스가 멈춰 서는 시각이 점차 다가오고 있다. 전국자동차노동조합연맹 창원시내버스노조협의회가 전체 조합원 1397명을 대상으로 4일 총파업 찬반투표를 한 결과 투표율 84.3%를 보인 가운데 찬성 80.6%(1126표)를 기록했다. 반대는 51표에 그쳤다. 이로써 창원시내버스노조는 노동위원회의 조정기간이 만료되는 오는 11일까지 사측과 임단협 합의가 이루어지지 않으면 12일

---

304) 기사입력 : 2013-05-09 14:33, 지면 게재일자 : 2013-05-10, 면번호 : 20면<박진도 충남발전연구원장>
305) http://www.joongdo.co.kr/jsp/article/article_view.jsp?pq=201305090070(2013.5.15)
306) 80.6% 찬성…12일 새벽 파업 예상, 데스크승인 2013.06.05, 임채민 기자 | lcm@idomin.com

새벽 4시를 기해 파업에 들어갈 방침이다. 창원시내버스 노조는 9.2% 임금인상안과 정년 연장안(58세→61세) 등을 주요 요구안으로 제시하고 있다. 하지만 사측은 타 지역에 비해 폭이 과도하게 큰 호봉제를 조정하지 않는 이상 정년 연장안은 검토할 수 없다는 입장이다. 사측은 0.5% 인상안을 제시해 놓았다. 노조는 그 어느 때보다 강경하다. 버스기사들의 파업 동참 열기가 높은데다, 현장에서는 2005년에 발생했던 '12일 파업' 이야기도 공공연하게 나오는 것으로 전해지고 있다.[307)308)]

---

307) 경남도민일보, 임채민 기자
308) http://www.idomin.com/news/articleView.html?idxno=415623(2013.6.8)

제6장 정년 60세 연장의 효과문제

1. 정년 연장 이대로라면 실질적 효과 없다

청년일자리, 임금, 연금 등을 둘러싼 오해와 대안[309] 지난 4월 30일, 정년을 60세 이상으로 의무화한「고용상 연령차별 금지 및 고령자 고용촉진에 관한 법률」개정안이 국회 본회의를 통과했다. 법안의 핵심 내용은 다음과 같다.

① 60세 이상 정년을 의무화하고(정년을 60세 미만으로 정한 경우 60세 정년으로 간주)

② 정년 연장과 연동하여 노사가 임금체계 개편 등에 필요한 조치를 하도록 하는 것 등이다.

이 법은 300명 이상 사업장, 공공기관, 지방공사 및 지방공단은 2016년부터, 300명 미만 사업장, 국가 및 지방자치단체는 2017년부터 적용될 예정이다. 노동계는 일단 환영한다는 입장이다. 민주노총은 급속한 고령화, 심각한 노후빈곤, 짧은 풀타임 노동생애 등을 고려할 때 정년 연장은 반드시 필요하며 나아가 '좋은 일자리'의 연장이어야 한다고 주장한다. 다만 정년 연장을 임금피크제와 연계하는 것은 '심각한 고령노동자의 불안정 저임금 노동을 더욱 심각하게 만들고, 전체 노동시장의 불안정성과 임금의 하향평준화를 초래할 가능성이 크다는 점'에서 임금체계 개선과 연동시키는 것에 대한 우려를 표하고 있다. 반면, 재계는 정년 연장에 대해 극렬히 반대한다. 경총은 '연공급 임금체계와 고용의 경직성 등으로 60세 이상의 정년 의무화는 기업의 고령자 고용유지 부담'이 가중되고, '세대간 갈등'을 심화시킬 수 있기 때문에 최소한 '임금피크제

---
309) [이슈브리핑]

연계'와 '고용부담 완화를 위한 노동시장 유연성 제고가 반드시 선행되어야 한다'고 주장한다. 급속한 고령화와 노후빈곤문제 해결을 위한 해법이 시급히 마련되어야 한다는 점에 대해서는 노동계와 재계는 물론 우리 사회 전반적으로 이견이 없을 것이다. 정년 연장은 이러한 문제를 해결하는데 있어서 중요한 한 방법이다. 하지만, 현재의 노동시장 조건에서 정년 연장이 그러한 정책수단으로 실효성을 가질 수 있는지에 대해서는 좀더 면밀한 검토가 필요하다. 물론 그 전에 정년 연장에 대한 잘못된 주장과 오해에 대해 살펴볼 필요가 있다.

1) 첫번째 오해: 정년 연장하면 청년 일자리가 줄어든다?

경총은 지난 4월 23일 「고용상 연령차별 금지 및 고령자 고용촉진에 관한 법률」이 환경노동위원회를 통과하자, <고령자 고용촉진법의 국회 환노위 법안심사소위 통과에 대한 경영계 입장>이라는 성명을 통해, '연공급 임금체계와 고용의 경직성 등으로 60세 이상 정년 의무화는 기업의 고령자 고용유지 부담을 크게 가중시킬 수밖에 없'고, '정년이 연장되는 약 3년의 기간 동안 신규채용에 심각한 지장을 받게 될 것'이라며, '세대간 갈등과 중소기업-대기업간의 노동시장 양극화'를 가중시킬 것이라고 주장했다. 전체 일자리수가 고정돼 있고 노동시장이 연령이나 성별 등에 의해 구분되지 않는 완전경쟁시장이라면 경총이 우려하는 '일자리 세대간 갈등'이 현실화될 가능성이 클 것이다. 노동시장 연구자들은 이를 '세대간 일자리 전쟁가설'이라고 부른다. OECD는 한 때 이러한 가설에 근거해 조기퇴직 확대 등을 청년 일자리 정책의 주요 수단으로 권고했으나 2005년 이 권고를 폐기했다. 청년층과 고령층 일자리에 대한 대다수의 노동시장 실증연구가 이 가설이 근거없거나 혹은 정반대의 현상이 일어나고 있음을 밝혔기 때문이다. 노동정책 수립에 기본적 정보를 제공하는 양대 정부출연 노동연구기관의 실증연구들도 역시 '세대간 일자리 전쟁'과는 상반되는 연구 결과를 내놨다. 한국노동연구원이 발간한

「기업의 정년실태와 퇴직관리에 관한 연구」(방하남 외, 한국노동연구원, 2012)는 '한국의 중·고령자 고용의 증가가 청년층 고용을 감소시킨다는 증거가 없어 세대간 고용대체가설이 성립하지 않고, 거꾸로 양자간에서는 보완적 관계가 강하며, 일본과 유럽에서도 고령자 조기퇴직과 청년층 일자리 증가의 상관관계는 거의 없는 것으로 파악된다'고 결론 내렸다.

같은 연구원의 「세대간 고용대체 가능성 연구」(안주엽, 한국노동연구원, 2011)는 고령층 고용이 늘어날 때 청년층 실업이 늘어든다는 가설(세대간 일자리전쟁 가설)을 통계적으로 유의하게 지지할 실증적 증거는 없는 것으로 결론지을 수 있으며 오히려 두 세대간 직종경합보다는 직종분업 현상이 강하게 나타나, 청년층과 고령층 고용이 어느 정도 보완관계를 가지는 것으로 고령층 고용을 늘리면 청년층 고용 역시 늘어나게 된다고 주장한다. 또 다른 정부출연연구기관인 한국고용정보원은 「연령세대별 일자리 변화와 고용정책과제」(권혜자, 한국고용정보원, 2010)라는 연구보고서에서 '베이비붐세대의 정년 연장으로 인해서 청년층 일자리 상황이 악화될 것이라는 주장은 지나치게 과대평가된 것'이며 오히려 베이비붐세대의 은퇴가 특정 산업 부문에서 '숙련공백을 가속화할 것'을 우려하고 있다. 이들 연구 결과는 재계의 우려와는 반대로 정년 연장이 법제화된다고 청년실업이 늘어나지 않을 것임을 보여준다.

물론 이는 노동시장 전체를 대상으로 분석한 것이므로 일부 산업 혹은 직종에서는 청년-노인 일자리 대체관계가 일어날 수 있다고 주장할 수도 있다. 예를 들어 청년 구직자가 가장 선호하면서 동시에 정년 연장의 효과가 직접적으로 나타날 수 있는 공공부문의 경우 세대간 일자리 대체현상을 예상해 볼 수 있다. 하지만, 많은 노동시장 연구자들은 우리와 유사한 경제규모의 국가들과 비교했을 때 낮은 복지 및 공공행정 수준으로 우리의 공공부문 일자리가 절대적으로 부족한 상태임을 지적해 왔다. 이러한 상황을 고려할 때 공공부문은 세대간 일자리를 우려할 것이 아니라 오히려 복지 및 공공행정의 재원과 정원을 확대하여 고용총량 그 자체를 꾸준히 늘려야 할 것이다.

2) 두번째 오해: 정년을 늘렸으니 임금을 줄여라?

정년 연장과 관련된 두번째 쟁점은 임금체계 조정이다. 법안 심의과정에서부터 임금체계 조정 연계를 법안에 구체적으로 명시해야 된다는 주장부터 연동을 반대하는 입장까지 다양한 논란이 있었고, 결국 '사업주와 근로자의 과반수로 조직된 노동조합은 그 사업 또는 사업장의 여건에 따라 임금체계 개편 등 필요한 조치를 하여야 한다'는 조문이 추가되었다.

이는 재계의 주장을 수용한 것으로 재계는 우리 사회 임금체계의 강한 연공성 때문에 정년 연장에 따른 고용부담이 가중되며 따라서 이번 정년 연장을 계기로 임금피크제 등의 임금체계 개편이 반드시 이루어져야 한다고 주장해왔다. 실제로 한국의 임금 연공성은 높은 수준이다.

한국은 근속 1년차와 근속 20년차 노동자의 임금 차이가 2.1~2.4배로 주요 유럽국(1~1.5배)에 비해 매우 높은 수준이며, 우리와 마찬가지로 연공서열이 강한 일본(2.1배)과 비슷한 수준이다. 하지만, 연공성이 강하다는 현상만으로 고령자 임금 축소나 임금피크제 도입이 정당화될 수 없다.

우선, 집단적 노사관계에 정부와 입법부가 과도하게 개입한다는 문제가 있다. 노동법 연구자들은 임금체계에 대한 협의가 자율적 노사관계의 고유영역으로 해외사례에서도 이러한 입법례는 거의 찾아보기 어렵다고 지적한다.

두번째는 고령자 임금 삭감의 정당성 문제이다. 연공서열 임금체계는 기업 내부 노동시장에서 기업 특화 숙련(전문성)을 위해 장기근속을 유도하는 임금체계로, 단기 근속자는 낮은 임금을 받고, 장기 근속자는 고임금을 받게 된다. 이때, 장기 근속자에게 지급되는 고임금은 단순히 (근속년수로 측정된) 숙련과 생산성 향상에 따른 보상일 뿐만 아니라 초기 과소지급된 임금에 대한 보상의 성격 역시 갖고 있다. 이러한 연공서열 임금체계에서 임금피크제의 도입은 단기근속 노동자와 장기근속 노동자 모두의 임금을 축소하고 기업의 이익만 늘릴 가능성을 포함하고 있다.

세번째는 생애임금 총액의 삭감문제가 발생한다. 우선 임금피크제 도입으로 퇴직금이 축소될 수 있다. 퇴직금은 근속기간과 퇴직전 3개월의 평균임금을 기준으로 산정하는데, 임금피크제 도입으로 퇴직전 임금수준이 낮아지면, 이에 연동된 퇴직금 역시 낮아질 수 있다.

예를 들어 20년 근속 노동자가 정년퇴직시 수령하는 퇴직금은 현 월급여의 20배이지만, 임금피크제 도입으로 임금을 20% 삭감하고 2년 정년을 연장하게 될 경우 현 월급여의 17.6배(0.8×22년)로 12% 가량 줄어든다. 퇴직금 뿐만 아니라 임금피크의 시기, 정년 연장 기간, 임금피크 후 임금감축 정도에 따라 생애임금 총액도 감소할 수 있다. 실제로 임금피크를 시행한 한 기업의 경우 55세 정년을 57세로 연장하는 대신, 임금피크 연령을 45세로 설정하고 임금을 60% 수준까지 줄인 바 있는데, 이 경우 노동자는 10년동안 연봉의 4배(0.4×10년)에 달하는 임금이 감소되는 반면, 2년 정년 연장으로는 고작 1.2배(0.6×2년) 소득이 추가된다. 결과적으로 생애 임금 총액 차원에서는 2.8년치 임금이 삭감되는 셈이다.

정리하면 정년 연장을 이유로 고유한 노사자율의 영역인 임금체계 개편을 법으로 강제하는 것은 노동법의 입법 취지에 반하는 것으로 바람직하지 않으며, 설령 정년 연장과 연동하여 임금피크제를 도입하더라도 생애임금 총액이 감소하지 않도록 법제도적 강제와 보완장치가 필요하다.

3) 세번째 오해: 정년 연장, 실제 효과가 있을 것이다?

무엇보다 중요한 것은 정년 연장이 실제로 고령자 일자리를 양적·질적 차원에서 향상시킬 수 있는가하는 문제다. 우리 사회에서 고령자가 노동시장에서 완전 은퇴하는 연령은 남성이 71.2세, 여성이 67.9세이다. 반면, 정년제를 시행하고 있는 기업의 평균 정년 연령은 57.4세이다. 그런데, 통계청이 2012년 5월에 실시한 <경제활동인구조사 청년층 및 고령층 부

가조사> 결과에 따르면, 가장 오래 근무한 일자리를 그만둔 연령은 평균 만 53세이며, 성별로 보면 남자가 55세, 여자가 51세다. 이 통계가 의미하는 바는 첫째, 대다수의 노동자가 회사가 보장하는 정년을 채 채우기도 전에 일을 그만두게 된다는 것이다. 이는 상시화된 구조조정과 강제퇴직이나 다름없는 명예퇴직·권고사직의 남용 때문이다. 이러한 상황에서 법적 정년 연장이 실제 노동시장에 미치는 영향은 법제도의 변화에 직접적 영향을 받는 공공부문과 그나마 노동조합의 보호를 받을 수 있는 일부 대기업 사업장에 한정될 것이다. 2011년 현재 취업중인 50대 노동자 302만명중 300인 이상 사업장에 종사하는 노동자 규모는 8.6%에 불과하다. 이 통계의 두번째 의미는 50대 이상 고령자의 노동시장 참여 의사는 여전히 강하지만 50대 초반에 사실상 정년퇴직하고 60대 후반, 70대 초반까지 저임금 비정규직인 주변부 노동시장을 전전한다는 것이다. 남성이나 여성 모두 50대 이후 비정규직 비율이 급격히 상승한다.

이같은 고령자 노동시장의 높은 저임금 비정규직 비율은 열악한 연금제도와 함께 노인 빈곤 확대로 이어진다. 한국의 상대빈곤율은 15% 수준으로서 OECD 평균에 비해 1~2% 정도 높지만 노인 빈곤율은 45% 수준으로서 거의 3배에 달한다.310)

만약, 고령 노동자의 일자리가 안정적으로 현재의 정년까지 보장되는 상황이라면 정년 연장 의무화는 의도하는 효과를 낼 수 있을 것이다. 하지만, 지금처럼 상시화된 구조조정, 강제퇴직이나 다름없는 명예퇴직·권고사직 등으로 인해 개별 기업이 자율적으로 정한 정년조차도 보장되지 않는 상황에서 정년 연장 의무화가 실효성을 얼마나 갖을지는 의문이다.

4) 대안: 더 좋은 일자리와 더 많은 연금

정년 연장은 수많은 고령자 노동시장 정책의 한 가지 수단이다. 어떤 정책 수단을 어떻게 사용할 것인지는 정책 목표가 무엇인가에 따라 달

---

310) <그림> 성별 연령계층별 비정규직 비율(2012. 8, 단위: %), 출처: 김유선, 「비정규직 규모와 실태」, 한국노동사회연구소, 2012. 11

라진다. 어떤 정책 목표를 수립할 것인가는 현실의 문제를 어떻게 진단하는가에 따라 달라진다. 한국의 노인은 평균 53세 전후에 정년퇴직하지만 노동시장에서 완전히 은퇴하는 60대 후반, 70대 초반까지 약 15년 이상을 불안정 저임금 시장을 전전한다. 일찍 정년퇴직하는 이유는 상시적 구조조정과 강제퇴직인 권고사직 등이 남발되기 때문이고, 그럼에도 불구하고 노동시장에 늦게까지 잔류하는 것은 소득이 없기 때문이다. 주요국의 고령자 가구의 소득 구성을 비교하면[311] 북유럽의 고령자는 연금(공적 이전소득)과 노동소득이 비슷하며 남유럽형 국가는 연금 비중이 압도적으로 높고 영미형은 개인연금이 비교적 높다는 특징을 보인다.

반면, 한국의 노인들은 노동소득과 가구원의 기여, 그리고 사적 이전소득에 대한 의존이 높게 나타난다. 이는 한국의 고령자들이 거의 전적으로 자신과 가족의 노동 소득에 의존하고 있다는 말이다. 그런데 이미 이른 나이에 의사에 상관없이 정년퇴직을 당하고 주변부 노동시장을 전전하기 때문에 그 노동소득이란 것이 적을 수 밖에 없다. 한국의 고령자들이 그렇게 늦은 나이까지 쉬지 않고 일하지만 빈곤율이 왜 OECD 가입국 평균의 3배에 달하는가에 대한 이유다. 이러한 문제를 해결하기 위해서는 무엇보다 현재의 국민연금과 기초노령연금이 적정 수준까지 인상되어야 한다. 다음으로는 연금수급 연령과 정년 연령을 맞추어 소득 공백기를 줄어야 한다. 국민연금 수급 연령은 원래 60세였으나 올해부터 1953년 이후 출생자는 61세부터, 1957년 이후 출생자는 62세부터, 1961년 이후 출생자는 63세부터, 1965년 이후 출생자는 64세부터, 1969년 이후 출생자는 65세부터 지급하도록 개정되었다. 기초노령연금 수급은 65세부터다.

정년 보장이 제도적으로 의미를 갖기 위해서는 65세까지 상향되어야 한다. 이와 관련하여 정년 제도가 연령을 기준으로 일괄적으로 퇴직을

---

311) 출처: 장지연 외, 「중고령자 노동시장 국제비교연구」 (2008, 한국노동연구원)

강제한다는 점에서 노동자의 자발적 퇴직의 원칙(노동자는 자신의 퇴직 시기를 자율적으로 결정할 수 있어야 한다는 원칙)과 평등대우의 원칙에 반한다는 비판이 존재한다. 해외의 경우 특정 연령에 도달했을 때 근로계약이 일괄적으로 자동해지되는 상한 방식의 정년 제도를 두지 않고, 대신 특정 연령 이상에 대해 합리적 해고 사유로 인정하는 하한 방식의 제도를 운영하는 곳이 많다. 다음으로는 실질적인 정년 보장이 가능하도록 노동시장의 불안정성을 줄여야 한다. 이를 위해서는 구조조정의 요건을 강화하고 권고사직이나 명예퇴직같은 사실상 강제퇴직에 대한 관리·감독의 강화가 필요하다.

마지막으로는 성별, 고용형태, 기업규모, 연령대 등에 따른 임금격차 축소를 위한 노력이 필요하다. 이를 위해서는 무엇보다 비정규직 해소와 최저임금 인상이 필요하다. 정부는 이번의 정년 연장법 개정이 실효성있는 고령자 노동시장 대책으로 기능할 수 있도록 대책 마련을 위해 노력해야 될 것이다. 재계는 고령화가 급속히 진행중인 우리 사회의 문제를 명확히 인식하고, 이 문제를 해결하기 위해 적극 협력해야 한다. 이를 위해서는 무엇보다 정년 연장에 따른 청년 일자리 감소 등 입증되지 않은 사실을 주장하여 우리 사회의 세대갈등을 더욱 부추키거나 정년 연장 법제화를 임금삭감의 계기로 삼아 가뜩이나 심각한 고령자 저임금 노동시장을 더욱 악화시키려는 시도를 당장 그만두어야 할 것이다. 이러한 시도는 사회적 갈등과 고령 빈곤을 확대시켜 오히려 사회적 비용을 증가시킬 뿐이다. 노동계 역시 변화된 노동시장 상황과 노동소득 격차 해소를 위해 1인 남성 부양자 모델과 내부노동시장 노동공급 모델에 기반한 연공서열형 임금체계에 대한 대안 임금체계 마련에 적극적으로 나서야 한다.[312][313]

---

312) 2013년 5월 13일, 진보신당 정책위원회
313) http://blog.daum.net/jkon67/794(2013.5.15)

2. 아내의 남편, 한 아이의 아버지가 되고 보니

어느새 어머님, 아버님 머리가 희끗희끗 해지셨더라. 요사이 일 때문에 부쩍 힘에 부쳐하시는 어머님을 보면서 '이제는 좀 쉬셔야 할 나이'라고 간만에 둘이서 식사를 하며 이야기를 풀어냈다.314) 가까이 살면서 너무 일에만 매달리시며 이쁜 손녀와 며느리한테까지도 무관심하셨던게 내심 섭섭한 마음도 쬐금 있었더랬다. 대화를 나누다보니 50대 중반이신 어머님이 감당하시기에 힘에 부친 일들이 많더라. 그래도 22년간 세일즈 하시면서 한 지점의 관리자 자리까지 올라 가신걸 보니 한편으로 존경스럽기도 하고 역시나 다른 한편으로 안쓰럽더라. 쉽게 일을 못 놓으시는건 역시 "돈" 때문이라고 하시지만 그동안 힘들게 당신이 쌓아왔던걸 내려놓기가 힘드신거란 생각이 든다. 줄곧 자료가 들어있는 무거운 가방을 한손에 들고, 다른 한손에는 핸드폰을 끼고 다니시면서 어렵게 일궈낸 것들이니까. 그냥 쉽게 "이제는 좀 쉬세요"라고 말씀드렸지만, 그게 말처럼 쉽지 않은 일인듯하다. 다만 건강이 걱정될 뿐. '그럼 나 일 안하고 뭐하냐?'라고 반문 하시길레~ 말문이 막히더라. 열심히 앞만 보면서 달려오신 부모님 세대 그분들이 은퇴를 할 시기가 온 것이다. 사람 상대하시면서 산전수전 공중전(?) 겪으셨던 어머님이시지만 막상 겁이 나시나 보다. 뚜렷한 대안을 제시해 드릴 순 없지만 같이 고민해보련다. 뭐니뭐니해도 건강이 제일 중요한거니까.315)

3. 정년 연장을 통해 고용율 70% 달성?

최근에 정년 연장법이 통과되었다. 고연령층의 정년이 연장되면 청년층의 일자리가 줄어드는 것 아니냐는 염려가 있기도 했다. 그러면서 나온 얘기가 고용율 70%가 국정 목표인데 베이비부머가 은퇴하면 이 목표

---

314) 2013-05-12 23:47:22 주소복사
315) http://www.cyworld.com/lifeoforange/8754268(2013.5.15)

달성이 어려울 것이라는 보도다. 고용율 70%를 위해서는 장년층의 고용을 확대해야 한다나, 한마디로 헛소리이다.316) 고용율 70% 달성 국정 목표는 적절하다. 한국은 타 선진국에 비해서 인구 대비 고용율이 낮다.

 복지보다는 고용을 통한 복리의 향상이 저소득층의 경제여건 향상에 더 효율적이고, 고령화 시대에 재정부담을 줄여 여러 복지 정책의 유지 가능성을 높인다. 그런데 인구 대비 고용율이 낮은 이유는 베이비부머의 은퇴와는 아무런 상관도 없다. 한국의 노인 인구의 고용율은 타 선진국에 비해 현저히 높다. 다수 선진국이 10% 정도인데 한국은 그보다 3배 정도 높다. 이는 노동시장이 좋아서가 아니라 복지가 꽝이라 산 입에 풀칠할 수 없기에 노인들이 허드렛일 노동시장에 뛰어 들기 때문이다.

 방글라데시에서 아동의 노동참가율, 고용율이 높은 것과 똑같은 이유이고 한국의 인구 대비 고용율이 낮은 이유는 여성의 낮은 경제참가율 때문이다. 다른 이유가 없다.

 고용율 70% 달성을 말하는 양반들이 이를 모르지도 않을 터, 이 국정목표가 진지한 목표라면 궁극적으로 여성지원정책으로 발현되어야 하고, 그렇게 되게 되어 있다. 그럼 민주당은 차기도 물건너갈 것이다.

 통계 숫자를 근거로 세상을 판단하는 사람이 볼 때, 한국에서 노인문제 다음으로 심각한 게 여성문제다. 무상의료, 지역차별, 대북지원이 아니다. 그리고 내가 생각하기에 여성문제 해결의 핵심은 결혼 출산 후 노동시장에서 탈락하지 않도록 정책적 지원을 하는 것이다.317)318)

4. 길어진 정년의 무덤?

 사회는 이미 고령화 시대로 접어들었지만 개인도 사회도 아직 적응을

---

316) 노동시장, 불평등 2013/05/09 12:37, YTN 보도
317) Posted by 바이커 sovidence, 트랙백 주소 : http://sovidence.tistory.com/trackback/537, 바이커의 무작위 사회관찰: Sociological Evidence by sovidence, sovidence's Blog is powered by Daum / Designed by Tistory
318) http://sovidence.tistory.com/537(2013.5.15)

하지 못하고 있는 것 같다. 모두가 그렇다. 심리적 부적응이 있다.[319)]

'짧고 굵게' 담론, 고로 팔십까지 산들 뭣하겠는가 따위이다. 한 부서에서 40살 이상 직원수를 뻔질나게 헤아리며 그 비율로 고령화 부서라고 규정하는 따위이다. 따지고 보면 시대착오적 언어의 혼란이다. 고령화 시대의 핵심은 '길어진 중년'이다. 미국 <뉴욕 타임스>의 과학담당기자가 신경과학, 뇌과학, 의학, 사회학의 최신 연구성과를 섭렵하고 과학자들을 직접 인터뷰하여 쓴 책 <가장 뛰어난 중년의 뇌>(2011)를 보면, 중년의 나이는 40살부터 68살까지다. 일례로 2004년에 발표된 시애틀 수명종단 연구결과가 이를 뒷받침한다. 1956년부터 40여년동안 시애틀의 20~90살 남녀 6000명을 대상으로 7년마다 계산능력, 어휘, 언어기억, 귀납추리 등 6개 범주의 인지능력 검사를 했는데 20대나 30대보다도 40~65살이 최고 수행력을 보여줬다. 또한 40~65살에 받은 성적이 이들이 20대 때 받은 성적보다 좋았다. 인간 뇌의 절정기는 청년기가 아니라 중년기이며 중년 뇌가 가장 뛰어나다는 것이 이 연구의 결론이다. 과학자들은 앞으로 중년 나이대는 더 길어질 수 있다고 말한다. 뇌는 40~68살에도 계속 성장한다. 뇌세포중 미엘린이라는 백색 피막은 이해력과 관련있는데, 이것이 중년말기에도 자란다. 인구중 65살 이상이 7%가 넘으면 된다는 고령화 사회는 말 그대로 늙어가는 사회다. 이보다는 사태의 핵심을 드러내는 '길어진 중년사회'가 옳다. 국내에서도 60살 정년시대가 2016년부터 열린다고 한다. 뒤집어 보면, '가장 뛰어난 뇌'를 지닌 61~68살 중년들이 일을 멈춰야 한다는 뜻이다.[320)][321)]

---

319) 옮겨온 글 (44)목록보기, 0ZOEs, 정년, 길어진 정년의 무덤?, B0401, 정년, 길어진 정년의 무덤? | 옮겨온 글, 초록무늬 2013.05.10 08:27 http://blog.daum.net/yanghj0520/208
320) 한겨레신문 유레카(허미경)
321) http://blog.daum.net/yanghj0520/208(2013.5.15)

5. 정년 연장 통과와 생활이야기

정년 연장법안 통과[322] 지난 달 말 많은 사람들의 이목을 끈 일이 있었죠? 바로 현행 55세인 법정 정년을 60세로 연장하는 법안이 통과된 것인데요. 현행법에 권고사항으로 되어 있는 정년 60세가 의무조항으로 바뀌었습니다. 정식 법안의 명칭은 '고용상 연령차별 금지 및 고령자 고용촉진법안'으로 근로자 300인 이상 사업장과 공공기관, 지방자치단체의 경우 2016년부터 시행되고 근로자 300인 미만 사업장은 2017부터 시행된다고 합니다.

또한 정년이 늘어나면서 기업의 부담이 커지는 것을 고려해 적정 연령이 되면 임금을 삭감하는 임금피크제도 함께 도입될 예정이라고 합니다. 법안 통과 후 찬반 의견이 팽팽한 가운데 '100세 시대에 정년이 5년 증가했다고 해서 크게 달라지지 않을 것'이라는 의견도 있습니다. 그렇다면 60세에 정년퇴직 이후 전혀 사회활동을 하지 못하는 것일까요?

오늘은 고령자 재취업에 대해서 알아보도록 하겠습니다. 나 돌아갈래! 최근 정년퇴직 이후 어르신들은 여가활동, 사회참여, 자원봉사활동, 노후설계 등의 이유로 다시 사회로 복귀하고 있습니다. 이에 부응하여 정부는 어르신들 일자리 창출과 취업 알선을 위해 다방면으로 노력을 하고 있답니다. 우선 현행법상 고령자라고 하면 55세 이상을 말하는데요. 법으로 고령자를 위한 '기준고용률'이 정해져있습니다.

§고용상 연령차별 금지 및 고령자 고용촉진에 관한 법률 시행령
　제2조 (고령자 및 준고령자의 정의)
　① 「고용상 연령차별 금지 및 고령자 고용촉진에 관한 법률」(이하 "법"이라 한다) 제2조제1호에 따른 고령자는 55세 이상인 사람으로 한다.
　② 법 제2조제2호에 따른 준고령자는 50세 이상 55세 미만인 사람으로 한다.

---

[322] 2013/05/10 14:28, http://blog.naver.com/zktkshqkwh/80189725068

§고용상 연령차별 금지 및 고령자 고용촉진에 관한 법률
제2조(정의)

5. "기준고용률"이란 사업장에서 상시 사용하는 근로자를 기준으로 하여 사업주가 고령자의 고용촉진을 위하여 고용하여야 할 고령자의 비율로서 고령자의 현황과 고용실태 등을 고려하여 사업의 종류별로 대통령령으로 정하는 비율을 말한다.[전문개정 2008.3.21]

§고용상 연령차별 금지 및 고령자 고용촉진에 관한 법률 시행령
제3조 (고령자 기준고용률)

법 제2조제5호에서 "대통령령으로 정하는 비율"이란 다음 각 호의 어느 하나에 해당하는 비율을 말한다.
1. 제조업: 그 사업장의 상시근로자수의 100분의 2
2. 운수업, 부동산 및 임대업: 그 사업장의 상시근로자수의 100분의 6
3. 제1호 및 제2호 외의 산업: 그 사업장의 상시근로자수의 100분의 3

또한 견학담당 안내원, 박물관 안내원, 분실물 접수원, 숲 해설가, 우편물 접수원, 예절강사, 사회교육강사, 공원 매점원, 건널목 관리인, 경비원, 공원 순찰원, 문화재 관리인, 산림 보호원, 건물 청소원 등 '우선고용직종'이 정해져 있습니다.

센터로 전화해 보세요. 그렇다면 구체적으로 어떻게 일자리를 구할 수 있을까요? 직업을 구하려는 고령자는 관할 고용센터나 고령자 인재은행, 중견전문인력 고용지원센터, 그 밖의 지역 복지관 등을 통해 구직등록을 하면 적합한 일자리 정보를 얻을 수 있고 취업알선도 지원받을 수 있습니다. 이중에서 중견전문인력 고용지원센터는 조금 특별한 조건을 필요로 합니다. 정부기관, 대학교, 연구기관, 법인·단체 및 민간기업 등에서 퇴직한 고령자로서 경력 등을 갖추어야 하고 구체적으로 정부기관의 4급 이상 직위에 재직한 기간이 3년 이상인 사람,「고등교육법」제2조에 따라 학교의 교원으로 재직한 기간이 3년 이상인 사람 등의 조건을 만족해야합니다. 우선고용직종에 취업하기를 원하는 고령자는 신청을 통

해 직업능력개발훈련시설에서 직업능력개발훈련을 받을 수 있으며 근무장소에서 실시하는 현장연수를 받을 수 있습니다. 또한 예산의 범위에서 훈련수당 혹은 연수수당도 지원받을 수 있습니다.

§근로자직업능력개발법
제2장 근로자의 자율적인 직업능력 개발지원 등
제12조 (실업자 등에 대한 직업능력 개발훈련 지원 등)
① 국가와 지방자치단체는 다음 각 호의 어느 하나에 해당하는 사람의 고용촉진 및 고용안정을 위하여 직업능력개발훈련을 실시하거나 직업능력개발훈련을 받는 사람에게 비용을 지원할 수 있다.

훈련과정은 취업의 용이성, 산업 현장의 수요, 훈련대상자의 특성 등을 고려하여 이루어집니다. 훈련대상자는 「직업안정법」에 따른 직업안정기관 또는 지방자치단체에 구직등록을 한 사람으로서 고용노동부령으로 정하는 기준에 적합한 사람으로 선발하고 훈련대상자의 특성을 고려하여 우선 선발합니다. 뭔가 신청하는 것이 까다로워 보이신다고요? 각종 복지관에 사진 1장, 이력서 1장, 주민등록등본 1장만으로도 손쉽게 훈련을 신청할 수 있답니다!

나이가 많아서 안된다고?! 열심히 교육도 수료하고 새로운 직장에 출근했는데 나이를 이유로 직장에서 불합리한 대우를 받았다면 어떻게 해야 할까요? 합리적인 이유없이 연령을 이유로 차별한 사업주는 500만원 이하의 벌금에 처해질 뿐 아니라 국가인권위원회법에 의거 진정할 수 있답니다.

§고용상 연령차별 금지 및 고령자 고용촉진에 관한 법률
제4조의4 (모집·채용 등에서의 연령차별 금지)
① 사업주는 다음 각 호의 분야에서 합리적인 이유없이 연령을 이유로 근로자 또는 근로자가 되려는 자를 차별하여서는 아니된다.
1. 모집·채용
2. 임금, 임금 외의 금품 지급 및 복리후생

3. 교육ㆍ훈련
4. 배치ㆍ전보ㆍ승진
5. 퇴직ㆍ해고

② 제1항을 적용할 때 합리적인 이유없이 연령 외의 기준을 적용하여 특정 연령집단에 특히 불리한 결과를 초래하는 경우에는 연령차별로 본다.[본조신설 2008.3.21]

§국가인권위원회법

제2조 (정의)

3. "평등권 침해의 차별행위"란 합리적인 이유없이 성별, 종교, 장애, 나이, 사회적 신분, 출신 지역(출생지, 등록기준지, 성년이 되기전의 주된 거주지 등을 말한다), 출신 국가, 출신 민족, 용모 등 신체조건, 기혼ㆍ미혼ㆍ별거ㆍ이혼ㆍ사별ㆍ재혼ㆍ사실혼 등 혼인 여부, 임신 또는 출산, 가족형태 또는 가족상황, 인종, 피부색, 사상 또는 정치적 의견, 형의 효력이 실효된 전과(전과), 성적(성적) 지향, 학력, 병력(병력) 등을 이유로 한 다음 각목의 어느 하나에 해당하는 행위를 말한다. 다만, 현존하는 차별을 없애기 위하여 특정한 사람(특정한 사람들의 집단을 포함한다. 이하 이 조에서 같다)을 잠정적으로 우대하는 행위와 이를 내용으로 하는 법령의 제정ㆍ개정 및 정책의 수립ㆍ집행은 평등권 침해의 차별행위(이하 "차별행위"라 한다)로 보지 아니한다.

가. 고용(모집, 채용, 교육, 배치, 승진, 임금 및 임금 외의 금품 지급, 자금의 융자, 정년, 퇴직, 해고 등을 포함한다)과 관련하여 특정한 사람을 우대ㆍ배제ㆍ구별하거나 불리하게 대우하는 행위

나. 재화ㆍ용역ㆍ교통수단ㆍ상업시설ㆍ토지ㆍ주거시설의 공급이나 이용과 관련하여 특정한 사람을 우대ㆍ배제ㆍ구별하거나 불리하게 대우하는 행위

다. 교육시설이나 직업훈련기관에서의 교육ㆍ훈련이나 그 이용과 관련하여 특정한 사람을 우대ㆍ배제ㆍ구별하거나 불리하게 대우하는 행위

정년이 늘어났다고는 하나 퇴직 이후에 오는 노인문제가 전부 해결되지는 않습니다. 대체로 노인문제라고 하면 4중고 즉, 빈곤, 질병, 고독과 소외, 역할 상실을 거론하는데요. 개인적으로 역할 상실을 중심으로 모든 것이 유기적으로 연관된다고 생각합니다. 사회에서 부여된 역할을 잃게 됨으로써 오는 정신적 고독감, 경제적인 빈곤 그리고 비활동적 생활로 인한 질병유발 등 노인문제를 더 이상 그들만의 것으로 여기지 않고 관심과 고령자 취업정책 홍보로 다시 사회로 발 디딜 수 있도록 하는 것이 우리들의 역할인 것 같습니다.[323][324]

6. 정년 연장의 덫, 호봉제 뒤흔드나

정년 연장의 덫, 호봉제 뒤흔드나[325] "임금조정없는 정년 연장 조기퇴직 초래" vs "사회복지 취약 국가, 호봉제 긍정적"[326] "그 돈이면 젊은 애들 세 명을 쓸 수 있다." 정년 연장과 함께 임금피크제같은 임금조정을 병행해야 한다는 경제계의 주장을 요약하면 이렇다. 대한상의가 2일 발표한 '고령자 고용 연장을 위한 임금체계 개선방안' 보고서도 이런 내용을 담고 있다. 대한상의는 보고서에서 2006년도 한국노동연구원의 조사 결과를 인용하며 "국내 제조업의 20년차 이상 근로자의 임금이 신입직원에 비해 2.8배나 높다"는 점을 강조했다.

또 2005년 노동연구원 노동리뷰 원고를 인용해 "55세 이상 근로자의 임금은 34세 이하 근로자의 302%인 반면 생산량과 부가가치는 각각 82%, 60%에 불과했다"는 점을 부각했다. 고령자들이 돈을 많이 받으면서도 일은 못한다는 뜻이다. 대한상의는 "근속연수가 길수록 임금과 생산성의 격차가 벌어지는 연공급 임금체계가 고령자들의 고용불안을 야

---
323) [출처] 정년 연장 통과|작성자 카사노바조
324) http://blog.naver.com/zktkshqkwh/80189725068(2013.5.15)
325) 노동뉴스 2013/05/03 10:45, http://blog.hani.co.kr/nomusa/55348
326) 구은회 | press79@labortoday.co.kr, 매일노동뉴스 승인 2013.05.03

기하고 있다"고 주장했다. 대한상의가 7~8년전 통계를 끄집어낸 이유는 결국 연공급 임금체계를 비판하기 위해서다. 동일직무 근로자라도 근속연수에 따라 임금상승의 폭이 커지는 연공급제가 유지되는 상황에서 정년이 연장될 경우 기업의 부담이 너무 크다는 논리다. 연공급의 대표 형태인 호봉제를 도입한 국내기업의 비율은 지난해 기준 75.5%에 달한다.

대한상의는 "정년 60세 의무화는 직무·성과주의 임금체계같은 임금과 생산성을 일치시키는 임금체계의 도입이 전제돼야 한다"며 △정년 60세 시행시 임금조정 의무화 △임금조정에 노조가 동의하지 않을 경우 노조와 성실한 협의로 도입요건 완화 △임금의 합리적 수준에 대한 정부의 정보제공 등을 제안했다. 정부가 임금삭감의 가이드라인을 제시하고 기업이 이를 관철할 수 있도록 규제를 완화하라는 의미다. 이에 대해 노동계는 "노사 당사자의 합의없는 임금조정은 불가"라는 입장을 분명히 했다. 엄교수 금속노조 정책기획실장은 "노동력의 생애주기를 보면 통상 40대까지는 임금보다 노동력이 높고 40대 이후에는 역전된다"며 "호봉제는 젊을 때 덜 받는 대신 나이가 들어 교육비나 주택자금같은 목돈이 필요할 때 보상해 주는 것"이라고 설명했다. 엄 실장은 "희망퇴직 등이 증가하면서 젊은날의 노동력을 보상받을 기회가 줄고 있는 상황에서 노동계가 재계의 임금삭감 요구를 수용할 이유가 없다"고 못박았다. 임금문제는 효율성만을 따져선 곤란하다는 우려의 목소리도 나온다. 이문호 워크인연구소 소장은 "복지제도가 미흡한 우리나라에서 고령노동자가 자녀의 교육과 결혼·주택구입 등에 지불한 돈은 '가족이 부담한 사회투자'로 봐야 한다"며 "효율성의 잣대로 임금을 줄이면 가족의 사회투자가 감소하고 이는 장기적으로 사회불안 요인으로 작용할 수 있다"고 우려했다. 이 소장은 이어 "복지제도가 취약한 국가일수록 연공급제의 순기능이 크다는 점을 간과해선 안된다"고 강조했다.[327)328)]

---

327) '60세 정년 의무화' 2016년부터 도입,
http://www.labortoday.co.kr/news/articleView.html?idxno=118077

7. "정년 연장 연착륙 위해 기업의 사회적 책임 제고"

정리해고 요건 강화 등 5월 환노위 법안소위서 논의329) 정년 60세를 전 사업장에 적용하는 내용의 고용상 연령차별 금지 및 고령자 고용촉진에 관한 법률(고령자고용촉진법) 개정안이 지난 24일 국회 환경노동위원회 전체회의를 통과했다. 2016년에는 300인 이상 기업, 2017년에는 전체 사업장에 적용된다. 환노위 법안심사소위원장인 김성태 새누리당 의원은 제도의 연착륙을 위해 "기업들의 올바른 사회적 책임 인식이 가장 중요하다"며 "정규직 노조도 임금조정 등을 통해 기업의 부담 조절에 동참해야 한다"고 말했다. 쌍용자동차 사태와 관련한 정치권 움직임에 대해 그는 "민주통합당의 진정성을 의심할 수밖에 없다"고 말했다.

한국노총 출신인 김 의원은 특히 "한국노총이 정치세력화 방침을 수정하지 않으면 희망이 없는 단체로 전락할 수 있다"고 주장했다. 이달 26일 오후 국회 의원회관에서 김 의원을 만났다.

1) "고용률 70% 달성 위해 정년 연장 필요"

Q: 정년 60세를 전 사업장에 적용하는 내용의 고령자 고용촉진법 개정안이 국회 환경노동위원회 전체회의를 통과했다. 2017년에 전체 사업장에 적용되도록 했는데, 제도 연착륙을 위해 노사정이 어떤 역할을 해야 하나.

A: "기업들의 올바른 사회적 책임 인식이 가장 중요하다. 고령화 사회로 진입한 대한민국의 미래를 생각하고 중·장년층 고용안정이 얼마나 중요한지를 기업이 잘 알아야 한다. 안타깝게도 기업들이 장시간 저임금으로 고착화된 과거의 인식을 떨쳐 버리지 못하고 있다. 생산활동을 하는 노동력이 줄어들고 있는 상황에서 저임금 외국인 근로자만으로 기업활

---

328) http://blog.hani.co.kr/nomusa/55348(2013.5.15)
329) [김성태 새누리당국회 의원] "정년연장 연착륙 위해 기업의 사회적 책임 제고해야", 정리해고 요건 강화 등 5월 환노위 법안소위서 논의, 제정남, jjn@labortoday.co.kr, 승인 2013.04.29, 매일노동뉴스

동을 유지하려 해서는 안될 것이다. 대기업 정규직 노조도 정년 60세 도입 이후 임금체계 개편을 통한 임금조정이 안이뤄지면 기업이 그 비용 부담을 하도급 회사에 전가할 수 있다는 생각을 가져야 한다. 정년 연장과 함께 기업이 임금부담을 합리적으로 조절할 수 있도록 노조의 역할이 필요하다. 정부는 고용률 70%를 내세우고 있지만 그냥 되는 것이 아니다. 중·장년층의 고용을 등한시하면 안된다. 평균 54세에 기업을 떠나는 이들이 자영업에 어설프게 나섰다가 실패한 뒤 빈곤층으로 전락하거나 실직자가 돼 문제가 되고 있다. 이런 상황은 복지소요로 이어지고 정부의 부담으로 남게 된다. 정년 연장을 통해 매년 25만~30만명의 고용안정이 기대된다. 고용률 70%의 한 축이 정년 연장이라는 점을 정부가 유념하고 대책을 세워 나가야 한다."

Q: '임금체계 개편'이라는 단어를 두고 다양한 해석이 나온다. 임금조정의 역할을 기업과 노동자에게 떠넘겼다는 비판도 있는데.

A: "임금체계 개편은 임금조정을 할 수 있다는 뜻이다. 정년 60세는 임금조정과 같이 가지 않으면 안착되지 않는다. 그러면 기업실정에 맞는 임금체계 개편이 문제가 된다. 기업에 따라 임금체계가 천차만별이다.

임금피크제를 적용하더라도 몇 퍼센트 수준으로 할지 의견이 다양할 것이다. 향후 고용노동부가 정년 연장에 따른 바람직한 임금피크제 도입 가이드라인을 제시할 것이다. 필요하다면 국회 차원에서 가이드라인을 가다듬을 생각이다."

Q: 정년 연장 소급적용도 논란이다. 300인 이상 기업은 2016년부터 적용되는데 2015년에 퇴직하는 노동자를 어떻게 할 것이냐의 문제다. 한두 달의 생일 차이로 누구는 퇴직하고 누구는 수년간 더 일하는 현상이 우려된다.

A: "2016년 이전이라도 기업들이 정년 연장을 하는 것이 바람직하다. 정년연장의 제도 개선을 기업이 할 경우 노동부가 지원금을 주는 내용도 법조문에 들어가 있다. 정년 연장을 촉진시켜 나가는 정부대책이 나

올 것이다."

2) "쌍용차 여야협의체 수용한 민주통합당, 사태 해결 진정성 의문"

Q: 노동관련 법안이 많이 계류돼 있다. 환노위 법안심사소위를 5월에 개최해 논의를 빨리 시작할 필요가 있을 것 같다.

A: "환노위는 4월 임시국회에서 4일이나 법안심사를 했다. 전례가 없는 일이다. 산업현장의 노사관계 평화·균형과 고령화 사회의 정년연장을 비롯한 고용구조의 변화를 위해 법안을 신속히 다룰 계획이다. 5월 하순이나 6월 초에 법안소위 개최를 생각하고 있다."

Q: 새누리당이 발의한 사내하도급법 제정안은 논의가 된 반면 복수노조 제도 개편을 담은 노동조합 및 노동관계조정법(노조법)과 비정규직 관련법 논의가 되지 않았는데.

A: "노동계가 중·장년층 고용안정과 비정규직 제도개선을 위한 사회적 대타협을 위해 노동계가 선도적인 역할을 해야 한다. 그러면 노동계가 바라는 노조법 개정도 훨씬 용이해질 수 있다. 양대 노총이 전체 경제활동의 10%도 안되는 조직된 노동자들의 입장만을 대변해서는 안된다. 대기업 정규직 노조의 자기 양보나 배려없이는 비정규직 문제가 해결되지 않는다."

3) "경영계의 이해 부족으로 대체휴일제 표류 안타까워"

Q: 쌍용차 사태가 해결의 기미를 보이지 않고 있다. 정치권에서는 새누리당과 민주통합당이 여야협의체를 구성해 논의하고 있다. 하지만 김 의원은 여기서 빠져 있다.

A: "민주통합당이 4월 보궐선거에서 국민으로부터 불임정당으로 낙인 찍힌 이유가 바로 이런 문제 때문이다. 그동안 쌍용차 문제해결을 위해 책임지는 자세로 움직였다고 생각한다. 대선 정국에서 국정조사 약속까지 이끌어 냈다. 그런데 이한구 새누리당 원내대표가 국정조사를 반대하면서 내세운 것이 쌍용차 여야협의체였다. 이걸 합의해 준 쪽이 민주통

합당이다. 평택지역 출신 의원들로 구성된 협의체를 민주통합당이 받은 것이다. 애초부터 쌍용차 문제해결에 의지가 없었던 것으로밖에 볼 수 없다. 우리같은 사람을 일부러 제쳐버린 것이다. 민주통합당은 그걸 알면서도 협의체 구성에 동의했다. 협의체 구성을 반대하거나 국정조사를 계속 주장했어야 했다. 협의체 제안을 덜컥 받았으면 심도있는 회의를 해서 성과를 내야 한다. 민주통합당의 진정성을 믿을 수가 없다."

Q: 쌍용차 사태를 계기로 고용촉진특별구역 지정과 정리해고 요건 강화 등의 내용을 담은 법률안을 발의했지만 4월 임시국회에서 논의되지 않았다.

A: "다음 임시국회에서 다룰 것이다. 민주통합당에서 실질적인 협조를 해주기 바란다."

Q: 정년 연장과 대체휴일제 도입에 대해 경영계가 반대 목소리를 많이 내고 있다.

A: "경영계는 2002년 주 5일제 도입 당시에도 수출경쟁력이 절단 나고 우리나라 기업들이 다 쓰러진다고 호들갑을 떨었다. 과연 그렇게 됐나. 경영계는 과거 일을 타산지석으로 삼아야 한다. 경영계의 인식·이해 부족으로 대체휴일제가 표류하게 된 것도 대단히 안타깝다. 정년 연장에 대해 기업들은 부정적 시각으로 국민을 호도해서는 안된다. 중·장년층 고용을 등한시하는 현실을 개선한다는 인식을 가져야 한다."

4) "한국노총 정치세력화 방침 수정해야"

Q: 민주통합당이 정책대의원을 배분하면서 한국노총 몫을 인정했다. 한국노총도 대의원 배분을 마무리하고 민주통합당에 인원을 통보한 상황인데.

A: "정치권으로부터 자유로워야 노동운동의 순수성을 회복하고 국민의 신뢰를 받을 수 있다. 한국노총이 특정 정치세력에 발목이 잡혀있다면 노동자들의 이익을 대변한다고 해도 진정성이나 순수성을 인정하고

이해할 사람은 없을 것이다. 한국노총이 노동운동의 자율성을 가져갈 수 있는 기반과 여건을 자발적으로 개선해 내지 못한다면 앞으로 희망이 없는 단체로 전락할 수 있다. 어느 당으로부터도 구속받지 않으면서 한국 노동운동의 산실이자 역사로서 제대로 된 노동운동의 기치와 가치를 정립해야 한다. 문진국 지도부도 이런 부분에 대해서는 명쾌하게 입장을 정리할 필요가 있다."

Q: 노동운동진영에 할 말이 있다면.

A: "노동운동의 위기가 가속화된 원인은 양대 노총에 그 원인이 있다. 정치세력화 방침에 의해 노동현안을 정치적으로만 풀려고 했던 지도부의 안이한 자세와 태도가 노동운동 위기의 본질이다. 민주노총도 마찬가지다. 노동자를 대변하는 정치를 하겠다면 지금이라도 지역에서 지역주민과 노동자들에게 무한한 봉사와 희생·노력을 해야 한다. 이를 통해 현실정치를 해야 한다. 단체의 힘을 가지고 정치권에 쉽게 빌붙으려는 정치세력화 행위는 즉각 중단돼야 한다."[330][331]

8. 한국노총 조합원 10명중 7명 60세 되기전 퇴직

정년 연장 방식은 71.5%가 '순수연장형' 선호[332] 한국노총 조합원 10명중 7명은 60세가 되기전에 정년퇴직을 하는 것으로 조사됐다. 조합원 71.5%는 정년이 연장될 경우 퇴직연령만 뒤로 늦추는 '순수연장형'을 가장 선호했다. 한국노총은 산하 344개 사업장 소속 조합원을 대상으로 지난 17일부터 22일까지 팩스설문 방식으로 정년과 체감정년·정년연장 방식에 대한 의견을 긴급조사한 결과 이같이 나타났다고 23일 밝혔다. 응답자들의 현재 정년은 58세가 24.9%로 가장 많았고, 60세가 22.9%로 뒤

---

330) 매일노동뉴스, webmaster@labortoday.co.kr
331) http://www.labortoday.co.kr/news/articleView.html?idxno=118001(2013.5.15)
332) 정년연장 방식은 71.5%가 '순수연장형' 선호, 김미영, ming2@labortoday.co.kr, 승인 2013.04.24

를 이었다. 이어 55세 16.4%, 57세 15.5%, 59세 8.2%, 56세 6.7%, 61세 이상 5.6%, 55세 미만 0.9% 순으로 조사됐다. 직종별로는 응답빈도가 가장 많았던 제조업의 경우 25.1%가 "58세가 정년"이라고 밝혔다. 24.6%는 55세가 정년이라고 응답했다. 사업장 정년과 실제 퇴직정년에 차이가 있느냐는 질문에는 50.6%(174명)가 "차이가 있다"고 답했고, 차이가 나는 원인으로는 "승진 누락이나 명예퇴직 압박 등으로 회사에서 버티기가 어려워서"라는 응답이 42%(73명), "노후를 위해 조금이라도 젊었을 때 전직을 하는 게 낫다고 생각한다"는 답변이 31.6%(55명)였다. 정년 연장이 될 경우 정년 연장 방식에 대해서는 퇴직나이만 그대로 연장하는 순수 연장형이 71.5%로 압도적이었다. 정년 연장이 임금피크제와 동시에 도입되는 경우 정년을 연장하고 연장된 시점부터 임금이 줄어드는 정년연장형(59.9%)을 선호하는 것으로 조사됐다.333)334)

9. 정년퇴직 후 재입사하는 고려제강, 잘사는 것이 힘

정년퇴직 후 재입사하는 고려제강 언양공장 화제335) 얼마전 60세 정년법이 국회를 통과해서 2016년부터는 정년이 60세로 늘어난다죠? 요즘 100세 시대라는 이야기를 할 정도인데, 그래도 40년은 어떻게 보내야 하는지. 물론 100세까지 사는 사람은 정말 드물고요. 참고로 저희 아버님도 70세가 넘으셨어요. 그런데 아직 열심히 일하십니다.

---

333) 매일노동뉴스, [관련기사] "정년 60세 의무화, 임금피크제 도입", 김미영의 다른기사 보기
334) http://www.labortoday.co.kr/news/articleView.html?idxno=117894(2013.5.15)
335) 2013/05/02 15:56, http://blog.naver.com/promiserain/50170595930

기업개요

언제나 잘 할 수 있는 일을 선택하고, 선택한 일에는 늘 최선을 다합니다

WE ARE THE
FOUNDATION OF LIFE

삶에여 올려퍼지는 아이의 피아노 소리, 복잡한 출근길을 달리는 자동차
아침햇살을 받아 반짝이는 다리, 사무실을 올라가는 엘리베이터
생각보다 훨씬 고려제강이 가까이 있습니다.

세상을 든든하게 받쳐주고 이어주고 움직이는 튼튼한 힘
고려제강이 늘 함께 있습니다.

1945년에 설립한 고려제강은 국가기간 산업의 발전에 이바지한다는 창업정신을 계승하여 한국의 특수선재산업을
선도했으며, 해외 생산기지의 적극적인 건설과 세계시장 확대로 명실상부한 글로벌기업으로 도약하고 있습니다.

개요

회사명	고려제강 주식회사
설립일	1945년 9월 22일

자료: http://blog.naver.com/promiserain/50170595930(2013.5.15)

고려제강은 홍종열(95) 명예회장님이 창업했고요. 정년퇴직 후 재입사해서 화제가 된 고려제강 언양공장에는 34명의 직원이 있는데 이곳 근로자의 평균연령이 63세랍니다. 직원중 최고 70세까지 있고요. 최연소는 58세, 다른 곳 같았으면 정년퇴임할 나이인데, 물론 모두 정규직으로 열심히 일하고 있습니다. 정년퇴직 뒤에 희망하면 모두 정규직으로 재고용을 하는 회사랍니다. 월급은 평균 160~190만원으로 많지도 적지도 않은데 명절, 연말성과급, 휴가비는 별도로 지급된다고 합니다. 무엇보다도 고려제강 언양공장 직원들은 자신들이 일할 수 있다는 것이 큰 행복이라고 이야기합니다. 25~40년간 근무하면서 엄청난 노하우와 업무스킬을 지니고 있어서 일이 너무 잘 돌아간다고 합니다. 2008년 이후 안전사고가 0건이고요. 고려제강 관계자는 정년에 대해서 이렇게 이야기했답니다. "건강이 허락하는 데까지" 짝짝짝! 하나만 덧붙인다면 건강 & 실력

이 닿는데까지 나이가 아닌 능력으로 평가받는 곳이 많아졌으면 좋겠다는 생각이 들었습니다.336)337)

10. 정년퇴직자로 놀고 있으면 요일 헤아리기가 제일 어렵다

정년퇴직을 하고 나면 제일 불편한 것이 그동안 가깝게 지내던 지인들을 하루 사이에 쉽게 만날 수 없다는 사실이다. 이 경우의 지인들은 주로 회사 직원들과 친하게 지내던 거래처 사람들을 의미한다. 회사의 직무를 떠난 전 회사직원이나 거래처 사람들에게는 전화거는 것 자체가 부담이 된다. 이 어려운 경제사회에서 한가롭게 농담따먹기같은 내 이야기에 귀를 기울여줄리 만무하기 때문이다.338) 때로 억지 춘향식으로 회사사정에 대하여 궁금한 척하면서 몇 차례 전화를 넣어 잠시 방담을 즐길 수는 있겠지만 그도 내 마음이 결코 편하지는 않다. 회사를 다니면 업무 외에도 기타 사회경제, 기타 법률, 상식 등을 두루 대화를 나누며 나의 지적 영역을 넓히는 계기가 되면서 때로 큰 성취욕도 느끼게 된다.

정년퇴직하면서 제일 불편한 것이 사회, 경제, 컴퓨터나 스마트폰의 지식과 고급정보에 대하여 물어볼 지적 자원들이 갑자기 쑥 빠져 나간 (deleted) 느낌을 받는다. 그리고 가정경제에 일정한 수입이 없다 보니 일단 지출을 줄이려는 노력을 최우선적으로 경주하게 된다. 그래서 정년퇴직 후 처음에는 대중교통비조차도 아끼기 위해 오랫동안 버스도 타지 않고 4km 정도까지는 그냥 걸어 다니기도 한다. 놀며 여러 해를 견디다 보며 터득한 지식으로 당시 보유한 현금을 일정 월세를 받을 수 있는 시스템으로 바꾸었다. 그 이유는 시중금리가 너무 떨어져서 자본금 잠식이 뚜렷해졌기 때문이다. 그나마 내게 자부심을 주는 것은 현재 나는 국민연금 월 91만원씩을 받으면서 중산층 계급을 고집하고 있는 중이다.

---

336) [출처] 정년퇴직 후 재입사하는 고려제강|작성자 프라미스 레인
337) http://blog.naver.com/promiserain/50170595930(2013.5.15)
338) 우주공 2013.05.01 09:59 http://blog.daum.net/jku810/17200430

통계에 의하면 우리나라 중산층은 64%인데 자기 자신이 중산층이라고 자부하는 사람들은 46%밖에 되지를 않는다. 정년퇴직 후 놀고 있으면 요일을 헤아리기가 제일 어렵다. 나는 매주 화, 목요일에 영어공부를 하러 다닌다. 영어회화반이기에 선생님이 주말에 뭐하며 지냈는가를 묻는 경우가 많은데 그 대답이 너무 어렵다. 나는 매일 놀기에 주말과 주중이 전혀 다르지 않기 때문이다. 자식들 다 키워놨는데 주말이라고 자식들과 어울릴 일도 크게 없기 때문이다. 가끔씩 예식이나 집안 대소사가 있는 경우는 해당 주의 요일 파악이 비교적 용이한 편이다. 어제 아들이 독서실 수익금으로 보내준 돈을 오늘 펀드를 매입하려고 하였더니 당일거래 마감 후라 거래가 불가하다는 메세지가 떴다. 오전 10시가 다 되었는데도 왜 어제의 메세지가 그냥 뜨냐며 불만을 토하면서 몇차례 더 시도해보다 달력을 보니 아무런 공휴일 표시가 없었다. 뒤늦게 홀로 깨달은 사실은 오늘이 바로 근로자의 날이란 사실이었다. 정년퇴직자로서 집에서 놀고 있으면 요일만 알기 어려운 것이 아니라 공휴일도 알기 어렵다는 사실도 깨달았다. 그렇다면 은행사이트에서 '거래 마감'이라는 메세지보다는 '근로자의 생일로 공휴일'이란 친절한 메세지가 더 합당하지 아니한가. 이는 정년퇴직자를 두번 울리는 것과 같은 서운한 마음이 치밀면서 가슴이 아려왔다.[339]

11. 고용률 70% 로드맵 '주목'

이번주는 정부가 고용률 70% 로드맵을 내놓는다. 이와함께 발표가 예정돼 있는 굵직한 지표들을 지켜보는 한 주가 될 전망이다.[340] 일자리 부족이 심각한 사회문제로 대두되고 있는 상황속에서 발표돼 관심을 모으고 있는 고용률 70% 로드맵은 오는 4일 발표가 예정돼 있다. 고용률

---

339) http://blog.daum.net/jku810/17200430(2013.5.15)
340) 이데일리 원문 기사전송 2013-06-02 10:42, 안혜신 기자

70% 달성은 박근혜 정부의 핵심 사업이다. 최근 현오석 부총리 겸 기획재정부 장관은 여성과 청년 등 비경제활동인구를 취업자로 참여시키는 것이 고용률 제고의 핵심 과제라고 밝힌 바 있다. 지난달 30일 노사정은 '일자리 협약' 체결을 통해 시간제 일자리 확대, 정년 60세 연장을 위한 임금피크제 도입, 근로시간 단축 및 임금체계 개선에 합의했다. 이는 고용률 70% 달성을 위한 로드맵에 포함될 핵심 정책들이다. 경제지표중에는 3일 발표되는 5월 소비자물가동향을 지켜볼 필요가 있다. 지난달 소비자물가상승률은 전년비 1.2%를 기록하며 지난 1999년 이후 처음으로 6개월 연속 1%대의 안정세를 보이고 있다. 하지만 서민생활에 영향을 미치는 체감물가는 여전히 높은 수준으로 소비자들의 물가 하락에 대한 체감도는 높지 않다. 따라서 체감물가 대표 품목들의 물가상승률이 어느 정도 기록했을지에 관심이 쏠린다. 한국은행은 오는 7일 지난 1분기 국민소득을 발표한다. 지난해 우리나라 국민총소득(GNI)은 1조1355억달러(1279조5000억원)로 집계됐으며, 이를 인구로 나눈 1인당 국민총소득은 2만2708달러(2558만원)였다. 하지만 1인당 개인총처분가능소득(PGDI)은 전년(1430만원)보다 50만원 늘어난 1481만8000원으로 전체 소득 가운데 개인에게 돌아가는 부분은 57.9%에 불과했다. 소득은 소비, 내수와 밀접한 관련이 있는만큼 국민소득에 관심이 모아질 수밖에 없다. 다만 최근 노동에 대한 대가로 분배되는 보수 비중이 낮아지면서 가계소득 자체가 줄어드는 추세인만큼 전망은 밝지 않다. 윤상직 산업통상자원부 장관은 3일 전력수급관련 CEO 간담회를 진행한다. 산업부는 원전 3기 가동중단으로 올 여름 최악의 전력난이 예상되면서 여론의 뭇매를 맞고 있다. 이를 수습하기 위해 지난주 긴급하게 전력수급관련 대책을 내놓은만큼 CEO 간담회에서는 이에 대한 산업계의 의견을 들어보고 협조를 구할 것으로 예상된다. 또 3~4일 이틀간의 일정으로 '국제적 관점에서의 글로벌 유동성 평가'라는 주제로 한국은행 국제 컨퍼런스가 진행된다.

  선진국의 양적 완화가 글로벌 경제의 화두로 떠오른만큼 이에 대한

다양한 의견이 나올 전망이다. 이밖에 오는 4일에는 국무회의가 개최되며, 다음날인 5일에는 경제관계장관회의가 열린다.341)342)

12. "당신은 열심히 일하고 있습니다, 파이팅!"

"'당신은 성실하게, 그리고 열심히 일하고 있다'는 이야기를 '미생(未生)'을 통해 전하고 싶었습니다."343) 웹툰 '미생'의 윤태호(44) 작가는 31일 세계일보와의 인터뷰에서 이같이 말했다. 다음은 인터뷰 내용을 구술받아 윤 작가가 직접 말하는 형식으로 재구성한 것이다.

"기획 초기, 바둑 고수가 직장인에게 '처세법'을 알려준다든가, '이렇게 해야, 저렇게 살아야 한다'며 훈계하는 이야기가 내키지 않았습니다.

나는 직장생활 경험이 없습니다. 바둑특기생인 주인공 장그래를 통해 직장생활을 '목격한다'고 생각했습니다. 장그래와 제가 목격하는, 그리고 독자들이 목격하는 미생속 직장인이 만화를 읽는 당신이길 바랐습니다.

윤태호 작가가 지난 30일 서울 광진구 세종대에서 웹툰 '미생'을 연재하게 된 동기를 설명하였다.344) 외환위기 이후 직장인들이 자신의 존재 가치를 잃어버렸다는 생각을 합니다. 평생직장의 개념이 사라지고 정년도 불분명해진 상황에서 직장인들이 바라는 것이 과연 무엇인가 고민했습니다. '자기 자신을 찾는 것을 원하지 않을까' 생각했습니다. '내가 이렇게 일하고 싶었는데', '저런 상사가 되고 싶었는데…'라며 입사 때의 희망을 되새길 수 있길 바랐습니다. 취재를 하면서 직장인들이 마땅히 해야 하는 일에 대해 불만을 가지는 경우는 별로 없었습니다. 무엇보다

---

341) 종합 경제정보 미디어 이데일리, 안혜신 ahnhye@
342) http://news.nate.com/view/20130602n03717(2013.6.2)
343) [S스토리] "당신은 열심히 일하고 있습니다, 파이팅!", 세계일보 원문 기사전송 2013-06-01 06:05 최종수정 2013-06-01 09:33, 뉴스 기사 웹툰 '미생' 작가 윤태호
344) 김범준 기자

도 인간관계, 가치관의 차이, 불합리한 의사결정체계, 상명하복의 직장문화가 직장인을 힘들게 한다고 생각했습니다. 이러한 갈등이 지루하게 반복되고 개선되지 않는 게 직장인들이 근본적으로 힘들어하는 이유일 것 같습니다. 회사내 정치나 음모 등은 다루지 않았습니다. 딱풀을 부주의하게 사용해 서류가 찢어지는 사고가 더욱 공감할 수 있는 이야기라고 생각했기 때문입니다. 직장인들이 책임에서 벗어나려 하는 모습, 무던히 살고자 하는 욕망이 강한 것 같다는 느낌을 받았습니다. 평가가 올바르지 못하다고 믿기 때문인 것 같습니다. 그렇다고 너무 냉소적이지 않았으면 좋겠습니다. 인생의 절반을 보내는 직장이 자아실현의 공간이 아니라고 생각하지 않습니다. 내가 누군가에게 기여하고 누군가 나를 위해 기여하며 조화를 이루고, 좋은 에너지를 받아 퇴근하고, 아이의 학비를 대고, 가족과 맛있는 것을 먹는 과정속에 자아가 빠질 수 없다고 생각합니다. 어느 순간 자신도 모르게 일에 깊이 빠져 모든 것을 다 던지며 집중할 때가 있을거라 생각합니다. 핵심은 일의 종류나 월급의 액수가 아니라 존중받으며 품위있게 일하는 것이 아닐까 생각합니다.

만화에 달린 댓글을 꼭 챙겨봅니다. '직장생활을 반성한다'는 댓글을 볼 때가 있습니다. '당신들 제대로 해야 돼'가 아니라 '당신들 정말 열심히 하고 있다'는 것을 보여주려는 의도가 잘못 표현된 것 같아 속이 상합니다. 여러분 모두가 열심히 일하고 있다는 사실을 목격하셨으면 합니다."345)346)

13. 월급은 몽땅 자녀 교육비로, 100세 시대 내 노후 어쩌나

100세 시대의 삶은 60~70세의 인생과는 다르다. 재산운용, 부모와 자식과의 관계는 물론 가치관 등 모든 것이 달라져야 한다. 강창희 전 미래에셋 은퇴연구소장이 고령화 시대에 대한 연구와 강의활동을 토대로

---

345) 정리=박영준 기자 yjp@segye.com, 글로벌 미디어 세계일보 & Segye.com
346) http://news.nate.com/view/20130601n02142(2013.6.2)

'당신의 노후는 당신의 부모와 다르다'(쌤앤파커스 펴냄)란 책을 내 이런 화두에 나름의 해법을 제시하고 있다. 책 제목에 나오는 '당신'은 100세 장수시대를 눈앞에 둔 사람들로 노후준비가 덜된 허약한 당신이 아니라 경제적으로 좀 여유가 있는 중산층들이다. 국민연금 외에도 퇴직연금, 개인연금 등 3개층의 연금구조를 확보하라고 하거나 부동산 임대사업에도 빛과 그림자가 있다며 지나치게 낙관해서는 안된다고 한 것이 이에 해당한다. 그러나 여유없이 노후를 맞이해야 하는 사람들이 귀담아 들어야 할 이야기도 적지 않다.[347] 정년 후의 자유시간은 얼마나 될까.

60세에 퇴직하고 80세까지 산다고 가정할 경우에도 퇴직 후 20년의 '여유시간'은 8만시간이나 된다. 수면, 식사 등을 뺀 여유시간을 하루 11시간으로 잡고 365일과 20년을 곱해 나온 수치다. 2010년 우리나라 직장인들의 연평균 근로시간이 2193시간인 것을 감안하면 정년 후 8만시간은 36년간 현역으로 일하는 것과 맞먹는 어마어마한 시간이다. 당연히 '어떻게 되겠지'라는 안이한 자세가 아니라 제대로 된 '인생설계'가 필요하다. 진입, 퇴출이 수시로 일어나는 상시고용의 시대에는 오랜 시간 현역으로 활동하는 게 최고다. 그러기 위해선 '체면'을 버려야 한다. 특히 사회적으로 잘나가던 사람들이 그렇다. 나이가 들어서 일을 하려면 좋은 일은 젊은 사람에게 양보하고 허드렛일에 눈을 돌려야 한다. 지하철 택배 일을 하는 전직 무역회사 사장, 리서치 회사의 전문조사요원으로 일하는 전직 대기업 간부, 남이섬에서 환경미화원으로 일하고 있는 71세의 전직 교장 등은 체면을 벗어 던지고 일을 통해 삶의 활력을 찾는 장수시대의 '현자'(賢者)들이다. 체면을 벗어던진 효과는 의외로 크다.

소일거리가 있으면 마음이 덜 불안하지만 아무 일도 하지 않는 사람은 쓸데없이 욕심을 내거나 겁을 내기 마련이다.

자녀교육을 위해 모든 것을 거는 것도 위험한 일이다. 고소득자가 아

---

347) 서울신문 원문 기사전송 2013-06-01 04:21

니고선 자녀교육에 아낌없이 쏟아부은 뒤 노후자금을 마련하기가 쉽지 않기 때문이다. 100세 시대에는 자녀교육과 노후준비가 상승작용을 일으키기보다는 서로 주고 뺏는 제로섬 게임이라는 것을 알아야 한다.[348][349]

---

348) 가격 1만 5000원, 임태순 선임기자 stslim@seoul.co.kr, 서울신문(www.seoul.co.kr)
349) http://news.nate.com/view/20130601n01710(2013.6.2)

제7장 정년 60세 연장과 노동시장 양극화

1. 정년 연장이 몰고올 노동시장 양극화 우려

 부모와 자식간 일자리 충돌이 불가피하고 공기업과 대기업 강성노조만 혜택볼 것, 정년 철폐하고 생산성 임금제도로 가야350) 권고사항이던 근로자 정년 60세를 의무화하는 내용의 '고용상 연령차별 금지 및 고령자 고용촉진법' 개정안이 국회를 통과했다. 2016년부터 공공기관과 300인 이상 사업장, 지방공사, 지방공단에 대해 정년 연장을 시행토록 하고 2017년부터는 국가 및 지방자치단체와 300인 미만 사업장으로 확대하도록 규정하고 있다. 현재 300인 이상 사업장의 평균 정년은 58.4세다.

 정년이 60세로 늘어나면 지금보다 2년 정도 더 일할 수 있게 되는 셈이다. 은퇴시기에 접어든 이른바 베이비부머(1955~1963년생)를 위한 법 개정이라는 소리가 나온다. 개정법에 찬성한 여야 의원들은 정년 60세 의무화가 이른바 노후빈곤, 실버푸어 문제를 풀어보려는 취지라고 강조하고 있다. 일찍 직장에서 밀려난 조기 은퇴자들이 노후자금을 벌기 위해 대거 자영업에 뛰어들지만 대부분 실패를 면치 못해 빈곤층으로 추락하는 악순환을 깨야 한다는 것이다. 국민연금 수급연령이 올해 61세에서 2033년엔 65세까지 단계적으로 늦춰지지만, 연금을 받을 때까지 소득이 없어 공백이 생기는 은퇴 크레바스를 메우기 위해서도 필요하다는 논리다. 정년이 연장되면 국민연금 건강보험 등의 사회보험료 수입이 늘어난다는 점도 감안했을 것이다. 이런 주장은 명분으로야 손색이 없을지 몰라도 노동시장의 현실을 도외시한 단선적인 사고가 아닐 수 없다. 예

---

350) 산업관련기사 2013/05/02 17:23, http://blog.naver.com/cinderelrwa/60191184258, 정년연장이 몰고올 노동시장 양극화를 우려한다.

상되는 문제가 한둘이 아니다. 당장 부모세대와 자식세대간 일자리 충돌을 피할 수 없다. 고령 근로자와 청년 근로자의 비교우위가 다르고 업무영역이 다르다지만 기업내 총근로자 숫자가 늘지 않으면 결국 청년 신규고용을 줄일 수밖에 없다. 일자리가 태부족이고 기업의 임금지급 능력이 제한된 상황에서는 정년이 길어지는 만큼 총비용은 급수적으로 늘어난다. 지난해 청년(15~29세) 고용률은 고작 40.4%였고, 실업률은 7.5%였다.

청년실업 대란에 대한 우려는 유럽국가 사례에서 극명하게 드러난다. 대부분 65세 이상의 정년을 채택하고 있지만 청년실업률이 20~30%를 넘는 나라가 즐비하다. 그리스(55.3%) 스페인(53.2%)은 말할 것도 없고 프랑스(24.3%) 이탈리아(35.3%) 역시 치솟는 실업률을 막지 못해 나라가 휘청거린다. 정년 연장은 기존 정규직 근로자의 기득권 강화로 이어질 게 뻔하다. 게다가 개정법에서는 임금피크제 도입이 노사합의 사항이다.

노동시장 상층부의 기득권이 강화되면 그 부담은 고스란히 비정규직 근로자, 중소기업, 하청업체, 다시 말해 노동시장의 하층부로 전가된다.

아래로 내려갈수록 더큰 피해를 보는 노동시장의 양극화가 심화될 것이다. 정년 자체를 폐지하는 것이 옳다. 실제로 미국과 영국은 나이를 기준으로 근로를 제한 못하게 정년을 없애버렸다. 그러나 정년 연장이든 정년 폐지든 임금체계 개편이 전제돼야 한다. 임금을 연공서열이 아니라 생산성에 맞춰 지급하는 고용과 임금의 유연성이 안정적인 직장생활을 보장한다. 당연히 기득권을 포기해야 한다. 이런 조건을 전제하지 않는 정년 연장은 노동시장에 파국적 결과를 만들어낼 뿐이다. 무지한 선의(善意)가 만들어내는 악의적 결과 말이다.[351][352]

2. 방하남 고용노동부 장관, "임금피크제 지원금 5년에서 10년 검토"

방하남 고용노동부 장관이 장년고용 모범사업장인 '헤스본'을 찾아 근

---

351) [출처] 정년연장이 몰고올 노동시장 양극화를 우려한다|작성자 cinderelrwa
352) http://blog.naver.com/cinderelrwa/60191184258(2013.5.15)

로자들의 건의사항을 들었다.353) "정년 60세 의무화와 결합해 현재 5년까지만 지원하는 임금피크제 지원금을 10년까지 늘리는 방안을 검토하겠다."고 한다.354) 15일 인천 서구에 위치한 자동차 정비기기업체인 헤스본을 찾은 방하남 고용노동부 장관은 "정년 60세 의무화가 되기까지 3년, 4년의 전환기가 문제다. 그 기간 임금피크제를 적극 지원하는 방향으로 제도를 개선하겠다"고 말했다. 이날 방 장관이 방문한 헤스본은 장년고용 모범사업장으로, 지난 2008년부터 정년(56세)으로 퇴직한 근로자를 재고용해왔다. 간담회에는 머리가 희끗한 50~60대 장년 근로자들이 참석해 건의사항을 쏟아냈다. 양삼성 근로자 대표(64)는 "임금피크제 국가지원이 5년까지인데, 제 경우 올해부터 당장 끊기니 생활이 어렵다. 배려가 있었으면 좋겠다"고 말했다. 다른 사원도 "2006년이 정년이라 이후 7년차 근무를 계속하고 있다. 지원금을 5년까지 받고 이후는 받지 못했는데 기간을 10년으로 늘려주셨으면 좋겠다"고 건의했다.

　이날 간담회에서는 청년고용에 애로를 겪고 있는 문제도 언급됐다. 송만철 헤스본 사장은 "정년연장 연착륙에 대한 제도적 보완이 필요하다"며 "고령 근로자가 많다보니 생기는 생산성 저하 문제를 해결하기 위해 청년고용에 대한 현실적 지원책이 필요하다"고 전했다. 이에 방 장관은 "중기청하고 관련부처에 중소기업인력 미스매치 해소를 위한 특별협의체 구성을 제안한 상태"라며 "고령자들만 오래 일하는 게 아니라 청년층도 같이 일할 수 있는 환경이 만들어져야 한다"고 말했다. 방 장관은 간담회가 끝난 뒤 실제 생산현장을 둘러보고 근로자들을 격려했다. 조립라인에는 기름때가 묻은 팔토시에 목장갑을 낀 50~70대 장년층이 구슬땀을 흘리고 있었다. 부품조립을 하던 전경률(71) 씨는 "나이가 들어도 일할 수 있어 행복하다. 특히 새벽에 일어나서 집밖으로 나와 일할 장소가

---

353) 사진=고용노동부 제공
354) 머니투데이 2013-05-15 15:54:58, [머니투데이 이현수기자][방하남 고용노동부 장관 '헤스본' 현장방문]

있다는 것이 좋다"며 "75세까지는 문제없다"고 말했다. 고용노동부는 정년 60세 의무화가 산업현장에 미칠 영향들을 예측해 제도가 현장에 안착할 수 있도록 '임금체계 개편 가이드라인' 등 단계별 대책을 마련한다는 방침이다. 방 장관은 "현장에 와서 정년 60세가 기업 현장에 안착되는 데 필요한 여러가지 사항들을 직접 들었다"며 "60세 정년제는 고용연장 뿐만 아니라 노사의 경쟁력을 한 단계 높이는 계기도 될 수 있으므로 노사가 머리를 맞대 기업 여건에 맞는 임금체계를 갖출 수 있도록 노력해 달라"고 말했다.355)356)

3. 시한폭탄 베이비부머중 갈수록 얇아지는 지갑, 민간소비 악영향

베이비부머 세대의 지갑이 갈수록 얇아져 민간소비의 발목을 잡고 있다. 소비가 줄면 내수활성화를 통한 경기부양책이 효과를 내기 어렵다.357) 15일 통계청과 보건사회연구원 등에 따르면 작년말 713만 베이비부머 세대의 57.8%는 연간 경상소득이 3000만원 미만인 저소득층으로 분류됐다. 이는 전체 인구의 저소득층 비중(47%)에 비해 10.8%나 높은 수치다. 반면 베이비부머중 고소득층(연간 경상소득 8000만원 이상) 비중은 7.3%에 불과해 전체 인구의 해당 비중(10.2%)보다 낮다. 향후의 소득 전망도 좋지 않다. 통계청 조사결과 '1년후 소득이 증가할 것'으로 예상하는 답변 비중이 베이비부머는 18.9%에 불과했다. 전체 가구 답변(36.9%)의 절반 수준이다. 베이비부머 세대가 은퇴하거나 정년 연장으로 노동시장에 남아있더라도 근로소득이 줄면 전체 민간소비가 줄어들 가능성이 높다. 이는 내수 활성화에는 치명적이다.

---

355) 머니투데이 이현수기자 hyde@, '돈이 보이는 리얼타임 뉴스' 머니투데이
356) http://news.korea.com/view/normalview.asp?cid=EC&scid=EC1&sn=51768824(2013.5.15)
357) 아시아투데이 2013-05-15 14:15:56, [한국경제 시한폭탄 베이비부머-中]갈수록 얇아지는 지갑, 민간소비 악영향(아시아투데이= 김문관 기자 mooonkwan@asiatoday.co.kr)

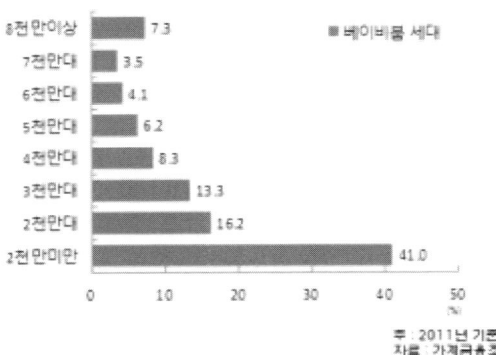

〈아시아투데이 김문관 기자 = 베이비부머 세대의 지갑이 갈수록 얇아져 민간소비의 발목을 잡고 있다.〉
자료:http://news.korea.com/v
　　　iew/normalview.asp?cid=EC&scid=EC5&sn=51768184(2013.5.15)

　　실제 작년 말 50대의 월평균 가처분소득은 4360만8000원으로 전년비 4.3% 증가하는데 그쳤다. 전체 세대의 증가율 5.8%는 물론 30대의 6.9%, 40대의 4.3%에 비해 낮다. 또 50대의 평균 자산도 부동산이 3억200만원으로 전연령대에서 가장 많지만 금융자산은 8200만원에 불과하다.

　　특히 우리나라는 사회보장제도가 성숙되지 않아 금융자산이 충분치 않을 경우 은퇴 후 소비수준이 급감할 것이라는 게 전문가들의 공통된 전망이다. 한국은행 거시건전성분석국 관계자는 "베이비부머들은 은퇴 이후 연소득이 2000만원대로 떨어지기도 한다"며 "민간소비가 부진한 터에 베이비부머들이 빚을 갚기 위해 주택을 처분하면 주택시장 위축으로 이어질 수도 있다"고 설명했다. 임진 금융연구원 연구위원은 "베이비부머들의 부동산 매각은 불가피할 전망"이라며 "역모기지론(주택연금) 등을 통한 부동산자산의 금융자산으로의 변신이 활발할 것"이라고 전망했다. 임 연구위원은 이어 "베이비붐 세대의 부동산 자산처분이 용이하도록 제도를 정비해야 한다"며 "또 자산처분 시점이 몰리면 부동산 가치가 급락할 수도 있어 이를 분산시킬 수 있는 방안을 마련해야 한다"고 조언했다. 장상인 주택금융공사 주택연금부장은 "도입 7년차를 맞은 주택연금은 연평균 전년 대비 76%씩 성장하는 등 수요가 크게 늘고 있다"면서도 "아직까지도 집을 '상속해야 한다'는 생각이 많아 인식개선이 시급하다"고 강조했다.358)359)

4. 현대중 직원, 퇴직 후 제2의 인생 두렵지 않다. 왜?

국내 첫 '퇴직직원 프로그램' 교육소감 들어보니360) "40년동안 앞만 보고 달려오다 보니 어느덧 정년퇴직을 눈앞에 두게 됐네요. 앞으로 무엇을 하고 살아야할지 막막했지만 이번 기회를 통해 제2의 인생계획을 세우게 됐습니다. 이제 제 노후가 두렵기보다 새로운 삶에 대한 기대감으로 설렘니다." 조명준 현대중공업 의장부장은 베이비부머 세대(1955~1963년생)다. 조 부장처럼 한국전쟁의 폐허가 한창 복구중일 때 태어나 대한민국의 부흥시대를 이끌었던 베이비부머 세대의 은퇴가 본격화되고 있다. 하지만 주택마련, 자녀교육, 노부모 부양 등으로 대부분의 베이비부머가 노후준비에 미흡한 것이 현실이다. 국내 기업 노조 대부분은 당장의 임금협상에만 급급할 뿐 노후에까지 미쳐 신경을 쓰지 못하고 있다. 이에 현대중공업 노조가 대기업 노조로는 처음으로 '퇴직지원 프로그램'을 시행키로 했다. 베이비부머 세대들이 정년퇴직을 맞으면서 노후에 대해 힘들어하고 걱정하고 있는 만큼 이러한 부분도 노조

---

358) '글로벌 종합일간지' 아시아투데이, 기사제공 : 아시아투데이 2013-05-15 14:15:56, [한국경제 시한폭탄 베이비부머-中]갈수록 얇아지는 지갑..민간소비 악영향(아시아투데이= 김문관 기자 mooonkwan@asiatoday.co.kr)
359) .http://news.korea.com/v iew/normalview.asp?cid=EC&scid=EC5&sn=51768184(2013.5.15)
360) 머니투데이 2013-05-14 08:07:52, 현대重 직원, 퇴직 후 제2의 인생 두렵지 않다, 왜? [머니투데이 구경민기자][현대중공업 국내 첫 '퇴직직원 프로그램' 교육 소감 들어보니‥]

가 해결해줘야 한다는 이유에서 올해부터 본격 실시됐다. 지난 7일부터 3일간 1단계 교육을 받은 조 부장은 "73년도에 현대중공업에 입사해 올해로 근무한지 40년이 된다"며 "하지만 퇴직 이후에 대해 신중하게 생각해 보지 못했는데 이번 기회를 통해 노후의 진로를 선택할 수 있게 됐다"고 말했다. 그는 "노후를 착실하게 준비한 사람이 있는 반면 준비를 소홀히 한 사람도 있었다"면서 "체계적인 교육과 더불어 준비를 착실히 해온 사람들의 얘기를 공유하다보니 많은 도움이 됐다"고 덧붙였다. 조 부장은 특히 "중동에서 일한 경험을 살려 관광가이드로서 제2의 인생을 살겠다는 사람과 지방에 땅을 조금씩 사놓고 귀농을 하려는 사람, 미술가가 되겠다는 사람 등 '마음만은 아직도 20대'인 사람들이 많았다"며 "다른 기업에서도 이런 프로그램이 확산되길 바란다"고 말했다. 조 부장은 40년동안 전문적으로 해온 선박건조의 경험을 살려 협력회사에 재취업을 하거나 창업을 하는 것이 제2의 인생 목표다. 그는 "이번 프로그램을 통해 창업할 때 어떤 부분을 조심해야 하는지 등의 관련정보와 아이디어를 얻을 수 있었다"며 "재취업이나 창업을 통해 성공한 사례들을 접할 수 있는 기회도 많은 도움이 됐다"고 강조했다. 올해 처음 시행되는 만큼 보완돼야 할 점도 털어놨다. 조 부장은 "퇴직 이후 재취업, 창업, 귀농 등의 일을 하는데 있어서 성공한 사례나 실패한 사례 등에 대한 구체적인 예시가 더 많았으면 좋겠다"고 말했다. 또 회사를 떠난 이후의 성공적인 삶을 위해 현대중공업 노사가 힘써준 만큼 어떤 일을 하든지 현대중공업인으로서의 명분을 잃지 않겠다고 다짐했다. 조 부장은 "현대중공업에 입사해 행복한 가정을 이루게 됐고 아들이 현대중공업에 입사한지 4년이 돼간다"며 "손주를 본지 4년이 됐는데 이 모든 것은 회사가 있기에 가능한 것이고 현대중공업의 퇴직프로그램을 통해 많은 것을 습득, 회사를 떠나서도 현대중공업인으로서의 성공적인 삶을 살겠다"고 말했다.361)

현대자동차는 지난 2011년 임금피크제를 도입하려 했지만 노동조합의 반대에 부딪혔다. 현대차의 정년은 58세이지만 이후 1년간 정규직, 1년은 계약직으로 60세까지 일할 수 있다. 임금도 59세부터 기본급이 낮아지기는 하지만 기본급외 임금은 정규직과 동일하게 지급되고 있다. 하지만 노조는 임금삭감없는 정년 연장을 주장하고 있다.[362] 고령근로자의 일자리 문제를 해결하기 위해 임금피크제를 도입하려는 기업들이 늘어나고 있지만 임금삭감이라는 부담이 노조의 반대를 낳고 있는 것이 현실이다. 또 사회적 관심에도 불구하고 정작 임금피크제 도입을 위한 구체적인 시행방안이나 계획은 찾아보기 힘들다는 것도 문제다.

이에 정계·학계 등 관련 전문가들에게 우리나라 임금체계와 임금피크제 도입시 해결해야 할 과제와 현실적인 방향을 들어봤다. 이들 전문가들은 무엇보다 노사가 모두 새로운 고용창출이라는 큰 틀에서 합의점을 찾으려는 노력이 수반돼야 한다는 점을 강조하고 정부의 적극적인 역할이 필요하다는 데 뜻을 모았다.

1) 정부, 임금체계 개선을 위한 표준모델 제시

김성태 새누리당 의원은 12일 기존 연공급제에 대한 문제점을 지적하며 임금피크제 정착을 위한 방향을 제시했다. 김 의원은 "연공급 임금체계의 경우 신규채용을 위축시키고 일자리 문제를 더 심각하게 만들 수 있어 다양한 형태의 임금체계 개편 조치가 필요한 상황"이라고 설명했다. 그는 특히 임금체계를 합리적으로 개편하고 일자리를 나눠 지속적으로 상생할 수 있도록 노사가 힘을 모아야 한다고 강조했다. 도입 10년이 된 임금피크제가 그동안 실질적으로 적용되지 못했던 것도 이와 맥락을 같이 한다는 것이다. 김 의원은 "임금피크제는 강제성이 없어 노사합의 전까지 본격적으로 시행되지 못하고 있는 실정"이라며 "임금체계 개편은 임금피크제 뿐 아니라 성과급제 개편, 직무급제의 확산 등 기존 연공

---

361) http://news.korea.com/view/normalview.asp?cid=EC&scid=EC4&sn=51761394(2013.5.19
362) 아시아투데이 2013-05-12 16:36:20, 임금피크제 성공적 정착, 노사정 머리 맞대야(아시아투데이= 박병일 기자, 이유나 기자 bipark@asiatoday.co.kr, ynalee@asiatoday.co.kr)

급 체계의 문제점을 보완할 각종 개선방안을 포괄해야 한다"고 강조했다. 김 의원은 임금피크제의 성공적인 정착을 위해 정부의 역할을 강조했다. 무엇보다도 산업군별로 임금피크제에 대한 인식차이가 나타나는 문제를 해결하기 위해 정부가 표준모델을 제시해야 한다고 주장했다.

그는 "정부에서 주요 산업분야별 또는 직업군별로 임금피크제 표준모델을 개발해 적극적으로 보급해야 한다"며 "가이드라인을 제시하고 인센티브를 제공해 정책적으로 유도허야 한다"고 설명했다. 또 "각 사업 또는 사업장마다 다양한 임금체계가 존재하는만큼 특성을 충분히 감안해 구체적인 접근방식을 마련할 필요가 있다"며 "임금피크제를 비롯한 다양한 방안을 적절히 결합해 기업의 여건에 맞는 방안을 설계해야 한다"고 강조했다.

2) 임금삭감에만 초점, 정부의 체계적 전략 부재

심상정 진보정의당 의원은 현재 우리나라 임금체계의 문제점을 기본급을 억제하고 수당으로 채우려는 인식이 커진 것이라고 지적했다. 결국 이런 잘못된 임금체계가 근로자들의 소득보전문제와 직결되면서 임금피크제 등 유연성있는 임금체계에 대한 불신을 낳았다는 것이다. 심 의원은 "기본급 인상은 한 자릿수에 그치고 각종 수당으로 임금을 보전하는 방식이 자리잡으면서 현재(연공급 임금체계)의 형태까지 오게 됐다"며 "지금은 공무원의 임금도 기본급 대비 각종 수당비율이 40%에 수당항목만 32개에 달하는 등 '수당백화점'이 따로 없다"고 설명했다. 그는 이러한 기형적 임금체계를 들여다보면 단순히 임금문제만 있는 것이 아니라고 강조했다. 심 의원은 "우리나라 임금체계속에는 한국경제의 문제점이 고스란히 녹아있고 수당이 월급의 반을 차지하니 기본급이 낮은 노동자는 소득보전을 위해 더 많이 일할 수밖에 없는 현실이다"고 설명했다. 이는 결국 노동시간이 자연스럽게 늘어날 수밖에 없는 구조란 것이다. 실제 경제협력개발기구(OECD) 회원국의 평균노동시간이 1749시간인데 반해 우리나라는 2193시간이다. 심 의원은 지난 10년간 임금피크제가 자리잡지 못한 이유에 대해 임금삭감에만 초점을 맞췄기 때문이라고 지적했다. 심 의원은 "정년을 연장해 고용을 보장하는 조건으로 임금의 일정액을 감액하는 취지가 왜곡돼 임금만 줄이는 것으로 받아들여지고 있다"며 "임금삭감에만 초점이 맞춰져 있는 것이 가장 큰 문제"라고 설명했다.

이어 임금피크제에 대한 정부의 전략부재에 대해서도 꼬집었다. 임금피크제가 어느 업종이나 어느 규모의 기업에 적합한지에 대한 치밀한 조사와 제도도입 효과를 면밀하게 분석할 필요가 있는데 준비없이 일률적으로 임금피크제 도입을 기업들에게 권고했다는 것이다. 심 의원은 아울러 임금조정 또는 삭감에 따른 소득감소분을 정부 차원에서 보전할 수 있는 방안이 적극적으로 제시돼야 한다고 강조했다. 심 의원은 "현재 지원금 제도의 예산은 114억원 정도밖에 되지 않는다"며 "제도 도입은 권장하고 지원은 얼마되지 않는다면 이 제도를 노동자들이 선택하지 않을 것"이라고 설명했다. 또 "각 산업이나 업종군에 적합한 방식의 임금피크제 도입을 설계부터 정착까지 노사의 수용성을 높일 수 있는 방안을 마련해야 한다"고 강조했다.

3) 많은 생활자금 필요한 40~50대, 임금피크제는 근로자에 부담

정원오 성공회대(사회복지학과) 교수는 먼저 우리나라 임금체계에 대한 문제점을 지적했다. 정 교수는 "일반적으로 임금을 생각할 때 하나는 '생활보장형 임금체계'고 나머지는 '생산성 기여에 대한 보상'"이라며 "이 두 요소를 객관화한다는 게 쉽지 않다"고 설명했다. "특히 우리나라의 경우 두 요소가 극단적으로 반영된다"며 "연공서열형은 생산성은 높아지지 않는데 임금이 상승한다는 단점을 가지고 있고, 연봉계약형은 극단적으로 경쟁을 시켜서 보장해주는 제도이기 때문에 두 가지 다 사실 문제가 있다"고 강조했다. 일반적으로 생활보장형 임금체계는 연공서열법으로, 생산성 기여에 대한 보상은 연봉계약형 임금체계로 나타나고 있다. 이어 정 교수는 그동안 임금피크제가 자리잡지못한 문제점에 대해 정년까지의 보장이 명확하지 않은 상황에서 제도가 시행된 것이 문제라고 꼬집었다. 정 교수는 "그동안 임금피크제는 자녀등록금이나 자녀결혼비용, 경조사비 등 많은 생활비용이 지급되는 40대~50대 시기에 임금이 줄어드는 단점을 가지고 있었다"며 "특히 정년까지의 보장도 사실상 명확하지 않았다"고 설명했다. 이어 "그동안은 노사간의 신뢰가 쌓이는 경험이 별로 없어 일부는 사측이 임금을 삭감하는 수단으로 임금피크제를 사용하는 것 아니냐는 반감도 있었다"며 "노사간의 신뢰를 쌓는 것이 가장 중요하고 정부도 변화시키려는 움직임이 필요하다"고 주장했다.

마지막으로 산업군의 특성에 따라 임금피크제 도입에 대한 생각이 다르게 나타나는 것에 대해 "전체 생산성이 높아지면 임금도 높아지고 생산성이 떨어지는 시기에 퇴직이 아니라 임금을 감소시키는 것이 가장 잘맞는 산업이 제조업"이라며 "육체노동의 특성으로 30~40대에 최고조였다가 점차 생산성이 떨어질 수 있다"고 설명했다. 이어 "반면 서비스산업의 경우는 다양한 분야로 구성된만큼 형태에 따라 일률적인 논의가 어렵다"며 "각 사업부문별 사업장에 따라 맞춤형 임금체계가 마련돼야 한다"고 덧붙였다.

4) 노사, '임금'이 아닌 '고용'에 집중해야

최영기 경기개발연구원 선임연구위원은 임금피크제에 대한 노사의 생각이 바뀌어야 한다고 강조했다. 최 연구위원은 "임금피크제는 기업 입장에서 임금부담은 커지고 생산성은 커지지 않아 불이익을 받을 수 있다고 생각해 정년 연장은 해도 임금은 조금 삭감하는 구조를 원하는 것"이라고 설명했다. 최 연구위원은 그동안 국내 대부분의 기업들이 적용해 온 연공제가 '임금'에 초점이 맞춰져왔고, 이는 임금체계에 대한 노사간 인식 차이를 만들어냈다고 지적했다. 이는 비정규직 문제로 직결된다는 설명이다. 그는 "연공제는 장기고용을 하는 데는 좋지 않을 뿐만 아니라 비정규직을 늘렸다"고 설명했다. 예를 들어 청소영역, 안내직원 등 단순직무를 담당하는 근로자가 단지 오래 근무를 했다고 임금을 올려주기에는 기업에 부담이 될 수밖에 없고, 결국 이런 단순직무 근로자를 비정규직으로 충당하게 됐다는 것이다. 최 연구위원은 "비정규직을 줄이고 장기고용을 촉진할려면 임금체계를 직무급, 성과급 중심으로 바꾸어야 한다"고 강조했다. 최 연구위원은 '임금' 이슈로 임금피크제 도입에 있어 노사갈등이 나타날 것이라고 우려했다. 또 임금피크제에 대한 노사의 갈등이 길어지고 노조가 주장하는 임금삭감없는 정년 연장이 관철될 경우 기업에서는 정년전에 퇴직시키는 다양한 수단들을 찾을 수 있다고 지적했다. 최 연구위원은 "지금도 정년이 규정상 55세라 해도 은행같은 곳은 52세면 은퇴를 한다. 특히 화이트칼라의 경우 승진을 못하면 자동 퇴직해야 하는 시스템도 이미 도입돼 있는 등 다양한 방법을 적용할 수 있다"며 "결국 피해는 근로자에게 돌아갈 수 있다"고 강조했다.

결국 회사나 노조 양쪽이 임금이 아닌 '고용'에 초점을 맞추고 접근해야 한다는 것이다. 최 연구위원은 "근로자들이 임금을 맞게 조정을 하더라도 더 오래 근무하는 방향으로 개인의 의식과 생각이 바뀌어야 한다"고 강조했다.363)364)

5. 일자리 창출 해법, 재취업은 '하늘의 별 따기

1) 창업했더니 '절반'이 부도

경기도 안산에서 중소기업 임원으로 재직중인 이 모(54) 씨는 최근 불면증과 스트레스성 소화불량으로 치료를 받고 있다. 이 씨는 얼마전까지 은퇴를 고민하면서 술자리를 자주 갖고 지나친 흡연을 했는데, 이로 인해 불면증과 소화불량 진단을 받았다.365) 요즘 이 씨는 창업스쿨에서 만

---

363) '글로벌 종합일간지' 아시아투데이
364) http://news.korea.com/view/normalview.asp?cid=EC&scid=EC4&sn=51755902(2013.5.15)

난 사람들과 제2의 인생을 설계하느라 회사 동료나 친구들과의 만남도 뚝 끊었다. 베이비붐 세대(195년~1963년생)의 은퇴가 본격화하고 있다.

베이비부머는 전체 인구의 약 15%를 차지하면서 720만명으로 추산된다. 베이비부머들은 2010년부터 매년 수십만명이 일자리를 잃고 거리에 쏟아지고 있다. 이들의 집단 은퇴는 국민연금 지출 증가와 이를 부담해야 하는 정부의 재정 악화 등 사회적 문제로 떠오르면서 갈길 바쁜 한국경제의 발목을 잡고 있다는 부정적 시선을 받고 있다. 하지만 이들은 정부가 △일자리 부족 △창업불안 △세대간 갈등을 해결할 수 있는 근본적 대책을 마련해줄 것을 요구하고 있다. 또 일자리 문제를 세대간 갈등의 원인으로 몰고 가는 사회현상도 시급히 바로 잡아야 한다고 입을 모았다. 특히 가족을 부양하며 돈 쓸 곳이 많은 중·장년층의 재취업 문제는 청년실업과는 별도의 실효성있는 대책이 요구되고 있다.

2) 재취업 '하늘의 별따기'

지난달 26일 경기도가 주최하고 용인시가 주관한 '2013년 용인 채용박람회'가 기흥구청에서 열렸다. 박람회는 일자리를 희망하는 베이비붐 세대 구직자들에게 폭넓은 취업 기회를 주고자 마련됐다. 25개 구인업체가 베이비부머 및 일반 청·장년 구직자 162명을 채용한다는 소식에 1000여명이 박람회장에 몰렸다. 이날 기업들은 생산, 판매분야 등에 최종 93명만 뽑았다. 모집 인원 대비 57%의 채용률에 그쳤다. 고용노동부 중견전문인력 고용지원센터의 2011년도의 사업실적을 보면 센터를 통해 구직활동을 한 7781명중 35.1%에 불과한 2732명만이 취업에 성공했다. 10명중 6~7명은 높은 벽만 실감한 채 발길을 돌려야 했다.

상황이 이렇다보니 각 지자체별로 베이비부머의 취업을 돕기 위한 일자리 박람회가 넘쳐나고 있지만 근본적 해결이 아닌 땜질식 처방에 그

---

365) 이투데이 2013-05-09 11:37:44, [일자리 창출 해법은] 재취업은 '하늘의 별 따기'… 창업했더니 '절반'이 부도, [이투데이 정재석 기자]

치고 있다. 또 취직에 성공한다고 해도 일자리의 질이 보장되지는 않는다. 한국보건사회연구원의 조사를 보면 베이비부머 재취업자의 직종은 단순노무, 서비스, 장치·기계조작, 관리자 등이 전체의 70% 가량을 차지했다. 재취업 후 사무직 종사자는 26%에서 3.8%로 뚝 떨어진 반면 단순노무직 종사자는 7.5%에서 26.1%로 크게 올랐다.

3) 불안한 창업, 절반은 실패

하지만 대부분의 베이비부머가 노후준비에 미흡해 창업으로 제2의 인생을 설계하는 것으로 나타났다. 문제는 생계형 창업에 나선 베이비부머들의 창업 실패율이 높다는 점이다.

지난해 8월 금융결제원 발표에 따르면 전체 자영업자의 30% 이상이 50대이며 어음을 막지 못해 부도를 낸 자영업자 47%가 50대로 조사됐다. 업계 전문가들은 50대 창업자들의 실패요인으로 음식점, 호프집 등 과당경쟁 업종에 몰려있는 점을 꼽았다. 레드오션 시장에 무리하게 뛰어든 것이 창업성공의 발목을 잡았다는 설명이다. 이처럼 브랜드파워나 입소문만 믿고 프랜차이즈를 시작하는 예비창업자들이 적지 않다. 그만큼 안정적 정착이 쉽지 않다. 전문가들은 안전한 창업 아이템의 조건으로 세 가지를 강조한다.

첫째, 최신 트렌드를 따라가면서 유행을 타지 않을 것
둘째, 시장규모가 커서 꾸준히 안정적 매출이 가능할 것
셋째, 제한된 동종업종으로 영업권을 보장받을 것 등이다.

4) 정년 60세 연장 '글쎄', 세대간 갈등 '억울'

지난달 한 지자체가 실시한 베이비부머를 위한 채용박람회에서는 세대간 소동이 벌어졌다. 베이비부머가 아닌 30~40대가 박람회장에 몰리면서 채용기회를 놓고 주최측에 항의하는 사태가 발생한 것이다. 유 모 (55) 씨는 "같은 자격증을 소지하고 있더라도 회사측에서는 젊은 사람을 선호할텐데 공정한 경쟁이 되겠냐"고 말했다. 이날 박람회에서 최종 선

발된 24%는 베이비부머가 아닌 청년층이었다. 이처럼 베이비부머들은 젊은 사람들의 일자리나 뺏으려는 집단으로 세대간 갈등의 오해를 받고 있는 상황이다. 여기에 최근 '정년 60세 연장법'이 국회를 통과하면서 '제대로 지켜질까'하는 의문과 함께 세대간 갈등의 골이 더 깊어지는 것 아니냐는 우려가 나오고 있다. 중소기업에 다니는 최 모(52·회사원) 씨는 "정년 60세를 법으로 보장한다지만 일부 대기업 등에서만 지켜지고 우리(중소기업)와는 거리가 멀다"며 "사업주가 고되거나 생뚱맞은 부서로 발령을 내는 등 스스로 견디지 못하게 하는 방법까지는 막을 수 없는 것이 현실이다"고 말했다. 이준협 현대경제연구원 연구위원은 '베이비붐 세대 고용의 특징과 시사점' 보고서에서 "2008년 금융위기 이후 베이비붐 세대가 본격적으로 퇴직을 시작하면서 고용구조 및 산업구조에 큰 변화가 예상된다"고 밝혔다. 이 연구위원은 "베이비붐 세대의 고용률 하락의 주된 원인은 일거리 부족이며 정년퇴직이 가파르게 증가하기 시작한 것도 한 요인"이라며 "베이비붐 세대의 급격한 은퇴는 정부의 '고용률 70%' 목표 달성을 어렵게 할 것이어서 베이비붐 세대의 고용률 하락폭을 줄이는 것이 무엇보다 중요하다"고 강조했다.366)367)

6. 일자리 창출 해법을 "못믿겠다! 고용률 70%" 취업준비자의 한탄

새 정부 일자리 정책의 '로드맵'이 안갯속이다. 정부가 고용률 70%를 공언했지만 전문가들의 반응은 시큰둥하다. 당장 정부의 실현 약속에 부정적인 견해가 나오고 있다.368) '일자리 문제'는 지난 정부에 이어 박근혜 정부 들어서도 시급히 해결해야 할 과제이다. 박 대통령은 대선 때부터 '고용률 70% 달성'을 내세우는 등 일자리 문제를 가장 중요한 정책

---

366) 기사제공 : 이투데이 | 이투데이 기사 목록
367) http://news.korea.com/view/normalview.asp?cid=EC&scid=EC1&sn=51745608(2013.5.15)
368) 이투데이 2013-05-09 11:30:55, [일자리 창출 해법은] "못믿겠다! 고용률 70%" 취업준비자의 한탄, [이투데이 윤필호 기자]

으로 꼽아왔다. 그는 "각 부처에서 모든 역량을 집중해야 한다"며 "새로운 직업과 일자리를 창출해야 한다"고 밝혔다. 고용노동부는 2017년까지 고용률 70%를 달성하기 위해 매년 47만6000개씩 총 238만개의 일자리를 만들겠다고 밝혔지만 전문가들은 현실적 가능성에 의문을 품고 있다. 이런 상황에서 경기악화로 얼어붙은 고용시장은 10대, 20대에게 더욱 가혹했다. 한국고용정보원이 통계청 경제활동 인구조사 자료를 분석한 결과에 따르면 올해 3월 기준 20대 고용률은 역대 최저인 55.8%를 기록했다. 전무후무한 고용난에 시달리는 청년들의 취업경쟁은 더욱 치열해지고 있다. 고졸채용으로 주목받고는 있지만 여전히 차별과 노동 사각지대에 방치된 10대 역시 풀어야 할 숙제다. 은퇴를 앞둔 베이비부머 세대의 재취업 문제도 시급한 상황이다. 현대경제연구원은 지난 5일 박근혜 정부 5년동안 은퇴하는 베이비부머가 72만5000명에 이르며, 이를 방치할 경우 고용률 70% 달성은 불가능하다는 내용의 보고서를 내놓았다.

연구원은 올해부터 2017년까지 베이비부머 취업자가 연평균 14만5000명씩 줄어들면서 베이비부머 고용률이 지난해 74.3%에서 2017년 65%로 9.3% 떨어진다고 전망했다. 은퇴를 앞둔 베이비부머는 주로 안정적인 재취업을 선호하고 있다. 하지만 한정된 자리로 인해 일부의 은퇴자만이 새로운 일자리를 얻을 뿐이다. 재취업 경쟁에서 탈락한 이들은 결국 창업에 나설 수밖에 없지만 이마저도 여의치 않다. 최근 중소기업청이 발표한 '2012년 1인 창조기업 실태조사' 결과에 따르면 지난해 공동근로자 5명 미만인 1인 창조기업수는 전년도에 비해 13% 증가한 29만6000개로 집계됐다. 하지만 평균 매출액은 전년에 비해 500만원 줄어든 1억5500만원으로 추산됐다. 이같은 고용시장 불안정은 예비 은퇴자인 30, 40대에게도 악영향을 미치고 있다. 한편 고용시장은 큰 변화를 예고하고 있다.

최근 '정년 연장법' '청년고용촉진법' 등 경제민주화 관련 법안이 국회를 통과함에 따라 정년 60세가 의무화되면서 일자리 경쟁을 둘러싸고 세대간 갈등으로 이어질 것이라는 전망도 나오고 있다. 한편에서는 이에 따른 임금체계 개편을 놓고 노사간 논쟁이 가열되고 있다.

때문에 그 어느 때보다 정부의 구체적이고 실질적인 일자리 정책이 요구되고 있다. 특히 세대별 각각의 고유한 고민을 담을 수 있는 해법이 필요하다.369)

7. 정년 60세 '만년과장'이 답? 기업들 꼼수에 샐러리맨 눈물

"정년을 한참 남겨두고 임원 자리에 오르면 그만큼 일찍 회사에서 떠나야 해요. 출세가 빠르면 별세가 빠르다고 하잖아요."370) 한 대기업에 재직중인 직장인 A(45) 씨는 빨리 임원으로 승진하고 싶지 않느냐는 질문에 이같이 말했다. 직장인들의 정년을 60세까지 늘리는 정년 연장법이 통과됐지만 조기퇴직에 대한 샐러리맨들의 공포는 여전하다. 기업들이 법망을 피해 퇴직을 종용할 경우 나이와 관계없이 길거리로 내몰릴 수 있다는 것이 직장인들의 일반적 반응이다. 국회는 지난달 30일 본회의에서 고용상 연령차별 금지 및 고령자 고용촉진법 개정안 즉, 정년 60세 연장법을 통과시켰다. '사업주는 근로자의 정년을 60세 이상으로 정해야 한다'고 명시한 개정안은 오는 2016년 공공기관, 지방공사 및 공단, 300인 이상 사업장에 우선 적용된 뒤 이듬해인 2017년 모든 사업장으로 확대 시행된다. 그러나 상당수의 직장인들은 법과 현실 사이의 괴리를 지적하며 정년 연장법의 실효성에 의문을 제기하고 있다. 실제로 취업포털 사이트 사람인이 최근 20~30대 성인 남녀 1737명을 대상으로 실시한 설문조사 결과에 따르면 정년 연장에 부정적인 응답자중 33.4%는 '어차피 정년까지 일을 하지 못할 것'이라고 답했다. 정년 연장을 탐탁찮게 생각하는 기업들이 정식으로 구조조정을 단행하거나 명예퇴직 신청을 접수하지 않더라도 직원들을 내쫓을 수 있다는 것은 공공연한 사실이다. 특

---

369) http://news.korea.com/view/normalview.asp?cid=EC&scid=EC1&sn=51745579(2013.5.15)
370) 1~2년짜리 단기 임원 양산 인력 물갈이, 기사입력 2013-05-15 16:27 | 기사수정 2013-05-15 16:53, 아주경제 장기영 기자

정 직원을 아무런 연고가 없는 지방으로 발령내거나 한직을 떠돌게 하는 사례가 대표적인 예다. 부서장 직함을 뺏은 뒤 후배를 부서장 자리에 앉히고, 별다른 임무를 맡기지 않는 경우도 있다. 한 기업 관계자는 "자리에서 밀려나거나 부서를 옮긴 뒤 심리적 박탈감에 시달리다 회사를 그만 두는 직장인들을 종종 발견할 수 있다"고 말했다.

일부 직장인들은 기업들이 1~2년짜리 단기 임원을 양산해 인력을 계속해서 물갈이 할 수 있다는 전망까지 내놓고 있다. 임원이 되면 사실상 신분이 정규직에서 계약직으로 바뀌게 된다는 점을 이용해 조기승진 및 퇴직자를 배출할 수 있다는 설명이다. 정년을 보장받기 어렵다는 점 때문에 직장인의 꿈으로 불리는 임원승진을 꺼리는 이들도 있다. 특히 결혼과 출산 연령이 갈수록 늦어져 50~60대에도 자녀의 양육비를 충당해야 하는 직장인들이 늘면서 승진보다 정년을 중시하는 풍토가 조성되고 있다. 또 다른 기업 관계자는 "말단직원 때부터 승승장구해 40대에 임원을 단 일부 동료들은 퇴직 이후 재취업을 하지 못해 전전긍긍한다"며 "임원 욕심 때문에 일찍 퇴사하는 것보다는 차라리 과장이나 차장으로 정년을 채우는 것이 낫다"고 전했다. 하지만 정년 연장법이 갓 통과된 만큼 잘못된 관행을 근거로 부작용을 예단하기는 이르다는 시각도 있다.

기업 관계자는 "법안만 통과됐을 뿐 아직 각 기관이나 기업에서 구체적인 시행방안을 마련하지 않은 상태"라며 "법안이 시행되기전까지 임금피크제를 비롯한 제도적 보완장치를 충분히 검토하고 노사가 각종 쟁점에 대해 원만하게 합의한다면 제도를 안정적으로 정착시킬 수 있을 것"이라고 말했다. 371)372)

8. 정년 연장으로 부모와 자식간 일자리 충돌

당나라 시인 이상은은 "봄 누에는 죽어서야 실뽑기를 그치고 촛불은

---

371) 장기영 기자, jky@ajunews.com, 아주경제
372) http://www.ajunews.com/ kor/view.jsp?newsId=20130515000613(2013.5.15)

재돼야 비로소 눈물이 마른다"고 했다.373) 사람은 살아있는 동안 일하면서 자기 사명을 다해야 한다는 뜻이다.

지난 4월 30일 정년 60세를 의무화하는 내용의 고령자 고용촉진법 개정안이 국회를 통과했다. 2016년부터 공공기관과 300인 이상 사업장, 지방공사, 지방공단에 대해 정년 연장을 시행토록 하고 2017년부터는 국가 및 지방자치단체와 300인 미만 사업장으로 확대하도록 규정하고 있다.

기업들이 규정한 근로자 정년은 평균 57.4세지만 실제 퇴직 연령은 희망퇴직 등으로 53세다. 60세까지 회사를 다닌다면 7년 정도 연장되는 셈이다. 고령화로 정년 연장이 불가피한 상황이지만 인사적체, 생산성 저하 등으로 인사관리체제를 바꿔야 할 때다. 개정법은 노후빈곤, 실버 푸어 문제를 풀어보려는 취지라고 강조하고 있다. 조기 은퇴자들이 노후자금을 벌기 위해 대거 자영업에 뛰어들지만 대부분 실패를 면치 못해 빈곤층으로 추락하는 악순환을 깨야 한다는 것이다. 국민연금 수급연령이 올해 61세에서 2033년엔 65세까지 단계적으로 늦춰지지만 연금을 받을 때까지 소득없이 공백이 생기는 은퇴 크레바스를 메우기 위해서도 필요하다는 논리다. 정년이 연장되면 국민연금, 건강보험 등의 사회보험료 수입이 늘어난다는 점도 감안했을 것이다. 이런 주장은 명분으로는 손색이 없을지 모르지만 노동시장의 현실을 도외시한 단선적인 사고가 아닐 수 없다. 즉, 당장 부모세대와 자식세대간 일자리 충돌을 피할 수 없다.

고령 근로자와 청년 근로자의 비교우위가 다르고 업무영역이 다르다지만 기업내 총근로자 숫자가 늘지 않으면 결국 청년 신규고용을 줄일 수밖에 없다. 일자리가 태부족이고 기업의 임금지급 능력이 제한된 상황에서는 정년이 길어지는 만큼 총비용은 급수적으로 늘어난다.

작년의 청년(15~29세)고용율은 고작 40%였고 실업률은 7.5%였다. 청년 실업대란에 대한 우려는 유럽국가 사례에서 극명하게 드러난다. 대부

---

373) 서석주 공인노무사 · 수필가, yeosunews@hanmail.net, 승인 2013.05.15 14:29:22

분 65세 이상의 긴 정년을 채택하고 있지만 청년실업률이 30~50%를 넘는 나라가 즐비하다. 그리스(55.3%) 스페인(53.2%)은 말할 것도 없고 이탈리아(35.3%) 역시 치솟는 실업률을 막지 못해 나라가 휘청거린다. 고용노동부에 따르면 55세 이상 근로자의 임금은 34세 이하의 세배지만 업무 효율은 60%선에 불과하다. 기업 입장에서는 그만큼 임금을 줄일 수밖에 없을 것이다. 왜냐하면 당초 임금피크제를 전제로 추진되던 정년연장이 임금피크제없이 통과돼서다. 고령층은 교과서에 없는 기술을 가지고 있고 젊은이들은 새로운 기술에 빠르게 적응할 수 있는 능력을 갖고 있다. 이들이 기업내에서 상호협력을 통해 생산성을 높이는 문화를 만드는 것이 중요하다. 포스코, 한국동부발전, 우리은행 등은 정년 연장을 조건으로 임금피크제를 도입했다. 한전의 정년은 만 58세지만 56세가 되면 임금삭감을 조건으로 60세까지 정년 연장을 선택할 수 있다. 2007년 미국 윈스턴 옹은 100세까지 버스회사 정비사로 일하다가 은퇴 후 20일만에 사망했다. 아마 그도 일하면서 적당한 긴장을 유지했더라면 더 살았을지도 모른다. 미국과 영국은 진작에 정년을 없애 버렸다. 그러나 정년 연장이든 정년 폐지든 임금체계 개편이 전제돼야 한다. 임금을 연공서열이 아니라 생산성에 맞춰 지급하는 고용과 임금의 유연성이 장기적으로 안정적인 직장생활을 보장한다.374)375)

9. 정년 60세의 연장, 대학생들은 '반대'

"정치권에선 정년 연장이 청년실업과 상관없다고 하지만 경기가 어려워 가뜩이나 신규채용이 줄어드는 마당에 대학생들이 가고 싶은 좋은 일자리가 줄어드는 게 뻔할 거 아니겠어요?"(구자경, 인하대)376) "정년 연장의 혜택은 청년 구직자들이 선호하는 대기업과 공기업에서 주로 나

---

374) 여수신문, 서석주 공인노무사 · 수필가의 다른 기사 보기
375) http://www.yeosunews.net/news/articleView.html?idxno=23156(2013.5.15)
376) 노컷뉴스 원문 기사전송 2013-05-30 06:28, [CBS노컷뉴스 조백근 대기자]

타날텐데 전체 근로자수가 통제되고 있는 상황에서 사실상 기존 인원의 감소없이 신규 충원은 어려울 것 아닌가요?"(이현지, 숙명여대) 전국경제인연합회가 29일 이화여대에서 개최한 토론회에서 최근 국회를 통과한 정년 60세 의무화 법안에 대해 터져나온 대학생들의 반대와 불만의 목소리들이다. 하지만 이같은 부정적인 의견외에 정년 연장 조치가 고령화 사회를 맞아 일종의 사회적 안전판 기능을 할 것이라는 주장도 일부 제기됐다. 고려대에 재학중인 김승욱 씨는 "고령근로자와 청년근로자가 대체관계라는 실증적 근거가 없다"며 "청년세대의 우려는 막연한 불안감일 뿐"이라고 지나친 우려를 일축했다. 같은 학교 홍진표 씨도 "한 사회의 일자리 총량은 고정되지 않고 경제성장 등을 통해 변화되는 것으로서 정년 연장 조치가 일자리 선택에 미치는 영향은 제한적일 수밖에 없다"고 주장했다. 토론에서는 기존 근로자 정년을 늘림과 동시에 새 세대의 일자리 확보를 위한 해법은 결국 기업의 성장을 이끌어 내야 하는 것이라는 주장도 나왔다. 성균관대에 다니는 김남수 씨는 "정년 연장과 같은 정책이 중,장기적으로 기업의 생산성을 높이고 추가투자를 이끌어 낼 수 있어야만 일자리 늘리기 해법으로 평가받을 것"이라고 지적했다. 서강대 김원석 씨는 "일자리 문제를 해결하려면 여러 계층과 세대를 아우르는 논의 기구를 통해 성원간 공감대를 형성하는 것이 필요하다"며 정부의 국민대통합위원회에 기대감을 표시했다. 전경련은 주요 정치, 경제 현안에 대해 대학생들의 생각을 나누는 '대학생 열린 토론회'를 2년 전부터 지속적으로 개최해왔으며 오는 하반기에도 젊은 세대의 관심이 높은 현안에 대한 토론회를 열 예정이다.377)378)

---

377) cbsjbg@cbs.co.kr, CBS 노컷뉴스(www.nocutnews.co.kr)
378) http://search.nate.com/search/all.html?s=&sc=&afc=&j=&thr=acma&nq=6&q=%C1%A4%B3%E2+60%SC%BC+%BF%AC%C0%E5(2013.5.30)

10. '정년 60세 의무화' 조기퇴직 부른다

임금조정이 따르지 않은 정년 60세 의무화는 중장년 근로자의 조기퇴직을 초래할 것이라는 우려가 제기됐다.[379] 대한상공회의소는 '고령자 고용연장을 위한 임금체계 개선방안' 보고서를 통해 "근속연수가 길수록 임금과 생산성의 격차가 벌어지는 연공급 임금체계로 인해 고령자 고용불안이 야기되고 있다"고 주장했다. 보고서에 따르면 국내 전체 근로자 평균연령은 지난 93년 34.3세에서 2011년 기준 39.6세로 5.3세 증가했다. 취업자연령대중 가장 큰 비중을 차지하는 핵심근로층도 '91년 30대에서 '11년에는 40대로 높아졌다. 대한상의는 "우리나라는 연공급적 임금체계인 호봉제를 도입하고 있는 기업이 지난해 기준 75.5%에 달하고 있어 동일직무의 근로자라도 근속연수에 따른 임금상승폭이 선진국보다 큰 실정"이라고 설명했다. 실제 2006년 기준으로 국내 제조업의 20년차 이상의 근로자 임금은 신입직원에 비해 2.8배 높았다. 이는 스웨덴(1.1배), 프랑스(1.3배), 영국(1.5배), 독일(1.9배) 등 유럽주요국이 1.1~1.9배인 것과 비교해 크게 높은 수치이다. 또 한국노동연구원의 자료에 의하면 55세 이상 근로자의 임금은 34세 이하 근로자에 비해 302%였다.

반면 생산량과 부가가치는 각각 82%, 60%에 불과했다. 정년 60세 의무화와 관련해서 "법으로 정년 연장을 의무화하면서 임금조정과 연계하지 않은 점이 문제"라며 "정년 60세를 의무화하더라도 임금과 생산성을 일치시키는 임금조정이 따르지 않을 경우 고령근로자의 고용안정이 어려워질 수 있다"고 주장했다. 임금피크제 도입 등 임금조정이 이루어지지 않을 경우 정년 60세에서도 기업은 임금부담 등으로 여전히 희망퇴직 등을 통한 구조조정을 할 유인이 있다는 의미다.[380][381]

---

[379] 2013-05-02 11:00 | CBS 임기상 기자
[380] 대한민국 중심언론 CBS 뉴스FM98.1 / 음악FM93.9 / TV CH 412, CBS 노컷뉴스 (www.nocutnews.co.kr)
[381] http://www.nocutnews.co.kr/show.asp?idx=2481940(2013.5.30)

11. 60세 정년 연장의 숨겨진 비밀

건강하게 오래 사는 사람들이 늘고 있다. 그들에게는 일할 의욕도 있고 경험도 있다. 우리 사회의 소중한 자원이다. 인력난에 시달리는 기업 입장에서 나이 많다고 쓰지 않을 이유가 없다. 실제로 한 중소기업인은 "지방으로 공장을 이전하면서 은퇴한 분들을 고용했는데 주중에 회사에서 숙식하며 책임감있게 일해 매우 만족한다"고 말했다. 이렇게 공급과 수요가 노동시장에서 만나 자유롭게 일자리를 늘린다. 물론, 경제가 정상적으로 작동하는 경우다.[382] 문제는 정부가 법을 통해 간섭하기 시작하면서 발생한다. 이런 사람을 써라, 계약을 이렇게 해라, 임금이 너무 높으니 내려라, 또는 너무 낮으니 높여라 하면서 이런 저런 규제를 만든다. 시장의 자율적 조절기능을 교란한 결과로 그 분야의 일자리가 줄어들고 경제는 위축된다. 정부가 하는 일마다 실패하는 이유 가운데 하나다. 이번에 정부가 또 쓸데없는 짓을 했다. 60세로 정년 연장을 의무화하는 법을 만든 것이다. 정부가 법으로 강요하지 않아도 시장에서 고령자의 일자리가 늘어나는 것은 자연스럽다. 오히려 법으로 강제하면 부작용이 발생한다. 왜 그럴까. 문제는 시장의 선택과정과 달리 억지로 늘린 분야에서 일어난다. 아랫돌 빼서 윗돌 괴기다. 노령층 일자리를 억지로 유지시킨만큼 젊은이에게 돌아갈 일자리가 줄어든다. 일자리를 법으로 배분하다보니 기업의 효율성이 떨어지고 사회적 부담이 늘어난다. 기업의 경쟁력 하락으로 일자리가 줄어들어 국가 전체적으로 손해다. 더구나 청년실업이 심각한 상황에서 청년일자리를 줄이는 것은 장기적으로 해롭다. 젊은이들이 일을 통해 경험을 축적할 기회를 박탈하는 것은 우리 사회의 지식자본축적을 가로막는 일이기 때문이다. 우리 사회에서 선망받는 일자리는 주로 대기업과 공기업에 있다. 그 수는 오히려 줄어들고 있다. 이들 일자리를 차지하고 있는 기득권 노동계층은 노조 등을 통해

---

382) 기업 2013/05/18 20:45 http://blog.hani.co.kr/csno/49303

자신들의 일자리를 지킬 정치적 힘을 가지고 있다. 이번 정년 연장의 실질적인 수혜자다. 최근 사회통합위원회가 조사한 자료에 의하면 정년 연장에 대해 50대는 40.5%가 찬성, 20대는 24.9%가 찬성 의견을 가지고 있다고 한다. 장년층 입장에서 좀더 일하고 싶은 마음을 갖는 것은 이해 못할 바 아니지만 법으로 자신의 일자리를 지키려는 것은 기득권자의 독점적 횡포다. 독점의 폐해는 주로 법으로 기득권을 보호할 때 일어난다. 이익집단이 제 밥그릇 지키기에 성공한만큼 그 이면에는 사회의 실패가 숨어 있다. 정치인들은 정년 연장 강제화를 통해 일방적으로 기득권 집단인 노조의 손을 들어줬다. 국민의 이익을 외면하고 이익집단을 보호하는 법은 타락한 법이다. 노동시장의 경직성을 풀지 못하고 있는 상황을 고려한다면 정치권은 최소한 임금유연성 확대를 조건으로 정년 연장의 특혜를 제공하는 정치적 계산을 해야 했다. 아쉽게도 정치권은 정년 연장의 구호에만 매몰되어 노동시장의 선진화를 외면했다. 우리 사회는 일본 노동문화를 본받아 평생직장, 연공서열에서 벗어나지못한 상태다. 늦었지만 정부는 경직적인 임금구조를 완화하는 임금피크제가 정착될 수 있도록 노력하는 모습을 보여야 한다. 기업은 복지기관이 아니다. 기업에 복지역할을 강요하면 경쟁력을 유지할 수 없다. 생산성과 유리된 임금을 주는 고용은 장기적으로 유지가능하지 않다. 결국 글로벌 경쟁에서 뒤처진 기업은 사라지고 우리 사회의 일자리는 점차 줄어든다.

  오랜 기간 반시장적 규제가 쌓이다보니 우리 경제의 활력이 계속 위축됐다. 이번 정년 연장의 강제로 인해 국민의 부담이 늘고 경제가 어려워지는 악순환 고리를 강화했다. 일자리를 줄이는 악법은 우리의 미래를 어둡게 만들 뿐이다.[383)384)]

---

383) 최승노 자유경제원 사무총장
384) http://blog.hani.co.kr/csno/49303(2013.5.30)

12. 재계, '정년 60세로 연장' 일제히 반발

경제계는 정년이 60세로 연장되면 기업의 고용부담이 지나치게 커진다며 반발하고 나섰다.[385] 근속연수에 따라 임금이 자동으로 상승하는 연공(年功)급 임금체계가 주류인 상황에서 인건비 부담이 가중되고 청년실업에 따른 세대간 일자리 갈등의 소지가 있는 등 부작용이 더 크다는 것이 경제계의 입장이다. 한국경영자총협회와 대한상공회의소에 따르면 국내 기업에서 20년 이상 근무한 직원의 평균임금은 1년 미만 신입직원 대비 2배가 넘는다.

▲ 23일 오후 국회 환경노동위원회 법안심사소위원회에서 근로자의 정년을 60세로 의무화하는 이른바 '정년 연장법안'을 두고 여야간 의원들이 뜨거운 토론을 벌이고 있다. (황진환 기자/자료사진)

자료: http://www.nocutnews.co.kr/show.asp?idx=2472980(2013.5.30)

이는 유럽 주요 국가들이 120~130% 수준인 데 비하면 크게 높은 수준이다. 하지만 생산성은 급여 수준에 미치지 못한다. 노동연구원은 최근 55세 이상 고령 근로자의 생산성이 34세 이하 근로자 대비 60%에 불과하다는 분석을 내놓은 바 있다. 그만큼 정년연장에 따른 기업의 고용부담이 가중된다는 뜻이다. 대한상의는 "임금체계 조정없이 정년만 연

---

385) 2013-04-23 18:09 | CBS 임기상 기자

장할 경우 고령 근로자의 생산성과 임금간 괴리가 심화할 수밖에 없다"고 지적했다. 이런 이유로 2011년 현재 국내 300인 이상 사업장 1천 881개 가운데 60세 이상 정년제를 채택한 곳은 439개(23.3%)에 불과하다.

현재 정년을 60세까지 연장한 기업은 현대중공업, 홈플러스, GS칼텍스, 대우조선해양 등이다.

경총은 "1998년 일본이 정년 60세를 의무화할 당시 기업의 93%가 이미 그 수준의 정년제를 시행하고 있었던 데 반해 국내 기업들은 거의 준비가 안된 상태"라고 주장했다. 인사 적체에 따른 인사관리의 부담도 문제로 지적된다. 기업은 조직관리측면에서 매년 3~4%의 신규채용으로 내부 노하우와 기술을 선순환시켜야 하는데 정년이 연장되면 고령근로자 퇴출을 통한 인력순환이 단절될 수 있다는 것이다. 이는 자연스레 청년층 일자리 확보에 부정적인 영향을 줄 수 있다는 것이 경제계의 주장이다. 특히 대기업의 경우 고령근로자의 비중이 커지면서 신규채용 수요가 감소할 수 있다는 우려가 나온다. 실제 경총이 작년 5월 실시한 '세대간 일자리 갈등에 관한 인식조사'에서는 기업의 54.4%가 정년이 연장되면 신규 채용규모가 감소할 것으로 예상했다. 전경련은 "청년실업에 대한 해결방안이 없는 상태에서 정년 연장을 강제하는 것은 바람직하지 않다"며 "개별 기업의 여건에 따라 자율적으로 적용하도록 하거나 시행 시기를 연장해야 한다"고 밝혔다. 중소기업중앙회도 "중소기업은 청년인력의 높은 이직률로 인력난과 인건비 부담의 이중고를 겪고 있어 법이 최종 통과되면 중소기업의 인력운용상 어려움이 가중될 것"이라고 밝혔다.

이어 "이번의 법안 처리는 새 정부와 국회가 규제완화를 통해 중소기업의 경영부담을 완화하고자 했던 노력을 간과하고 오히려 새로운 규제를 만들어 중소기업의 경쟁력을 저하하는 결과를 초래할 것"이라고 비판했다.[386][387]

---

386) 대한민국 중심언론 CBS 뉴스FM98.1 / 음악FM93.9 / TV CH 412, CBS 노컷뉴스 (www.nocutnews.co.kr)

13. 성장판 닫힌 대한민국, 성장률 다시 높일 해법
1) 청년고용 증가

내수 불씨 살리고, 청년 고용 늘려야, 20세기 후반 고성장의 대명사로 불렸던 우리나라는 21세기에 접어들면서 성장 활력이 빠르게 하락하고 있다. 소득수준이 높아짐에 따라 성장 속도가 떨어지는 것은 어찌 보면 자연스러운 현상일 수 있다. 앞선 국가들과 기술격차가 줄어들면서 모방을 통해 생산성을 빠르게 높이기 어려워진다.[388] 소득과 임금수준이 상승하면서 저렴한 노동력의 이점도 점차 줄어들게 된다. 그러나 우리나라의 성장 하락 속도는 상당히 빠른 편이다. 1990년대 7%에 달하던 성장이 이제는 3%대까지 낮아진 것으로 추정된다. 미국과 성장률 격차가 별로 나지 않는다. 우리나라가 선진국 굴턱에 진입했다고는 하지만 아직 주요 선진국인 미국이나 유럽 국가들과 소득수준이 두 배 가까이 차이가 나고 있어 갈길이 멀다. 이들 국가보다 뚜렷이 높은 성장을 유지해야 진정한 선진국 대열에 들어설 수 있다. 우리 경제의 과거 고성장 전략은 이제 통하지 않는다. 대규모 설비투자를 통한 대량생산과 수출전략은 토지와 생산비용측면에서 이점이 큰 중국·인도 등 후발 개도국에 내어줄 수밖에 없다. 전자부품·통신기기·가전·조선 등 주요 산업부문에서 세계 최고 수준으로 올라서면서 과거처럼 다른 선진국이 만들어 놓은 기술을 따라가는 방식으로 생산성을 높이기도 어려워졌다. 더욱이 우리 경제에는 1990년대 이후 일본이 경험했던 저성장 증후군이 유사한 모습으로 나타나고 있다. 저출산 고령화로 경제의 생산가능인구가 점차 둔화되고 세계적으로 긴 노동시간도 줄어들 수밖에 없다. 공공연금의 부족, 자녀교육비 지출 등으로 노후대비가 부족한 은퇴 연령층, 고령층의 소비성향이 낮아지면서 구조적인 소비부진 현상이 나타나고 있다. 경제규모에 비해 과도한 건설투자도 계속해 구조조정을 받아야 하는 상황이다. 자칫하

---
387) http://www.nocutnews.co.kr/show.asp?idx=24729809(2013.5.30)
388) 한경비즈니스 원문 기사전송 2013-05-31 18 39

면 우리나라에서도 일본과 같은 장기침체가 닥칠 우려도 있다는 것이다.

2) 수출 일변도 성장 '바꿔 바꿔'

우리 경제의 활력이 더 떨어지지 않기 위해 혹은 다시 높아지기 위해서는 수출 일변도의 성장에서 수출과 내수가 함께 끌어가는 성장으로 전환돼야 한다. 구조적으로 부진할 수밖에 없는 내수를 확대하기 위해서는 우리 국민들의 잠재적인 소비수요를 이끌어내야 한다.

그동안 소비하고 싶어도 소비하지 못했던 부문들 즉, 여가와 문화관광·보건·복지부문의 수요환경 개선에 주력할 필요가 있다. 관련 인프라를 크게 늘리고 수요확대를 제약하는 각종 규제들을 합리화해야 한다.

수요와 생산이 늘면서 고용과 소득이 창출되고 이것이 다시 수요증가로 이어지는 선순환을 만들어야 한다. 전체적인 가계부채 규모가 큰 상황에서는 상대적으로 소비 여력이 높은 고소득층의 소비 촉진이 필요하다.

부유층 소비에 대한 부정적 인식과 규제 등으로 고소득층 소비가 과도하게 위축되지 않도록 해야 한다. 수출경쟁력이 유지되기 위해서도 내수 확대는 꼭 필요하다. 내수가 늘어나는 것 자체가 경제성장을 견인할 뿐만 아니라 원화 절상 압력을 줄여 수출의 가격경쟁력이 빠르게 떨어지는 것을 막아주는 역할을 하게 된다. 아시아 주요 국가들이 유사한 성장전략을 취하고 있는 상황에서 원화가치의 흐름은 우리나라의 장기적 성장 추세에 중요한 영향을 미치게 될 것이다.

과거 일본은 엔고에도 불구하고 유통시장의 폐쇄성, 국민들의 자국산 선호 경향 등으로 수입이 늘지 않아 엔고가 지속되고 수출경쟁력이 떨어지는 악순환을 경험한 바 있다. 수입확대에 대한 사회적 거부감을 줄여 수출과 수입이 같이 늘어나면서 경쟁력있는 부문에 생산이 집중되도록 해야 한다. 엔화 약세의 장기화가 예상되는 상황에서 원화가치가 빠르게 상승하지 않도록 자본 유·출입 규제 등 제도적 장치를 강화할 필요가 있다.

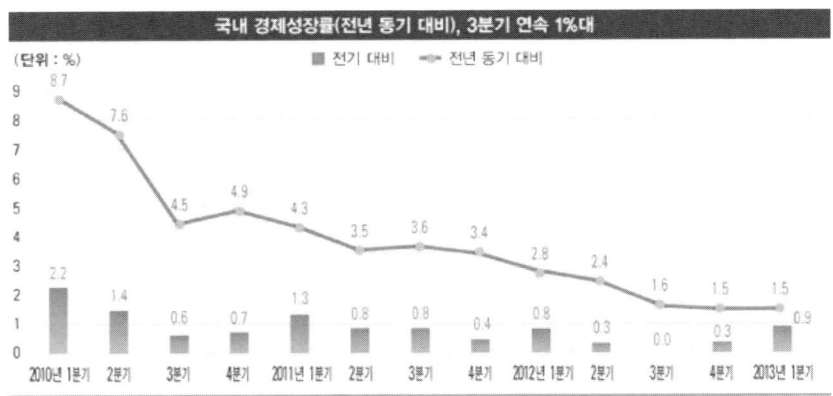

자료: http://news.nate.com/view/20130531n27635(2013.6.2)

3) 노동력 감소 충격 최소화 '필요'

생산요소의 공급측면에서는 노동력 감소에 따른 충격을 최소화해야 한다. 여성의 경제활동 참여를 높이기 위해서는 출산·육아로 여성의 경력 단절이 커지지 않도록 육아휴가제와 유연근무제를 더욱 확대해야 한다. 정년 연장과 임금 피크제 강화로 고령 노동인구도 적극 활용할 필요가 있다. 외국인 근로자 유입에 대해서도 보다 유연한 자세가 필요하다.

보다 근본적인 해결책은 현재 선진국에 비해 현저하게 낮은 가족관련 제도적 지원을 크게 높여 출산율을 높여가는 것이다. 양적인 측면 뿐만 아니라 노동의 질적 측면이 크게 손상되는 것도 막아야 한다. 청년실업의 장기화는 근로를 통해 숙련될 수 있는 기회를 빼앗고 근로의지를 떨어뜨려 인적자본의 손실로 이어지게 된다. 성장률이 낮아지는 시점에서는 미래에 대한 불안감이 커지면서 기업들이 숙련자를 선호하는 경향이 더 강화된다. 청년을 고용해 교육하는 데 드는 비용을 회수하지 못할 것이라는 우려가 커지기 때문이다. 청년고용에 대해 세제측면에서의 인센티브를 높이고 공공 직업교육을 강화함으로써 다른 연령층에 비해 청년층의 실업이 과도하게 높은 현상을 완화해야 한다. 기반기술에 대한 연구·개발(R&D)의 중요성은 지금보다 훨씬 더 강조돼야 한다. 모방의 이익이 줄어든 상황에서 새로운 가치를 만들어 시장을 이끌어 가기 위해서는 기초과학기술의 토대가 굳건해야 한다. 우리나라의 기초연구중 정부부문이 차지하는 비중은 25%로 미국과 영국이 50%가 넘는 것에 비해 크게 부족하다. 정부의 기초 R&D투자에 대한 지원을 크게 늘리고 정부와 기업, 대학과 연구기관 등 전문가들이 긴밀하게 연계하고 협력해야 한다. 끝으로 주의해야 할 점은 단기적인 부양을 통해 성장률을 높이려는 노력을 경계해야 한다는 것이다. 재정지출 확대, 부동산 및 건설경기 부양을 통해 성장을 끌어올리는 정책은 일시적으로는 효과가 있을 수 있지만 장기적으로는 경제의 부작용을 키우고 성장잠재력을 떨어뜨리는 결과를 가져올 것이다. 1990년대 일본의 대규모 재정지출이 결국 성장률을 높이지 못한 채 국가 부채의 누적이라는 부작용을 낳았다는 것을 반면교사로 삼아야 한다. 경제규모에 비해 건설투자가 과도한 상황에서 부동산 경기 부양을 통해 수요와 고용의 회복을 꾀하는 정책도 장기적인 리스크를 키우게 될 것이다. 단기적으로 성장을 제고하기보다는 장기적인 경제의 체질변화에 주력해야 한다. 창의성이 높은 부문으로 경제의 자원들이 집중될 수 있도록 해야 한다. 이를 위해 경제의 유연성을 높이고 각종 진입장벽을 낮춰 나가는 노력이 지속돼야 한다.[389][390]

14. 민주노총, 대화의 장으로 복귀해야

일자리 창출은 우리 사회의 가장 시급한 과제중의 하나다. 심화돼가는 양극화를 완화할 수 있는 최상의 방안이기도 하다. 정부가 지난 4일 고용률 70% 로드맵을 발표하면서 성장 대신 일자리 창출을 최우선 국정과제로 삼은 건 이 때문이다. 문제는 그 성패 여부가 노조, 특히 대기업 정규직 노조의 협력과 양보에 좌우된다는 점이다.[391] 최근 우리 사회의

---

[389] 이근태 LG경제연구원 거시경제 담당 수석연구위원
[390] http://news.nate.com/view/20130531n27635 (2013.6.2)

핫 이슈로 떠오른 몇 가지 쟁점만 봐도 그렇다. 정년 60세 연장과 근로시간 단축은 일자리 창출을 위해 추진되고 있지만 노동계의 협력없이는 오히려 일자리를 축소시킬 수도 있는 사안들이다. 가령 정년을 늘리되 임금피크제를 적용하지 않으면 기업부담의 가중으로 청년 일자리는 줄어들 수 있다. 그럼에도 노조는 임금피크제를 반대하고 있지 않은가.

근로시간 단축도 일자리 나누기를 통해 고용을 창출할 뿐 아니라 비정규직의 정규직화 가능성도 높인다. 그러나 이 역시 임금감소를 우려하는 정규직 노조의 반대로 여의치 않은 상황이다. 논란이 되고 있는 통상임금 역시 기업의 추가적인 부담으로 일자리 창출이 저해될 가능성이 높다. 이런 점에서 어제 고용노동부 장관이 민주노총을 방문해 노동계의 협력을 요청한 건 잘했다. 노사정 대화 채널을 정상적으로 복구해 사회적 대타협을 도출해야만 일자리 창출이 순조롭기 때문이다. 민주노총도 더 이상 대화를 거부해서는 안된다고 본다. 정부의 협력요청을 긍정적으로 평가하고 대국적인 차원에서 대화의 장으로 복귀하길 당부한다. 이견이 있다면 복귀를 위한 전제조건으로 삼을 게 아니라 오히려 대화를 통해 풀어 나가길 바란다. 그럼으로써 국민이 원하는 일자리 창출과 비정규직 및 정규직의 분단구조 해소에 앞장서야 한다. 무엇보다 사회 일각에서 정규직 노조에 대한 강한 비판과 불만이 제기되고 있음을 민주노총은 명심해야 할 것이다.

철옹성 노조, 정규직 노동자만의 리그, 귀족 노조라는 오명을 벗는데 적극 나서야 한다. 정부도 고용과 노동문제를 고용노동부에만 맡기지 말고 범부처 차원에서 좀더 적극적으로 나서야 함은 물론이다.[392)393)]

---

391) [사설] 민주노총, 대화의 장으로 복귀해야, 중앙일보 원문 기사전송 2013-06-08 00:05
392) ▶기자 블로그 http://blog.joinsmsn.com/center/v2010/power_reporter.asp, 중앙일보 & Jcube Interactive Inc
393) http://news.nate.com/view/20130608n00018(2013.6.8)

제8장 정년 60세 연장과 고용지원금제

1. 고용부, '60세 정년' 안착위해 고용지원금제 조기 정비

방 장관, 현장소리 듣기 위해 장년고용 모범사업장 방문[394] 고용노동부는 60세 정년제가 산업현장에서 잘 안착할 수 있도록 고용지원금제도의 조기정비 등 대책마련에 나선다. 방하남 고용노동부 장관은 15일 장년 고용안정 우수기업 '헤스본'을 방문한 자리에서 "정년 60세 연장법이 산업현장에 미칠 영향을 자세히 분석해 60세 정년제가 현장에 안착할 수 있도록 단계별 대책을 마련할 것"이라고 밝혔다. 고용부는 우선 노사정대표자회의에서 60세 정년제의 안착을 위한 노사정의 역할정립과 협력방안에 대해 논의하고, 고용지원금 제도 등을 조기에 정비해 60세 정년 의무화에 따른 기업부담을 덜 수 있도록 할 계획이다. 또한 임금체계의 개편기준(가이드라인)을 마련하고, 임금·직무체계 개편을 위한 컨설팅과 교육을 확대할 예정이다. 아울러 임금체계 개편 과정에서 발생할 수 있는 노사간 분쟁을 예방하고 분쟁이 발생하면 노동위원회 등을 통해 원만하게 조정될 수 있도록 지원할 방침이다.

방 장관은 "60세 정년제는 인구고령화에 대비할 수 있는 중요한 교두보 역할을 할 것"이라며 "60세 정년제는 고용연장 뿐 아니라 노사의 경쟁력을 높이는 계기가 될 수 있는만큼 노사가 지혜를 모아 기업여건에 맞는 임금체계를 갖출 수 있도록 노력해 달라"고 당부했다. 한편, 이날 방 장관은 60세 정년 의무화에 따른 현장의 목소리를 듣기 위해 헤스본을 방문했다. 현장에서 나온 애로 및 건의사항을 정책에 반영하기 위한 것이다. 헤스본은 지난 2008년부터 정년(56세)으로 퇴직한 근로자를 재

---

394) 입력시간 | 2013.05.15 12:00 | 유재희 기자 jhyoo76@, [이데일리 유재희 기자]

고용해 장년 고용에 앞장선 모범사업장이다. 재고용된 근로자에게는 최고임금 대비 60% 수준의 임금을 지급하는 대신 10년간 고용을 유지했다. 고용부는 재고용된 근로자의 임금감소분중 일부를 보전해 주기 위해 최대 5년간 연 600만원 한도로 임금피크제 지원금제도를 운영하고 있다.

이를 통해 지난해 헤스본에 재고용된 근로자 11명에게 총 6400만원을 지원했다.[395)396)]

2. 장년 고용안정 우수기업의 생존비법

방하남 장관, 15일(수) 퇴직근로자 10년간 재고용한 모범사업장 방문, 고용노동부 방하남 장관은 15일(수), 60세 정년 의무화에 따른 현장의 목소리를 듣기위해 헤스본(주)(인천 서구 소재)을 방문했다. 이번 현장방문은 지난 4월 30일(화), 60세 정년 의무화를 주요 내용으로 하는 고령자 고용촉진법이 국회를 통과함에 따라 60세 정년제 조기 정착방안을 마련하는데 있어 현장에서 나온 애로 및 건의사항을 정책에 반영하기 위함이다. 고용노동부는 이번 국회를 통과한 개정법이 산업현장에 미칠 영향들을 면밀히 예측하여 60세 정년제가 현장에 안착할 수 있도록 단계별 대책을 마련할 계획이다.

① 60세 정년제를 통해 장년의 고용연장은 물론, 기업의 경쟁력도 높일 수 있게 하려면 노사정의 협력이 절실하다는 판단 아래 노사정대표자회의에서 60세 정년제의 안착을 위한 노사정의 역할 정립과 협력 방안에 대해 논의할 계획이다.

② 고용지원금 제도 등을 조기에 정비하여 정년 의무화에 따른 기업부담을 덜 수 있도록 지원해 나갈 계획이다.

---

395) 종합 경제정보 미디어 이데일리, 유재희 기자의 최근 작성기사 : 아모레퍼시픽·LG생건, 화장품 과대포장 줄인다.
396) http://www.edaily.co.kr/news/NewsRead.edy?SCD=JG11&newsid=01997526602809248&DCD=A00701&OutLnkChk=Y(2013.5.15)

③ 60세 정년 의무화와 함께 노사에게 임금체계 개편 등 필요한 조치들을 강구토록 한 개정법의 취지를 고려하여 임금체계 개편 가이드라인을 마련하고 임금·직무체계 개편을 위한 컨설팅과 교육을 확대할 예정이다.

④ 임금체계 개편 과정에서 발생할 수 있는 노사간 분쟁을 예방하고 분쟁이 발생할 경우 노동위원회 등을 통해 원만하게 조정될 수 있도록 지원할 방침이다.

방하남 장관은 "60세 정년제는 인구고령화에 대비할 수 있는 중요한 교두보"라고 전제하며 "60세 정년제는 고용연장 뿐만 아니라 노사의 경쟁력을 한 단계 높이는 계기도 될 수 있으므로 노사가 머리를 맞대고 지혜를 모아 기업 여건에 맞는 임금체계를 갖출 수 있도록 노력해 달라"고 당부했다.397)398)

3. 삼성 SW인력 양성 '블랙홀' 만 피하라

삼성그룹이 미래의 경쟁력인 소프트웨어(SW) 인력 5만명을 양성한다. 삼성미래기술육성재설립에 이은 삼성의 창조경제 화답 시리즈 2탄이다.

우리나라 대표기업이 적극 동참하면서 정부의 벤처창업과 창조경제 활성화 정책은 탄력을 받게 됐다.399) 우리의 SW산업은 취약하다. 세계를 재패한 기술제조업과 비교하면 더욱 초라하다. 정권마다 거의 예외없이 육성 구호를 외쳤지만 진전이 없다. 내로라할만한 전문기업도 없다. 인건비를 따먹는 수준의 영세성을 여전히 벗어나지 못한다. 이러니 가장 중요한 인재양성은 SW업계엔 `사치`다.

이 때 삼성과 같이 자금이나 수요가 있는 대기업이 직접 인력을 양성하겠다니 매우 반갑다. 인력수급 불일치라는 고질을 해결할 수 있다는

---

397) 문의: 고령사회인력정책과 신욱균 (02-2110-7309), 2013.05.15 고용노동부
398) http://www.korea.kr/policy/pressReleaseView.do?newsId=155895273(2013.5.15)
399) [사설] 삼성 SW인력 양성 `블랙홀`만 피하라.

기대도 생긴다. 삼성도 이익이다. 삼성도 십여년전부터 해외까지 찾아가 SW인재를 구했지만 늘 부족했다. 아예 직접 키워보자는 것 아닌가. 무엇보다 변두리에 있는 SW산업을 한복판에 서게 할 전환점 마련을 기대한다. 대학가엔 요즘 SW전공을 기피하는 풍조가 만연했다. 취업을 해도 처우가 다른 분야보다 낮고 밤낮, 휴일없이 일하기 일쑤인데다 기술 정년도 짧다. 아예 다른 길을 찾는 학생들이 많다.

그런데 정작 제조업까지 포함해 산업계엔 SW인력 수요는 갈수록 는다. SW교육과 산업현장의 괴리에서 비롯한 불일치 현상이다. 수요기업이 양성을 하니 지금과 전혀 다른 새 인력 수요가 생겨나고 전공자에겐 다양한 진로가 열릴 것이다. 일부 우려도 있다. 중소 SW기업들은 가뜩이나 부족한 인재를 삼성이 이른 바 '싹쓸이'를 할까 걱정한다. 스마트폰 쇼크 이후 삼성발 SW인력 대이동을 경험한 기업들이다. 삼성도 이를 인지했다. 양성인력중 일부만 채용할 방침이다. 전공자는 물론이고 인문계와 청소년까지 교육하겠다는 것도 저변 넓히기에 방점을 찍었다는 뜻이다. 그래도 직접 채용 규모가 크다보니 업계는 걱정한다. 그렇다고 이직과 같은 직업 선택의 자유를 제한할 수도 없는 일이다. 삼성이 우리 산업에 절실한 SW인력 양성이라는 대의를 향해 투자하는만큼 이러한 업계의 우려를 씻어야 더욱 좋은 평가를 받을 수 있다. 중소기업이 공들여 키운 전문인력에게는 가능하면 손을 대지 않도록 노력해야 할 것이다.[400)401)]

4. "납품 단가 후려치기 근절 · 정년 60세 우리가 해냈다"

"납품 단가 후려치기 근절·정년 60세 우리가 해냈다" 與野, 동시에 '자화자찬 현수막'[402)] "여야 국회의원들이 어린아이도 아니고 정말 치졸하

---

400) Powered by LiveRe기사공유, 2013 전자신문 & etnews.com
401) http://www.etnews.com/news/opinion/2767620_1545.html(2013.5.15)
402) [오늘의 100자평] "납품 단가 후려치기 근절·정년 60세 우리가 해냈다"… 與野, 동시

다. 어느 당이 한 것이 무엇이 중요한가. 어차피 의회민주주의는 협의해야만 통과되어 실행하는 것 아닌가. 자기 당의 공을 내세우면 유권자가 더 알아주나. 도리어 치졸하게 본다."403)404)405)406)

5. 인건비 부담에 대기업 쏠림까지, '정년 연장' 문제 산적

〈앵커멘트〉

정년 60세 도입을 앞둔 가운데 기업들은 인건비 부담을 걱정하고 있습니다. 청년채용난이 가중될 것이라는 우려도 나오고 있는데요. 임금피크제를 도입해 이미 정년을 늘린 인천의 한 중소기업을 임원식 기자가 다녀왔습니다.407)

〈리포트〉

인천의 한 자동차 정비기기 제조업체에 다니는 전경률 씨, 올해 나이 71세의 고령인데도 전 씨는 이 곳에서 여전히 일하고 있습니다. 6년전 회사가 임금피크제를 도입하면서 은퇴를 앞둔 직원들을 계속해서 고용하기로 했기 때문입니다.

[인터뷰] 전경률 / 헤스본 사원

"(일하는 것을) 집에서나 자녀들도 좋게 생각하고 아침에 일찍 일어나면 갈 데가 있다는 것, 일터가 있다는 것에 감사하게 (생각합니다.)"

이 회사 전체 직원 100여명 가운데 전 씨처럼 재고용된 직원은 25명이다. 그러나 정년 60세 도입을 앞두고 회사는 걱정이 이만저만이 아닙니다. 현재 정부로부터 임금피크제 지원금으로 6천4백만원을 받고 있는데 당장 4년 뒤부터는 정년 연장에 따른 인건비 부담이 지금보다 커질

에 '자화자찬 현수막', 2013.05.15 23:14, www.chosun.com
403) 임순이
404) (A1면) 이재두
405) 조선일보 & Chosun.com
406) http://news.chosun.com/site/data/html_dir/2013/05/15/2013051503168.html(2013.5.16)
407) 임원식 기자2013/05/15 18:47

전망이기 때문입니다.

[인터뷰] 송만철 / 헤스본 대표이사

"실질적인 임금인상이 있기 때문에 기업으로서는 부담이 될 수 밖에 없습니다. 이런 부분들이 원활하게 해결될 수 있도록 제도적인 보완이 필요하고" 특히 중소기업들은 가뜩이나 어려운 청년채용이 더 어려워질까 노심초사하는 분위기입니다. 정년이 늘게 되면 청년 구직자들의 대기업과 공기업 지원 쏠림도 더욱 심해질 것으로 예상되기 때문입니다.

[인터뷰] 방하남 / 고용노동부 장관

"중소기업청과 관련 부처에 제안을 해서 중소기업 인력 미스매치 해소를 위한 특별협의체를 만들자고 제안했습니다." 당장 3년 뒤 대기업과 공기업들을 시작으로 '정년 60세'는 의무적으로 도입되는 상황이다.

그러나 곳곳에서 정년 연장에 따른 우려의 목소리들이 쏟아져 나오면서 정부의 실질적인 대응책 마련이 시급해 보입니다.[408)409)]

6. 정년 연장, 청년채용 함께 챙겨야

〈앵커〉

방하남 고용노동부 장관이 한 중소기업을 방문했습니다. 정년연장에 따른 임금피크제를 모범적으로 도입한 회사였습니다. 하지만 현장에서는 뜻밖에도 청년채용 위축에 대한 우려의 목소리가 나왔습니다. 이지수 기자가 보도합니다.[410)]

〈기자〉

"지금 현재 건강상태를 고려했을 때 몇세까지 별탈없이 일하실 수 있을 것 같으신가요" "75세 이상까지는 할 수 있을 것 같습니다." "박수 한

---

408) 머니투데이방송 임원식(novrain@mtn.co.kr)입니다. "부자되는 좋은습관 대한민국 경제채널 머니투데이방송 MTN"
409) http://news.mtn.co.kr/newscenter/news_viewer.mtn?gidx=2013051518152954359(2013.5.16)
410) 이지수 기자, jslee@wowtv.co.kr, 입력 : 2013-05-15 18:00, 한국경제TV(039340), 방송일시 2013-01-02

번 주세요" 인천에 위치한 자동차 정비기기 제조업체인 헤스본, 지난 2008년 임금피크제를 도입한 이곳은 근로자의 41%가 50세 이상입니다.
 헤스본은 근로자의 56세 정년 이후에 임금을 일정 비율로 줄이면서 10년간 더 고용을 유지합니다. 하지만 현장에서는 정년 연장의 기쁨과 동시에 우려의 목소리도 나옵니다.
 〈인터뷰〉 김병국 헤스본 전무이사
 "고령화에 따른 생산성 저하 문제가 발생하고 있다. 이를 보완하기 위해서 청년층을 충원하려고 하고 있지만 현실적으로 힘든 부분이 있다."
 회사는 제품설계를 단순화하고 작업과정도 최소화시켰지만 결국은 젊은 세대의 힘이 절실한 상황이다.
 〈인터뷰〉 송만철 헤스본 대표이사
 "그동안 쌓아온 기술력이나 노하우가 연장자들에게 많은데 그런 부분이 새로운 세대에게 시의적절하게 이전될 수 있도록 청년고용에 대한 부분에서 좀더 현실적인 지원책이 있으면 더 활성화되지 않을까 생각한다." 현장의 목소리를 접한 방하남 고용노동부 장관은 "중소기업 인력 미스매치 해소가 시급하다"며 "중기청과 관련부처에 특별협의체 구성을 제안하겠다"고 밝혔습니다.
 〈인터뷰〉 방하남 고용노동부 장관
 "고령사회에서 고령자만 오래 일하는 것이 중요한 것이 아니라 청년층도 같이 해서 세대가 같이 일을 할 수 있는 환경을 만들어야겠다는 생각을 했습니다." 정년이 60세로 연장되면서 더 오래 일할 수 있는 사회가 됐습니다. 하지만 정년연장이 청년들의 신규채용을 위축시킬 수도 있다는 문제점이 제기되면서 정부는 더 큰 과제를 떠안았습니다.[411)412)]

---

411) 한국경제TV 이지수입니다. 한국경제TV
412) http://www.wowtv.co.kr/newscenter/news/view.asp?bcode=T30001000&artid=A201305150428(2013.5.16)

7. 고용부 '낀 세대'에 정년 연장 효과 준다

재고용 임금피크제 등 2014년부터 지원 확대[413] 정부가 '정년 60세 의무화' 이전에 퇴직하는 직장인들이 회사를 더 다닐 수 있도록 대책을 마련한다. 한 살 차이로 정년퇴직 시기가 크게 달라지는 문제를 해소하기 위해서다. 국회를 통과한 '정년 연장법'이 시행되는 2016년 이전에 퇴직하는 이른바 '낀 세대'가 혜택을 받을 수 있을지 주목된다. 15일 고용노동부 고위 관계자는 "'낀 세대' 근로자들이 기존의 정년퇴직 연령보다 오래 회사에 다닐 수 있도록 대책을 마련하고 있다"며 "재고용형 임금피크제 지원금과 고령자 고용연장 지원금을 활성화해 기업이 자발적으로 고용기간을 늘리도록 유도할 계획"이라고 말했다. 활성화에는 지원금제도의 활용도를 높이는 방안, 지원금 규모를 확대하는 방안 등이 있다. 이 관계자는 "올해안에 제도의 개편을 끝내고 이르면 내년부터 적용할 것"이라고 덧붙였다. 재고용형 임금피크제는 정년퇴직한 근로자를 촉탁직 등으로 다시 고용하면서 임금을 줄이는 제도다.

정부는 정년이 57세 이상인 사업장에서 재고용을 조건으로 임금을 줄이면 감액분의 일부를 근로자에게 지급하는 방식으로 '재고용형 임금피크제 지원금'을 운영하고 있다. 고령자 고용연장 지원금은 정년을 폐지하거나 정년을 58세 이상으로 1년 이상 늘린 사업주에게 근로자 한명당 매달 최고 30만원을 주는 것을 말한다. 정년을 폐지했을 때는 최장 1년, 정년을 연장했을 때는 최장 2년동안 지원받을 수 있다.[414][415]

8. 기타 공공기관의 정년 보장

취업준비하는데 궁금한 것이 있습니다. 공공기관에 취업하면 정년이

---

413) 입력 2013-05-15 17:28:28 수정 2013-05-16 00:35:13
414) 양병훈 기자 hun@hankyung.com
415) http://www.hankyung.com/news/app/newsview.php?aid=2013051533271(2013.5.16)

보장됩니까? 공사를 제외하고요.416) 뭐 근로복지공단이라든지 무슨 산하기관의 재단 혹은 무슨 진흥원 이런 국가소속 산하기관에 들어가면 정년은 보장됩니까? 제가 알기로는 공무원연금은 공사와 기타공공기관들은 준공무원 신분이라 해당 안되는 것으로 알고 있는데 맞는 말인가요? 궁금합니다. 정년보장과 연금관련된 것이 포함되는지 안되는지 좋은 정보와 답변을 부탁드려요. 취업하는데 있어 목표설정과 이런 것들도 고려해야되다보니 답답합니다.

안녕하십니까. 네이버 지식 in파트너 고용노동부입니다.417) 정부기관에 소속된 공무원들은 공무원법을 적용받게 되어 공무원법상 정년규정이 정해져 있으나 산하 공공기관은 공무원 신분이 아니어서 일반 근로기준법을 적용받게 되고, 근로기준법상 정년에 대해서는 별도로 규정된 것이 없으며, 각 기관별로 인사규정이나 취업규칙, 기타 사규 등으로 정해놓고 있습니다. 정년규정이 있다 하더라도 재직기간중 개인의 중대한 귀책사유가 있을 경우에는 해임, 파면 등의 처분을 받게 되므로 반드시 정년까지 재직기간을 보장하는 것은 아닙니다. 또한 공무원들은 매월 임금지급시 기여금 명목으로 공무원연금공단에 납부하고 일정요건이 되면 연금으로 지급받게되나 산하 공공기관 직원들은 공무원법을 적용받지 않고 퇴직급여보장법에 의한 퇴직연금을 받게 됩니다. 위 답변은 구체적인 사실관계에 따라 법규정 해석 등에 이견이 있을 수 있습니다. 기타 자세한 사항은 고용노동부 고객상담센터(☎1350)를 이용하시기 바랍니다.418)419)

군, 장기복무 군인 20년 근무 보장, 정년 60세 검토 등 장기복무 군인이

---

416) 비공개 질문 47건 질문마감률100% 2013.05.10 09:16 1, 답변 1 조회 143
417) re: 기타공공기관의 정년보장? 고용노동부(molabmaster) 답변채택률92.1% 2013.05.10 10:59
418) 감사합니다. 고용노동부(molabmaster), http://www.moel.go.kr 일자리 늘리기, 지키기, 질 올리기를 통해 「함께 일하는 나라 행복한 국민」을 만들겠습니다.
419) http://kin.naver.com/qna/detail.nhn?d1id=6&dirId=60802&docId=172341246&qb=7KCV64WE&enc=utf8&section=kin&rank=3&search_sort=0&spq=0&pid=RinCvF5Y7vhssZKdnnVssssssw-424702&sid=UZPkDnJvLDYAAEMQHbM(2013.5.16)

계급별 정년에 구애받지 않고 20년까지 근무해서 군인연금을 받을 수 있도록 하는 방안이 검토되고 있습니다. 국방부의 관계자는 박근혜 대통령의 대선공약인 직업군인 계급별 정년 연장과 관련해 진급하지 못한 대위나 중사 등도 20년까지 군 복무를 할 수 있도록 하자는 것이 핵심이라며 20년을 근무하면 군인연금의 혜택을 받을 수 있다고 밝혔습니다. 군 당국은 정년을 60세로 의무화하는 법안이 국회를 통과하면 직업군인의 계급별 정년을 연장하는 방안도 함께 검토한다는 방침입니다.420)421)

9. 정년 연장, 국민연금 재정고갈 앞당긴다-보험연구원

정년 연장이 장기적으로 국민연금 재정 고갈의 시점을 앞당길 수 있다는 분석이 나왔다.422) 13일 보험연구원은 '정년 60세 연장법의 의미와 시사점' 보고서에서 정년 60세 시대에 맞는 국민연금의 제도개선이 필요하다며 이같이 지적했다. 연구원은 정년 연장으로 늘어난 근로기간만큼 국민연금보험료를 추가로 납부해 수입이 늘기 때문에 단기적으로는 국민연금 재정부담을 완화할 수 있다고 전망했다. 그러나 보험료의 추가 납입이 지급보험금도 함께 증가시켜 재정부담을 심화시키고 적립금 고갈시점을 앞당길 수 있다고 진단했다.

국민연금이 납입한 보험료보다 더 많이 주는 구조이기 때문이다. 예컨대 1억원의 연금보험료를 내고 수익비가 2배라면 2억원을 받게 된다. 1억원의 연금재정 적자가 발생한다.

현재 국민연금 수익비는 최고 소득구간이 1.3배이고 최저 소득구간은 4.3배로 평균 1.8~2.2배 사이다. 정년이 연장돼 납입보험료가 1억3천만원

---

420) 작성일 : 2013년 04월 24일 13:22, [변소인 기자] tbs3@naver.com
421) http://www.tbs.seoul.kr/news/bunya.do?method=daum_html2&typ_800=9&seq_800=515085 (2013.5.16)
422) 이한용 기자, hylee@yna.co.kr, 승인 2013.05.13 07:11:00, (서울=연합인포맥스) 이한용 기자

으로 늘어나면 같은 수익비일 때 2억6천만원을 받게 돼 연금재정적자가 1억천만원이 된다. 3천만원 재정적자가 늘어나는 셈이다. 오는 2060년으로 전망하는 국민연금 재정고갈 시기가 앞당겨진다는 의미다.

연구원은 우리보다 먼저 고령화 문제를 겪고 정년을 연장한 선진국들의 사례에서 대안을 찾았다. 일본은 지난 2004년 60세이던 정년을 65세로 연장하면서 공적연금을 더 내고 덜 받는 방향으로 개혁했다. 독일도 연금개혁과 함께 65세인 정년을 67세로 연장하는 방안을 추진하고 있다.

정원석 보험연구원 연구위원은 "정년 연장이 국민연금의 재정부담에 미치는 영향은 향후 추가적인 연구를 통해 면밀히 검토하고 나서 제도의 적절한 변화가 필요할 것으로 판단된다"고 말했다. [423)424)]

10. 법원 "현대차 직장 대물림 단협 조항, 무효"

자녀·배우자에게 일자리를 대물림하도록 한 현대자동차(005380) 노사 단체협약 조항이 무효라는 법원 판단이 나왔다.[425)] 16일 울산지법 민사3부는 정년퇴직후 폐암으로 사망한 A씨 가족이 현대차를 상대로 제기한 고용의무이행 청구소송에서 "현대차 단체협약 제96조는 무효"라고 밝혔다. 현대차 단협 제96조는 '회사는 조합원이 업무상 사망했거나 6급 이상의 장해로 퇴직할시 직계가족 또는 배우자중 1인에 대해 결격사유가 없는 한 요청일로부터 6개월 이내에 특별채용하도록 한다'는 것이다.

현대차 노사는 2009년 단체협상에서 이 조항에 합의했으며 이듬해 효력이 발생했다. 그러나 재판부는 "근로는 보호돼야 하지만 대를 이어 일자리를 보장하는 방식은 안된다"며 "평생 안정된 노동기회를 그들만의 합의로 분배해주는 일은 현재 우리 사회가 동의할 수 있는 사회질서에 전혀 부합하지 않는다"고 밝혔다.

---

423) hylee@yna.co.kr, 연합인포맥스, 이한용 기자
424) http://news.einfomax.co.kr/news/articleView.html?idxno=66371(103.5.16)
425) 기사입력 2013-05-16 18:39

A씨는 2009년 12월 정년퇴직한 후 폐암에 걸려 2011년 사망했다. 근로복지공단은 2012년 폐암을 업무상 질병으로 판단했다. 이에 A씨 가족들은 단협 제96조를 들어 현대차에 자녀 채용을 요구했다. 이에 현대차는 "A씨는 사망 당시 조합원이 아니었기 때문에 단협 적용 대상자가 아니다"며 채용을 거부한 바 있다.[426)427)]

11. 정년 60세법, 공기업-일반기업 직원 '희비교차'

평균 근속연수 15년 되는 공기업 근로자들 '철밥통'은 더욱 공고[428)] 근속 10년 못미치는 일반기업 직원들은 혜택 보기 어려울 전망, 中企는 대기업보다 고용 더욱 불안, 혜택 기대하기 더욱 힘들 것, 최근 국회가 근로자들의 고용안정을 위해 '정년 60세 연장법'을 통과시킨 가운데 근속연수가 비교적 긴 공기업 직원들에게는 상당한 효과가 기대되지만 근속연수가 10년에도 못미치는 일반기업 직원들은 기대했던 혜택을 보기가 어려울 전망이다.

평균 근속연수가 15년이나 되는 공기업 근로자들의 '철밥통'은 더욱 공고해지는 반면, 대다수 민간 기업 근로자들에게는 유명무실할 가능성이 높다. 업계 조사에 따르면 최근 국회에서 추진되고 있는 근로자 정년 60세로의 연장안과 관련, 작년말 기준 10대 대기업그룹의 93개 상장사(GS칼텍스 포함)와 공기업 직원들의 근속연수를 분석한 결과 근속연수를 공개한 9개 공기업의 근속연수는 평균 15.0년에 달한 반면, 10대그룹 직원들의 평균근속연수는 10년에도 못미치는 9.36년에 불과했다.

대기업 직원들은 30세에 입사를 한다고 해도 대부분 40세 전·후에 퇴직을 하게되며 40세를 넘긴다 하더라도 40대 후반에 임원으로 승진하지

---

426) 안석현 기자 ahngija@chosun.com, chosunbiz.com
427) http://news.naver.com/main/read.nhn?mode=LSD&mid=shm&sid1=101&oid=366&aid=0000125085(2013.5.16)
428) 이뉴스투데이, 박영근 기자

못하면 자리를 지키기가 힘든 상황이어서 정년 60세는 '그림의 떡'일 수밖에 없는 형편이다. 특히 중소기업은 대기업보다 고용이 더욱 불안한 상황이어서 60세 정년의 혜택을 기대하기는 더욱 힘들 것으로 예상된다.

따라서 근로자 정년을 60세로 하는 정부와 국회의 법률 개정안이 확정되면 상대적으로 근속연수가 길고 고용이 안정돼 있는 공기업과 노조의 영향력이 강한 일부 대기업의 직원들에게만 혜택이 돌아갈 뿐 일반 대기업이나 중소기업의 근로자들에게는 큰 영향이 없을 것으로 분석되고 있다. 앞서 국회 환경노동위원회는 법안심사 소위를 열어 '정년 60세 연장법'(고용상 연령차별 금지 및 고령자 고용촉진에 관한 법률 개정안)을 여야 합의로 통과시켰다. 이번 조사결과 10대그룹 직원들의 평균 근속연수는 9.36년에 그쳤고, 특히 여성 근로자는 남성 근로자의 절반에 가까운 6.6년에 불과했다. 반대로 남성 근로자의 정년은 10.2년으로 평균보다 높았다. 10대그룹의 평균근속연수는 그룹의 주요 업종에 따라 상당한 차이를 보였다. 그동안 호황을 누렸던 조선과 자동차 등을 주요 업종으로 하는 현대중공업과 현대자동차그룹이 평균 13.1년과 11.7년으로 1, 2위를 차지했고 한진그룹과 포스코도 11.4년과 11.2년으로 상위그룹에 들었다. 반면, 주로 소비재를 생산·판매하는 LG(7.7년)와 GS(7.7년), 롯데그룹(8.2년) 등은 근속연수가 평균보다 낮았다. 한화(11년)와 삼성(8.6년), SK그룹(8.4년)은 중위권이었다. 현대중공업그룹과 현대차그룹, 한진그룹의 근속연수가 다른 그룹에 비해 긴 원인으로는 노조의 영향력이 상대적으로 컸기 때문이라는 분석도 나오고 있다. 공기업중 근속연수를 공개한 기업들의 평균근속연수는 15년으로 대기업그룹의 1.5배를 넘었다. 근속연수를 공개한 9개 공기업은 한국전력, 서부발전, 동부발전, 남동발전, 동서발전, 중부발전, 한국가스공사, 한국수력원자력, 지역난방공사 등이다. 이들 9개 공기업 남자직원들의 근속연수는 16.8년이나 됐고 여성 직원들의 평균근속연수도 9.3년으로 대기업 평균과 맞먹었다. 조사기업중 근속연수가 가장 긴 기업은 한국전력공사로 18.4년에 달해 대기업 직원

평균근속연수의 두배나 됐다. 한편, 경제개발협력기구(OECD)가 발표한 지난 2011년의 국가별 근로자 근속연수에서는 한국은 6.1년으로 OECD 국가중 하위권이었다. 포르투갈이 12.9년으로 가장 길었고 프랑스와 독일도 12년과 11.5년으로 1, 2위를 차지했다.[429)430)]

12. "정년 연장 위한 임금체계 조정시 근로기준법 적용 예외 필요"

근로자의 정년 연장이 효과를 거두기 위해서는 노사정이 임금체계 개편과 함께 이에 걸맞는 인사, 조직제도의 변화가 있어야 한다는 지적이 나왔다.[431)] 국회 입법조사처는 '이슈와 논점' 최근호에서 '정년 연장의 의의와 입법 및 정책과제'를 다루며 이같이 밝혔다. 정년을 60세로 의무화하는 '고용상 연령차별 금지 및 고령자 고용촉진에 관한 법률'이 국회 본회의를 통과함에 따라 300명 이상의 기업과 공공기관, 지방공사, 지방공단에는 2016년부터 적용되고, 300명 미만의 기업과 국가 및 지방자치단체에는 2017년부터 적용될 예정이다. 우리나라 기업의 평균 정년은 57세를 약간 상회한다. 따라서 이 법이 시행되면 2017년 이후에는 평균 정년이 60세 이상으로 3세 가량 상승할 것으로 기대된다. 보고서는 법정 정년연장이 실효를 발휘하기 위해서는 몇 가지 전제조건이 충족돼야 할 뿐만 아니라 상당한 기간이 더 필요할 것으로 전망했다. 보고서는 정년 연장이 실제로 고령자의 '생애 주된 일자리'에서의 고용기간을 연장시키는 효과를 발휘하면서도 청년층 등 다른 집단에게 부정적인 영향을 미치지 않기 위해서는 임금피크제 도입 등 임금체계의 조정이 필수적이라고 지적했다. 하지만 2008년 한국노동연구원이 100인 이상 기업을 대상으로 조사한 바에 따르면 2006년부터 정부가 시행한 임금피크제 지원제도는 5.7%만이 도입됐다. 기업들이 노사갈등을 우려해 임금피크제 도입

---

429) 이뉴스투데이·오늘경제, 2013/05/28 [16:25]
430) http://www.enewstoday.co.kr/sub_read.html?uid=289059(2013.5.29)
431) 최종수정 2013.05.28 08:03, 기사입력 2013.05.28 08:03, 아시아경제 이경호 기자

을 주저하기 때문이다. 근로기준법 제94조제1항 단서에서는 취업규칙을 근로자에게 불리하게 변경하는 경우에는 근로자의 과반수로 조직된 노동조합 또는 근로자 과반수의 동의를 받아야 한다고 규정하고 있다.

보고서는 "임금피크제 도입을 활성화하기 위해 법정 정년 연장에 따라 임금피크제 도입 등 임금체계를 조정하는 기업에 대해서는 해당 조항을 적용하지 않도록 하는 법 개정 방안을 진지하게 검토해 볼 필요가 있다"고 제안했다.

보고서는 "노동력의 고령화가 가속화되고 베이비붐세대의 대량 은퇴가 눈앞의 현실이 되고 있는 상황에서 법정 정년 연장은 시의적절할 뿐 아니라 불가피한 선택"이라면서도 "법정 정년 연장이 효과를 거두기 위해서는 노사정 모두가 합리적인 임금체계와 인사제도를 마련하고, 이를 정착시키기 위해 성실한 협의와 진지한 노력을 기울일 필요가 있다"고 말했다. 아울러 "고령의 근로자가 젊은 근로자와 무리없이 협동하고 때로는 지휘.통제를 받는 것도 자연스럽게 받아들일 수 있을 때, 비로소 정년연장이 실제 퇴직연령의 상향으로 이어질 수 있다"면서 조직문화의 변화도 주문했다.[432)433)]

13. 권력 근로환경 뒤흔들 '정년 연장법' 공청회없이 71분만에 '뚝딱

1) 쏟아지는 졸속 입법

19대 접수법안 4544건중 공청회 거친건 15건 불과, 유해화학물질 규제법 논의 시간은 고작 172분[434)] 국회는 지난달 30일 근로자 정년을 3~4년 뒤부터 60세로 의무화하는 법안을 통과시켰다. 2016년에는 300인 이상 사업장, 2017년에는 국내 모든 사업장이 이 법의 적용을 받는다. 기업을 포함한 모든 법인 사업자의 고용·임금체계는 물론, 상용근로자

---

432) 이경호 기자 gungho@, 아시아경제(www.asiae.co.kr)
433) http://www.asiae.co.kr/news/view.htm?idxno=2013052808002997074(2013.5.29)
434) 입력 2013-05-27 16:58:04 수정 2013-05-28 03:56:14

1162만명의 삶에 큰 변화를 가져올 법이다. 이처럼 중차대한 법을 국회는 어떤 과정을 거쳐 통과시켰을까. 국회 회의록을 살펴보면 '졸속'이란 평가가 딱 어울린다. 정년 연장법이 국회에 처음 발의된 것은 작년 7~8월, 환경노동위원회 소속 이목희·홍영표(이상 민주당)·김성태·정우택·이완영(이상 새누리당) 등 5명의 의원이 '정년 60세 연장'을 골자로 한 유사법안을 발의했다. 환노위 법안심사소위에서 한 차례 논의를 거친 이 법안은 그해 11월 21일 또 한번 환노위 논의를 거쳤다. 이때까지 구체적인 논의는 이뤄지지 않았다. 정년 연장과 관련해 경제계 등의 의견을 듣는 공청회도 한번 열지 않았다. 이 법안이 다시 논의된건 넉달만인 4월 22일 환노위 법안심사소위에서다. 당시만 해도 도입 시기와 관련해 여야간 이견이 컸다. 경제계도 "신중하게 도입해야 한다"는 입장을 여러 차례 전달했다. 그런데 4월 22일 법안심사소위에선 모두의 예상을 깨고 정년 연장법안을 전격적으로 처리했다. 당시 환노위 법안심사소위 회의록이다. 여야는 구체적 근거도 없이 도입 시기를 논의한다.

▷김성태(법안심사소위 위원장) "시행 시기를 논의해 주세요. 2015년 1월 1일이면 저는 뭐 괜찮다고 생각하는데…."

▷홍영표 "아니 2015년 해서 (유예기간을) 1년 반…."

▷김성태 "2015년 7월 1일로 할까요?"

▷이종훈 "2015년 1월 1일로 하면 (기업들이) 당장 내년에는 전혀 신규채용 계획을 안세웁니다. 한 2년은 줘야 돼요."

▷김성태 "그래서 2015년으로 해서 1년 반…."

▷이종훈 "아니 그게 아니라 하려면 1월 1일부터 해야 돼요."

▷한정애 "2016년 1월 1일이요?"

▷이종훈 "예"

'2016년 일괄 시행' 쪽으로 의견을 모으던 여야는 갑자기 '사업장 규모에 따라 도입 시기를 달리해야 한다'는 쪽으로 분위기가 바뀐다.

▷이종훈 "정 그러면 한 1년만 크게 두그룹 정도로 해서 나누든지

요…"

▷한정애 "100인 이상과 100인 미만 정도로…." (중략)

▷이종훈 "그러면 300인 이상은 2016년 1월 1일로 하고 300인 미만은 2017년 1월 1일로 하고 그 정도로 할까요. 그래도 굳이 차별을 안두면 섭섭해한다고 할까, 좀 불안해한다니까…."(중략)

▷정현옥 고용노동부 차관 "그래도 한번에 전면 적용하기보다는 최소한 한 단계 정도는 두셔야 되지 않겠나 싶습니다. 왜냐하면 언론에서나 국민들이 볼 때 정서적으로 동시에 원샷은 안맞거든요."

▷김성태 "그러면 정리하겠습니다. 2016년 1월 1일은 300인 이상, 2017년 1월 1일은 300인 미만 전 사업장 그렇게 하지요. 자, 이의 없습니까?"

▷의원들 "예"

정년 연장 도입 시기는 이렇게 2016·2017년으로 결정됐다. 오후 3시46분에 시작한 논의는 오후 4시40분께(임금피크제 도입 등을 포함한 총 논의시간은 71분) 끝났다. 법안 처리에 한 시간도 안걸린 셈이다. 임금피크제 의무화 등 정년 연장에 따른 해결방안을 찾으려는 노력도 태부족했다. 조준모 성균관대 경제학과 교수는 "사회에 뿌리내린 노사간 관행과 제도를 바꾸는 것은 나라를 바꾸는 것보다 더 어렵다"며 "업종별 협의를 거쳐 장기간 추진해야 할 문제를 하루아침에 처리하는건 안된다"고 지적했다. 국회가 법안을 졸속 처리하는 것은 이 뿐만이 아니다. 국회의원들이 발의하는 대다수 법안이 연구용역, 공청회 등을 거치지 않은 데다 규제심사도 없이 처리되고 있다. 19대 국회에 제출된 의원입법안 4544건중 공청회를 거친 법안은 15건(0.3%)에 불과했다. "평소 의원들이 각계 의견을 수렴한다"는 반론을 감안하더라도 '허술하다'고 평가할 수 밖에 없다. 이렇게 허술한 심사를 하다 보니 부실한 법안처리가 반복된다. 지난 7일 국회 본회의를 통과한 유해화학물질관리법이 그런 사례다.

이 법은 환노위 소속 한정애 의원(민주당)이 대표 발의했다. 화학물질 유출사고를 낸 기업에 매출액의 최대 5%를 과징금으로 부과하는 게 골자다. 4월 5일 법안이 처음 발의됐을 때 과징금 규모는 매출액의 50% 이상이었다. 왜 매출액의 50%를 과징금으로 매기는지에 대한 설명은 없었다. 이후 4월 23일 법안심사소위에서 과징금 규모는 '매출액의 50% 이하'로, 다음날인 4월 24일 환노위 전체회의에선 '매출액의 10%'로 조정됐다. 4월 24일 환노위 전체회의 논의 과정이다.

▷한정애 "지금 영업정지를 할 수 있는 기간이 (최고) 6개월입니다.…그래서 2분의 1(50%)이라는 숫자가 나왔을 수 있는데요.…"(발의자가 처음으로 왜 매출의 50%를 과징금으로 부과하는 법안을 냈는지 이유를 밝힌 대목이다.)

▷김성태 "매출액의 2분의 1이라니까 기업들이 오해를 하기 시작했어요.…잠깐 보류하고 다시 간사간에 좀 협의해 가지고 타당한 처리를 했으면 합니다."

▷신계륜(환노위원장) "그러시겠습니까? 아니면 여기서 표결해도 괜찮아요. 100분의 10이면 괜찮겠습니까?"

▷김성태 "그렇게 받아들이시죠."

▷한정애 "예. 그렇게 오해를 살 수 있다면 받을 수 있다고 보는데요.…"

환노위는 이날 회의에서 과징금을 매출액의 10%로 줄여 법제사법위원회로 넘겼다. 법사위(5월6일)에선 다시 과징금을 매출의 5%로 줄였다.

회의록을 보면 환노위와 법사위에서 여야 의원이나 소관부처인 환경부는 과징금 부과 근거가 될 수 있는 어떤 자료도 내놓지 않았다. 단지 '몇 %를 부과할 것이냐'만을 두고 베팅하듯 결정했다. 이 법 내용을 환노위와 법사위에서 논의한 시간은 172분(2시간52분)이었다.

김태윤 한양대 행정학과 교수는 "유해화학물질관리법 처리과정을 보면 내용도 제대로 파악하기 힘든 시간에 통과됐다"며 "과도한 과징금 부과 권한을 정부에 주는 것인데, 이런 식이면 겁이 나서 누가 기업하겠나"라고 꼬집었다.[435)436)]

14. 정년 60세 논의

<한겨레>와 <중앙일보>가 합작해 구성한 지면으로 두 신문의 사설을 통해 중3~고2 학생 독자들의 사고력을 높이는 데 도움이 되도록 비교분석하였습니다.437) 다음번(5월 28일)에는 '갑을관계'에 대한 논제가 실립니다.

1) 한겨레 사설, 정년 연장이 임금삭감의 빌미돼선 안돼

국회 환경노동위원회가 어제 법안심사소위원회를 열어 노동자 정년을 2016년부터 60살로 의무화하는 법률안을 통과시켰다. 800만 베이비붐 세대가 대거 은퇴를 시작한 현실을 고려할 때 정년 연장은 피할 수 없는 시대적 흐름이다. 또 정년이 늘어남으로써 곧 닥칠 노동력 부족사태도 어느 정도 해결이 가능해졌다. 정년 연장은 우리만의 문제가 아니라 세계적 추세이기도 하다. 일본은 이미 1998년에 60살 정년을 의무화했고 덴마크는 최근 정년을 67살로 높였다. 하지만 우리 사회에 60살 정년이 성공적으로 정착하려면 몇 가지 점들이 선행돼야 한다. 우선 정년 연장이 임금을 깎는 근거로 악용돼선 안된다는 점을 분명히 해야 한다. 이 법은 사업주와 노동조합이 정년을 연장하는 경우 임금체계 개편 등 필요한 조치를 할 수 있게 했다. 임금상승으로 인한 경영상의 압박을 덜어주기 위한 것으로서 사실상 임금피크제를 도입할 수 있도록 길을 열어준 것이다. 하지만 임금피크제의 도입 여부는 노사의 자율적인 합의로 해결하여야 할 영역이다. 특히 임금피크제는 임금 뿐만 아니라 퇴직금에서의 불이익을 초래하기 때문에 도입에 신중을 기해야 한다.

60살 정년을 지키지 않을 경우의 처벌 조항도 구체화해야 한다. 현행 법안은 정년 연장을 하지 않으면 부당해고로 간주해 처벌하는 벌칙 조

---

435) ◆특별취재팀 : 산업부 이건호(팀장)·이태명·정인설 기자, 정치부 김재후·이호기·이태훈 기자, 경제부 김주완 기자, 지식사회부 양병훈 기자
436) http://www.hankyung.com/news/app/newsview.php?aid=2013052732371(2013.5.29)
437) 등록 : 2013.05.20 20:20 수정 : 2013.05.22 11:55, 허병두 숭문고 교사·책따세 대표

항을 마련했으나 선언적인 차원에 그치고 있다. 이 제도의 조기 정착을 위해서는 좀더 구체적인 처벌 조항을 마련할 필요가 있다.

정년 연장을 계기로 일자리 불안과 관련된 구조적인 문제에 대한 종합적인 검토도 시급하다. 우리 사회에서 일자리 문제는 짧은 정년에만 있는 것이 아니다. 정리해고와 비정규직 등 일자리를 불안하게 하는 여러 가지 구조가 함께 존재한다. 이런 문제들이 동시에 풀리지 않는다면 고용불안은 해소되지 않는다. 그런 점에서 정치권은 물론 노사 모두 고용문제를 해결하기 위한 노사정 대타협에 나서기 바란다. 박근혜 대통령도 얼마전 "노사정위원회 가동을 적극 검토해 달라"고 주문한만큼 정부 여당이 먼저 소매를 걷는 게 바람직할 것이다.

정년퇴직 나이와 연금을 탈 수 있는 나이도 일치시키는 쪽으로 조정해 나가야 한다. 60살 정년은 현재 연금을 받을 수 있는 나이와 비교하면 공백이 있는 게 사실이다. 연금을 탈 수 있는 나이는 올해부터 61살로 늦춰지고, 점진적으로 뒤로 밀려 2033년부터는 65살이 된다. 지금처럼 사회안전망이 부실한 상태에서 연금도 수입도 없는 채로 몇년간 지내는 것은 어려운 일이다.[438]

2) 중앙일보 사설, 정년 연장의 부담은 누가 떠맡나

국회 환경노동위원회가 정년을 60세까지 연장하는 고령자 고용촉진에 관한 법률 개정안을 통과시켰다. 큰 흐름으로 보면 정년 연장은 세계적 추세다. 고령사회의 노동인구 감소에 대비하고 숙련된 인력을 재활용하는 긍정적 측면이 적지 않다. 퇴직 이후 연금을 받기까지 10년간의 보릿고개를 넘는 안전장치이기도 하다. 되짚어보면 정년 연장은 여야가 앞다투어 내건 대선공약이었다. 하지만 충분한 논의와 숙려(熟慮)기간을 생략한 채 불쑥 정년을 연장하면 우리 사회가 그 충격을 감당할 수 있을지 의문이다. 1994년에 정년 연장을 시도한 일본도 90% 이상의 기업이 적

---

438) 2013년 4월 24일 31면

응한 98년에야 60세 정년을 의무화했다. 정년 연장의 혜택이 골고루 돌아갈지도 불투명하다. 공무원과 '신의 직장'들은 거의 60세로 정년이 올라가 있다. 이에 비해 민간기업들은 55~58세 정년이 많지만 실제로 퇴임연령이 평균 53세에 불과하다. 따라서 정년 연장의 실익은 공기업과 대기업 정규직 노조원 등 10% 안팎의 기득권층에만 집중될 수 있다.

선진국들처럼 정년 연장으로 신입사원의 채용 문호가 좁아져 세대간 갈등을 부를 소지도 배제하기 어렵다. 일본은 절반 가까운 기업들이 정년 연장에 따라 청년층을 고용하지 않아 기업 노화(老化)를 재촉하고 있다. 무엇보다 문제는 기업들의 체력이다. 개정 법률은 사업주와 노조가 임금체계 개편을 할 수 있도록 규정했지만 노동계는 "임금 조정은 받아들일 수 없다"며 선을 긋고 있다. 여기에다 우리 사회의 뿌리깊은 연공서열도 생각해야 한다. 근속기간 20년 이상이면 20대 근로자보다 임금이 평균 1.89배나 높다. 정년은 보장하되 일정 연령이 지나면 급여를 삭감하는 임금피크제가 뒷받침되지 않으면 기업들만 죽어난다. 공기업·대기업이야 여력이 있을지 몰라도 중견·중소기업들은 그 충격을 어떻게 감당할 것인가. 정년 연장은 여야가 합의했다고 함부로 입법으로 강제할 사안이 아니다. 지금이라도 사회적 공감대를 형성하고 부작용을 최소화하기 위해 노·사·정이 머리를 맞대야 한다.[439]

3) 논리 대 논리, 정년 연장 필요성엔 한 목소리, 임금피크제 보는 시각은 큰 차이

(1) 단계 1: 공통 주제의 의미

'열심히 일한 당신, 떠나라!' 몇년전 나온 어느 카드회사의 광고 카피였다. 치열한 사회에서 벗어나 휴가를 즐기라는 의미지만 정년을 앞둔 세대에게는 전혀 다르게 받아들여진다.

'열심히 일했지만 이제는 직장을 떠나라!'로 말이다. 소비를 충동하는

---
439) 2013년 4월24일치 34면

광고가 소득이 중단된다는 경고로 들리는 것이다. 고령화 시대에 정년을 맞이한 세대가 맞닥뜨리는 각종 사회경제적 문제는 심각하다. 노후 보장 제도가 아직 취약한 탓에 퇴직 이후의 삶을 개인이 책임져야 하기에 그렇다. 우리 사회 전체의 입장에서 보면 인구감소 시대가 되면서 숙련된 노동력을 확보할 수 없어 문제다. 이를 해결하고자 국회는 노동자 정년을 2016년부터 60살로 의무화하는 '고용상 연령차별 금지 및 고령자 고용촉진법 개정안'을 통과시켰다. 사업장 규모에 따라 단계적으로 정년을 60세로 연장한다는 게 핵심이다. 현행법에는 정년 60세가 권고 조항이다. 이를 의무로 바꿈으로써 60세까지 고용안정을 보장하고 양질의 노동력을 확보하자는 뜻이 담겨져 있다. 정년 연장과 같은 해결방식은 세계적인 흐름과도 일치한다. 이제는 이를 어떻게 성공적으로 우리 현실에 적용하느냐하는 것이 과제이다.

(2) 단계 2: 문제 접근의 시각차

중앙일보와 한겨레 모두 정년 연장이 필요하다는 데 의견을 같이 한다. 하지만 이를 도입하는 방식과 시기 등에 대해서는 뚜렷한 시각차를 보인다.

가) 한겨레: 정년 연장에 적극, 임금피크제는 유보

한겨레는 이 법안이 확실히 정착할 수 있도록 사업주가 정년 연장을 지키지 않을 경우 처벌 조항을 구체화하라고 주장한다. 좀더 적극적이다. 반면 정년 연장에 따른 기업의 비용부담을 덜어주기 위한 정부의 보완책인 임금피크제에 대해서는 유보적이다. 법안에서 임금피크제를 도입하면 오히려 임금이 깎이는 계기가 될 수 있으므로 노사합의에 따라 사업장마다 자율적으로 결정할 일이라 주장한다. 이러한 적극적인 자세는 이번 기회에 정리해고와 비정규직 문제 등 고용불안과 관련한 문제 해결에 적극 나서라는 주문에서 더욱 분명히 드러난다.

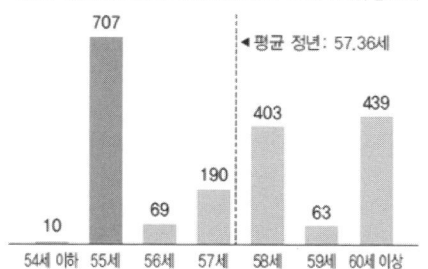

자료: http://www.hani.co.kr/arti/society/schooling/588239.html(2013.5.29)

나) 중앙일보: 정년 연장 소극, 임금피크제는 찬성

반면 중앙일보는 사회적인 준비가 아직 부족한 상태라며 정년 연장법을 당장 적용하는 데에 소극적인 입장이다. 일본도 이 법이 사회 전체에 실효를 발휘하기까지 4년여 시간이 걸렸다는 예도 든다. 이 법안으로 인해 고령자의 고용이 촉진되는만큼 청년고용은 축소될 것이라는 견해다.

또한 이 법은 이미 60세 정년의 혜택을 받고 있는 공무원과 공기업, 대기업에만 실익이 집중될 뿐이라는 점도 경고한다. 임금피크제에 대해선 한겨레와 달리 기업의 비용부담을 줄여주기 위해 필수라며 정년 연장을 법으로 강요해서는 안된다고 강조한다. 법은 통과됐지만 실제로 적용하는 시점을 최대한 늦추자는 주장이다.

다) 신문사는 제목에서도 입장 차이 드러내

두 신문 사설 제목에서도 이러한 태도는 극명하게 드러난다. 중앙일보는 '정년 연장의 부담은 누가 떠맡나'라는 수사적 의문형 제목을 통해 이 제도의 도입으로 파생할 문제점에 대해 환기시킨다. 반면 한겨레는 '정년 연장이 임금 삭감의 빌미돼선 안돼'라는 단정적 표현으로 이 법안 도입으로 근로자가 다른 권리를 빼앗기지 않아야 한다는 점을 부각한다.

자료: http://www.hani.co.kr/arti/society/schooling/588239.html(2013.5.29)

비정규직 문제 등 고용불안과 관련한 문제해결에 적극 나서라는 주문에서 더욱 분명히 드러난다.

3) 단계 3: 시각차가 나온 배경

정년 연장법은 출산율 감소와 급속한 노령화가 진행되는 와중에 노동력 부족을 해결하고자 등장한 방안이다. 하지만 실제로 어떻게 현실에 적용할 것이냐는 쉽지 않은 문제다. 고통을 분담해 달라는 선의의 요구가 현실속에서는 상대에게 희생을 강요하는 억압으로 나타날 수 있기 때문이다. 중앙일보와 한겨레의 사설은 이러한 고민의 결과다. 실제로 노동의 공급과 수요라는 측면에서 다양한 주체의 시각차가 존재한다. 이를테면 대기업과 중소기업, 영세기업과 같이 규모와 내실이 차이가 날 경우 사안을 접근하는 방식 자체가 다를 수밖에 없다. 혹은 내수 중심이냐 수출 중심이냐, 정규직이냐 비정규직이냐 등에 따라 다양한 변수가 웅크리고 있다. 다만 두 사설 모두 아쉬운 점이 있다. 한겨레는 문제를 단지 60살 정년에 국한하지 않고 사회구조적으로 바라보고 있다. 거시적 관점까지 다양하게 문제를 바라보는 것은 좋지만 논의의 초점을 분산시킨다는 점에서 아쉽다. 한편 중앙일보는 "기업들만 죽어난다"와 같은 불필요한 표현으로 스스로 논란을 야기한 측면이 있다. "그럼 노동자만 죽어나라는 식이냐"와 같은 감정적 대응을 촉발할 수 있기 때문이다.

4) 키워드로 보는 사설: 임금피크제

<한겨레>와 <중앙일보> 사설의 공통 키워드는 임금피크제다. 임금피크제란 일정 연령이 되면 임금을 삭감하는 대신 정년을 보장하는 제도를 말한다. 임금피크제를 언급하는 이유는 정년 연장이 실시되면 발생할 비용을 기업이 부담해야 하기 때문이다. 양사 사설 모두 이런 문제를 전제로 한다. 하지만 임금피크제를 접근하는 방식은 명백히 다르다.

중앙일보는 기업부담을 강조하면서 임금피크제 도입이 불가피하다고 주장한다. 반면 한겨레는 임금피크제가 논의되는 배경을 구조적으로 제시한다. 기업이 임금피크제를 악용할 가능성을 염두에 둔 것이다. 그러면서 이를 막기 위해 정부가 좀더 섬세하게 정책을 펴야 한다고 강조한다. 즉, 정부는 현재 임금피크제가 논의되는 사회적 구조를 정확하게 파악하고 이런 부작용을 최소화하는 구체적인 정책을 내놓아야 한다는 주장이다. 두 사설의 엇갈린 주장에서 알 수 있듯 임금피크제야말로 현실적으로 가장 쟁점이 되는 핵심 고리다. 여기서 또 다른 해법은 없는지 한번 생각해 볼 필요가 있다. 고용보장과 책임분담의 두 갈래 길을 하나로 모을 수 있는 새로운 키워드는 없는 것일까. 덴마크 등 일부 유럽국가들이 추구하고 있는 유연안전성(flexicurity)이 답이 될 수 있다. 유연안전성이란 각각 노동과 고용의 측면에서 사용자쪽과 노동자쪽을 대표하는 용어인 유연성(flexibility)과 안전성(security)을 조합한 용어다. 다시 말해 기업이 원하는 노사관계의 유연성과 노동자가 원하는 고용안정성·사회보장을 동시에 확보하고자 하는 정책이다. 프랑스 의회도 최근 기업의 고용유연성을 확대하면서 노동자의 실업수당과 사회보장 혜택을 늘리는 법안을 통과시킨 바 있다.

5) 추천 도서: 사회가 만든 '부지런한 가난뱅이'

워킹 푸어, 가도쿠라 다카시 지음, 이동화 옮김, 상상예찬 펴냄, 2008

년, 정년 연장이 보장돼도 누구나 워킹 푸어(working poor)가 될 수 있다.

일하고도 가난해질 수 있는 시대, 이른바 워킹 푸어 시대가 된 것이며, 이 책은 일하고 있는 모든 사람이 언제라도 워킹 푸어가 될 수 있는 냉엄한 현실을 다루고 있다. 또 '부지런한 가난뱅이' '무너지는 중산층' '고용 붕괴' 등의 주제를 통해 워킹 푸어 문제가 단지 개인에서 끝나지 않고 심각한 사회구조적 문제로 이어져 공멸의 비극에 빠질 수 있다는 것을 경고한다. 노사가 정년 연장에 대한 부담을 합리적으로 나누고자 할 때 참고해야 할 책 가운데 하나다. 덧붙여 <노동을 거부하라!>(크리시스 지음, 이후 펴냄)는 유럽 좌파적 관점에서 노동 자체의 의미를 집중적으로 파헤치고 있다. 자신의 이념적 성향과 상관없이 노동·인간·사회의 맥락을 심도있게 보는데 참고할 만하다. 최근 출간된 <우리의 노동은 왜 우울한가>(스베냐 플라스 러 지음, 로도스 펴냄)에는 향락 노동이란 개념이 등장한다. 현대인이 노동을 즐거움으로 가장해 스스로에게 강요한다는 것이다.440)441)

15. '정년 60세 연장법' 논란 찬반토론 진행중

(1) 경제성장을 위해서는 노동능력이 있는 인력을 최대한 활용해야 한다.442)

(2) 고령화 시대에 대비해 55~65세까지의 중고령자들을 활용해야 한다.

(3) 중고령자들의 생계 유지와 노후 준비를 위한 방편을 마련할 수 있다.

(4) 법 도입 이전에 경제적, 사회적 여건을 충분히 고려해야 한다.

(5) 청년실업의 문제가 증가할 것이다.

(6) 정년을 60세로 법제화하는 경우 오히려 노동할 능력이 있어도 그

---

440) 한겨레 (http://www.hani.co.kr)
441) http://www.hani.co.kr/arti/society/schooling/588239.html(2013.5.29)
442) 토론 161, | 면접 | 토론면접참여, 닥취의神! | 조회 605 |추천 0 | 2013.05.07. 20:44

만 두어야 하는 경우가 발생할 수 있다. 4월 30일 국회는 오는 2016년부터 사업장 규모에 따라 '정년 60세 연장법'을 적용하기로 가결했다.

이에 정년 60세 규정은 오는 2016년 1월 1일부터 공공기관, 지방공사, 지방공단, 300인 이상 사업장에 적용되며 이듬해인 2017년 1월 1일부터는 국가 및 지자체, 300인 미만 사업장까지 적용된 뒤 모든 사업장으로 확대될 예정이다. 우리나라는 고령화가 빠르게 진행되는 나라중의 하나인만큼 중고령자의 생계 유지 및 노후 준비와 관련하여 위 법안은 긍정적인 효과를 낼 것으로 예상된다. 즉, 일할 능력과 다양한 업무경험, 숙련된 기술력을 가진 중고령자들을 적극 활용할 수 있는 좋은 기회가 될 것이다.

경험과 지혜를 갖춘 중고령 인력을 활용해 장시간 근로를 줄이고 세대간 일자리를 나누는 데 기여할 것이다. 나이가 많다는 이유로 국가에서 일괄적으로 퇴직을 시키는 것은 연령차별이라는 측면이 있다. 서유럽, 일본 등에서는 나이가 많다는 이유로 고용시장에서 불리한 입장에 처하는 것을 법적인 문제로 삼아 금지하고 있다. 이와함께 현재 우리나라에 만연해있는 인사관행도 바꾸는 계기가 될 것이다. 정년 연장으로 인해 주된 일자리에서 오래 일할 수 있는 지원이 확대되어 고령사회에 대비할 수 있을 것이다.

1960년대 베이비붐 세대의 대거 은퇴에 따라 급격한 사회변화가 예상되고 있다. 이에 정년을 연장할 것에 대한 논의가 대두되고 있는데, 이는 급하게 진행하기 보다는 사회적 및 경제적 여건의 충분한 고려가 우선되어야 할 문제이다. 우리나라는 청년실업, 비정규직 등 고용없는 저성장과 관련된 사회적 문제들이 있다. 고용의 순증가가 없는 상황에서 베이비붐 세대의 정년을 연장하는 것은 정작 청년실업의 증가로 이어질 것이기 때문이다.

숙련된 기술력와 다양한 업무경험의 활용방법 역시 의문이 드는 부분이다. 현재 우리나라의 연공서열적인 임금체계에서 신입근로자를 채용한다면 숙련된 중고령자 근로자를 고용하는 것보다 임금을 줄일 수 있다. 이는 기업의 특성에 따라 기업 내부에서 필요에 의해 결정해야 할 문제이지 국가에서 정년을 규제하여 일괄적으로 강제할 사안이 아니다.

또한 정년을 60세로 법제화하는 경우 노동할 능력이 있어도 본인의 의사와는 관계없이 그만 두어야 하는 경우가 생길 수 있다.

토론 방법은 간단합니다. 위의 찬반 의견을 읽어보신 후 본인은 어떤 쪽 의견과 같은지 결정한 후 댓글에 본인의 의견을 달아주시면 됩니다.

찬성한다라고 생각하시는 분은 [찬성]으로, 반대라 생각하시는 분은 [반대]의 말머리를 달고 댓글로 생각을 발표해 주세요.

사회자로서 토론진행을 하셔도 좋고 위의 자료를 근거로 설명하거나 새로운 의견을 내주셔도 좋습니다. 글로 쓰는 토론연습이지만 미리 생각해 본다는 것만으로도 하반기 면접 대비가 충분히 될 것입니다. 곰곰히 생각해 보시고 바로 댓글로 토론에 참여해 주세요.

감사합니다.

투표하기 기간 : 2013.05.08 ~ 2013.12.31 | 참여자수 : 8명

'정년 60세 연장법' 찬성

'정년 60세 연장법' 반대

투표하기 결과보기

이미 고령화가 빠르게 진행되고 있는 요즘, 정년을 60세까지 연장해야 오랫동안 일할 수 있는 일자리가 확보되어 고령화 사회에 대비할 수 있기 때문입니다.[443] 고령화와 저출산으로 인해 앞으로 경제활동인구가 줄어들 것으로 예상됩니다. 또한 복지비용의 증가로 사회적 부담이 가속화될 것입니다. 이러한 시대에 대비하기 위하여 미리 정년을 연장하고 60세까지 일하는 문화를 정착시켜 나가야 할 것이라고 생각하기 때문에 찬성합니다.[444] 정년 60세 연장법이 당장은 사회적으로 문제가 될지 몰

---

443) 헬로헬롱 2013.05.08. 23:52 [찬성]
444) 된다고 믿는 힘 2013.05.13. 20:02 [찬성]

라도 장기적으로 보면 단점보다 장점이 많을 것입니다. 고령화와 저출산으로 경쟁력있는 경제활동인구가 부족하고 은퇴 후 계획에 대해서 조금 더 대비할 수 있는 시간적 여유가 생기기 때문입니다. 이에 찬성합니다.445) 우리나라는 서구 선진국이나 다른 나라에 비해 고령화가 매우 빠르게 진행되고 있는 추세입니다.

현재 남녀 모두 평균수명이 80세가 넘고 앞으로는 100세 시대라고 하는데 이런 상황에서 50대에 퇴직한다면 남은 시간동안 노인 인구가 겪어야 할 경제적 고통을 한번 생각해 본다면 누구나 찬성할 것입니다.

게다가 정년 연장으로 보다 긴 노후준비와 직장생활로 자식세대에게 부모봉양에 대한 부담을 줄여 줄 수 있습니다.446) 중고령층 대부분은 일할 능력과 의사가 있음에도 불구하고 정년으로 인해 노동시장에서 제외되어 경제적 어려움을 겪고 있습니다. 또한 이들의 복지를 위해 국가는 매년 많은 자금을 투입하고 있습니다. 이를 통해 보건대, 현재의 정년은 개인과 국가 모두에게 손실이라고 생각합니다.447) 청년실업의 문제만큼이나 중요한 것이 고령화로 인해 발생할 수 있는 사회문제라고 생각합니다. 이미 다른 회사에서 시행하고 있는 '정년 60세 연장'이 임금피크제와 더불어 좋은 방향으로 진행되고 있으며 직원과 회사 모두가 전체적으로 좋다는 반응을 보였다는 기사도 있었습니다.448) 또 정년이 연장되면 퇴직 후 연금받기까지의 기간이 짧아지면서 실제로 가계생활에 도움이 클 것으로 생각되고요. 건강보험문제 역시 지역보험 가입보다 적게 책정되기 때문에 이 또한 중고령층에게 실질적인 도움이 될 것입니다.449)

---

445) 2013.05.16. 12:13 (찬성)
446) 토익끝내기 취업뽀개기 13.05.17. 02:56 (찬성)
447) tjdwls 13.05.19. 12:19 (찬성)
448) 최고의 행운이 13.05.21. 13:15 [찬성]
449) http://cafe.daum.net/4toeic/BdHP/390?docid=4198681561&q=%C1%A4%B3%E2%2060%BC%BC(2013.5.29)

16. "정말 60세까지 회사를 다닐 수 있을까?"

1) 정년 60세의 시대

'정년 60세 시대'가 다가오고 있다. 2016년이면 민간기업 근로자도 공무원처럼 법적으로 정년이 보장된다. 정년 60세는 고령화사회에 접어든 대한민국이 거부할 수 없는 시대적 흐름이 됐다. 법 개정안이 통과된 마당에 이제는 그동안의 논란을 접고 혼란을 줄일 수 있는 방법을 찾아야 한다. 시행까지 남은 3년동안 정부와 기업, 근로자 모두에게 주어진 과제다.

정년 60세 시대가 열리면 나에게는 어떤 변화가 생길까. 60세까지는 누구나 해고의 두려움없이 직장에 다닐 수 있는 것일까. 연금체계와 노후의 삶은 어떻게 달라지는걸까. 장년층이 청년층의 일자리를 빼앗을 수 있다는 우려는 현실로 나타날까.

"정년 연장요? 사기업의 속성을 전혀 모르는 사람들이 만든 촌극이죠." 삼성전자에서 부장으로 일하다 2007년 49세로 퇴직한 서한용(가명·55) 씨는 국회가 최근 통과시킨 정년 연장법 개정안에 대해 "사기업에선 별 의미가 없다"고 주장했다. 서 씨가 회사를 나온 과정은 이렇다.

옆 부서와는 달리 그의 부서는 실적이 악화됐다. 임원을 단 그의 동기들은 조직이 커져 서 씨 부서의 과장, 대리들을 모조리 데려갔다. 40대 후반인 서 씨가 설 곳은 없었다. 결국 회사를 나올 수밖에 없었다. 정년 60세법이 통과됐다고 실제 60세까지 마음 놓고 현재의 직장에 다닐 수 있다고 장담할 수는 없다. 고용안정성이 보장되는 일부 공기업 직원, 노조의 힘이 강한 일부 대기업의 생산직 근로자 등 특수층을 제외한 일반 근로자들은 정년 60세를 '그림의 떡'으로 여긴다. 현재 근로자 300명 이상 기업의 평균 정년은 57.4세다. 하지만 고용노동부 통계에 따르면 55세 이상 퇴직자중 소속 회사의 정년규정까지 다닌 사람은 10명중 한명 꼴(10.7%)이다. 대다수는 정년을 못채우고 등 떠밀려 회사를 떠난다. 성과를 내지 못하는 간부직원은 입지가 좁아져 설자리를 잃는다. 인정받는 직원은 임원으로 승진해 정년과 무관하다. 결국 현재의 기업 현실에서는 일 잘하는 사람이나 못하는 사람이나 정년이 큰 의미가 없는 것이다. 정년 연장이 긍정적인 효과를 가져올 것으로 기대되지만 고용안정성을 해치지 않으려면 준비를 잘해야 한다는 지적도 나온다. 대한상공회의소는 2일 보고서에서 "임금삭감없는 정년 연장은 40, 50대 근로자의 조기퇴직을 초래할 것"이라고 우려했다. 능력에 관계없이 오래 일하면 임금을 더 받는 구조에서 정년 연장은 중장년 근로자의 명예퇴직, 희망퇴직을 압박할 가능성이 크다는 얘기다.

결국 정년 60세를 의무화한 고용연장법은 대한민국에 '고용안정성 확보'와 '기업경영 건전성 유지'라는 두 가지 숙제를 던졌다. 1998년부터 정년을 55세에서 60세로 연장한 일본처럼 기업의 부담을 늘리지 않으면서도 장년층에게 좀더 일할 기회를 줄 수 있는 해법을 찾아야 정년 연장의 효과를 극대화할 수 있다.

2) '정년 연장의 꿈은 현실화될 것인가.'

1일 국회 본회의에서 처리된 '고용상 연령차별 금지 및 고령자 고용촉진에 관한 법률' 개정안은 정년 60세를 '권고조항'에서 '의무조항'으로 바꿨다. 종전 '정년이 60세 이상이 되도록 노력하여야 한다'는 것을 '사업주는 근로자 정년을 60세 이상으로 정하여야 한다'고 강제한 것이다.

법이 사인간 근로계약보다 우선하기 때문에 기업들은 개정안의 틀 내에서 법이 시행되는 2016년(근로자 300명 이상 기준), 300명 미만 사업장은 2017년 이전까지 정년과 임금체계를 손봐야 한다. 정년 보장의 효과는 기업별 업종별로 다르게 나타날 것으로 보인다. 기업의 조직문화나 인사관리시스템이 60세 정년 시대에 맞춰질 때까지 적잖은 시행착오도 예상된다.

3) 모두가 정년 보장 혜택을 보는 건 아니다

많은 사람들은 법 개정으로 60세까지 무조건 회사를 다닐 수 있다고 생각하지만 현실은 그렇지 못하다. 정리해고는 지금처럼 경영상 필요, 노조협의같은 요건만 충족하면 가능하다. 다만 부당해고를 당했을 때는 지금처럼 중앙노동위원회나 재판을 통해 해결할 수 있다. 사업주와 근로자의 합의로 실시되는 명예퇴직도 정년 보장과 무관하다. 정년의 개념이 없는 기간제·파견근로자도 연장 적용 대상이 아니다. 물론 공기업 근로자는 정년 연장의 혜택을 제대로 누리게 될 가능성이 크다. 현대중공업과 대우조선해양 등 일부 대기업은 최근 1, 2년 사이 정년을 60세까지 연장했다. 숙련된 생산직 근로자들을 퇴사시키면 생산성에 영향을 줄 수 있고 경쟁사에 취업할 경우 기술유출까지 우려되는 상황을 감안한 조치였다.

현대중공업의 경우 지난해에만 800여명이 정년 연장의 혜택을 봤다. 임금이 20% 가량 깎였지만 근로자들의 만족도는 높아졌다. 현대중공업 울산본사 조선사업본부의 정영도 기장(59)은 "수십년간 흘린 땀과 쌓은 기술을 회사가 인정해주는 것 같아 뿌듯했다"며 "노후준비를 체계적으로 할 여유를 얻은 것도 큰 수확"이라고 말했다. 이처럼 '정년 연장'이 '정년보장'으로 직결되는 곳은 생산직 비중이 높은 일부 제조기업, 그것도 사정이 좋은 곳에 국한되는 얘기다. 사무직은 정년 60세가 반드시 보장될 것이라고 장담하기 어렵다. 정년을 연장하면서 임금피크제를 도입한 금융권의 경우는 60세까지 회사를 다니는 직원이 기대만큼 많지 않았다. 2005년 임금피크제를 도입한 우리은행의 경우 정년 연장의 혜택을 본 직원은 40% 뿐이었다. 나머지는 회사를 옮기거나 퇴직했다. 52세 때 국민은행에서 명예퇴직한 고준현(55) 씨는 "임금피크제가 있어도 대부분 52, 53세면 후배나 경영진 눈치를 보다 명예퇴직하는 분위기"라고 전했다. 한 시중은행 인사팀 관계자는 "제조업에선 고령자의 노하우가 유용하겠지만 서열이 중시되는 사무직은 한계가 있을 수밖에 없다"고 말했다.

4) 윈-윈 위해선 기업문화, 임금체계 혁신해야

 2003년 국내 최초로 임금피크제를 도입한 신용보증기금은 55세 일반직을 별정직(업무지원직)으로 전환하며 58세까지 일하도록 정년을 연장했다. 별정직으로 전환된 사람들은 기존 임금의 55% 가량만 받고 채권추심이나 소송수행 등의 업무를 하거나 콜센터 상담원이 됐다. 고용을 연장하긴 했지만 임금이 많이 줄어들고 '험한일' '허드렛일'을 맡으면서 불만도 커졌다. 시행착오를 거치면서 연수원 교수, 컨설팅 업무 등 이들을 위한 직무를 개발한 뒤에야 제도가 안착됐다. 이지만 연세대 경영학과 교수는 "대상자들에게 적합한 직무를 만들지 않은 채 정년만 연장되면 기업과 근로자 모두 손해"라며 "50대 중반에 맞춰진 인력관리시스템을 60세로 높이는 작업이 필요하다"고 말했다. 문제는 국내 기업들이 50대 이상 관리자의 역량을 높이는 교육시스템이 부족하다는 점이다. 근로자 직무교육을 하는 한국생산성본부, 한국능률협회 등에도 50대 이상 직장인을 위한 위탁교육 프로그램은 거의 없다. 노무컨설팅업체인 케이엔컨설팅의 김진술 대표는 "고령자의 업무역량을 지속적으로 관리하는 시스템을 갖추지 못할 경우 정년 연장 혜택을 본 근로자의 직무만족도는 높아지기 어려울 것"이라고 지적했다. 2000년대 중반 국내의 한 대형통신사 직원들은 충격에 빠졌다. 일부 부장급 관리자를 콜센터 고객상담요원으로 발령한 것이다. 사실상 퇴출이었다. 회사 창사 이래 처음있는 일이었다. 하지만 고참 부장 몇명 나가는 것으로 상황은 쉽게 정리됐다.

 이 회사의 한 직원은 "능력과는 무관하게 고참순으로 사람을 솎아내는 게 한국 직장의 분위기"라며 "정년이 연장된다고 해서 이런 분위기가 달라지지는 않을 것 같다"고 말했다.

 전문가들은 나이 많은 상급자와 나이 어린 하급자간의 상명하복을 기본 틀로 하는 직장문화를 업무와 능력 중심의 질서로 재편해야 정년 연장에 따른 실질적 효과를 거둘 수 있다고 강조한다. 고참 직원이 어린 직원밑에서 자연스럽게 일할 수 있는 분위기가 조성돼야 탄력적으로 고참 직원을 배치해 활용할 수 있다는 것이다. 근무 연수가 높을수록 임금을 많이 받는 연공급제 체계도 혁신 대상으로 꼽힌다. 외국처럼 직무와 성과에 따라 임금을 정하는 기업은 많지 않다. 현재와 같은 임금구조에서는 고령 근로자가 정년을 보장받기보다는 간접적인 퇴출 압력에 시달릴 가능성이 높다. 일본 등의 사례를 봐도 정년 연장의 성패가 임금체계 개편에 달려 있다고 해도 과언이 아니다. 임금피크제를 도입해 일정 연령 이상의 고령자에게는 정년을 연장하는 데 비례해 임금을 줄여야 한다는 주장이 재계에서 나오고 있다. 하지만 노동계는 임금손실없는 정년 의무화를 고집하고 있다. 노사가 이 문제를 놓고 충돌할 경우 정년 연장의 후폭풍은 당분간 이어질 수밖에 없을 것으로 보인다. 2016년 법 시행 전까지 원만한 노사합의가 이뤄지지 않으면 상당한 혼란이 빚어질 가능성도 있다.

최영기 경기개발연구원 선임연구위원(전 한국노동연구원장)은 "임금체계를 개편하지 않고 정년만 연장할 경우 기업경쟁력에 타격이 올 수밖에 없다"며 "이미 법이 통과된만큼 일본처럼 노사가 상생의 지혜를 모아 법시행전까지 임금체계를 개편해 나가야 한다"고 강조했다.

5) "승진 못해도 퇴직은 없다" 만년과장 늘어날듯

그는 식품회사인 와이장(YJang) 마케팅영업지원부 과장이다. 한때 영업왕에까지 올랐지만 57세인 지금까지도 과장 신세를 면치 못하고 있다.

입사 동기는 옆 사무실에서 부장으로 일하고 있고 그는 열 살 가까이 어린 후배를 팀장으로 모시고 있다. 그도 일에 대한 욕심이 사라진건 아니다. 그러나 젊은 후배들의 톡톡 튀는 아이디어를 따라잡기가 쉽지 않다.

현재 방영중인 TV 드라마 '직장의 신'에 등장하는 고정도 과장의 모습이다. 가상의 이야기지만 현실에서도 고 과장같은 '만년과장'을 어렵지 않게 볼 수 있다. 2016년부터 정년 60세 의무화가 시행되면 나이는 많지만 할일이 마땅치 않은 '고 과장'이 늘어날 수 있다. 위계서열을 중시하는 한국의 기업문화에서 '고 과장'들을 적절히 배치해 알맞은 일감을 주는 것이 이슈로 떠오를 것으로 전망된다.

6) '고 과장' 전성시대 올까

직급정년제는 과장이나 부장으로 일정 기간 일하다 승진을 못하면 한직으로 물러나거나 자동 퇴직하는 제도다. 군인이나 경찰로 치면 계급정년이다. 공식적으로는 국내 기업 열 곳 가운데 한 곳 정도만 직급정년제를 시행한다. 하지만 대부분의 기업은 사무직에 대해 암암리에 직급정년제를 운영하고 있다. 삼성전자의 경우 부장 승진 후 5년차가 되면 임원 승진 대상이 된다. 공식적으로 직급정년제를 운영하지는 않지만 세 차례 연말 인사에서 임원이 못되면 '삼진아웃'으로 회사를 그만두는 게 관례다. 계속 근무를 하는 경우도 있지만 극히 일부다. 오히려 최근엔 3, 4년차에 임원으로 발탁 승진되면서 부장과 임원간 선후배 역전 현상도 자주 생긴다. 다른 대기업들의 사정도 비슷하다. 한 유통 대기업에서 부장으로 퇴직한 이모(53) 씨는 "차장달고 7년차쯤 되면 뒤통수가 슬슬 따갑다"며 "'저 선배 때문에 우리가 승진을 못한다'는 얘기를 공공연히 하는 후배들도 있다"고 털어놨다. 윗사람들도 곱게 볼 리 없다. "다음에 승진할거야"라고 위로하다가도 "왜 안나가냐"며 핀잔을 주기 일쑤다.

한국노동연구원이 2011년 근로자 100명 이상 기업 1000곳을 대상으로 임원 승진에서 탈락한 부장급 간부의 정년퇴직 실태를 조사한 결과 승진 탈락자 전원이 정년을 채우지 못하고 그만 둔 기업이 전체의 40%나 됐다. 이번 법 개정으로 정년이 의무화되면 직급정년제를 공식적으로 둔 기업들은 2016년부터는 이를 폐지해야 한다. 비공식적으로 운영하는 기업들도 영향을 받을 것으로 보인다. '50, 60대까지 회사에 남아 있으면 도둑'이라는 뜻으로 비아냥대는 표현인 '오륙도'까지 등장했지만 앞으로는 60세까지 회사에 남는 걸 당연한 권리로 인정하는 분위기가 만들어질 수 있다. 근로자 입장에서는 환영할 일이지만 기업들은 조직관리에 애를 먹을 수밖에 없다. 한국의 기업문화에서 40대 부장이 50대 차장을 모시고 일하는 것이 쉬운 일은 아니다. 버티려는 직원과 어떻게든 그만두게 하려는 기업 사이에 갈등이 발생하고 법적 다툼이 늘어날 수도 있다. 최영기 경기개발연구원 선임연구위원은 "유예기간에 정년 연장과 의무화에 제대로 대비하지 않으면 기업들은 조직안정을 위해 더 가혹한 방법을 동원할 개연성이 커 오히려 고용안정성을 해칠 우려가 있다"고 말했다.

7) 그래도 더 많은 '고 과장'이 필요하다

전문가들은 초기에 어려움이 따르더라도 더 많은 '고 과장'이 일할 수 있는 직무체계를 갖춰야 한다고 지적한다. 서열이 아닌 일 중심으로 조직을 운영하는 서양의 기업문화를 과감하게 받아들여 '고 과장'이 눈치 보지 않고 일할 수 있는 풍토를 조성해야 한다는 목소리도 나온다. 무엇보다 정년 의무화를 바라보는 사회적 인식의 변화가 필요하다. '고 과장'을 왕따나 조롱의 대상이 아니라 풍부한 경험을 가진 사람으로 존중하는 분위기가 만들어져야 한다는 것이다. 유규창 한양대 경영학부 교수는 "캐나다의 한 주정부에서는 고령 인력에 대한 사회적 편견을 바꾸기 위해 '고령 인력에 대한 오해와 진실'을 담은 가이드북을 제작해 기업에 배포했다"며 "정년을 늘리고 임금을 삭감하는 임금피크제 방식에 추가해 새로운 틀속에서 해법을 모색해야 한다"고 강조했다. 전직(轉職), 재취업에 국한된 근로자 재교육 프로그램을 다양화해야 한다는 주장도 있다. 유 교수는 "40대 초중반쯤 경력정체(Career Plateau : 능력이나 기업의 구조적 문제탓에 승진이나 자리이동의 기회가 주는 것)가 나타나는데 고령인력이 다른 성격의 부서에서도 일할 수 있게끔 기업이 적극적으로 직무교육을 실시해야 한다"고 말했다.

8) 은퇴 후 소득공백기 줄고 국민연금 더 내고 더 받아

대기업에 다니는 1959년생 A 부장(54)은 60세 정년을 의무화한 법이 통과되기 전까진 57세인 2016년에 퇴직할 가능성이 높았다. 하지만 정년을 연장하는 법이 국회를 통과함에 따라 A 부장의 정년은 2019년으로 늘어난다. 62세부터 국민연금이 나오는 그가 정년전에 퇴직하지 않는다면 퇴직 후 국민연금을 받기전까지의 기간은 5년에서 2년으로 3년이나 줄어들게 된다.

9) 퇴직연금 등 노후대책 새로 짜야

기업 정년이 60세로 늘어나면 이렇게 직장인들의 퇴직 후 미래설계에 큰 변화가 생긴다. 자산관리전문가들은 정년 연장으로 일반적인 회사원들의 퇴직 후 소득공백기가 줄고 노후 국민연금 수령액도 늘어날 것으로 예상한다. 김현기 신한금융투자 네오50연구소장은 "국민연금은 직원이 절반, 회사가 나머지 절반을 내는 구조여서 늘어난 정년기간동안 근로자들은 자기 자금을 적게 들이면서 노후에 더 많이 대비할 수 있게 되는 것"이라고 말했다.

나이에 따라 소득공백기 감축의 폭은 달라진다. 1969년 이후 출생자들은 국민연금을 65세 때부터 받지만 1953~1956년생 가입자들은 61세부터, 1957~1960년생은 62세, 1961~1964년생은 63세, 1965~1968년생은 64세부터 받기 때문이다. 근로자 300명 이상 기업의 평균 정년이 57.4세라는 점을 고려하면 소득공백기가 평균 3년 가까이 줄어드는 것이다.

임금 수준에 따라 퇴직연금 유형도 잘 선택해야 한다. 퇴직연금중 연금수령액이 확정돼 있는 확정급여형(DB)은 '퇴직시 3개월간 평균임금×재직연수'라는 공식에 따라 퇴직금이 정해지기 때문에 정년이 연장되는 대신 임금피크제가 도입되는 회사의 경우 퇴직 직전 소득이 감소하면서 퇴직연금이 줄어들 수 있다. 반면 근로자 본인이 운용에 일정 부분 개입하는 확정기여형(DC)은 연간 급여의 12분의 1을 매년 떼어내 적립하는 구조여서 임금피크가 적용돼도 퇴직금이 크게 줄지 않는다. 자산관리전문가들은 퇴직 후 국민연금 수령 시기와의 간극이 좁아짐에 따라 퇴직

시기를 55세 전후로 예상하던 근로자는 연금저축 수령 시기를 늦추는 식으로 연금 포트폴리오를 수정할 필요가 있다고 조언했다. 또 은퇴가 다가오는 40대 후반, 50대 초반의 연령층은 연금저축 등 노후준비 상품 가입을 서두르는 게 좋다. 김진영 삼성증권 은퇴설계연구소장은 "의무납입 기간이 끝나기전에 퇴직할 것으로 생각해 노후 대비 상품의 가입을 포기했던 연령층은 새로 가입할 수 있는 기회가 생긴 것"이라고 말했다.

10) 정년 연장과 청년 일자리 상관관계

"청년실업은 불경기 탓… 정년 연장과 직접 연관성 낮아", "경기가 나빠져 취업문이 가뜩이나 좁아진 상황에서 고령근로자의 정년까지 연장되면 신규채용은 더 줄어들 게 뻔하지 않겠어요."450) '정년 60세 의무화법'이 국회를 통과한 이후 트위터와 인터넷 게시판 등 소셜네트워크서비스(SNS)에는 일자리를 찾는 청년들의 걱정 어린 목소리가 속속 올라오고 있다. 일각에서는 정년 연장이 부모세대와 자녀세대간의 밥그릇 싸움으로 번지는 게 아니냐는 우려까지 나온다. 하지만 정년 연장이 청년 취업과 제로섬 관계가 아니며 장기적으로는 모든 세대에 혜택이 돌아갈 것이라는 긍정적 분석도 나오고 있다. 다만, 정년 문제가 미래에 자신들의 문제이기도 하지만 당장 취업 걱정을 해야 하는 젊은이들 처지에서는 정년 연장이 반갑지 않은 게 현실이다. 사회통합위원회와 한국사회학회가 지난해 진행한 설문조사에 따르면 정년 연장에 대해 50대는 40.5%가 찬성했지만 20대는 24.9%만 찬성했다.

재계도 "정년 연장이 청년층의 신규채용 감소로 이어질 것"이라는 전망을 내놓고 있다. 한 경제단체 관계자는 "기업에서 20년을 일한 직원의 평균임금은 신입직원의 2~3배에 달한다"며 "정년이 연장된 고령근로자의 임금을 조정할 수 있는 법적장치가 마련되지 않는다면 기업들은 신규직원 채용에 부담을 느낄 수 밖에 없다"고 말했다. 한 대기업 인사팀

---

450) 취업준비생 정모 씨·26·여

장은 "분기별로 실적을 발표해 시장에서 평가받는 기업의 입장에서는 인건비에 신경쓰지 않을 수 없다"며 "정부가 신입사원 채용 인원을 늘리라고 독려해도 그대로 따르기 어려운 분위기가 만들어질 수 있고, 비용 부담이 적은 인턴사원을 쓰는 기업도 더 늘어날 것"이라고 내다봤다.

하지만 정년 연장이 청년 일자리에 영향을 미칠지 아닐지는 업종에 따라 다르게 나타난다는 견해가 우세하다. 기업별로 필요로 하는 인력 분포가 다르고 사업 성격이 노동집약적이냐 장치산업이냐에 따라서도 정년 연장의 효과가 다르게 나타난다는 것이다. 더욱이 청년실업률은 고령층의 정년 연장보다는 경제상황에 더큰 영향을 받는다는 분석이 나온다.

경제협력개발기구(OECD)는 1990년대 중반 일부 회원국의 경우 고령자의 노동시장 장기체류가 높은 청년실업률의 주요 원인이라고 봤다.

이에 따라 1994년 '고령층의 조기퇴직을 유인해야 한다'는 내용의 권고안이 담긴 일자리 전략을 채택했다. 그러나 그 후 10여년간 청년층 실업문제는 더욱 심각해졌다. 프랑스 등 일부 회원국가에서는 오히려 고령자 조기퇴직이 사회재정 부담만 늘리고 청년실업문제는 해결하지 못했다는 평가를 받았다.

OECD가 2005년 새로운 일자리 전략을 세우며 조기퇴직 권고안을 폐기한 이유다. 고령자 고용과 청년층 고용은 한 자리를 놓고 다투는 대체관계가 아니라는 결론을 내린 것이다. 국회 환경노동위원회 소속 새누리당 김성태 의원은 "청년실업의 문제는 각 나라와 세계경제 상황, 그리고 정보기술(IT)시대에 벌어지는 고용없는 성장 등의 문제이지 정년 연장과는 무관하다"고 주장했다. 정년을 60세로 연장한 국내 기업들중에는 신규채용을 줄인 기업도 있고 그렇지 않은 기업도 있다. 지난해 7월 정년을 만 60세까지로 2년 연장한 현대중공업측 관계자는 "생산직 근로자의 정년을 연장한 것이 신규채용에는 부정적인 영향을 미쳤다고 볼 수 있다"고 말했다. 그러면서 "정년 연장이 직원들의 사기를 끌어 올리고 우수한 인력을 붙잡는 효과도 있었고, 노조가 임금인상률을 양보해 회사 전체적으로 긍정적인 효과가 있었지만 청년 구직자들에게 돌아가는 기회가 줄어든 것은 사실"이라고 말했다.

반면 장치산업분야에서는 별 영향이 없었던 것으로 분석됐다. 2011년 노사합의로 정년을 60세로 2년 연장한 GS칼텍스측 관계자는 "정년 연장 이후 신규채용 증가는 소폭에 그쳤다. 하지만 이는 정년 연장과는 무관했다. 채용은 투자계획의 영향을 직접적으로 받는다"고 말했다. 비제조업과 공공부문 등 청년층이 선호하는 '괜찮은 일자리'에서는 정년 연장이 고용에 미치는 영향이 상대적으로 클 것이라는 전망도 있다. 지난해 고용노동부가 2006~2011년 정년을 연장한 940개 사업장을 대상으로 정년 연장 전후의 신규채용을 분석한 결과 비제조업은 29.1%, 공공기관은 4.0% 각각 줄어든 반면 제조업은 29.5%가 늘어났다. 이철희 서울대 경제학부 교수는 "공공부문 등 사무직 분야는 한정된 일자리를 두고 경쟁관계가 형성될 수밖에 없다"며 "정년 연장과 함께 임금제도를 손봐야 세대간 갈등을 줄일 수 있다"고 지적했다. 장기적으로는 정년 연장이 청년세대에게도 유리한 일이 될 것이라는 믿음이 필요하다는 견해도 있다.

안주엽 한국노동연구원 선임연구위원은 "30~40년 뒤에는 젊은이들도 정년 연장의 혜택을 보게 된다는 긴 안목이 필요한 시점"이라고 말했다.[451)452)

17. 2030세대도 '정년 60세 연장' 환호

정년 60세 연장에 대해 2030세대 젊은층들이 신규 일자리 감소를 우려해서 꺼릴 것이라는 일반적 예상과는 다르게 10명 중 8명이 긍정적으로 생각한다는 의외의 결과가 나왔습니다.[453) 한 취업포털 사이트에서

---

451) <자료 : 동아일보>
452) http://blog.daum.net/haj4062/15732488(2013.5.29)
453) 기사 2013/05/15 09:50, http://blog.naver.com/tldbsdja/50171372676

지난 7~10일, 20-30대 성인 남녀 1737명을 대상으로 한 설문조사 결과 1348명이 근로자 정년 60세 연장법에 긍정적으로 답했다고 13일 밝혔습니다. 정년 연장법을 긍정적으로 생각하는 이유는 '고령화 시대에 필요한 대책이라서'가 63.5%로 가장 많았고 '안정적으로 근무할 수 있어서'(36.3%), '고령 근로자의 노하우를 활용할 수 있어서'(33.9%), '숙련 인력 부족에 대비할 수 있어서'(24.9%) 등의 답변이 뒤를 이었습니다.

반면 정년 연장법에 부정적이라고 답한 389명은 그 이유로서 '신입채용이 줄 것 같아서'(60.2%), '어차피 정년까지 일을 못할 것 같아서'(33.4%), '인력운용이 경직될 것 같아서' (30.6%), '실효성이 부족해서'(28.8%) 등을 꼽았습니다. 설문에 응한 2030세대의 50.2%만이 자신이 정년 연장법의 혜택을 받을 수 있을 것 같다고 내다봤고 68.6%는 청년구직자의 일자리 문제가 고령 근로자의 문제보다 시급하다는 입장이었습니다. 또 정년 연장법이 성공적으로 시행되려면 '기업의 적극적인 반영과 시행'(28.5%), '임금피크제 등 임금조정 노사합의'(20.2%), '신규채용 활성화를 위한 대책 마련'(17.4%) 등이 선행돼야 한다는 답변이 나왔습니다. 저도 정년 60세 연장에 찬성하는 편인데요. 어느 쪽이 확실히 맞다 아니다를 가릴 수는 없지만 정년 나이 연장도 긍정적으로 생각해 볼 필요가 있다고 생각해요.454)455)

18. 베이비 붐 1957~ 60년생 '문턱 제외', 정년 연장 형평성 논란

시행 직전 5년 연장 대상 빠져 행복추구권 등 침해 지적도456) 정년이 만 55세인 회사에 다니는 최 모(53) 씨는 정년 60세 연장법이 국회를 통과하자 분통을 참지 못했다. 300명 이상인 직장의 정년연장 시행 시점이 2016년 1월 1일로 정해졌다는 데 억울해했다. 1960년 11월 1일 출생인

---

454) [출처] 2030세대도 '정년 60세 연장' 환호|작성자 tldbsdja
455) http://blog.naver.com/PostView.nhn?blogId=tldbsdja&logNo=50171372676(2013.5.29)
456) 서울신문|입력2013.05.02 01:47

최씨의 정년퇴직일이 회사 규정상 2015년 12월 31일인 까닭이다. 단 한 달 차이로 정년 5년 연장의 혜택을 받지 못하게 된 것이다. 최씨는 "제도 시행으로 1960년생은 2015년까지, 1961년생은 2021년까지 일하게 되는 것은 차별"이라고 말했다. 정년 60세 연장법이 지난달 30일 국회를 통과했지만 최 씨처럼 억울하게 정년 연장의 혜택을 받지 못하는 사례가 허다해 논란이 일고 있다. 특히 1957~1960년 출생자들의 좌절감이 크다. 정년 연장안 시행 직전 해인 2015년에 현재 각 회사의 일반적인 정년인 55~58세를 맞기 때문이다. 헌법에 명시된 국민의 행복추구권과 평등권을 침해한다는 지적도 나온다.

혜택의 사각지대는 이 뿐만이 아니다. 이날 국회를 통과한 '고용상 연령차별 금지 및 고령자 고용촉진법'은 사업장 규모에 따라 근로자 300인 이상이면 2016년 1월 1일, 300인 미만이면 2017년 1월 1일부터 정년 60세 연장법을 적용토록 했다. 같은 나이인데도 사업장 규모에 따라 누구는 혜택을 받고 누구는 받지 못할 수 있어 이에 따른 차별 논란도 일어날 수 있다. 문제는 또 있다. 정년이 60세로 연장되면 각 사업장의 현행 정년(55~58세)에 따라 2016년 이후 2~5년간 퇴직자수는 '제로'가 된다.

예를 들어 55세가 정년인 회사는 2015년 정년 퇴직 이후 2021년이 돼야 첫 퇴직자가 나온다. 자연히 사측의 비용부담이 커질 수밖에 없다.

아무리 임금피크제를 적용한다 하더라도 인건비 부담이 만만찮다. 금융권의 한 인사담당 관계자는 1일 "5년간 퇴직자가 없다면 회사는 그 기간동안 신규채용을 할 엄두가 나지 않을 것"이라고 말했다. 그는 "퇴직이 임박한 직원 1명당 임금은 신입사원 2명 이상의 몫을 차지한다"고 말했다. 정년 연장법을 발의한 국회 환경노동위원회의 새누리당 간사인 김성태 의원은 이같은 사각지대의 사례와 관련해 "현재 통과된 법으로서는 어쩔 수 없는 일"이라고 말했다. 도입 시점과 관련해 사업장에 따라 한 번 예외를 두기 시작하면 또 다른 형평성 논란이 불거질 수 있다는 우려인 것으로 해석된다. 그러나 김 의원은 "각 사업장에서 유연성을 발휘할 수 있도록 하는 등의 대안을 고용노동부와 상의해 강구할 것"이라며 개선의 여지를 남겼다.

정년연장 일정 따른 사각지대		2013년	2014년	2015년	➡정년연장 시행	
					2016년	2017년
	1955년생	58세	59세	60세	61세	62세
	1956년생	57세	58세	59세	60세	61세
	1957년생	56세	57세	58세	59세	60세
	1958년생	55세	56세	57세	58세	59세
	1959년생	54세	55세	56세	57세	58세
	1960년생	53세	54세	55세	56세	57세
	1961년생	52세	53세	54세	55세	56세

예) 만 55세가 정년인 사업장일 경우 1960년생은 55세의 나이로 2015년 퇴직하지만, 1961년생은 정년 연장 혜택을 받아 2021년까지 근무 가능

자료: http://blog.daum.net/martino8808/91(2013.5.29)

고용부도 정년 연장 혜택의 형평성 문제에 대해 고민하고 있다. 특히 정년 연장 혜택이 더 많은 근로자들에게 돌아가도록 하는 방안의 마련에 초점을 맞추고 있는 것으로 알려졌다. 고용부 관계자는 "제도 시행 직전에 정년을 맞이해 퇴직하는 근로자들의 불만과 사측이 꼼수를 써서 미리 퇴직시키는 상황이 발생할 것에 대비해 지원 대상을 보다 완화하는 것을 실무차원에서 검토중"이라고 밝혔다. 특히 '임금체계 개편'에 대한 명확한 개념 정의를 법 조항에 명시하지 않아 해석을 두고 논란이 일 수 있다는 점에 대해서도 대안을 찾고 있다.

'혜택 사각지대'의 대안은 큰 틀에서 두 가지로 정리된다. 임금피크제를 통한 시행시기 조정과 노사협의를 통한 혜택 범위 확대 등이 유력하다. 고용부는 오는 6월까지 개선방안에 대해 관련 부처의 논의를 거친 뒤 연내에 시행령을 만들어 이르면 내년부터 확대 시행하는 안을 검토 중인 것으로 알려졌다. '임금피크제 조정안'은 최씨의 경우처럼 간발의

차이로 수혜 대상에서 제외될 때 정년 연장 혜택을 주는 대신 급여 삭감 비율을 높이는 방안이다. 여기에는 정부의 지원금이 뒤따를 것으로 보인다. 고령 근로자의 확대에 따른 사측의 부담을 줄여 주기 위한 차원이다.

물론 예산이 투입되는 문제이기 때문에 검토해야 할 사항이 많다. '노사협의안'은 사업장 여건에 따른 노사간 합의를 존중해 정년 연장 시점을 정하는 데에서 유연성을 발휘하는 안이다. 다만 혜택 범위 설정을 놓고 노사간 진통이 뒤따를 가능성도 배제할 수 없다. 한편 시행 시점에 따른 차별을 유발하는 정년 연장법이 위헌의 소지가 있다는 문제 제기와 관련해 법조계에서는 '법적 안정성'을 이유로 평등권과 행복추구권 침해의 소지는 낮다고 보고 있다. 법무법인 광장의 홍승진 변호사는 "개인적으로는 억울할 수 있겠지만 명시된 법으로 인해 드러난 피해 사실을 입증할 수 있어야 한다"고 했고, 민주사회를 위한 변호사모임의 권영국 변호사도 "현재 제도가 시행되지 않은 상황이기 때문에 위헌 제기는 이르다"고 말했다.457)

19. "정년 60세법, 청년일자리 '뺏기' 아닌가요?"

"정치권에선 정년 연장이 청년실업과 상관이 없다고 하지만 경기가 어려워 가뜩이나 신규채용이 줄어드는 마당에 대학생들이 가고 싶은 좋은 일자리가 줄어드는 게 뻔할 것 아니겠어요?"458)

인하대생 구자경 씨는 최근 국회를 통과한 정년 60세 의무화 법안과 관련해 이같이 말했다. 숙명여대 재학중인 이현지 씨도 "정년 연장 혜택은 청년 구직자들이 선호하는 대기업과 공기업에서 주로 나타날 것"이라며 "전체 근로자수가 통제되고 있는 상황에서 사실상 기존 인원의 감소없이 신규 충원은 어려울 것"이라고 구 씨 의견에 동의했다. 전국경제

---

457) http://blog.daum.net/martino8808/91(2013.5.29)
458) 뉴스1 원문 기사전송 2013-05-29 18:33, 뉴스 기사 전경련, 대학생 열린 토론회 개최, (서울=뉴스1) 김의진 기자

자료: http://news.nate.com/view/20130529n38892(2013.5.30)

인연합회는 서울 대현동 이화여대에서 '대학생 열린 토론회'를 열고 학생들로부터 최근 국회를 통과한 정년 60세 의무화 법안과 관련한 의견을 들어봤다고 29일 밝혔다. 전경련에 따르면 상당수의 학생이 구 씨와 이 씨 등처럼 기존 근로자 정년 연장 문제에 대해 우려 섞인 시각을 보였다. 기업체가 전체 근로자수를 늘리지 않는 한 갈수록 취업문이 좁아진다는 게 이유였다. 그러나 일부 학생들은 정년 연장 조치가 고령화 사회를 맞아 일종의 사회적 안전판 기능을 할 것이라는 주장도 제기한 것으로 전해졌다. 이와 관련해 고려대 재학생 김승욱 씨는 "고령 근로자와 청년 근로자가 대체관계라는 실증적 근거가 없다"며 "(좋은 일자리가 줄 것이라는) 청년세대의 우려는 막연한 불안감일 뿐"이라고 했다. 같은 학교 소속 홍진표 씨도 "한 사회의 일자리 총량은 고정되지 않고 경제성장 등을 통해 변화되는 것"이라며 "정년 연장 조치가 일자리 선택에 미치는 영향은 제한적일 수밖에 없다"고 주장했다.

이날 토론에선 기존 근로자 정년을 늘림과 동시에 새 세대의 일자리도 확보하려면 결국 기업의 성장을 이끌어내야 한다는 지적도 제기됐다. 성균관대 재학생 김남수 씨는 "정년 연장과 같은 정책이 중·장기적으로 기업의 생산성을 향상시키고 추가투자를 이끌어낼 수 있어야만 일자리 늘리기 해법으로 평가받을 것"이라고 지적했다. 서강대 소속 김원석 씨는 "일자리 문제를 해결하려면 여러 계층과 세대를 포용하는 논의 기구를 만들고, 이를 통해 성원간 공감대를 형성하는 것이 필요하다"고 했다.[459]

---

459) http://news.nate.com/view/20130529n34110(2013.5.30)

제9장 정년 60세 연장과 시간제 근로자 및 임금피크제

1. 시간제 근로, 네덜란드 모델 추진

방하남 노동, 풀타임·파트타임 전환 법적 보장460) "정규직과 임금·복리후생·보험 등 차별 없앨 것" 방하남 고용노동부 장관이 시간제 일자리 확대 방향에 대해 "(정규직과) 차별이 없고 풀타임과 파트타임간의 이동이 자유롭게 되도록 법과 제도를 정비하겠다"고 밝혔다.

방 장관은 29일 정부과천청사에서 기자들과 만나 "반듯한 시간제 일자리가 또 다른 비정규직 일자리를 의미하는 것은 아니다"라며 이같이 밝혔다. 정부가 추진하는 '반듯한 시간제 일자리'는 정규직과 임금·복지·승진 등에서 차별이 없고 시간제와 풀타임 정규직 사이의 이동이 자유로운 네덜란드 모델을 지향하는 것으로 해석된다. 시간제 노동자 비중이 37.1%로 가장 높은 수준인 네덜란드는 시간제 일자리가 단순·비정규직이 아니라 사무직·전문직 등에 다양하게 분포돼 있다. 방 장관은 "노동계는 동일노동 동일임금이 적용돼야 한다며 비판적인 입장인데 현재 시간제 노동자 90%가 임시일용직이기 때문에 오해를 불러 일으키는 부분이 있다"며 '반듯한 시간제 일자리'의 조건으로 "본인의 수요에 맞아야 하며 차별이 없어야 하고, 사회보험과 최저임금 등 기본적 근로조건과 평균생활이 충족돼야 한다"고 설명했다.

노동부 관계자는 "차별을 없애는 데는 임금과 복리후생이 모두 포함된다"고 말했다.461) 방 장관은 정규직 풀타임과 파트타임간의 이동이 자유로워야 한다고 밝혔다. 방 장관은 "기업 내외에서 풀타임과 파트타임

---

460) 경향신문 원문 기사전송 2013-05-29 23:12 최종수정 2013-05-30 00:33
461) 관련기사 4면

간의 이동을 자유롭게 해 생애과정에서 근로시간을 유연하게 가져갈 수 있게 법과 제도를 정비해야 한다"고 말했다. 일과 가정의 양립이 어려워 육아로 인한 여성의 경력단절이 심각한 상황을 해소하고 고령층의 퇴직 후 일자리를 늘리기 위해 시간제 일자리를 확대해야 한다는 것이다. 방 장관은 "한국 여성의 파트타임 비율이 18%로 네덜란드(60%), 영국(40%) 등 다른 경제협력개발기구 국가와 비교하면 현저히 낮다"며 "정년 60세 가 정착되기까지는 시간이 걸리는데 퇴직 후 풀타임으로 재취업이 어려 운 상황에서 중소기업 파트타임으로 경험과 기술을 전수하면서 제2의 인생을 설계할 수 있다"고 말했다. 정부는 이같은 내용을 '고용률 70% 로드맵'에 포함시켜 다음달 초 발표할 예정이다. 한국노총 관계자는 "동일노동 동일임금이 보장되고 승진에서 차별받지 않으며 고용이 안정된 정규직 시간제 일자리의 창출이 전제돼야 시간제 일자리 확대에 대한 논의를 할 수 있다"고 말했다.[462][463]

2. KB노조의 '임금피크제 무효화' 제소

지난달 국회에서 통과된 '정년 60세 의무화' 법안에 대한 대응을 놓고 기업의 발등에 불이 떨어진 가운데 국민은행의 제2노조가 "임금피크제를 무효화하라"며 소송을 제기하고 나서 갈등이 현실화할 것으로 보인다.[464] 국민은행 2노조인 KB노동조합 관계자는 "최근 국민은행을 상대로 임금피크제 무효소송을 서울중앙지법에 제기했다"고 29일 밝혔다.

KB노조는 현재 같은 취지의 소송을 제기할 청구인단을 계속 모집하고 있어 규모는 더욱 커질 것으로 전망된다. 지난 2008년부터 시행된 임금피크제에 따라 국민은행 직원들은 만 55세가 되면 정년은 60세로 연장되는 대신 보수는 임금피크 직전 평균임금의 30개월분을 정년까지 나

---

462) 이영경 기자 samemind@kyunghyang.com, 경향신문(www.khan.co.kr)
463) http://news.nate.com/view/20130529n41091(2013.5.30)
464) 헤럴드경제 원문 기사전송 2013-05-29 11:40

뉘 지급받는다. 60개월을 일하고 30개월분의 임금만 받는 것이다. KB노조 관계자는 "근무기간은 연장되는 반면 임금은 삭감된다는 점에서 사회상규 및 상식에도 용인될 수 없는 제도"라고 주장했다.465)466)

3. 금융권 구조조정, 노조 "8.1% 올려 달라", 임협 테이블 전운

정년 연장 등 요구, 사측 "수용 불가", 금융권 총파업 12년만에 재연 조짐467) 올해 금융권 노사협상 테이블이 심상치 않아 보인다. 임금협상을 둘러싸고 은행권 노사갈등이 재연될 조짐을 보이고 있기 때문이다.468) 지난 21일 금융산업사용자협의회와 전국금융산업노동조합 교섭 대표단이 서울 명동 은행회관에서 상견례를 갖고 첫 교섭에 나섰다. 사측 협상위원은 김종준 하나은행장과 홍기택 KDB산업은행장, 리처드 힐 스탠다드차타드(SC)은행장, 성세환 부산은행장, 김종화 금융결제원장 등 5명이고 협상대표로는 박병원 은행연합회장이 참여했다. 노조측에서는 김문호 금융노조 위원장과 김창근(하나은행)·강태욱(KDB산업은행)·서성학(SC은행)·김현준(부산은행)·정윤성(금융결제원) 등 5인의 노조위원장이 참석해 팽팽한 신경전을 벌였다는 후문이다. 올해 임금협상 전망을 어둡게 하는 부분은 임금인상률에 대한 양측의 입장차다. 노조측은 정규직 기준 8.1%의 인상률을 요구하고 있다. 이는 상급단체인 한국노총의 임단협 지침에 따른 것이지만 사측은 수용하기 어렵다는 입장이다.

업계의 현실을 무시한 말도 안되는 요구라는 것이다. 정년 연장안도 핵심 쟁점으로 부상했다. 노조측은 중앙노사위원회에 60세 정년을 보장하고 임금피크제 적용 연령을 60세에서 국민연금 수령 시기인 65세로까

---

465) 김성훈 기자/paq@heraldcorp.com, 헤럴드 생생뉴스 Copyrights ⓒ 헤럴드경제 & heraldbiz.com
466) http://news.nate.com/view/20130529n13251(2013.5.29)
467) 이투데이 원문 기사전송 2013-05-29 11:34
468) 이투데이/김시영 기자

지 늘려 달라는 안건을 올렸다. 정년연장안이 국회를 통과한 만큼 올해 안건에 올렸다는 설명이다. 하지만 사측은 임금협상만 하겠다는 입장이다. 올해는 임금협상만 진행하는 해로 정년 연장안은 올해 단체협상 대상이 아니라는 이유다. 아울러 노조측이 요구하는 근로시간 정상화를 위한 PC자동오프제나 사회공헌 이행 현황 점검에 대해서도 난색을 표하고 있다. 이처럼 시작부터 노사 양측이 팽팽히 맞서고 있어 지난해처럼 총파업 결의가 발생할 개연성도 배제할 수 없다. 지난해 금융노조는 사측과의 교섭이 결렬되자 12년만에 총파업을 결의했지만 우리금융 매각 중단으로 총파업을 철회하고 협상을 벌인 바 있다. 일단 첫 대면에서 양측이 팽팽한 입장차를 확인한 만큼 향후 대응 수위는 속도 조절에 나설 가능성이 크다는 게 금융권 안팎의 시각이다. 일단 사측은 노조 요구를 검토한 뒤 추후 일정을 진행할 계획이다. 여론의 향배도 이번 금융권 임단협에 영향을 미칠 것으로 보인다. 은행권의 수익 악화가 뻔한데다 사회적 책무가 요구되는 상황에서 임금 8.1% 인상이라는 요구는 사회적으로 공감대를 얻기가 쉽지 않다는 지적이 많다. 사실 은행권은 수익성이 지속적으로 떨어지는 상황에서도 연봉을 꾸준히 올려 KB국민, 우리, 신한, 하나, 외환, 기업 등 6개 시중은행의 2009~2012년 3년간 연봉은 32.7% 증가한 것으로 나타났다. 이 기간 1인당 평균 자산액이 10.7% 증가에 그친 것을 고려하면 2배 넘게 연봉이 뛴 셈이다. 더구나 고액연봉 논란에서 자유롭지 못한 금융권의 현실을 감안할 때 더더욱 현실을 망각한 요구라는 지적이다. 재벌닷컴이 2012회계연도 사업보고서 기준 투자목적법인을 제외한 12월 결산 상장사 및 비상장 시중은행 등 1710개사의 업종별 직원(임원 제외) 임금현황을 분석한 결과, 은행업의 평균연봉은 7466만원으로 자동차와 정유에 이어 3위를 기록했다. 이번 임단협에 대한 금융감독당국의 시각이 우호적이지 않다는 점도 변수다. 신제윤 금융위원장은 최근 "은행의 체질개선과 경영합리화같은 자구 노력이 선행돼야 한다"면서 은행 스스로 수익성 악화를 해소하기 위한 구조조정의 필요성을 제기한 상태다. 하지만 이번 임단협에 임하는 노사 양측의 각오가 결연하기 때문에 파행을 거듭할 우려가 제기되고 있다. 노조는 물가인상률과 경제성장률 등을 고려해서 8.1% 임금인상을 도출한 만큼 물러설 수 없다는 입장이고, 사측도 수익악화 등을 감안할 때 절대 수용할 수 없는 입장이기 때문이다.469)

4. 금융권의 점포 축소·통폐합

은행권의 수익기반이 급격히 무너지고 있다. 올해 1분기 국내 18개 은행의 순익은 작년 같은 기간보다 45% 줄어든 1조8000억원에 그쳤다. 총자산 대비 0.4%에 불과한 수준이다.470) 예대 금리차와 더불어 순이자 마진(NIM)도 크게 줄어드는 추세다. 1년 새 0.25% 줄어 올해 1분기에는 1.95%에 그쳤다. 지난 10년동안 글로벌 금융위기 때를 제외하면 수익성이 가장 안좋았다. 수익성이 악화일로인 금융권에 구조조정의 어두운 그림자가 엄습하고 있다. 이미 몸집 줄이기로 수익성 관리에 나서고 있는 은행권이 가장 먼저 점포 축소에 들어갔다. 은행원들은 점포 축소가 인력 구조조정으로 이어지지 않을까 내심 불안한 눈치다. 점포 하나를 운영하려면 최소 7~8명의 인력이 필요하다. 금융당국은 무수익 점포나 적자 점포가 30%에 육박하는 것으로 파악하고 있다. 따라서 비용을 줄이기 위한 은행들의 점포 통폐합은 올 하반기를 기점으로 더욱 속도를 낼 전망이다. 올해 들어서만 씨티은행이 15개, 신한은행 14개, NH농협은행 8개, 우리은행이 6개 가량 점포를 줄였다. 적자가 나는 곳의 점포를 닫거나 인근 점포와 통합해 비용을 줄이자는 취지다. 특히 점포 축소는 임대료 등 운영비 감축 목적도 있지만 유휴인력 정리를 통한 인건비 절감 목적이 더 크다. 금융노조가 "인력 축소로 이어질 게 뻔하다"며 반발하

---

469) http://news.nate.com/view/20130529n12838(2013.5.30')
470) 이투데이 원문 기사전송 2013-05-29 11:34, [이투데이/안철우 기자]

는 이유다. 지난 4개월동안 15개의 점포를 정리한 씨티은행은 시중은행 가운데 가장 많은 점포를 정리했다. 지난해 말 희망퇴직으로 199명을 내보낸 것 역시 대규모 점포 축소와 무관치 않다는 게 금융권의 시각이다.

이런 가운데 지난 21일 은행권은 임금협상에 돌입했다. 올 은행권 임금협상 전망은 어둡다. 노조측은 8.1%의 인상안을 사측에 제시했다. 전국금융산업노동조합 교섭대표단이 교섭력을 강화하기 위해 다소 무리한 요구안을 제시했다는 평가다. 지난해 시중은행의 1인당 평균 연봉은 7600만원으로 집계됐다. 국내 10대그룹 대표기업의 평균 연봉인 6600만원보다 1000만원이나 많다. 금융지주사들의 연봉 규모는 훨씬 늘어난다.

신한·KB·하나·우리 등 4대 금융지주사의 한해 평균 급여액은 1억75만원이다. 화이트칼라의 전형이지만 단연 국내 최고 수준이다. 외환위기 직후 은행과 보험사들이 줄줄이 퇴출되면서 졸지에 직장을 잃고 노숙자 신세로 전락한 금융맨들도 많았다. 이후 뼈를 깎는 구조조정의 고통을 감수해야 했던 금융맨들은 가파르게 연봉이 상승했다. 현재 은행경영은 최근 10년 이래 최악이라 할 정도로 상황이 어렵다. 고비용·저효율 구조를 수술하지 않고서는 자립할 수 없을 정도다. 고성장 시대가 지나가고 저성장 시대에 접어든 만큼 대내외 여건에 맞춰 영업비, 인건비를 절약하는 등 변화를 줄 필요가 있다는 지적이다. 올해 금융노조가 희망하는 수준의 임금 인상은 쉽지 않을 전망이다. 한편 정년 60세 연장을 놓고 은행권 노사가 본격적인 논의에 들어갔지만 셈법이 복잡해 가시밭길 협상이 예상된다. 우선 사측은 정년 연장에 따른 비용증가를 가장 큰 고민으로 꼽고 있다. 정년을 60세로 연장하면 임금피크제 기간도 자연스레 늘어날 수밖에 없다는 것이다. 신규고용을 무작정 줄일 수도 없는 상황에서 인건비의 상승은 불가피하다. 노조측은 정년 연장법이 시행되는 오는 2016년 이전에 사측이 대대적인 구조조정에 나서지 않을까 우려하고 있다. 은행권 노조의 한 관계자는 "사측이 법 시행을 앞두고 최대한 비용을 줄이기 위해 희망퇴직 등을 실시할 것으로 예상된다"며 "아직 시

기가 일러 잠잠하지만 하반기에 이같은 움직임이 가시화될 우려가 있다"고 말했다.471)472)

5. 상반기 히트상품, '두 얼굴' 소비자 사로잡았다

한국에 시장경제가 도입된 지 어느덧 50~60년이 흘렀다. 인생도 그만큼 살면 세상이 어떤지 훤히 보이는데 소비자라고 예외는 아닐 것이다.

몇 십년간 시행착오를 겪으며 물건을 구매하다 보면 소비자 또한 원숙해진다.473) 돌이켜보면 산업화 초창기의 소비는 아주 심플했다. 시장에 물건도 없고 소비자 주머니에 돈도 없으니 구매 결정이니 브랜드 선택이니 하는 고민이 필요없었다. 그저 싸고 양 많고 거기에 오래 쓸 수 있다면 최고였다. 세월이 흘러 한국 경제가 급성장하여 역사상 최초로 물질적 풍요를 누릴 수 있게 되자 소비는 방만해졌다. 소비자의 주머니는 급작스럽게 두둑해졌고 시장에는 새롭고 예쁜 것이 넘쳐났다. 사람들은 꼭 필요하지 않아도 갖고 싶은 욕망이 자극되면 충동적으로 살 수 있게 되었다. 더구나 미래소득이 낙관적이니 굳이 사지 않을 이유도 없었다.

갚을 자신이 있기에 6개월, 1년, 5년 할부로 뭐든 긁을 수 있었다. 그러나 요즘은 어떠한가? 몇년간 지속되고 있는 경제 위기는 물러갈 기미조차 보이지 않는다. 현재의 소득이 적은 것보다 더 슬픈 건 내일을 기약할 수 없다는 것이다. 이제는 더 이상 충동구매나 이미지 소비에 빠져 있을 수만은 없게 되었다. 그렇다고 몇십년전의 근검절약으로 돌아갈 수도 없는 노릇이다. 안사고 안쓰는 것이 미덕이던 시대는 이미 지났기 때문이다. 소득 2만불이 넘는 시대이지만 장기적 경기침체가 예상되는 현 시점에서 소비자는 어떻게 자신의 욕망과 타협할까. 못살던 시대의 '합

---

471) [이투데이/안철우 기자(acw@etoday.co.kr)], 프리미엄 경제신문 이투데이
472) http://news.nate.com/view/20130529n12829(2013.5.30)
473) [상반기 히트상품]'두 얼굴' 소비자 사로잡았다. 머니투데이 원문 기사전송 2013-05-29 09:27, [머니투데이 성영신 고려대 심리학과 교수], [[심사평]]

리성'을 벗어나 아마도 2000년대에 걸맞는 '새로운 합리성'을 추구하게 되지 않을까.

　요즘 소비자의 행태는 매우 재미있다. 꼼꼼히 따지며 산다고 보기에는 디자인과 브랜드같은 감성적 요소를 중시하고, 충동적이고 즉흥적이라고만 보기에는 제품 특성과 장단점을 줄줄이 꿸 정도로 야무지다. 두 얼굴을 가진 소비자, 최근 시장에서 성공하는 제품들은 하나같이 소비자의 양면성을 잘 파악하고 있다는 데 공통점이 있다. 제품 하나하나가 업계 최고의 기술과 특장점을 가지고 있으며 동시에 소비자의 숨은 욕망과 심리를 정확히 충족시켜 두 마리 토끼를 잡는데 성공한 것이다. 얼마전 '정년 60세 연장법'이 국회를 통과하면서 노년층의 노후대책에 대한 논의가 뜨거운데 역설적으로 30대 젊은이들이 일찌감치 노후를 대비한다는 말이 들리기도 한다. 수명 100세 시대라 불리는 요즈음 노후를 위한 연금이나 저축을 몇가지 준비해 놓았다고 해서 마음이 푹 놓이지 않는 것은 누구나 마찬가지인듯하다. 언제 직장을 떠나게 될지 또 은퇴 후 소득없이 몇십년을 지내게 될지 전혀 예측이 불가능한 이 시대에 많은 소비자들은 안정적인 노후 대비 상품에 관심이 많다. KB국민은행의 KB골든라이프예금은 은퇴 후 국민연금 또는 연금저축 등이 지급되기전까지의 기간에 대비할 수 있는 가교형 상품으로 안정적인 노후를 약속하는 동시에 '안심'이라는 심리적 가치도 제공해주는 1석2조의 상품이다. 인간은 테크놀로지에 관한 한 매우 이중적이다. 새로운 기술이 개발될 때마다 모두들 반색하며 우리를 깜짝 놀라게 해줄 혁신제품을 기대하지만, 한편으로는 기술이 끝없이 발전해 종국에는 인간을 지배하는 차갑고 어두운 세계를 상상하며 두려워하기도 한다. 기술과 휴머니즘은 어느 새 우리 머릿속에 대립항으로 자리잡은지 오래다. 이러한 삭막한 미래에 대해 미리 걱정해 온 덕분일까. 기술과 인간은 외려 서로 가까워져 조화를 이루고 있다. 기술은 인간의 특성과 본질을 최대한 수용하려고 노력하며 인간은 이 기술을 활용하여 인류의 번영과 공존이라는 보편가치를 실현하고 있다. 최고의 기술과 사용성을 강조한 디자인, 그리고 사용자 환경을 면밀히 분석하여 최적화한 삼성전자 갤럭시는 인간과 기술이 어떻게 공생할 수 있는지를 잘 보여주는 '휴먼폰'이다.

'불안(anxiety)'이 화두인 시대에 최고의 힐링은 아마도 '자연'일 것이다. 도시가 주는 심리적 갈등, 강박, 경쟁, 소음, 비인간성, 스트레스속에서 1년 365일을 살아가야 하는 현대인에게 자연은 존재 그 자체로 위안이 된다. 비록 자연속에서 살 수 없고 자연에 자주 안기지는 못하지만 언제든 자연으로 떠날 수만 있다면 상상만으로도 얼마나 행복한가.

SUV는 이런 도시인을 위한 자동차이다. 현대자동차 프리미엄 대형 SUV 맥스크루즈는 최첨단 기술과 고급 편의사양이라는 그릇에 크루즈(cruise) 여행에서 느낄 수 있는 안락함, 여유로움, 자연의 가치를 담았다.

도시의 편리함을 포기할 수 없으면서도 자연을 즐기고 싶은 소비자의 이중심리를 잘 캐치한 것이다. 제품의 탁월한 성능에만 탄성을 지르던 시대는 지났다. 소비자들은 이제 자신이 원하는 가치를 충족시켜주는 제품에 환호한다. 자유로움과 짜릿함, 안락함과 행복, 성취감과 뿌듯함 또 소통과 나눔 등 다양한 심리적 가치를 질 좋은 제품에 담을 때 비로소 소비자는 지갑을 연다. 자사 브랜드에 어떤 가치를 담을 것인지 고민하는 것이 이 시대 기업의 과제일 것이다.[474)475)]

6. 삼성 신경영 20년, 미래 먹거리 등 숙제 산적

그룹경영권 승계·경제민주화 해법도 서둘러야[476)] 이건희 삼성그룹 회장이 신경영 기치를 내건 이후 삼성그룹은 양적, 질적으로 괄목할만한 발전을 거듭했다. 기업가로서의 동물적인 감각을 갖춘 이 회장이 방향을 제시하고 여기에 맞춰 전문경영인을 포함한 임직원의 도전과 부단한 노

---

474) 성영신 고려대 심리학과 교수 mhsuh@, '돈이 보이는 리얼타임 뉴스' 머니투데이
475) http://news.nate.com/view/20130529n06213(2013.5.30)
476) 연합뉴스 기사전송 2013-05-29 07:03, (서울=연합뉴스) 박성제 기자

력 덕택이었다. 그 결과 삼성은 '추격자'에서 벗어나 경쟁자들의 추격을 따돌려야 하는 위치에 이를 수 있었다. 과거 20년동안 '선두탈환'이 주된 목적이었던 데 비해 앞으로는 '수성'을 해야 하는 위치가 됐다. 이를 위해 삼성이 수행해야 할 과제는 만만치 않다. 과거에 비해 훨씬 빨라진 사회경제적 변화에 맞춰 변신을 거듭해야 하고 미래의 새로운 먹거리를 선점해둬야 글로벌 경쟁자들을 압도할 수 있다. 대내적으로는 거세지는 경제민주화 요구 등에 맞춰 발빠르게 대책을 내놓아야 국민으로부터 사랑받는 기업이 될 수 있다.

1) 반도체, 휴대전화, 다음은?

현재 삼성의 세계적인 위상은 휴대전화사업이 있기에 가능했다. 2000년대 초반까지 반도체가 삼성을 먹여살린 데 이어 이제는 휴대전화가 삼성의 성장을 이끌고 있다. 지난해 기준 삼성그룹의 매출은 380조원이다. 이중 삼성전자의 매출은 201조원으로 그룹 전체 매출의 53%를 차지했다. 삼성전자에서도 휴대전화사업이 주를 이루는 IM(IT·모바일)사업부의 매출은 108조5천억원이다. 이는 그룹 전체 매출의 28.5%에 달한다.

80개를 넘나드는 삼성그룹 계열사중 삼성전자의 매출 비중이 절반을 넘고 단일 사업부인 IM사업부의 비중이 4분의 1을 훌쩍 넘은 것이다. 이익을 따져보면 휴대전화 사업에 대한 편중이 더 심하게 느껴진다.

삼성전자의 영업이익중 IM사업부가 차지하는 비중은 2010년 26.1%에 불과했으나 2011년에 51.9%로 절반을 넘은데 이어 작년에는 66.9%로 올라갔다. 삼성전자 영업이익중 3분의 2가 휴대전화 사업에서 나오고 있는 것이다. 이같은 편중된 이익구조에서 탈피해야 삼성그룹의 지속성장이 담보된다는 지적이 재계는 물론 삼성그룹 내부에서도 나오고 있다.

삼성그룹도 이런 지적이 타당하다고 보고 준비에 들어갔지만 아직까지는 속도를 내지 못하고 있다. 삼성이 꼽은 미래의 유망 먹거리는 태양전지, 자동차용 전지, 발광다이오드(LED), 바이오 제약, 의료기기 등이다.

이들을 신수종 사업으로 선정한 것은 2010년 5월로 3년이 경과했지만 글로벌 경기침체 등으로 인해 눈에 띄는 성과는 나오지 않은 실정이다.

2) 경제민주화 요구에 해법 제시해야

지난해부터 정치권을 중심으로 나오기 시작한 경제민주화 요구에 대한 해법도 삼성그룹이 고민해야 할 과제이다. 경제민주화 요구는 작년의 경우 국회의원 총선거와 대통령선거를 의식한 정치인들의 '표심잡기'로 해석되기도 했으나 올해 들어서도 강도가 약해지지 않고 있다. 결국 경제민주화 요구는 일시적인 현상이 아니라 시대변화에 따라 등장할 수밖에 없는 현상으로 인식되고 있다. 올해 들어서는 경제민주화를 강제하기 위한 법률 개정도 착착 진행되고 있다. 지난 4월 국회에서 연봉 5억원 이상 임원의 연봉을 공개하도록 하는 내용과 기업의 정년을 만 60세로 연장하는 내용을 담은 법률 개정안이 본회의를 통과했다. 다음달 열릴 국회에서는 공정거래위원회의 전속고발권을 폐지하는 법안과 경제민주화의 속도를 높이는 법률 개정이 예고돼 있다. 경제민주화 요구가 삼성그룹을 타깃으로 진행되는 것은 아니다. 하지만 재계의 맏형인 삼성그룹은 이러한 법률 개정 움직임이 없더라도 중소기업과의 상생, 건전한 경제발전 등을 위해 솔선수범해야 하는 자리에 올라 있다. 최근 삼성미래기술육성재단에 10년간 1조5천억원을 출자하고 5년간 5만명의 소프트웨어 인재를 양성하는 등 새로운 프로젝트를 내놓은 것도 기대에 부응하기 위한 조치였다. 그러나 사회적인 요구는 이러한 사회공헌프로그램에 그치지 않을 전망이다. 그룹의 지배구조를 더욱 투명하게 하고 건전한 자본주의 형성을 위한 사회경제적인 기여 등이 이뤄져야 삼성그룹에 쏠리는 비판적인 시각을 딛고 국민기업으로 자리잡을 수 있게 된다.

3) 경영권 승계는

삼성그룹의 경영권 승계 문제를 원만하게 해결하는 것도 삼성그룹의 지속성장을 위한 필수적인 숙제이다. 삼성그룹 관계자들은 사회의 비판적인 시각을 의식해 승계 운운하는 것을 부담스러워하지만 마냥 쉬쉬할 일만은 아니라는 지적이다. 재계에서는 이 회장의 외아들인 이재용 삼성전자 부회장이 삼성그룹의 차기 회장이 될 것으로 보고 있다. 지난해 말 사장에서 부회장으로 승진된 것도 경영권을 물려받기 위한 하나의 과정으로 해석됐다. 이 회장의 두 딸인 이부진 호텔신라 사장과 이서현 제일모직 부사장은 현재 삼성그룹의 계열사중 일부를 분리해 별도의 그룹을 이끌 가능성이 제기된다. 이부진 사장은 호텔, 레저 등의 사업을, 이서현 부사장은 의류계통의 사업을 맡을 가능성이 있다.[477][478]

7. 노사정, 시간제 일자리 확대·임금피크제 합의

공공기관 정원 3% 이상 청년 신규채용, 근로시간 단축·대기업 고임금자 임금인상 자제, '휴일근로 연장근로 한도 포함' 문제도 논의[479] 공공기관 정원 3% 이상 청년 신규채용, 근로시간 단축·대기업 고임금자 임금인상 자제, '휴일근로 연장근로 한도 포함' 문제도 논의, 고용률 70% 달성을 위한 로드맵에 포함될 핵심 정책인 시간제 일자리 확대와 정년 60세 연장을 위한 임금피크제 도입, 직무·성과중심의 임금체계 개편에 노사정이 합의했다.[480]

장시간 근로관행을 개선해 근로시간을 줄이고 대기업은 고임금을 받는 임·직원의 임금인상을 자제하고 비정규직·협력사 근로자의 처우를 개선키로 했다. 또 2016년까지 공공기관 정원의 3% 이상을 청년으로 신규채용하고 대기업은 청년채용을 계속 확대키로 했다.

문진국 한국노총 위원장, 이희범 한국경영자총협회 회장, 방하남 고용노동부 장관 등 노사정 대표들은 30일 프레스센터에서 이같은 내용의 '고용률 70% 달성을 위한 노사정 일자리협약'을 체결했다. 노사정은 협약에 따라 시간제 일자리와 사회서비스 일자리를 대폭 확충키로 했다.

---

477) sungje@yna.co.kr, 연합뉴스
478) http://news.nate.com/view/20130529n02596(2013.5.30)
479) 연합뉴스 | 입력 2013.05.30 15:44 | 수정 2013.05.30 16:19
480) (서울=연합뉴스) 김범수 기자

자료: http://media.daum.net/economic/newsview?newsid=20130530154406778
  (2013.5.30)

　이를 위해 우선 공무원을 대상으로 양질의 시간제 근로를 확대하고 직무컨설팅 등을 통해 공공·민간부문에서 시간제 일자리 창출을 유도할 방침이다. 정년 60세 연착륙을 위해 임금피크제, 임금구조 단순화를 추진하는 한편 직무·성과 중심으로 임금체계를 개편하기로 합의했다. 노사는 이를 위해 단체협약 및 취업규칙 개정에 적극적으로 협력하고 60세 정년제 의무화 이전에 정년을 맞는 근로자의 고용안정을 위해 공조키로 했다.
　미래의 일자리 창출을 위해 장시간 근로 단축을 적극적으로 추진하되 이에 따른 근로자의 임금손실을 보전해주기 위해 생산성 향상, 직무재설계, 인력배치 전환 등에 협력할 계획이다. 휴일근로를 연장근로 한도에 포함하는 문제도 산업현장의 부담을 최소화하는 선에서 노사정간 협의가 진행된다. 대기업은 각자 실정에 따라 자율적으로 고임금 임·직원의

자료: http://media.daum.net/economic/newsview?newsid=20130530154406778
(2013.5.30)

임금인상을 자제하고 인상분의 일정 부분을 비정규직·협력기업 근로자의 처우개선에 활용할 방침이다. 또 2015년까지 공공부문 비정규직의 정규직 전환을 적극적으로 추진하고 대기업은 고용형태 공시제 시행을 계기로 정규직 채용을 지속적으로 확대키로 했다. 아울러 2016년까지 공공기관 정원의 3% 이상을 청년으로 신규 채용하고 대기업은 청년채용을 계속 확대할 방침이다. 노사정은 이와함께 일자리 창출을 위해 기업규제 합리화, 세제 지원을 위해 공동노력을 기울일 계획이다. 이날 오후 프레스센터에서 열린 노사정 일자리 협약 발표회는 민주노총 관계자들이 "방하남 퇴진", "한국노총 각성하라" 등의 구호를 외치며 협약체결에 강하게 항의하면서 질의·응답 진행 도중에 서둘러 마무리됐다.[481][482]

---

481) bumsoo@yna.co.kr, 연합뉴스

8. 노사정 대타협, 고용률 70% 달성에 '탄력'

지난달 29일 서울 영등포구 여의도동 중소기업중앙회에서 열린 노사정 공동 기자회견에서 이희범 한국경영자총협회장(왼쪽), 방하남 고용노동부 장관(가운데), 문진국 한국노동조합총연맹 위원장(오른쪽)이 기자회견문을 발표한 뒤 손을 맞잡고 포즈를 취하였다. 노사정이 30일 '일자리 협약' 체결을 통해 시간제 일자리 확대, 정년 60세 연장을 위한 임금피크제 도입, 근로시간 단축 및 임금체계 개선에 합의하면서 정부의 일자리 로드맵인 고용률 70% 달성이 탄력을 받을 전망이다.[483] 글로벌 경기침체로 인한 저성장 기조에서 취업난이 가중되자 노사정이 머리를 맞대고 일자리 부족문제를 해결하기 위해 합의를 도출했다는 점에서 이번 협약의 의미를 찾을 수 있다. 특히 이번 협약은 청년·여성 및 중장년의 일자리 창출방식을 비롯해 장시간 근로 및 비정규직, 임금체계 등 노동시장의 구조적 문제에 대한 고민과 해결을 위한 공동노력 의지를 담았다는 점에서 향후 노사정 상생을 위한 이정표가 될 전망이다. 문진국 한국노총 위원장, 이희범 한국경영자총협회 회장, 방하남 고용노동부 장관은 지난 4월29일 여의도 중소기업회관에서 기자회견을 열고 일자리 창출과 고용안정을 위해 '고용률 70% 달성을 위한 노사정 대표자 회의체'를 5월 한달간 가동한다고 밝혔다.

이후 노사정 대표들은 청년·장년·여성의 일자리 기회 확대, 고용안정 및 근로조건 격차 해소, 기업지원을 통한 일자리 창출 기반 조성, 근로시간 및 임금체계 개선 등 4개 수행과제를 집중적으로 논의해왔다. 이와 관련해 처음에는 부정적인 반응이 지배적이었다.

---

482) http://media.daum.net/economic/newsview?newsid=20130530154406778(2013.5.30)
483) <<연합뉴스DB>> 경제위기 극복 위한 노사정 상생 계기, (서울=연합뉴스) 김범수 기자

자료: http://www.yonhapnews.co.kr/bulletin/2013/05/30/0200000000AKR20130530114500004.HTML?input=1179r(2013.5.30)

　우선 논의 과제들이 광범위하고 노사정간 의견을 달리하는 부분도 적지 않아 타협을 이끌어내기가 쉽지 않을 것이라는 전망이 제기됐다. 최근 수출 및 내수부진과 투자위축, 취업자 증가세 둔화현상을 고려해 볼 때 일자리 창출이 좀처럼 쉽지 않을 것이라는 우려도 있었다. 여기에 박근혜 대통령이 방미 도중 통상임금 문제를 거론한 직후 노동계에서 강한 반발기류가 일면서 노사정 타협이 물건너갔다는 분석이 나오기도 했다. 최근에는 일자리 로드맵의 핵심 내용중의 하나인 시간제 일자리 확대에 대해 "비정규직화"라는 비난이 정치권 및 노동계에서 나오면서 부정적 전망이 확산하는 양상이었다. 이에 방하남 고용노동부 장관은 지난 29일 급히 시간제 일자리 확대와 관련해 "비정규직을 의미하는게 아니다"라고 입장을 밝히기도 했다. 시간제 일자리 확대와 정년 60세 연장 관련 임금피크제 도입 등 핵심 쟁점에 대해 노사정이 합의를 도출하면서 새 정부의 일자리 창출을 위한 정책 시행에 탄력이 붙고 효율성도 높아질 것이라는 기대감이 커지고 있다. 정부는 노사정 합의를 토대로 2017년까지 238만개의 일자리를 창출해 15-64세 고용률을 70%까지 끌어울릴 방침이며 조만간 이를 위한 로드맵을 다음달 4일 관계 부처 합동으로 발표할 예정이다. 또 경제위기 상황이나 노사간 극한 대립이 전개될 경우 이번 회의체 가동이 대화를 통한 해결의 선례가 될 수 있다는 점에서 의미가 있다는 분석도 있다. 노사정은 향후 실무협의 참여대상을 중소기업, 소상공인, 여성, 청년으로 확대하고 경제·산업·복지분야로 의제를 넓히는 한편 이행평가 기능을 강화할 방침이다.[484)485)]

9. 노사정 '일자리 협약' 어떤 내용 담겼나

노사정, 시간제 일자리 확대·임금피크제 합의[486)] 방하남 고용노동부 장관이 30일 오후 서울 중구 프레스센터에서 열린 노·사·정 일자리 협약식에서 이희범 한국경영자총협회 회장, 문진국 한국노동조합총연맹 위원장과 협약서에 서명하였다. 노사정은 고용률 70% 달성을 위한 로드맵에 포함될 핵심 정책인 시간제 일자리 확대와 정년 60세 연장을 위한 임금피크제 도입, 직무·성과중심의 임금체계 개편에 합의했다.

노사정이 2017년까지 고용률 70%를 달성하기 위해 타결한 '일자리 협약'의 핵심 내용은 시간제 일자리 확대, 정년 60세 연장을 위한 임금피크제 도입, 근로시간 단축 및 직무·성과 위주의 임금체계 개편 등으로 요약된다.[487)] 노사정은 고용률 70%를 달성하려면 무엇보다도 청년·중장년·여성의 일자리가 늘어나야 한다는데 의견을 같이 하고 한달간 회의체를 가동한 결과 이처럼 합의를 도출했다.

1) 정년 60세 연착륙 위해 임금피크제 도입

노사정은 우선 정년 60세 연장 연착륙을 위해 개별 사업장 여건에 따

---

484) bumsoo@yna.co.kr, 연합뉴스
485) http://www.yonhapnews.co.kr/bulletin/2013/05/30/0200000000AKR20130530114500004. HTML?input=1179r(2013.5.30)
486) <노사정 '일자리 협약' 어떤 내용 담겼나>, 노사정, 시간제 일자리 확대·임금피크제 합의, (서울=연합뉴스) 임헌정 기자
487) 2013.5.30 kane@yna.co.kr, (서울=연합뉴스) 김범수 기자

라 임금피크제, 임금구조 단순화 등 임금체계 개편을 위해 협력하기로 했다. 정부는 정년 연장과 관련한 임금체계 개편이 원활히 시행될 수 있도록 의무화 시기 이전에 노사자율로 개편하는 기업에는 각종 지원을 강화하고 임금체계 모델 개발 및 컨설팅 제공에 나설 계획이다. 노사는 또 60세 정년 의무화 이전에 정년을 맞는 근로자의 고용안정 차원에서 재고용, 단계적 정년 연장 등을 위해 공동 노력을 기울이기로 했다.

2) 양질의 시간제 일자리 확대

노사정은 고용률 70% 달성을 위해서는 시간제 일자리 확대가 필수적이라는데 의견을 같이 하고 힘을 모으기로 했다. 노사는 양질의 시간제 일자리 확충을 위해 근로시간에 비례한 균등한 처우, 인사상 불이익 금지, 통상근로자 채용시 우대 등을 위해 협력할 방침이다.

정부는 우선 공무원을 대상으로 시간제 근무를 확대하고 공공·민간부문의 시간제 일자리 창출을 위한 직무분석 및 컨설팅 제공 등 지원방안을 마련할 계획이다. 정부는 또 가사·간병 등 공공 사회서비스 일자리를 대폭 늘리고 종사자의 근로조건 개선을 위한 가이드라인 마련에 나서기로 했다.

3) '일과 가정 양립' 위해 육아휴직 보장

노사정은 근로자가 육아휴직 및 육아기 근로시간 단축을 적극 활용할 수 있도록 보장하고 육아 휴직 후 직장 복귀와 고용유지를 적극 지원키로 했다. 정부는 급증하는 육아휴직 급여 재원의 안정성을 확보하기 위해 일반회계 전입 등을 통해 고용보험의 재정 건전성을 높이고, 장기적으로 모성보호 비용의 사회적 분담 방안을 강구할 계획이다. 또 맞벌이 부부가 육아에 대한 걱정없이 일할 수 있도록 국공립 보육시설을 대폭 확충하기로 했다.

4) 장시간 근로·임금체계 개선으로 일자리 창출

노사는 장시간 근로를 유발하는 작업방식을 개선하고 법정근로시간

준수, 연차휴가 활용을 촉진할 계획이다. 근로시간 단축에 따른 근로자의 임금손실을 보전하기 위해 생산성 향상, 직무재설계, 인력배치전환 등에 협력한다. 대기업은 협력사의 교대제 개편 등 근로시간 단축을 위한 작업방식 개선작업을 적극 지원하고 정부는 근로시간 단축으로 신규 일자리를 창출하는 기업에 대해 인건비 지급 등 종합적인 지원방안을 마련키로 했다. 노사는 또 직무·성과중심의 합리적 임금체계 개편 및 임금구조 단순화 등을 위한 단체교섭 및 취업규칙 개정에 적극 협력하기로 했다. 노사정은 또 이를 위해 올해 하반기 임금직무센터를 설치해 실태조사, 우수사례 발굴 및 확산, 컨설팅 제공에 나선다.

5) 고임금 임·직원 임금인상 자제

대기업은 각자 실정에 따라 자율적으로 고임금 임·직원의 임금인상을 자제하는 동시에 인상분의 일정 부분을 비정규직·협력사 근로자의 처우개선에 활용키로 했다. 대기업은 또 고용형태 현황 공시제 시행을 계기로 정규직 채용을 확대하고 비정규직 근로자의 불합리한 차별 해소와 숙련도를 높이기로 했다. 또 인위적 구조조정을 최대한 자제하는 대신 노동계는 이를 위해 배치전환, 임금·근로시간 조정, 휴업·휴직 등의 조치에 적극 협력하기로 했다. 이와함께 정부는 임금, 정기상여금, 복리후생 등에서의 불합리한 차별 해소를 위해 근로감독관을 통해 차별시정 지도를 강화하는 한편 2015년까지 공공부문 비정규직의 정규직 전환을 지속적으로 추진할 방침이다.

6) 청년 일자리 확충 및 조기 취업 지원

정부는 2014~2016년까지 매년 공공기관 정원의 3% 이상을 청년으로 새로 채용하며 교육·안전·복지부문을 중심으로 공무원 신규채용을 단계적으로 확대한다. 대기업은 2017년까지 매년 신규채용 계획수립시 청년층 채용을 전년에 비해 늘릴 수 있도록 노력하기로 했다. 또 스펙을 초월한 능력 중심의 채용 관행을 확산하기 위해 기업은 고졸 취업 청년이 일과 학습을 병행할 수 있는 여건을 마련하고 직무와 능력 중심의 채용기준을 마련하는 등 공정한 채용문화 정립을 위해 노력하기로 했다.[488)489)]

10. 경기 안좋은데 취업자 증가? 고학력 베이비부머가 원인

경기 둔화에도 불구하고 은퇴한 고학력 베이비붐 세대(1955~1963년생)의 창업이나 재취업이 늘면서 취업자가 늘고 실업률이 감소하는 현상이 나타나고 있다. 그러나 이들이 주로 임금과 생산성이 낮은 영세 서비스업에 몰리면서 고용지표 개선에도 불구하고 성장잠재력은 떨어지고 소득분배의 불평등이 커지고 있다는 지적이 나왔다.[490)]

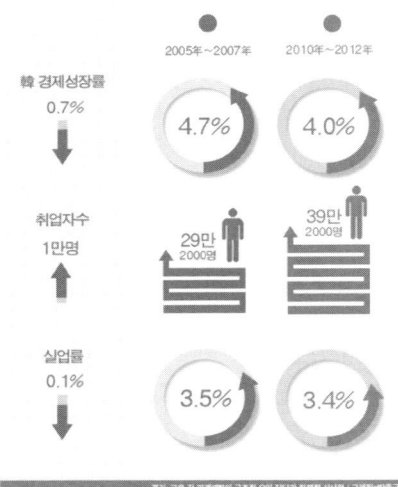

↑ 그래픽=박종규
자료: http://media.daum.net/economic/newsview?newsid=20130530120118490 (2013.5.31)

---

488) bumsoo@yna.co.kr, 연합뉴스, 2013/05/30 14:30 송고
489) http://www.yonhapnews.co.kr/bulletin/2013/05/30/0200000000AKR20130530112700004.HTML?input=1179r(2013.5.30)
490) 조선비즈 | 이현승 기자 | 입력 2013.05.30 12:01 | 수정 2013.05.30 15:56

박세준 한국은행 조사국 동향분석팀 과장 등이 30일 발표한 '경기-고용간 관계변화의 구조적 요인 진단과 정책적 시사점' 보고서에 따르면 2010~2012년 우리나라의 경제성장률은 연평균 4.0%로 금융위기 이전인 2005~2007년(4.7%)에 비해 0.7% 하락했지만 같은 기간 취업자수 증가폭은 29만2000명에서 39만2000명으로 늘었다. 실업률은 3.5%에서 3.4%로 하락했다.

보고서에 따르면 글로벌 금융위기 이전까지 고용은 경기에 동행하거나 1분기 후행해 움직였으나 위기 이후 이같은 관계가 약화됐다. 경기와 고용간 시차상관계수를 보면 2003년 1분기~2008년 3분기 고용동행과 1분기 후행을 뜻하는 계수가 각각 0.77, 0.74였으나 2008년 4분기~2012년 4분기에 0.30, 0.65로 하락했다. 보고서는 은퇴한 고학력 베이비붐 세대의 노동시장 재진입을 그 원인으로 지목했다. 2000년대 중반 이후 55세 이상 인구의 은퇴가 본격화됐는데, 이들의 경제활동참가율은 2005년 44.7%에서 작년 47.3%로 오히려 상승했다. 보고서는 "은퇴연령에 비해 기대수명은 늘어나고 베이비붐 세대가 이전 세대에 비해 상대적으로 고학력이라는 특성을 가지면서 노동시장에 잔류할 유인이 커졌다"고 분석했다. 이들의 자녀세대인 청년층 비경제활동인구가 늘면서 가계의 생계부담이 커진 것도 베이비붐 세대의 경제활동참가율을 높이는 요인으로 작용했다. 그러나 베이비붐 세대가 주로 임금과 생산성이 낮은 영세 서비스업에 몰리면서 고용의 질은 악화되는 것으로 나타났다. 보고서에 따르면 경기와 무관하게 고용흐름이 개선되는 직종 및 업종은 자영업자 등 비임금근로자와 서비스업에 한정됐다. 임금근로자와 제조업 고용의 경우 금융위기 이후에 고용이 경기상황과 같은 방향으로 움직였다. 또 정부가 경기침체에 대응해 일자리를 직접 확대하고 외환위기 이후 기업들의 재무건전성이 개선되면서 고용 여력이 늘어난 것도 경기와 고용간 괴리에 영향을 미친 것으로 분석됐다. 박 과장은 "경기와 괴리된 고용증가세는 장기간 지속되기 어렵고 오히려 고용의 질을 떨어뜨려 장래 성장잠재력을 낮추고 소득분배의 불평등도를 심화시킬 수 있다"면서 "임금피크제 등을 통해 제조업 부문에서 일자리를 나누고 퇴직자를 대상으로 한 직업전환 프로그램을 개선해야 한다"고 주장했다.[491)492)]

11. 경기와 따로 노는 '이상한' 취업자수

경제성장률 0.7% 떨어졌는데 취업자수는 되레 10만명 증가[493)] 은퇴세대 '질낮은' 일자리 몰린 탓, "소득불평등 심화될 위험 커" 세계 금융위기 뒤 영세자영업 등을 중심으로 한 '질 낮은' 일자리 증가는 소득불평등만 심화시키고 미래 성장잠재력을 훼손할 위험이 있다는 진단이 나왔다. 한국은행 조사국의 박세준·박창현 과장, 오용연 조사역은 30일 '경기-고용 간 관계 변화의 구조적 요인 진단과 정책적 시사점'이란 연구보고서에서 "세계 금융위기 뒤 우리 경제의 성장세가 크게 둔화했음에도 불구하고 취업자수는 증가세를 이어가면서 경기와 고용간 괴리가 확대되고 있다"며 이같이 밝혔다. 보고서에 따르면 2008년 미국발 세계 금융위기 뒤 국내 고용시장은 경기와 무관한 이상한 흐름이 이어지고 있다. 위기 이전 3년(2005~2007년)동안 연평균 4.7%이던 경제성장률이 이후 3년(2010~2012년)에는 4.0%로 낮아졌는데도 연평균 취업자수 증가폭은 29만2000명에서 39만2000명으로 확대된 것이다. 실업률도 3.4%에서 3.3%로 더 낮아졌다. 박세준 과장은 "장기적으로 고용사정은 경기순환에 동행하거나 몇개월 시차를 두고 후행하는 게 정상적인 모습인데 금융위기 이후에는 경기와 고용의 비동조화가 뚜렷해지고 있다"면서, 가장 큰 원인으로 은퇴세대의 노동시장 잔류경향이 심화한 데서 찾았다. 은퇴해야 할 장년층이 기대수명의 연장 등으로 낮은 소득을 감수하면서도 노동시장에 적극 참여함에 따라 경기와 무관한 일자리가 많이 늘었다는 것이다. 실제로

---

491) chosun.com, 조선경제i ChosunBiz.com
492) http://media.daum.net/economic/newsview?newsid=20130530120118490(2013.5.31)
493) 한겨레 | 입력 2013.05.30 21:00 | 수정 2013.05.30 22:40

55세 이상 장년층의 경제활동참가율은 2000년 45.5%에서 2005년 44.7%, 2012년에는 47.3%로 꾸준히 높아졌다.

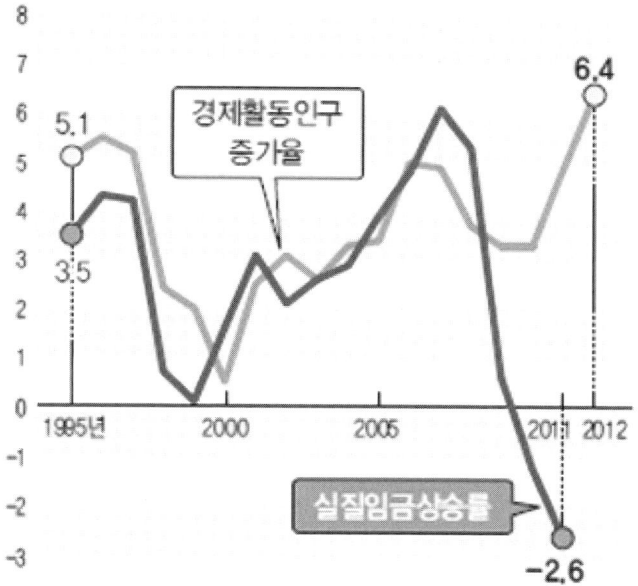

자료: http://media.daum.net/economic/newsview?newsid=20130530210010565 (2013.5.31)

장년층의 적극적인 경제활동참가는 청년층의 취업난과 맞물려 있기도 하다. 자식세대의 취업 애로 때문에 가구주에 해당하는 장년층에게는 어쩔 수 없이 가계생계를 부담해야 하는 기간이 길어진 것이다. 문제는 장년층에게 주어지는 새로운 일자리의 질이 떨어지고 있다는 데 있다. 은퇴한 장년층들의 상당수가 영세자영업 등 질 낮은 일자리로 몰린다. 그 결과로 2007년 6.1%에 이르던 장년층의 평균 실질임금 상승률이 해마다 떨어져 2010년 이후에는 마이너스 행진을 이어가고 있다. 금융위기 뒤 정부가 재정을 풀어 만든 일자리가 늘어난 것도 경기와 고용간 괴리가 커진 요인으로 꼽혔다. 실제로 재정사업을 통한 '노인 일자리'의 수를 보면 2004~2008년에는 평균 8만개인데 2009~2011년엔 22만개로 세배 가까이 증가했다. 하지만 이런 일자리도 영세자영업과 마찬가지로 전체 고용의 질을 떨어뜨리는 한 요인이다. 한은 보고서는 경기와 괴리된 고용증가세는 지속되기 어려운데다 성장잠재력 약화는 물론 소득분배의 불평등을 심화시킬 수 있다고 지적했다. 예컨대 영세자영업 중심으로 고용이 늘어나는 것은 자영업의 경쟁심화와 높은 폐업률 등으로 전체 고용의 불안정성과 소득불균형을 심화시킨다는 것이다. 박세준 과장은 "앞으로 노동정책은 일자리 미스매치 완화와 서비스업 생산성 향상 등을 통해 중장기적 관점에서 노동시장의 불균형적 요소를 해소하는데 중점을 둬야 한다. 임금피크제 등으로 장년층의 숙련 노동력을 적극 활용하는 한편, 청년층 노동시장의 수급 불균형을 해소할 수 있는 방안을 마련하는데 전력해야 한다"고 강조했다.[494][495]

12. 통·번역 등 별도 직무에 시간제 공무원 확대, '나쁜 일자리' 우려

노사정 일자리 협약, 육아휴직 등 대체인력도 시간제 공무원 활용키로, 전문가 "기존 전일제 직무 시간제로 전환하게 해야"[496] 정부가 공공부문에 별도의 직무를 만들어 시간제 일자리를 확대할 방침임을 시사했다. 그러나 질 낮은 시간제 일자리만 양산해 제도 확산에 걸림돌이 될 것이라는 지적이 많다. 방하남 고용노동부 장관은 30일 서울 중구 프레스센터에서 열린 '고용률 70% 달성을 위한 노사정 일자리 협약 체결' 기자회견에서 "시간제 일자리 제도를 촉진하기 위해서는 시간제 공무원직

---

494) 박순빈 선임기자sbpark@hani.co.kr, 한겨레신문사
495) http://media.daum.net/economic/newsview?newsid=20130530210010565(2013.5.31)
496) 한국일보 원문 기사전송 2013-05-31 03:41 최종수정 2013-05-31 11:01

에 적합한 통·번역이나 국제업무 등 몇 가지 직무를 중심으로 시작하는 것도 방법"이라고 밝혔다. 시간제 일자리는 이날 발표된 노사정 일자리 협약에서 일자리 창출을 위한 중요한 방법으로 제시됐고, 다음 달 4일 박근혜 대통령 취임 100일에 맞춰 발표되는 '고용률 70% 달성 로드맵'의 핵심 내용인 것으로 알려져 있다.

자료: http://news.nate.com/view/20130531n01748(2013.6.2)

하지만 별도직무에만 시간제 일자리를 만들면 '나쁜 일자리'가 양산된다는 게 전문가들의 지적이다. 기존 전일제 직무를 시간제로 전환할 수 있도록 해야 모든 근로자들이 육아기 등 생애주기에 맞춰 전일제와 시간제를 선택할 수 있지만 시간제 직무를 따로 만들면 구직자들이 차선책으로 선택하는 저임금의 '고립된' 일자리가 될 것이라는 우려다. 배규식 한국노동연구원 노사·사회정책연구본부장은 "정부 방식은 경력단절 여성 등이 원하는 방식이 아니기 때문에 금방 한계에 부딪힐 것"이라며 "정부가 기존 대부분의 직무를 시간제로 바꿀 수 있도록 과감하게 결단을 내려야 한다"고 강조했다. 시간제 일자리가 잘 발달된 네덜란드 영국

등도 기존 전일제 직무를 시간제로 줄이는 방식을 많이 사용했고, 이 일자리의 질이 시간제용으로만 생긴 일자리보다 질이 높다. 방 장관은 또 공공부문의 대체인력에 대해서는 "육아휴직 등으로 상시적으로 비는 일자리가 10% 내외인데 이 공백을 메우기 위해 대체인력 뱅크 등 데이터베이스를 구축하면 빈 일자리를 채우는 데 용이할 것"이라고 말했다. 이들은 '시간제 정규직 공무원직'이라고 밝혔다. 하지만 이 역시 항상 필요한 대체인력인 만큼 전일제 정규직으로 고용하는 게 맞다는 지적이다.

이날 기자회견에 참석한 민주노총 등 노동계 인사들은 방 장관의 설명에 "그게 무슨 양질의 일자리냐"며 거세게 항의했고 방 장관과 문진국 한국노총 위원장, 이희범 경총 회장은 기자들의 질문도 제대로 받지 못한 채 급히 회견장을 떠났다. 이날 발표한 노사정 일자리 협약은 기업성장과 투자활성화를 통한 일자리 창출 기반 조성, 양질의 시간제 일자리와 사회서비스 일자리 대폭 확충, 취업의 어려움을 겪는 청년 중장년 여성 일자리 확충, 일자리 창출 위한 근로시간·임금체계 개선 등이 주요 내용이다. 청년고용 활성화를 위해 '대기업이 청년채용을 전년보다 증가시키도록 노력한다'. 근로시간 단축을 위해 '휴일근로의 연장근로 한도 포함 문제는 산업현장의 부담을 최소화하는 방안과 함께 노사정간 협의를 진행한다'는 등의 문구를 넣었지만 구체성이 떨어지고 이미 논의됐던 내용이 많았다. 노사정은 또 '60세 정년제 시행에 따른 기업부담 완화를 위해 임금피크제, 임금구조 단순화 등 임금체계 개편에 협력한다'고 합의했다.[497)498)]

13. 주유소에도 영화관에도 '알바노(老)' 시대

50, 60대 비정규직 226만명, 전년 대비 12만명 급증, 고용주 만족도 높아[499)] 지난 26일 오후 서울 마포의 한 주유소, 해가 내리쬐는 가운데 60

---

497) 인터넷한국일보(www.hankooki.com), 남보라 기자 rarara@hk.co.kr
498) http://news.nate.com/view/20130531n01748(2013.6.2)

대 남성 두 명이 유니폼을 입고 입차를 기다렸다. "8만원어치를 넣어 달라"는 고객 주문이 들어오자 김 모(63) 씨는 "8개!"를 외친 뒤 능숙한 솜씨로 주유를 하기 시작했다. 그는 "5년전에 퇴직하고 실업급여를 받아오다 일을 구하게 됐다. 집에 있으면 뭐하나. 용돈이라도 벌려고 나왔다. (나이 비슷한) 동료가 있으니까 좋다"고 말했다. 같은 날 CGV대학로점에서는 조운제(64) 씨가 영화상영관 입구에서 고객을 안내했다. 조씨는 20년 넘게 은행에서 근무하다 퇴직한 뒤 올 초 새 일을 찾았다. 그는 "퇴직 후 넥타이를 맨 직장인들이 점심시간 휴식을 취하는 모습을 보며 괜스레 눈물이 나오기도 했고, 더 이상 사회에 필요없는 사람이 아닌가하는 자괴감도 들었다"며 "다시 일하면서 몸도 건강해졌고 마음도 즐겁다"고 말했다. 50대 이상 장년층이 '알바전선'에 뛰어들고 있다. 베이비부머 세대의 은퇴가 본격화하면서 일할 능력을 가진 정년퇴직자들이 아르바이트 문을 두드리고 있다. 30일 고용노동부와 통계청에 따르면 지난해 3월 기준 50대 비정규직은 126만명, 60대 이상은 99만6000명으로 전년 대비 각각 5만5000명, 6만7000명이 늘었다. 50대는 같은 연령의 총 근로자수 대비 37.20%, 60대 경우는 무려 67.52%를 차지하는 수치다.

인터넷 구인전문업체인 '알바천국'의 경우 2010년 7560명이던 50대 개인가입자는 2011년 9284명으로, 2012년 1만7511명으로 늘었다. 5년전인 2007년보다 757% 증가한 기록이다. 같은 기간 60대 이상 가입자는 796% 증가한 것으로 집계됐다. 고용주들은 긍정적인 반응이다. CGV 관계자는 "중장년층 아르바이트생은 꼼꼼하다. 3D영화 상영에 필요한 안경을 그렇게 세심하게 닦는 분들은 처음봤다"며 "일부 고객들이 아르아비트생을 함부로 대할 때가 있는데 어르신들에게는 그러지 않는 점도 좋다"고 말했다. 주유소 관계자는 "아르바이트 4명중 2명이 60대 이상"이라며 "복지관을 통해 소개받았는데 장년층들은 시간약속을 잘 지키고

---

499) 머니투데이 원문 기사전송 2013-05-31 05:56 최종수정 2013-05-31 14:20, 이현수 기자

책임감이 있어 좋다"고 설명했다.

자료: http://news.nate.com/view/20130531n02243(2013.6.2)

　중장년층에게 가장 인기있는 아르바이트는 체력부담이 크지 않은 직종이다. 알바천국에 따르면 50대 이상 희망 직종 1위는 고객상담이 차지했고 전화주문 접수와 운전직이 뒤를 이었다. 대형마트, 편의점, 안내데스크 매표, 주유 및 세차, 커피전문점도 30위권안에 들었다. 일각에서는 장년층의 아르바이트 진출로 20대 일자리가 줄어든다는 우려도 없지 않다. 하지만 장년층을 고용하고 있는 업체들은 기업의 사회공헌 차원에서 장년의 채용규모를 더 늘려간다는 계획이다. 방하남 고용노동부 장관도 "베이비붐 세대가 퇴직하면 사실상 기업에서 풀타임으로 재취업하긴 어렵다"며 "경험과 노하우를 가진 퇴직자들에게 반듯한 시간제 일자리를 많이 만들면 비경제활동인구가 시장에 들어오는 루트가 용이해질 것"이라고 밝힌 바 있다. 전문가들은 퇴직자들을 위한 일자리의 질과 임금수준도 개선돼야 한다고 지적한다. 장년층의 아르바이트가 '용돈벌이' 수준에 그치는 시간이 길어질수록 빈곤층으로 전락할 가능성도 높아진다는 것이다. 기존의 사회경험과 전문성을 살려 일할 수 있는 환경이 마련돼야 한다는 목소리도 높아지고 있다.[500)501)]

---

500) 이현수 기자 hyde@, '돈이 보이는 리얼타임 뉴스' 머니투데이
501) http://news.nate.com/view/20130531n02243(2013.6.2)

제10장 교수와 교사 등의 정년 연장관련 내용

1. 대학교수의 정년 알록달록

　최근 정년퇴직을 앞둔 어느 교수님으로부터 '쓴소리'를 들었다. 지식의 전당인 대학에서 교수의 정년을 꼭 만 65세로 해야 하느냐는 것이다.
　어느 학문이든 그 분야에 일가를 이루려면 최소 30년은 정진해야 하는데, 최성기에 접어든 60대 중반에 제도적으로 교육과 연구를 중단하게 하는 것은 국가 차원에서 고급인력의 낭비이자 인재완성의 기회를 박탈하는 것이 아니냐는 줄거리였다.502) 말하자면 최소 60세는 넘어야 학자로서 자신의 학문체계가 눈에 보이며 교육에 대한 경륜과 철학이 완성되는데 그 시점에서 학문을 올스톱시킨다는 게 말이 안된다는 것이다.
　그 말씀을 듣는 순간, 외람되게도 수년전 '옌벤지역에서는 한 30년 공부해야 이제 겨우 글자나 깨우쳤구나 한다'는 식의 히트친 개그가 떠올라 웃음이 나왔다. 개인적으로도 지극히 타당한 말씀이라고 생각한다.
　'한 갑자' 축하잔치도 대부분 자취를 감춘지 오래이지 않은가. 급격히 고령사회로 접어든 우리 사회는 이제 평균연령이 80을 넘보고 있다. 덧붙여 신체적인 나이로도 60대 중반에 집에 들어앉기에는 너무나 이른 상태인데, 손자나 보라고 강권하는 모양이라며 혀를 찼다. 앨빈 토플러가 정의했듯이 21세기는 지식의 가치가 경제적 부가가치를 창출하는 '지식사회'이다. 학문연구가 성숙되어 절정에 다다른 나이에 연구를 중단한다는 것은 국가적으로 너무나 큰 손실임에 틀림없다. 물론 명예교수 등의 제도로 형식적 체면을 유지시켜 주고 있기는 하지만 속빈 강정같

---

502) [우천 시론]대학교수의 정년 알록달록, http://jeollago6.net/bbs/592522010.02.09 10:30:24 (*.145.6.146) 6500대학교수의 정년

은 빈약한 제도에 지나지 않는다. 또한 학자에 따라서는 개인적으로 활발한 저술활동을 하는 경우도 있으나, 이는 우수 대학원생을 데리고 연구하는 조직적 연구체제가 아니다. 학문연구를 조직적으로 활성화시키는 제도의 유무 자체는 교육발전과 나아가 국가발전에 중요한 기준이 될 것이다. 미국이나 일본 등 외국의 사립대학교들은 정년퇴직 자체가 없다고 한다. 일본은 정년이 있는 국립대 교수중에서 60세가 넘은 우수한 교수를 지방사립대에서 영입하는 풍토가 있다고도 했다. '경영학의 글루(스승)'로 불리는 피터 드러커는 클레어몬트대학에서 95세까지 교수로 재직했다. 정년이 필요한 이유로서 혹자는 교수들의 연구력 저하와 재정압박을 들지만 60세 정도에서 연구성과, 학문성취도, 강의평가 등의 기준을 적용해 연봉계약제 또는 임금피크제 등을 도입하여 정년을 늘리면 되지않겠냐고도 했다. 최근 모 사립대가 국내에서는 처음으로 학문성취도가 높은 교수의 정년을 금년부터 70세로 연장하기로 한 것이 좋은 실례가 아니냐며 목청을 높였다. 교수님은 또한 국가차원에서 고급두뇌 활용을 위한 다양한 방안이 검토될 필요가 있다고도 했다. 이를테면, 특허청에 특허출원을 신청하면 심사기간이 너무 길어 국제경쟁력을 상실하는 등 부작용이 심각하다고 한다. 빨라야 1년이 걸린다고 하는데 특허만 나오기를 학수고대하는 기업들은 세계 기술경쟁에서 낙오되기 십상이다. 심사 전문인력이 부족하면 퇴직한 전국의 이공계 전공교수들에게 건당 적정한 수당만 지급하면 얼마든지 다량의 특허심사가 단기간에 가능할 수 있지 않느냐고 반문했다. 그 교수님은 "값비싼 천연자원이 거의 없는 우리나라가 강국이 되는 길은 세계적 인적자원을 만들어내는 것뿐이라는 지극히 당연한 진리를 실현하기 위해 우리 국가를 이끌어갈 '0.1% 차세대 핵심인재의 양성'에 인생을 걸었다고 한다. 이름하여 '입실수도(入室修道)'이다. 일요일을 제외한 24시간동안 33평방미터(10평)짜리 연구실에서 교육과 연구에 몰두하며 24년동안 180여명의 석박사를 배출하고 190여편의 논문을 써냈다. "나는 떠납니다. 그러나 앞으로 뛰어난 후학들을 위해 우리나라 대학의 교수정년을 없애야 하는 것 아닙니까" 천둥같은 그 분의 지론이 뇌리에 남아 숙제를 안고 오는 학생같았다.503)

2. 경희대, '학문적 성취도' 따라 교수 정년 70세 연장

경희대학교가 교수의 '학문적 성취도'에 따라 정년을 65세에서 70세로 5년 연장하는 방안을 마련했다.504) 경희대는 5일 "지난해 7월 이사회에서 심사를 통해 학문적 성취도가 뛰어난 교수를 정년의 70세까지 연장한다는 내용으로 정관을 개정하기로 했다"고 밝혔다. 교육공무원법상 국·공립대 교수는 만 65세가 정년으로 규정돼있다. 하지만 사립대의 경우 학교법인의 정관을 개정하면 연장이 가능하다. 경희대는 정년 연장을 희망하는 교수들의 신청을 받아 교원인사위원회의 심의를 거쳐 최종 대상자를 선정할 방침이다. 10년 이상 근무한 60세 이상 교수들이 신청 가능하며 교원인사위원회는 연구성과와 사회기여도 등 종합적인 학문적 성취도를 평가하게 된다. 경희대 관계자는 "현재까지는 교수 정년 연장이라는 큰 틀만 마련했을 뿐 세부계획은 마련되지 않았다"며 "각 전공별로 의견을 수렴중"이라고 말했다.505)506)

3. "환갑 넘어서도 기술개발하는 교수, 취업률 90% 만들다"

주조와 열처리 등 3D직종으로 분류된 금속기술을 가르치던 한국폴리텍대학 금속과는 지난 2000년부터 입학생도 줄고 취업률도 낮아 천덕꾸러기 학과로 꼽혔다. 인기가 없어 학생들의 관심도 없고 학과 폐지까지 몰렸던 지난 2004년, 최병도(61) 한국폴리텍대학 교수는 금속과를 최신

---

503) http://jeollago6.net/bbs/freebbs/59252(2013.5.7)
504) 데스크승인 2010.02.05   10:32:42   시사제주 | sisajeju@sisajeju.com
505) 뉴시스, 시사제주의 다른기사 보기
506) http://www.sisajeju.com/news/articleView.html?idxno=45414(2013.5.7)

기술의 보고 디스플레이과로 전환할 계획을 세웠다. 오로지 학생들을 위해서였다. 학과가 없어지면 제자들의 진로도 사라지기 때문이다.507) 그의 예상은 적중했다. 최 교수는 2005년 폴리텍대학 7개 캠퍼스의 금속과의 명칭을 신소재응용과로 변경하고 교육내용도 디스플레이 분야로 바꿨다. 이를 통해 정부에서 추진하는 성장동력 특성화대학에 선정되는 성과를 거뒀다. 하지만 문제가 생겼다. 당시 교수진의 디스플레이에 대한 기술력은 낮았기 때문이다. 최 교수는 현장의 전문가를 찾아다녔다. 자신과 대학의 교수들을 위해 외부 유명강사나 기업 전문가를 초빙하여 연수를 실시했다. 낮에는 산업현장에서 신입사원들과 기술을 배웠고 밤에는 전문서적을 통해 이론을 공부하며 전문가가 됐다. 디스플레이 분야는 전자기술이라는 편견을 깨고 최 교수가 자신의 전문분야인 소재측면에서 접근했기에 가능한 일이었다. 또 그는 국내 최고 수준의 60여평의 디스플레이분야 제조공정실을 직접 구축하고 이를 활용해 다양한 기업, 연구소들과 업무협약(MOU)를 체결했다. 기업에서도 갖추기 힘든 실습실을 가지고 있다고 하니 처음엔 대수롭지 않게 생각하던 기업에서도 먼저 손을 내밀었다. 그 후 강의교재는 물론 교육 프로그램을 손수 개발했고 외부강사없이 고급 수준의 재직자 훈련까지 실시했다. 한 대기업 부사장도 그의 교육훈련을 듣고 감사의 선물을 보내기도 했다. 이렇게 디스플레이분야의 교육인프라를 구축하는데 온 힘을 쏟은 그는 현재 OLED공학, LCD공학 등 최신 기술의 집합체를 아우르는 교육을 실시하고 있다. 학과 개편 이전에 50~60%를 밑돌던 취업률이 현재 89.2%로 껑충 뛰었고 인기를 반영하듯 입시경쟁률도 5대 1을 넘어섰다. 산업변화의 흐름에 자신의 전공을 응용해 최신 기술에 접목시키는 대담한 도전을 한 결과 3D직종으로 홀대받던 과가 학생과 기업이 먼저 찾는 최신 기술

---

507) 머니투데이 2013-05-14 17:28:33, "환갑 넘어서도 기술개발하는 교수, 취업률 90% 만들다" [머니투데이 정진우기자][38년간 한국폴리텍대학에서 기술 가르친 최병도 교수, 스승의 날 앞두고 화제]

을 배울 수 있는 인기학과로 자리매김했다. 스승의 날을 하루 앞두고 지난 38년간 폴리텍대학에서 기술개발에 열을 올린 최 교수에 대한 이야기가 화제다. 최 교수는 지난 77년 춘천직업훈련원을 시작으로 폴리텍대학 성남캠퍼스 신소재응용과 교수로 재직하고 있다. 재직중 주조기능장, 금속가공기술사 자격을 취득했고 금속공학 석·박사와 경영학 석사학위를 받았다. 환갑이 넘은 나이에도 기술개발에 매진하고 있다. 그는 "직업훈련원에선 교사였지만 기능대학으로, 폴리텍대학으로 발전하며 교수라는 직함이 생겼다"며 "그 직함에 걸맞은 실력이 돼야 학생들에게 미칠 수 있는 영향력도 커진다고 생각한다"고 말했다. 정년을 4년 앞둔 그는 "정년 퇴직 이후엔 교육현장이 아닌 산업현장에서 내 실력을 발휘하는 것이 꿈이다"며 "평생 노력으로 쌓은 실력을 기업에서 인정받고, 중소기업의 기술발전에 이바지하고 싶다"고 포부를 밝혔다.508)509)

4. 전임교원 제도 재정비 필요, 정년트랙 전환 보장·임금 격차 완화

'1년 유예 강사법'의 대안을 찾아서, 비정년트랙 전임교원을 어떻게 볼 것인가.510) 최근 반값 등록금·강사법 영향으로 비정년트랙 전임교원이 급증하고 있는 가운데, 이들의 고용실태와 근무여건, 비정년트랙 전임교원 제도에 대한 인식을 조사했다. 비정년트랙 전임교원 제도는 시간강사 처우개선책의 유력 방안 가운데 하나로 대학은 여기고 있으며 교육부도 이와 유사한 '기간제 강의전담교수제도'를 대책으로 내놓은 적이 있다. 비정년트랙 전임교원 제도가 대안이 될 수 있을까. 우선 현직에 있는 비정년트랙 교수들의 목소리부터 들어 보기로 했다. '비정년트랙 전임교원 제도의 실태 및 인식조사'는 <교수신문>과 김정숙 우석대 교수(교육학과)가 함께 실시했다. 김 교수는 '한국 교수노동시장의 분

---

508) 머니투데이 정진우 기자 econphoo@
509) http://news.korea.com/view/normalview.asp?cid=EC&scid=EC1&sn=51765133(2013.5.15)
510) 2013년 05월 13일 (월) 10:43:38 김봉억 기자　bong@kyosu.net

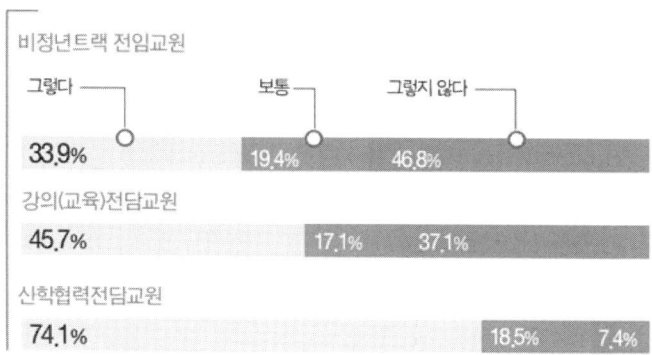

자료: http://www.kyosu.net/news/articleView.html?idxno=27213(2013.5.16)

절과 불안정 현상'에 대해 연구를 하고 있다. 설문조사는 최근 2년동안 '비정년트랙'으로 신규 임용돼 전임교원으로 재직중인 655명을 대상으로 이메일 설문을 했으며, 지난 2월 12일부터 22일까지 진행했다. 193명이 응답했다. 90.5%가 박사였고, 국내 박사는 73.6%, 국외 박사가 26.4%를 차지한다. 전공 분포는 인문·교양계열이 28.1%, 사회 24%, 공학 16.1%, 교육 8.3%, 예술 7.8%, 자연 6.8%, 의학·보건계열이 2.1%다. 연령대는 만 40세~45세가 35.4%로 가장 많고, 만 35~40세 미만과 만 50~55세 미만이 각각 17.2%, 만 45~50세 미만이 16.7%, 만 55세 이상 10.4%, 만 30~35세 미만은 3.1%였다. 남성이 67.2%, 여성이 32.8%다. 재직 대학의 소재지는 서울 21.4%, 충청 20.8%, 경기 17.2%, 대전 16.1%, 부산 13.5%, 전남 3.1%, 경남 1.6%, 경북 1.0%, 인천 0.5%다. 비정년트랙 교수 64.1%가 "비정년트랙 전임교원 제도를 폐지하는 것이 바람직하다"고 원칙적인 입장을 밝혔지만 '현실론'을 고려하면 조금씩 입장이 엇갈린다.

비정년트랙 전임교원 제도와 관련한 향후 정책 방안 가운데 '현실적으로 유휴 박사인력과 대학 학령인구의 감소 및 대학의 재정부담을 고려할 때, 비정년트랙 전임교원 제도를 보완하면서 유지하는 것이 필요한가'라고 물었다. 전체 평균 응답을 보면 41.1%가 '보완하면서 유지'하자고 했고, 39.6%는 비정년트랙 제도의 유지방안에 반대했다. 비정년트랙 교수 가운데서도 이름이 '비정년트랙 전임교원'으로 임용된 교수들이 가장 비판적이다. 46.8%가 '보완하면서 제도를 유지'하는 방안에 반대했다. 폐지론을 주장하는 것이다. 33.9%는 '유지' 방안에 손을 들었다.

강사법 도입과 비정년트랙 전임교원 제도를 고려할 때 현재 대학 전임교원 제도의 전반적인 재정비 필요

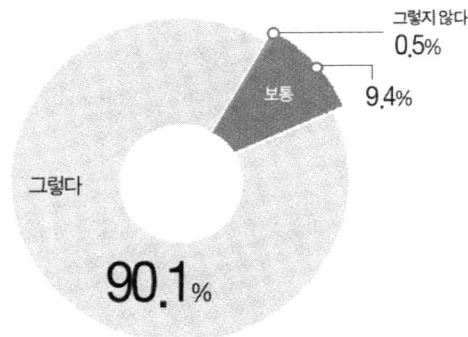

자료: http://www.kyosu.net/news/articleView.html?idxno=27213(2013.5.16)

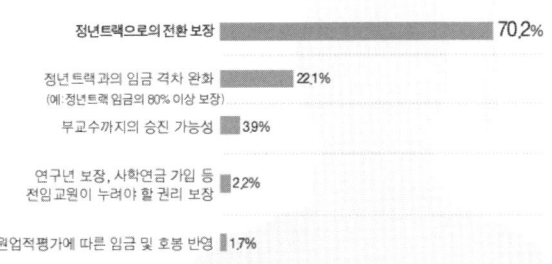

자료: http://www.kyosu.net/news/articleView.html?idxno=27213(2013.5.16)

강의(교육)전담교원은 45.7%가 '보완하면서 제도의 유지'를, 37.1%는 이에 반대했고, 산학협력전담(중점)교원은 74.1%가 '보완하면서 제도를 유지'하는데 동의했고, 7.4%만 이에 반대했다. 법적 근거가 명확하지 않아 '법적 분쟁'의 소지가 있고, 교수사회의 비정규직화를 가져온 것은 비정년트랙 전임교원 제도이다. 비전임 교원의 대명사였던 시간강사에게 제한적인 '교원' 지위를 부여한 '강사법'(개정 고등교육법) 시행이 1년 미뤄진 지금, 대학 전임교원 제도의 전반적인 재정비가 필요하다는 목소리가 커지고 있다. 비정년트랙 교수 90.1%도 이에 동의한다. 비정년트랙 전임교원과 강의(교육)전담교원은 각각 88.7% 정도가 '대학 전임교원 제도의 전반적인 재정비가 필요하다'고 했고, 산학협력전담(중점)교원은 무려 96.3%가 재정비가 필요하다는 입장이다. 그렇다면 비정년트랙 전임교원 제도에서 우선 보완돼야 할 사항은 무엇일까. 비정년트랙 교수들은 '정년트랙으로의 전환 보장'을 가장 먼저 꼽았는데 즉, 전체 평균 70.2%가 이렇게 요구했다. 다음으로 22.1%는 '정년트랙과의 임금격차 완화(정년트랙 임금의 80% 이상 보장)'를 들었다. '부교수까지의 승진 가능성'(3.9%), '연구년 보장, 사학연금 가입 등 전임교원이 누려야 할 권리 보장'(2.2%), '교원업적평가에 따른 임금 및 호봉 반영'(1.7%)이 뒤를 이었다. 강의(교육)전담교원과 비정년트랙 전임교원의 응답은 전체 평균과 비슷하다. 반면, 산학협력전담(중점)교원은 '경제적 보상'에 대한 요구가 컸다. 산학협력전담교원 47.8%가 정년트랙으로의 전환보장을 가장 먼저 꼽았지만, '정년트랙과의 임금격차 완화'를 요구한 비율도 43.5%로 높게 나타났다. 사학연금 등 전임교원이 누려야 할 권리보장(4.3%)과 교원업적평가에 따른 임금 및 호봉반영(4.3%)을 요구한 비율도 다른 비정년트랙 교수들보다 높게 나타났다. 비정년트랙 교수들은 대학마다 비정년트랙 전임교원의 고용계약과 근무여건이 다르기 때문에 고용안정성을 보장할 수 있는 '안정장치'를 마련해야 한다는 정책방안에 대해서도 95.8%가 동의했다. 교육부는 지난해 초, 행정예고를 통해 올해

4월 1일자 대학정보공시부터 재임용 횟수를 제한하는 비정년트랙 교수는 전임교원 확보율에서 제외한다고 했다. 비정년트랙 교수들은 77.6%가 '환영할만하다'고 응답했고, 17.7%는 보통이라고 했다. 특히 산학협력전담교원은 96.3%가 '환영' 의견을 밝혔고, 강의전담교원은 82.9%, 비정년트랙 전임교원은 71%가 '환영'의사를 전했다. 비정년트랙 전임교원 제도와 관련한 비정년트랙 교수들의 자유의견을 보면, 그동안 차별대우에 대한 호소나 비판의식이 강했다. "학과내 보이지 않는 차별이 있다. 정년트랙 교수중에는 비정년트랙 교수를 '교수'라고 부르지 않고 '씨'라고 하는 경우도 있다" "직업 안정성과 비전이 없기에 학생들을 가르치는 일에서조차 점점 더 무기력을 느끼고 있다" "대학에서도 비정년트랙은 없는 존재이자 수업만을 하는 유령교수에 불과하다. 대학내의 차별철폐와 더불어 안정적인 지위가 절실히 필요하다" 비정년트랙 교수들은 "(비정년트랙 제도는) 시간강사 제도를 다소 업그레이드 한 제도라고 볼 수 있다"며 "더 많은 양의 업무를 해야 하는데도 급여는 매우 적고, 이에 대한 자괴감 나아가 자아 정체성에 대한 고뇌가 따르기도 한다. 이런 차별적 제도는 폐지되거나 보완돼야 한다"라고 말했다.[511)512)]

5. '무기계약' 57.4%, 급여는 정년트랙의 50~70% 수준

비정년트랙 교수들의 고용과 근무실태와 관련하여[513)] 비정년트랙 전임교원은 급증하고 있지만, 이들의 고용·근무여건은 잘 알려져 있지 않다. "대학에서도 비정년트랙은 없는 존재이자 수업만을 하는 유령교수에 불과하다"는 이번 설문조사에 응한 한 비정년트랙 교수의 말처럼 고등교육법에는 '비정년트랙'이라는 존재는 없다. 차별적인 대우를 받고 있으면서도 '전임교원'으로 인정돼 '전임교원 확보율'에는 포함된다. 관

---

511) 김봉억 기자 bong@kyosu.net, 교수신문(http://www.kyosu.net)
512) http://www.kyosu.net/news/articleView.html?idxno=27213(2013.5.16)
513) 2013년 05월 13일 (월) 10:46:13 김봉억 기자 bong@kyosu.net

련 설문조사에서 최근 비정년트랙 교수들의 고용·근무여건이 드러났는데 지금까지 알려진 것과는 달리 더욱 열악한 환경에 놓여 있는 것으로 파악됐다. 비정년트랙 교수를 임용 당시 명칭으로 구분해 보면, '비정년트랙 전임교원'이 65.1%로 가장 많았고, 강의(교육)전담교원이 18.2%, 산학협력전담(중점)교원이 13.5%를 차지했다. 강의전담과 산학협력전담은 교수의 역할을 특정 영역에 국한시킨 '전담교수제도'의 영향이다. 가장 많은 수를 차지하는 '비정년트랙 전임교원'은 정년트랙과 같은 일을 하면서도 차별적인 대우를 받고 있는 경우가 많은 것으로 보인다. 고용실태를 보면, 임용 당시 계약조건으로 90.2%는 재계약은 가능하다고 했지만, 실제로는 재계약 횟수가 제한된 경우가 42.6%였고 '무기계약'을 조건으로 임용된 경우는 57.4%였다. 특히 재계약 횟수가 1회로 제한된 경우도 15.3%였고, 2회 제한은 14.7%, 3회 제한은 12.6%로 나타났다. 교육부가 올해 4월 1일 대학정보공시부터 재계약 횟수를 제한하는 비정년트랙 교수는 전임교원 확보율에서 제외한다는 방침을 밝혔는데, 실태 파

임용 당시 명칭

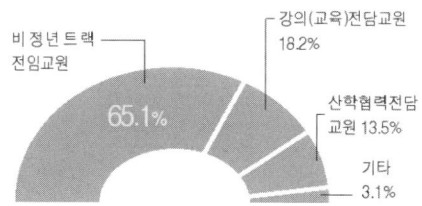

임용 당시, 어떤 조건으로 임용됐나

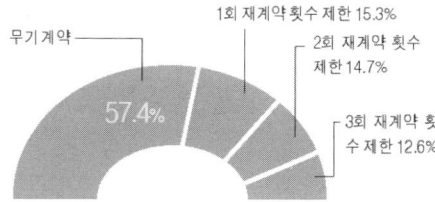

자료: http://www.kyosu.net/news/articleView.html?idxno=27214(2013.5.16)

악이 필요한 부분이다. 비정년트랙 교수들이 가장 차별적인 요소로 꼽는 부분이 '임금수준'이다. 93.8%가 동일한 지위와 경력을 갖춘 정년트랙 교수와 비슷한 임금을 받지 않는다고 했다. 이 중 99.4%는 정년트랙 교수에 비해 '더 낮은' 임금을 받고 있다고 했다. '비정년트랙 전임교원'은 정년트랙 교수의 62.4% 수준이라고 했고 강의전담교원은 55.5%, 산학협력전담교원은 48.2% 수준이라고 밝혔다. 이는 비정년트랙 교수들이 정년트랙 교수 임금의 80% 이상의 수준으로 대우받고 있다고 알려져 있으나 실제로는 50~70% 수준으로 더욱 열악해진 것으로 나타났다. 급여 이외의 권리나 근무실태는 어떨까. '비정년트랙 전임교원'의 경우, 논문실적에 대한 인센티브는 정년트랙 교수와 동일하게 대우받고있다는 응답이 53.7%, 정년트랙 교수에 비해 차별대우를 받고 있다는 응답은 24.4%였고, 22.0%는 아예 받고 있지 않다고 했다.

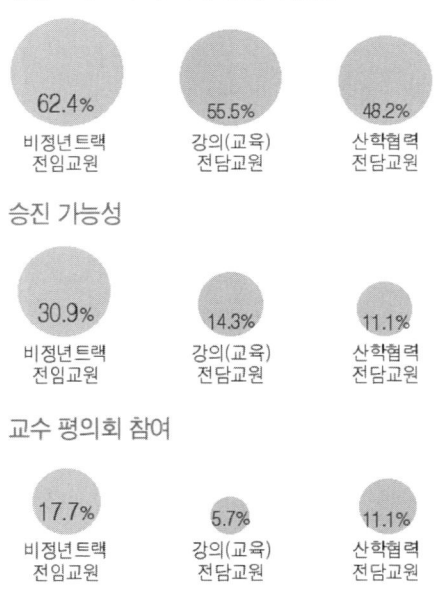

자료: http://www.kyosu.net/news/articleView.html?idxno=27214(2013.5.16)

교내 연구비 지원도 '비정년트랙 전임교원'은 정년트랙과 동일하게 받는다는 응답이 49.6%, 차별 대우는 32.5%였고, 교내 연구비 지원이 없다는 응답은 17.9%였다. 강의전담교원은 교내 연구비 지원이 없다는 응답이 40%였고 정년트랙과 동일한 대우는 37.1%, 차별대우는 22.9%였다.

논문 게재료 지원과 학회 참가비 지원도 교내 연구지 지원과 비슷한 형태로 지원이 되고 있다. 산학협력전담교원은 논문 실적 인센티브는 66.7%가 없으며, 교내 연구비 지원도 66.7%가 없고, 논문 게재료 지원과 학회 참가비 지원은 각각 63.0%, 74.1%가 지원되지 않았다.

'승진 가능성'은 낮은 것으로 확인됐다. 비정년트랙 전임교원은 30.9%가 승진이 가능하다고 했고, 강의전담교원은 14.3%만이 승진할 수 있으며 산학협력전담교원은 11.1%만이 승진 가능하다. 학과 회의 참여 비율은 비정년트랙 교수 56.3%가 참여하고 있었는데 비정년트랙 전임교원(54.8%)이나 강의전담교원(60.0%), 산학협력전담교원(59.3%)별로 큰 차이가 없었다. 반면, 교수평의회 참여율은 낮았다. 비정년트랙 교수 전체 평균으로 따져 15.1%가 교수평의회에 참여한다고 밝혔다. 비정년트랙 전임교원은 17.7%, 강의전담교원은 5.7%, 산학협력전담교원은 11.1%가 참여하고 있었다. 교수평의회를 제외한 대학의 각종 위원회에 위원으로 참여하는 비율은 평균적으로 25.5%의 비정년트랙 교수가 참여하고 있었다. 비정년트랙 전임교원은 29.0%, 강의전담교원은 20.0%, 산학협력전담교원은 14.8%가 참여하고 있었다. 비정년트랙 교수는 강의를 어느 정도 하고 있을까. 주당 의무시수는 강의전담교원은 68.6%가 12시간이 가장 많았고 비정년트랙 전임교원 46.4%도 12시간이 가장 많았다. 산학협력전담교원은 44.4%가 주당 6시간을 맡은 경우가 가장 많았지만 실제 주당 강의시간은 이보다 훨씬 많았다. 강의전담교원의 경우 평균적으로 주당 14.43시간을 강의하고 있었다.

주당 12시간 이하로 맡는 경우는 한 명도 없었고, 주당 20시간을 강의한다는 응답자가 2.9%였고, 주당 18시간을 강의한다는 응답자도 14.3%

였다. 주당 15시간은 14.3%였고, 주당 12시간 강의한다는 비율이 37.1%로 가장 많았다. 비정년트랙 전임교원은 평균 주당 12.83시간을 강의하고 있었다. 주당 12시간을 강의한다는 응답자가 31.2%로 가장 많았고, 주당 15시간은 13.6%를 차지했다. 산학협력전담교원은 평균 주당 6.89시간을 강의하고 있었다. 이처럼 주당 강의시간이 많은데도 연구실적은 높은 편이다. 비정년트랙 전임교원은 1년에 평균 200% 이상~300% 미만으로 연구물을 출판하고 있다는 응답자가 33.9%로 가장 많았고, 21%는 100% 이상~200% 미만을, 18.5%는 100% 미만, 15.3%는 400% 이상 출판한다고 했다. 100%를 출판한다는 응답은 11.3%였다. 강의전담교원은 100% 이상~200% 미만이 34.3%로 가장 많고, 100% 미만은 28.6%, 200% 이상~300% 미만은 22.9%였다. 산학협력전담교원 74.1%는 100% 미만의 연구물을 출판하고 있다고 했다.514)515)

6. 수원대 계약직 교수 임용약정서 '갑의 횡포' 논란

해임시 일체 이의제기 금지, "노예계약서와 다름없다"516) 수원대가 지난 10여년간 계약직 전임교수를 임용하거나 재계약 체결시 불합리한 약정서에 서명하도록 해온 것이 드러나 '갑의 횡포' 논란에 휩싸였다. 7일 수원대 교수협의회(이하 교협)가 공개한 한 계약직 전임교수의 '교원임용약정서'는 '일방적인 통고 또는 공고로 을은 당연히 해임된 것으로 보며, 을은 갑에게 일체의 손해배상 등을 청구할 수 없다'고 못박고 있다.

이와함께 약정서 2개 조항에서 해임과 계약해지에 대해 손해배상이나 민·형사 또는 행정적인 이의제기를 금지하고 있다. 교협은 "교수임용 해지 사유도 지나쳐 이를 빌미로 대학이 계약직 교수들의 목줄을 움켜쥐고 있다"고 지적했다. 약정서에 규정된 임용 해지 기준인 '교원의 의무'

---

514) 김봉억 기자 bong@kyosu.net
515) http://www.kyosu.net/news/articleView.html?idxno=27214(2013.5.16)
516) 연합뉴스 기사전송 2013-06-07 16:33, (화성=연합뉴스) 이영주 기자

중의 하나가 '업적평가점수 85점 이상 취득'인데 이를 받지 못하면 경고나 유예기간없이 언제든 교수직을 박탈할 수 있는 셈이다. 마지막 조항에 약정내용에 이견이 있으면 관련 법령 등을 적용해 해결하도록 하지만 교수직을 내놓고 소송을 제기할 사람은 거의 없는 게 현실이라고 일부 교수들은 지적했다. 이같은 불합리한 약정서에 서명한 수원대 교수는 전체 375명중 97명(외국인 교수 제외)으로 이들은 모두 부·조·정교수인 전임교수다. 이들은 약정서에 서명하지 않으면 임용되지 않아 울며 겨자 먹기로 하고 있다고 밝혔다. 수원대는 2004년부터 정년이 보장된 호봉제(정규직) 교수를 채용하지 않고 1년 연봉제(계약직) 교수만을 선발하고 있다. 교협 관계자는 "한 교수는 10년이 지나도록 연봉이 4천만원에서 오르지 않고 있지만 군소리 못하고 있다"며 "교수협의회 가입교수 명단을 공개하지 못하는 이유도 대학이 언제든지 계약직 교수를 자를 수 있기 때문"이라고 설명했다. 이어 "학교가 계약직 교수를 해임한 적은 없다. 하지만 업적평가를 제멋대로 해 스스로 그만두게 한다"며 "약정서가 노예계약서나 다름없다"고 주장했다. 교협은 계약직 교수의 피해현황을 조사한 뒤 의견을 수렴해 법적으로 대응할지 검토할 계획이다.

이에 대해 수원대측은 "(문제가 되는 조항들은) 관례적 문구이지 다른 뜻이 있는 게 아니다. 지금까지 계약직 교수를 해임한 적은 한번도 없다. 법적으로도 아무런 문제가 없다"고 설명했다. 한편, 수원대 교협은 이날 오후 국회의원회관에서 유기홍 민주당 국회의원실 등이 주관한 '최근 대학사태의 문제점과 사립대학 제도개선의 방향' 세미나에서 이같은 실태를 고발했다.517)518)

7. "정년 20년 초과 교장에 6년째 월급 지급"

인천시교육청이 83세의 사립여고 교장에게 6년째 월급을 지급해 특혜

---

517) young86@yna.co.kr, 연합뉴스
518) http://news.nate.com/view/20130607n22120(203.6.8)

논란이 일고 있다.519) 노현경 인천시의원은 정년을 20년 초과한 사립여고 교장 83세 안 모 씨에게 인천시교육청이 6년동안 1년에 8천5백만원씩, 모두 5억여원을 월급으로 지급했다고 밝혔다. 노 의원은 설립자가 교장으로 재직할 경우 정년을 초과하더라도 설립이념의 구현을 명목으로 월급을 지급할 수 있지만, 안 교장은 설립자가 아니기 때문에 월급 지원은 특혜라고 주장했다. 이에 대해 인천시교육청은 안 교장이 학교 설립 당시 13억원을 출연했고 재산출연자도 설립자 범주에 포함된다며 안 교장에게 특혜를 주지 않았다고 해명했다.520)521)

8. 교단에서 단축된 교원정년, 그대로 둘 것인가

지난달 국회 환경노동위원회 법안심사 소위는 2016년부터 근로자 정년을 60세로 연장하는 데 합의했다. 정년 연장과 임금피크제 도입을 촉진하기 위해 이를 도입하는 기업과 근로자에게 정부가 고용지원금 등을 지원할 수 있게 했다니 시행시기만 기다리면 된다. 반가운 일이다.522)

그런데 정년 연장도 아닌, 단축된 정년의 환원을 목말라하는 교원들의 바람은 정부, 국회 그 어디에서도 언급되지 않고 있어 안타깝다. 교육, 특히 교육을 직접 담당하는 교육자에게 그 사명을 다할 수 있게 하는 요인으로 '긍지와 명예'는 빼놓을 수 없다. 하지만 지금의 우리 형편은 '긍지와 명예'에서 많이 멀어져 있다. 좋은 교육을 기대한다면 더 늦기전에 교원의 사기진작에 나서야 할 때다. 교원의 교육에 대한 열정과 사랑이 교육의 질을 좌우하는 요인인데 지금처럼 교원의 사기저하를 방치할 경우 우리 교육의 미래는 어두울 것이다.

---

519) 나도한마디 2013-05-14 19:24
520) 한연희 [hyheee@ytn.co.kr], YTN & Digital YTN
521) http://www.ytn.co.kr/_ln/0103_201305141924562765(2013.5.15)
522) 김충식, 인덕원초등학교장·경기도초등교장협의회이사 데스크승인 2013.05.09, 지면보기, 13면, 김충식, webmaster@kyeongin.com

교원의 사기를 진작시킬 수 있는 대안으로 교원의 정년환원은 중요하다. 1998년 IMF 당시 국가적 위기에 동참한다는 명분아래 단행된 정년단축은 경력교사 1명을 퇴직시키면 초임교사 3명을 임용할 수 있다는 경제적 논리가 뒷받침되었지만 그 후에 발생한 여러 문제들이 잘못된 정책임을 입증했음에도 불구하고 단축된 정년제도는 지금껏 유지되고 있다.

이제 단축된 정년은 환원되어야 한다. 이에 대한 근거로는 첫째, 교원만 제외된 정년환원은 불공평하며, 함께 환원되어야 한다. 당시 같이 이루어졌던 공무원 정년단축이 모두 원상으로 환원되었는데 유독 교원만 제외되고 있음은 형평성을 잃은 처사로 심각한 사기저하의 원인이 아닐 수 없다. 같은 특정직 공무원으로서 교수와 법관은 65세를 정년으로 하고 있다.

둘째, 교원정년 단축은 세계적 추세에 역행하는 정책이다. 캐나다(85세 정년)를 비롯하여 65세 이상의 정년제도를 도입하는 국가로는 영국, 독일, 스웨덴 등 선진국 대다수이며 70세까지 연장가능한 나라도 여러 곳이다. 경험에서 우러난 지혜를 중시하는 특성상 교원의 정년은 일반 공무원과 다른 것이 세계적 추세다.

셋째, 정년연장은 연금정책과 맞물려 국가적으로도 이익이 된다. 고령사회로의 진입을 목전에 두고 있는 우리나라의 형편에서 연금 비용의 증가를 억제하기 위해서는 조기퇴직을 억제하고 정년을 연장할 필요가 있다. 임금피크제 연계 등의 보완에서 나타나는 이점은 여러 연구 결과에서도 드러나고 있으며 외국에서도 같은 방향으로 추진되고 있다.

넷째, 학교 현장은 경륜있는 교원이 필요하며 교원의 자질을 나이로 재단해서는 안된다. 학교에서 일어나고 있는 많은 문제해결에서 경력교원이 오히려 좋은 역할을 수행하고 있음은 그 예가 될 것이다. 이제 '나이 많음이 무능교원'이라는 논리로 짓밟히고 꺾여진 교원의 자존심을 정년환원을 통해 회복시켜야 한다. 더구나 늘어나는 학생, 학부모의 교권침해와 급속하게 진행되는 학교교육력 약화 현상을 바로 잡으려면 교원

의 사기회복이 시급하다.523)524)

9. 수석교사제 폐지! 교원정년 단축에 대한 논란

수석교사제는 실패작입니다. 학교현장을 가보십시오. 수석교사제 완전 실패입니다. 수석교사를 하겠다는 이 법안 도대체 현장을 아시는 건지, 그리고 이 마당에 정년을 연장하려는 세력들을 국민들이 용납하지 않을 것입니다. 반드시 정년을 일반직과 동일하게 60세로 단축하여 교직에 젊고 역동적인 새바람을 넣어야 합니다. 수석교사제를 폐지하고 교원정년을 60세로 통일하는 것이 진정한 혁신입니다.525) 교육현장에 고령자는 젊은 학생들과 상호소통하는 것이 대부분 힘듭니다. 교원정년을 오히려 더 줄여야 한답니다.526) 작은소리님, 님이 진정 수석교사이십니다.527) 님처럼 관리직을 달라고, 교장, 교감으로 승진하고야 말겠다고 욕심부리지 않는 님같은 분이 진정 우리가 바라는 수석교사님이십니다. 우리는 님처럼 우리 옆에서 우리와 함께 호흡하며 우리와 함께 수업을 논하고 우리와 함께 수업을 고민하는 수석교사를 원합니다. 우리의 위에서 군림하고, 억누르고, 지시하고, 지도하는 수석교사를 원하는 것이 아니라 우리 옆에서 지원해주는 수석교사를 원하고 있는 것입니다. 모처럼 올바른 인품을 가지신 수석교사님을 뵈니 이렇게 마음이 편하고 기쁠 수가 없습니다. 수업공개와 관련하여 모자라는 부분은 아직 수석교사제가 낯설기 때문일 것입니다. 작은소리님처럼 이렇게 의견을 내어 주신다면 우리 교사들도 수석교사님의 생각에 동의할 수 있도록 노력할 것입니다. 아직은 정착단계이므로 시간이 좀 걸릴듯 합니다. 많은 홍보와 안

---

523) 김충식 인덕원초등학교장·경기도초등교장협의회이사, 입력시간 2013.05.09 00:24, 경인일보(http://www.kyeongin.com)
524) http://www.kyeongin.com/news/articleView.html?idxno=734166(2013.5.15)
525) 닉네임 : 수석교장 2012-10-14 08:43:34   조회: 874
526) 2012-10-14 08:43:34, 116.xxx.xxx.186, 고등교사 (211.xxx.xxx.1) 2012-11-06 10:19:06
527) 기가 막혀 (112.xxx.xxx.10) 2012-10-15 22:24:30

내가 필요하며 수석교사님들의 공개수업을 보고 용기를 얻는 시간도 필요할 것입니다. 시간을 좀 주십시오.

그리고 제발 이제 수석교사 승진문제는 더이상 주장하지 마시고 우리의 교육현장이 안정된 분위기에서 우리 아이들과 교육에만 매진할 수 있도록 수석교사님도 노력해 주시기를 부탁드립니다. 교장, 교감선생님! 수석교사는 절대로 관리직이 가지고 있는 권한을 달라는 것이 아닙니다.

어쩌면 여러분들의 많은 협조와 지적이 필요할 것입니다. 저는 학교에서 수업을 상시 공개한다고 많은 쪽지를 날렸습니다. 그러나 보러 오시는 선생님들이 없습니다. 그나마 학교평가에 들어가는 공개수업이 있어서 교과별로 동영상도 찍고 지도안도 받아봅니다. 그리고 공개된 수업에 대해 토론하고요. 그런데 공개수업은 꾸며진 수업이 대부분입니다.

일반적인 수업을 보고 서로 얘기하고 싶은 것입니다. 선생님들의 자존심에 상처를 주지 않기 위해 단점보다는 장점을 말하고 장점이 더 발전할 수 있도록 컨설팅합니다.

그러면서 저도 한수 배우고 있고요. 부탁드립니다. 대한민국이 수업이 잘되는 나라가 될 수 있도록 도와주십시오.[528] 이제 갓 태동한 수석교사제가 실패작이라고 하는 것은 무리가 있지 않나요? 수석교사는 이제 시작인 제도입니다. 학교현장에서 수업에 대해 동료교사들과 얘기를 할 수 있는 분위기를 만들고자 하는 것입니다. 프로젝트수업, 협동수업, 강의식 수업, 참여식 수업 등등의 수업모형에 대해 직접 해보고 서로 의견을 나누며 수업에 대한 개선을 해보고자 하는 것입니다. 그런데 현실적으로 변화를 싫어하기 때문에 어느 정도의 개입이 있어야 하지 않나 하는 것입니다. 그래서 수석교사에게 수업에 대한 권한을 달라는 것입니다.[529]

수석교사님들께 정말 교사로서 부탁드립니다. 이제는 욕심 그만 부리시고 내려놓으십시오.[530] 당신들의 작금의 행동을 보면 그 중에서 몇몇

---

528) 작은소리 (175.xxx.xxx.139) 2012-10-15 11:43:02
529) 작은소리 (175.xxx.xxx.139) 2012-10-15 11:36:36

몰지각한 분들이시겠지만 교사가 된 것을 후회합니다. 다른 사람들의 의견에는 도무지 인정을 하지 않는 수석교사들!531) 여지껏 수석교사들이 어떤 행태로 현장의 교원들에게 피해와 역차별을 주었는지 그렇게 이야기를 했건만, 도대체 글을 읽는건지 먹는건지 또 다시 실패의 이유를 말하라 하네요.

수석교사님들 글 읽고도 이해가 안되십니까? 예? '수석교장'님, 어느 학교에 가보니 수석교사제가 완전 실패작이던가요? 그 학교에서 수석교사로 인해 나빠진 내용이 무엇이던가요?

왜 실패작이라고 생각하셨나요?532) 또 수석교사제없는 학교에서 교원 전문성 신장 분야에서 성공한 학교가 있던가요? 만약 성공한 학교가 있다면 그 학교에 수석교사가 있다면 어떻게 될까요? 더 성공적일까요? 더 실패적일까요? 내용을 차근 차근 살펴보시고 판단하시기 바랍니다.

수석교사제의 도입은 시대적 요청입니다. 다시 말해서 정보화 시대에는 관료제적 관리보다 창의성 발현을 위한 교단의 학습조직화가 최고의 우선 과제입니다. 교수직의 리더로서 수석교사제가 도입되어 단위학교에서 실질적 지위와 권한을 가질 때 학교 교육의 개혁은 가능할 것입니다.533) 그리고 정년 단축을 말씀하시는데 향후 추이는 고령화 사회로 인하여 젊은층의 일손이 부족하여 정년 연장이 불가피한 상황입니다.

잘 아시는 것처럼 현재 우리나라 저학년 학생수가 점점 감소하고 있습니다.

그 주된 이유는 1.12라는 최저 출산율과 수명연장에 의한 고령화사회로의 진입입니다. 그래서 국가경쟁력 강화를 위해서는 교직도 정년 연장이 불가피한 상황입니다.534)

---

530) 교사 (116.xxx.xxx.65) 2012-10-14 22:11:45
531) 기가 막혀 (112.xxx.xxx.10) 2012-10-14 21:41:12
532) 수석교사 2 (218.xxx.xxx.124) 2012-10-14 18:56:42
533) 국리민복 (121.xxx.xxx.93) 2012-10-14 18:09:29
534) http://www.kdc2000.com/bbs/list.html?idxno=48658&table=bbs_1(2013.5.16)

10. 교원정년 연장 발의에 대한 꼼수?

그럴듯한 말로 포장한 교원정년 연장안[535] 청년실업이 최악으로 치닫고 있는 이 시기에 교원정년 연장을 발의한 목적이 무엇인지 궁금합니다.

(1) 청년실업 문제

(2) 교원정년 연장으로 인한 노년 일자리 창출

(3) 기억력이 쇠퇴하고 있는 노년 교사를 싫어하는 학부모의 염려 등을 고려할 때 나랏일을 걱정해야 하는 국회의원이 어디에 중점을 두고 법안 개정을 생각한 것인지 가치관이 심히 염려됩니다.

연금 고갈을 염려하여 연금 개시 시기를 3년 늦추고자 하는 것이 최종 목적 아닙니까? 교원연장법안 발의는 현재의 청년실업에 대한 기득권들의 안하무인 행동으로 밖에 안보입니다.[536] 아마 민주당이 잘못하고 있는 것 같습니다. 국민 대다수의 의견을 무시하고 일부 기득권층의 이익을 대변하고 대부분의 학생들과 학부모가 싫어하는 정년 연장을 하다니? 자기 자녀가 60세가 넘은 교사가 담임을 하고 가르친다고 생각해보시길 바랍니다.[537] 그러나 정년 연장은 세계적인 추세입니다. 젊은 교사대 졸업생의 임용문제를 걱정하는 시각도 있으나 OECD 국가중 학급당 학생수가 가장 많은 열악한 교실 현실을 개선함으로 이 문제를 해결해야지 교원정년 단축으로 접근해서는 안되는 문제입니다.[538] 정년 연장은 세계적 추세이다. 세계적 고령화 추세는 물론 우리나라의 현실이다. 교육이 지나치게 수월성을 추구하면 안된다. 교육은 백년지대계이다. 모든 직장에서 연장을 하여야 한다.[539] 교원정년 환원은 당연합니다. 그리고 공무원들도 슬금슬금 소문도 없이 모두 환원해버렸어요.

---

[535] 2012.10.31, 학부모 1098
[536] 학무모2, 2012.11.01 13:55
[537] 멀무동, 2012.11.19 14:06
[538] 교사, 2012.11.20 15:06
[539] 학부모, 2012.11.20 15:10

왜 교사만 환원이 되면 안되나요? 모두 고통분담 차원에서 정년을 줄였으면 환원할 때는 모두 다같이 환원하는 것은 너무나 당연한 일입니다.540) 젊은 교사들이 정해진 일만 하고 땡하면 퇴근하는 것에 비해 노인교사들이 학생들 타이르고 정신교육시키는 부드러움과 젊은 교사들에게 노하우를 전수하고 장학하는 것은 돈 주고도 살 수 없는건데 단순히 경제논리나 기억력같은 것으로 잘못 생각하면 안됩니다. 김대중 정부 이후로 갑자기 학교가 각박해진 이유는 정년을 줄이고 늙은 교사들이 명퇴해서 요즘 경험많은 교사가 사라지고 책임감 부족한 교사들이 많아서 그렇습니다. 물론 학부모들의 설레발이가 교육을 망치는 주범이긴 합니다.541) 초등체육의 보탬이 되어 주세요. 돌봄교실의 외부위탁운영으로서는 제대로 될 수 없습니다.542)

11. 교사 정년보장 철폐한다더니

어머님, 우리는 오래 알고 지냈잖아요. 교사 정년보장 철폐한다더니 무슨 낯으로 여기에 와서 지지를 호소하는거요? 교육제도가 붕괴하고 있어요. 자격미달인 교사들이 봉급이나 받으면서 자리를 차지하고 있고요. 교사월급을 올리면 모든 것이 해결되나요?543)

12. 보훈처, 제대군인 정년 최대 3년 연장추진중

장기복무 제대군인 일자리 5만개 확보 계획544) 정부가 국가공무원이나 공기업, 사기업에 근무하는 군필자의 정년을 최대 3년 가량 연장하는

---

540) 현장교사, 2013.01.25 22:11
541) 노인네, 2013.03.06 14:05
542) http://www.cleankim.kr/board_html/board_view.asp?BCODE=s_love&bnumber=6432
 (2013.5.16)
543) http://blog.daum.net/ewfgradually/45(2013.5.7)
544) ▶1-3-2 날짜, 기자, 2013-04-01 11:00 | CBS 김영태 기자

방안을 검토하기로 했다. 또 중·장기 복무 제대군인 일자리 5만개를 확보할 계획이다. 국가보훈처는 1일 박근혜 대통령에게 이런 방안을 포함한 업무계획을 보고했다. 보훈처는 우선 단기·의무복무 전역자 지원대책으로 군 복무기간을 공무수행 경력으로 인정하고 정년을 최대 3년 가량 연장하는 것을 의무화하는 방안을 검토할 예정이다. 복무기간을 경력평가에 반영하고 호봉이나 임금결정 때도 근무경력에 포함하도록 하는 방안이다. 이런 안은 국가공무원과 공·사기업에 모두 해당하며 제대군인 지원에 관한 법률을 개정, 의무화 조항을 넣는 방안을 검토할 방침이다.

보훈처는 중·장기 복무 제대군인을 위해 최소 10년간 안정적인 일자리 5만개를 확보할 계획이다. 계약직 군무원, 비상대비업무 담당자 직위 확대, 방산분야 의무고용 비율 확대, 학교보안관, 배움터 지킴이, 산림 지킴이, 숲 해설가, 국외 취업 확대 등으로 일자리를 창출하겠다는 것이다.

군관련 분야 2만 6천개, 민간분야 2만 4천개 등이다. 또 6·25 전쟁 참전유공자의 참전명예수당을 현행 15만원에서 단계적으로 인상하고 무공명예수당(21만~23만원)도 참전명예수당 인상액과 연동하기로 했다. 각 지방자치단체에서 참전유공자에게 지급하는 참전수당도 전국 평균 수준인 월 4만원 이상이 되도록 권장하기로 했다.[545][546]

13. 군인의 복무와 군인연금의 내용

군인연금은 중사·상사 이상의 직업군인이 퇴역한 후 국가에서 지급받는 연금이다. 현역 직업군인이 신체적 장애, 만기나 정년으로 제대 또는 퇴역하였을 때와 전사·사망하였을 때, 본인이나 그의 유가족에게 적절한 급여를 제공함으로써 본인의 생활은 물론, 그 가족의 생활안정의 보장과 복리향상에 기여하기 위해서 일정한 법에 의하여 지급되는 연금을 말한

---

545) ▶1-4-3 기사, (대한민국 중심언론 CBS 뉴스FM98.1 / 음악FM93.7 / TV CH 412), CBS 노컷뉴스 (www.nocutnews.co.kr)
546) http://www.nocutnews.co.kr/Show.asp?IDX=2449981(2013.5.16)

다. 이것은 1963년 1월 28일 군인연금법을 제정, 공포함으로써 실시하게 된 제도이며, 그 적용대상은 현역 또는 소집에 의하여 실지 군에 복무하는 중·상사 이상의 직업군인으로서 부상 또는 장기복무를 마친 제대자나 사망자 등에 한정하여 지급되고 있다.

이 밖에 군인이 병에 걸리거나 부상을 당하거나 또는 재해를 입었을 경우에는 피해를 본 그 재해의 정도에 따라 일부 또는 전액의 범위에서 지급하는 재해보상금제도가 있다. 이러한 군인연금의 재정부담은 군인 각자가 매월 내는 월보수액의 1,000분의 55에 해당하는 기여금과 국고 부담금 등으로 충당되며, 이것 역시 공무원연금과 마찬가지로 운영된다.

한국의 연금사업으로는 공무원연금 다음으로 중요한 부분을 차지하고 있다. 이러한 군인연금도 사회보험인가하는 문제에 대해서는 이견(異見)도 있으나 갹출(醵出)의 기본원칙과 취약계층으로의 전락방지, 나아가서는 그 가족의 생계보호라는 점에서 일종의 사회보험으로 간주하기도 한다.[547)548)]

14. SC은행 '실적 연동 62세 정년' 7월 시행

14일까지 신청자 접수, 연봉의 2배 실적 내야 기존연봉 100% 받아, 금융노조는 반대, 다른 은행으로 확산될까[549)] 스탠다드차타드(SC)은행이 만 58세인 정년을 62세까지 늘리는 '정년 연장형 은퇴 프로그램'을 7월부터 시행한다. 11일 스탠다드차타드 은행은 정년을 62세로 연장하는 방안을 내년 말까지 시범운영한다고 밝혔다. 대상은 15년 이상 근무한 45~54세 직원이며 신청하지 않은 직원은 종전과 마찬가지로 정년 58세

---

547) 참조항목: 공무원연금법, 연금제도, 국민연금제역참조항목군인보험법, 군인연금법, 직업군인, 연금제도의 분류기준과 종류, 출처 두산백과
548) http://terms.naver.com/entry.nhn?cid=200000000&docId=1067805&mobile&categoryId=200000216(2013.5.16)
549) 입력 2013-06-11 17:05:28 수정 2013-06-11 22:37:54

가 유지된다. 선정된 직원은 7월부터 정년이 62세로 연장되며 실적에 따라 연봉이 결정되는 영업직군으로 전환된다. 직전년도 기준 연봉의 2배에 해당하는 이익실적을 올려야 기존연봉 100%를 받을 수 있다.550)551)

  이 프로그램은 희망자에 한해 정년을 늘리되 철저히 실적에 연동해 연봉을 지급하는 점이 특징이다. 프로그램 성공 여부에 따라 다른 은행으로 확산될 가능성도 점쳐진다.

SC은행 '정년연장형 은퇴프로그램'	
정년	만 58세→62세로 연장
대상	15년 이상 근무한 45~54세 직원
업무	상품 판매 영업
목표	직전연도 연봉의 두 배 실적(이익 기준)
급여	목표 달성 시 기존 연봉 100% 초과 달성분의 최대 35% 인센티브 실패하면 최대 70% 삭감
신청	분기에 한 번
시범시행기간	2013년 7월 1일~2014년 12월 31일

자료: http://www.hankyung.com/news/app/newsview.php?aid=2013061139501 (2013.6.12)

  SC은행 관계자는 11일 "정년 연장형 은퇴 프로그램에 대해 최근 노사가 합의했다"며 "지난 10일부터 오는 14일까지 1주일간 직원들을 대상으로 신청을 받고 있다"고 밝혔다. 정년 연장 프로그램은 현재 58세인 정년을 62세로 늘린 것이 핵심이다. 금융산업사용자협의회와 금융산업노동조합은 단체협약에서 은행 직원의 정년은 58세, 임금피크제 적용시 60세로 한다고 정하고 있다. SC은행의 정년 연장 프로그램에 들어가는 직원들의 급여는 영업실적에 따라 달라진다. 프로그램에 진입하기 직전 해의 연봉을 기준으로 연봉의 2배 실적(이익 기준)을 올려야 기준연봉을 100% 받을 수 있다. 예를 들어 연봉 1억원을 받기 위해선 은행에 이자나 수수료 수익 2억원이 돌아갈 수 있게 영업을 해야 한다. 실적이 연봉의

---
550) <기사제보 및 보도자료 news@newsedu.co.kr, newsedu2011@daum.net>, 김무식 기자
551) http://www.newsedu.co.kr/news/articleView.html?idxno=10156(2013.6.12)

2배에 미치지 못하면 최대 70%까지 연봉이 깎인다. 실적이 연봉의 2배를 넘으면 초과 실적의 35%까지 인센티브를 받게 된다. 현재 이 프로그램을 신청할 수 있는 대상자는 SC은행 직원의 20%인 1000여명 수준이다. 이 방안은 지난해 7월 SC은행 노동조합이 회사에 먼저 제안했다. 노조 관계자는 "은행의 수익에도 도움이 돼야 회사가 정년 연장을 받아들일 수 있을 거라고 판단했다"고 말했다. 기존 임금피크제는 임금이 자동으로 깎이는 방식이라 직원의 생산성을 높이지 못한다는 지적이 많았다. 지난달부터 금융노조와 임금 및 단체협상에 나선 금융사용자협의회도 SC은행의 정년 연장안에 대해 주목하고 있다. 특히 올해 사용자측 협상위원에 리차드 힐 SC은행장이 포함돼 있어 프로그램 성공 여부에 따라 다른 은행으로 전파될 가능성도 있다. 그러나 금융노조는 실적에 연동한 정년 연장은 바람직하지 않다고 선을 긋고 있다. 금융노조는 전년 대비 임금 8.1% 인상과 60세 정년보장을 올해 임단협 안건으로 올렸다. 또 임금피크제는 60세부터 시작하되 국민연금 수급 때까지 적용해 달라고 요구했다. 1961년~1964년 출생자는 63세부터 국민연금을 받을 수 있다.

현재 52세(1961년생)인 근로자의 정년은 60세로 늘리고, 60세부터 63세까지 임금피크제를 적용하는 방식이다. 금융사용자협의회 관계자는 "지난달 21일과 이달 7일 열린 두 차례 회의에서는 임금인상률에 대한 논의만 이뤄졌다"며 "정년 연장에 대해서는 아직 논의하지 못했다"고 말했다.552)553) 기존 자녀 대학 학자금 등 복지혜택은 계속 유지된다. 스탠다드차타드 은행 관계자는 "노조가 먼저 제안해서 시행하는 것으로서 내년 말까지 시범운영을 통해 문제점을 보완하고 개선하겠다"고 말했다.554)555)

---

552) 한국경제신문, 김일규 기자 black0419@hankyung.com
553) http://www.hankyung.com/news/app/newsview.php?aid=2013061139501(2013.6.12)
554) <기사제보 및 보도자료 news@newsedu.co.kr, newsedu2011@daum.net>, 김무식 기자, 승인 2013.06.12 02:51:14, [뉴스에듀]
555) http://www.newsedu.co.kr/news/articleView.html?idxno=10156(2013.6.12)

■ 노 순 규(魯淳圭) 경영학박사

<약 력>
고려대(석사) 및 동국대(박사)
서울대학교 행정대학원 박사과정 수료
배성여상·상서여상 등 6년간 교원역임
새마을본부 연수원 5년간 교수역임
한국기업경영연구원 원장(25년간 재임중)
한서대학교경영대학원 강사역임
대한상공회의소, 한국강총, 한국생산성본부
한국능률협회, 한국표준협회, 현대중공업
현대자동차, 한국전력, 롯데제과, LG산전 강사
건설기술교육원, 건설산업교육원,
영남건설기술교육원, 건설경영연수원
전문건설공제조합 기술교육원
건설기술호남교육원 외래교수
경기중소기업청 공무원 경영혁신 강사
한국기술교육대학교 노동행정연수원 강사
경기도교육청(갈등관리와 교원의 역할) 강사
대구시교육연수원(리더십과 갈등관리) 강사
충남교육연수원(공무원노조의 이해) 강사
서울시교육연수원(교육관련 노동법) 강사
경남공무원교육원(단체교섭 및 단체협약 체결사례) 강사
속초시청(공무원 노사관계) 강사
부산시교육연수원(교원노조와 노사관계) 강사
울산시교육연수원(교원노조의 이해) 강사
전남교육연수원(갈등관리의 이해와 협상기법) 강사
제주도탐라교육원(갈등 및 조직활성화 전략) 강사
경북교육청(학교의 갈등사례와 해결방법) 강사
제주도공무원교육원(조직갈등의 원인과 유형) 강사
경북교육연수원(인간관계와 갈등해결) 강사
전북교육연수원(공무원노조법) 강사
충남공무원교육원(사회양극화 해결방안) 강사
대구시공무원교육원(복지행정) 강사
부산시공무원교육원(조직갈등의 해결방안) 강사
광주시공무원교육원(투자활성화의 기업유치 전략) 강사
대전시공무원연수원(갈등의 원인과 해결) 강사
충북단재교육원(교원단체의 이해) 강사
경남교육청(학생생활지도와 인권교육) 강사
강원도교육청(직장인의 스트레스와 자기개발)
전북교육연수원(커뮤니케이션의 기법) 강사
경북교육청(학교경영평가의 배경과 대응전략) 강사
경북교육연수원(청소년의 심리와 정서 이해) 강사
충남공무원교육원(소통에 대한 이해) 강사
대구시교육연수원(학생교원 인권교육) 강사
새마을운동중앙회(협력적 노사관계와 커뮤니케이션) 강사
전북인재개발원(문제해결과 자아성찰) 강사
충북단재교육연수원(교사의 자기관리) 강사
경북, 인천시, 광주시, 강원도 교육연수원 강사
한국방송대 (전략적 인적자원 개발론) 강사
현대파워텍(노사관계와 노사협의회) 강사
건설기술호남교육원(건설업의 리스크관리) 강사

강의문의 : 011-760-8160, 737-8160
E-mail : we011@hanmail.net

<주요 저서>
• 건설업의 회계실무와 세무관계
• 건설업의 타당성분석과 사업계획서
• 건설업의 원가계산과 원가절감
• 건설업의 노무관계와 노무관리
• 한미·EU FTA와 경제전략
• 경영전략과 인재관리
• 건설업의 VE(가치공학)과 품질경영
• 부동산투자와 개발실무
• CM(건설경영)과 시공참여폐지의 노무관리
• 산재고용연금건강의 사회보험 통합실무
• 토지투자와 부동산경매
• 21세기 리더십과 노무관리
• 협력적 노사관계의 이론과 실천기법
• 신입사원의 건전한 직업관
• 종업원의 동기부여와 실천방법
• 공무원노조와 노사관계
• 교원노조(전교조)와 노사관계
• 교원평가제와 학교개혁
• 학교운영의 리더십과 갈등관리
• 교사의 올바른 역할과 개혁
• 프로젝트 파이낸싱(PF)과 건설금융
• 비정규직의 고용문제와 해법
• 한·EU FTA와 경제전략
• 학교의 갈등사례와 해결방법
• 공무원의 갈등관리와 리더십 및 BSC
• 조직성장의 3·3·3 경영
• 교수의 대학의 개혁
• 리더의 자기경영과 성공법칙
• 노동조합의 개혁과 역할
• 사교육 없애기 공교육 정상화
• 조직갈등의 원인과 해결방법
• 학교경영평가와 CEO 리더십
• 학생지도방법과 인권보호
• 건설업의 클레임과 민원해결
• 지역갈등·주민갈등·사회갈등
• 칭찬의 감동과 조직관리
• 건설공사관리와 건축행정
• 사회양극화 해결과 노동정책
• 미래사회의 변화와 성공방법
• 학교와 교원의 개혁방법
• 사업계획과 사업타당성 분석
• 커뮤니케이션 기법(skill)과 효과
• 리스크관리(Risk Management)
• 공정한 사회의 실천방법
• 지방자치단체의 기업유치 전략
• 학생체벌의 사례와 금지효과
• 건설업의 원가관리(Cost Management)
• M&A(인수·합병)의 사례와 방법
• 학교장의 역할과 혁신의 리더십
• 기업가치평가의 방법과 실무
• 직장인의 스트레스와 자기계발
• 창의력 개발과 인성교육
• 청렴교육·국민권익·옴부즈맨
• 복수노조·타임오프제3노총
• 친절교육·고객만족·고객감동
• 학교폭력의 원인과 해결방법
• 퇴직후의 인생설계 재무설계
• 진보교육감과 전교조 분석
• 가정폭력의 원인과 해결방법
• 성폭력 성추행 성희롱의 해결
• 1인 창조기업의 창업경영
• 윤리경영과 기업윤리(사회적기업)
• 청소년 문화에 해와 상담보호
• 소통의 교육 행정 경영 효과
• 주류(酒類)와 음주문화의 개선
• 담배(흡연)의 폐해와 금연방법
• 미인되는 방법과 미인의 효과
• 입학사정관제 분석과 합격전략
• 아동 성폭력의 해결과 예방
• 문제해결 자아성찰 목표관리
• 한류열풍(K-POP)과 강남스타일
• 싸이(PSY)의 강남스타일 성공과 한류
• 건설업의 원가계산과 공사비
• 삼성전자의 조직과 전략
• 현대자동차의 품질과 경영
• 자기주도학습법과 입시전략
• 대우건설의 성장과 세계경영
• SK텔레콤의 서비스와 마케팅
• 정년 60세 연장법과 경영방법 외 143권 저서

정년 60세 연장법과 경영방법   정가 40,000원

2013년 6월 30일 초판인쇄
2013년 7월 1일 초판발행

판권본원소유

저 자 노 순 규
발행인 노 순 규
발행처 한국기업경영연구원
        서울특별시 양천구 목동 505-11 목동빌딩 1층
등 록   제2006-47호
전 화   (02) 737-8160

<제본이 잘못된 것은 교환하여 드립니다>

값 40,000원

ISBN 978-89-93451-64-1